Ina Rösing

DIE VERBANNUNG DER TRAUER

(Llaki Wij'chuna)

Nächtliche Heilungsrituale in den Hochanden Boliviens

MUNDO ANKARI I

GRENO 10 20

Verlegt bei Franz Greno, Nördlingen 1987

1. Auflage, April 1987. Erstausgabe.

Gesetzt und gebunden bei Wagner GmbH, Nördlingen.
Gedruckt bei Appl, Wemding.
Printed in Germany.
ISBN 3-89190-815-6. / Leinen 3-89190-109-7.

GRENO 10 20

Ina Rösing MUNDO ANKARI 1

Der Ankari ist Wind. Er trägt unser Opfer und unser Gebet an die Orte der Kraft. Der Ankari ist von großer Bedeutung. Das Ei, das wir den Opfergaben beifügen, steht für den Ankari. »Schau, Ankari dies ist dein Ei, dies ist das Opfer für dich, dein Geschenk« – so muß man ihn betend bewirten. Dann tägt er unsere Bitten zu den fernsten Regionen der Welt. Der Ankari ist es, der zum Himmel auffliegt. Denn das Ei des Huhnes hat Flügel.
Marcos Apaza, 1. Februar 1984

Der Ankari ist der Wind. Es gibt viele Ankaris. Der Ankari ist überall. Das Huhn gehört der Welt des Windes an. Das Hühner-Ei gehört zur Welt des Ankari. Wenn wir von einem Huhn träumen, dann wird uns gewiß etwas anwehen aus der Welt des Ankari.
Valentin Quispe, 20. August 1986.

Aus der eigenen Kultur die fremde erfahren und von der fremden Kultur Zugänge zu noch nicht gesehenen oder abgespaltenen Anteilen der eigenen finden . . .

H.-J. Heinrichs in der Einleitung zu
Michel Leiris, »Das Auge des Ethnographen«
Frankfurt/M.: Syndikat 1981, S. 10

EIN WORT AN DEN LESER

Im Zeitalter des Tourismus – ob nun des Massentourismus oder des bereits gut durchorganisierten, massenhaften »Individual-Tourismus« –, in einer Zeit einer nicht mehr zu überhörenden New-Age-Bewegung, die den Werten, der Trans-Rationalität, der Synthese mehr Raum zu schaffen sucht, aber auch modische Wellen oberflächlichen Interesses an Irrationalität, Schamanismus, Hexen, Magie und Ritual mit sich spült – in einer solchen Zeit ist ein ethnologisches Werk wie das vorliegende mehr denn je in Gefahr, mißverstanden oder mißbraucht zu werden.

Eines Tages sprach mich ein junger Student an. »Mir stinkt die Uni«, sagt er. Er will aussteigen, sich auf Weltreise begeben und von Asien über Afrika bis Südamerika Weise und Schamanen, Zauberer und Hexen besuchen. Ich hätte doch was mit Medizinmännern und Hexen zu tun, und ich soll ihm bitte ein paar Kontakte verschaffen ...

Eines anderen Tages rief eine Touristik-Firma an. Sie arbeiten doch irgendwie mit Schamanismus, so fragt der freundliche Herr, daran bestehe unter seinen Kunden lebhaftes Interesse, ob man hier nicht kooperieren könne. Es folgten einige Andeutungen und Angebote, die ich hier lieber übergehen möchte.

Dann erzählt mir dort in der Callawaya-Region ein Medizinmann: Da war ein Professor von einer belgischen Universität da, der wollte schnell mal bei mir eine mesa (Heilung) filmen. Er hat erzählt, daß er überall in der Welt mesas filmt. Er habe drei Tage Zeit und könne mir 100 Dollar zahlen ... Der Professor (der, wie sich herausstellte, keiner war) ist Handlungsreisender in Sachen Exotik und Magie und verkauft seine Sammelstücke an publikumswirksame Blätter. Genaugenommen, sagte mir der Medizinmann, müßte ich jetzt von dir, doctorita (wie er mich nennt), auch 100 Dollar verlangen, falls du noch einmal dabei sein willst, wenn ich heile.

Vor zwei Jahren erlebte ich in der Callawaya-Region eine außergewöhnlich dramatische Heilung. Der Patient blieb zwar fast unbeachtet, aber um so Beachtung-heischender war das Handeln des Medizinmannes: Effektvoll gen Himmel zischende ch'allas (Besprühungen) aus der geschüttelten Bierflasche, wirkungsvoll eingesetzte Bet-Posen, in der er das Klick der Leica abwartete, sowie bühnenreife Inszenierungen am cabildo, der Opferstätte der Hütte. Mir war das bisher unbekannt – und verwunderlich. Wo hat er gelernt, wo heilt er, wohin geht er auf Reisen? Seine Antwort: »Am liebsten mache ich eine Heilung für gringos in La Paz!« (gringos – Ausländer.) Ah ja.

Ich denke, daß diese wenigen Beispiele den Umkreis der Gefahr, von der ich spreche, ausreichend andeuten. Jede einzelne dieser Erfahrungen hat mich entsetzt. Geduld, Behutsamkeit, eine tiefe Achtung vor der Tradition – das sind, so meine ich, Einstellungen, mit denen der Callawaya-Kultur begegnet werden muß. Nicht mit Eile, Schaulust und Geschäftsinteresse. Aber würde mein Buch nicht auch Eilige, Schaulustige und Geschäftstüchtige anregen? Würde ich diesen nicht – durch Nennung der Namen von Medizinmännern und Patienten – ihre »Arbeit« noch erleichtern?

Ich gedachte das Problem mit den Betroffenen zu besprechen, mit den in diesem Buch vorkommenden Menschen. Ich wollte wissen: Darf ich dein Bild in meinem Buch veröffentlichen, darf ich deine Heilung darstellen, darf ich deine Lebensgeschichte berichten, darf ich deinen Namen erwähnen? Mit dieser braven Forschungsethik im Kopf kehrte ich nach Fertigstellung des Bandes nach Bolivien zurück, um neben der Fortsetzung der Forschung eben dieses Problem zu lösen. Das war ungeheuerlich naiv!

Sie würde sich ganz außerordentlich freuen, ja, es würde ihr Leben ändern, wenn ich von ihr in dem Buch schriebe ... Nur den Priester wolle sie vielleicht gern vorher noch fragen, ob er auch damit einverstanden sei, wenn ich von ihr schriebe. – Der Priester, wieso das? – Diese Indianerin (die, wie die meisten Erwachsenen in der Region, nicht lesen und nicht schreiben kann) kennt nur ein Exemplar des als »Buch« bezeichneten Gegenstandes: die Bibel. Also dachte sie, sie komme jetzt in die

Bibel. Und vermutete nicht zu Unrecht, daß hierzu der Priester befragt werden müsse.

Ich möchte nur dieses eine, besonders anschauliche Beispiel geben. Es zeigt, wie fast alle meine Erfahrungen bei dieser Frage, daß eine *informierte Zustimmung* (informed consent) nicht wirklich erreichbar ist. Ich habe keine Ablehnung erhalten. Aber was heißt das? Zustimmung oder Unverständnis? Die meisten Heiler reagierten stolz und freudig bei der Vorstellung, in ein Buch zu kommen. Zustimmung oder Unbefangenheit in bezug auf die mögliche Konsequenz? Ich versuchte auch die Konsequenzen darzustellen. Aber wer soll sich denn das vorstellen können, daß da ganze Gruppen von Menschen von jenseits des Meeres kommen, um sich »heilen«(!) zu lassen? Und ein Medizinmann sagte mir: »Doctora, ich bitte dich, bring mir die Leute, bitte bring mir die Leute her, du weißt doch, ich kann nicht mehr selbst reisen, und ich brauche so dringend Geld, meine Kuh ist eingegangen, meine Kartoffelpflanzen hatten alle Würmer, und mein Sohn will nach La Paz ...«

Ich beschloß, Namen und Ereignisse in diesem Band zu verschlüsseln; nur Bilder von mesas und menschlichen *Rücken* in den Band aufzunehmen. Als ich aber aus meinem »Vater« Valentin einen »Vincente« machte und aus dem so sehr geschätzten und inzwischen verstorbenen Ignacio einen »Isaco« und aus meinem compadre Apolinar einen »Antonio« – und als ich alle ausdrucksvollen Gesichter und Gestalten löschte –, da wurde mir klar, daß dies keine Lösung ist. Es löscht die Urheber und Autoren der Weisheit und des Reichtums aus, der hier in diesem Band dargestellt ist, und beläßt als kenntlich nur noch *mich*. Welche Arroganz. Und die Verschlüsselung von Lebensgeschichten und Ereignisberichten, von Gesprächen und Handlungsabläufen mag als »Schutz« vielleicht wirksam sein, wäre aber in bezug auf die kulturelle und soziale Realität eine Verzerrung, eine von *mir erfundene* Verzerrung – eine Schreibweise, die unvereinbar ist mit tiefer Achtung vor dieser Kultur, einschließlich aller ihrer Realitäten.

Ich kehre also zurück zu der ersten Fassung des Bandes – mit der namentlichen Widmung des Bandes an die hier vorkommenden Menschen, mit der Nennung ihres *Eigen*namens, mit der getreuen Darstellung der Handlungsabläufe und Berichte. (Nur in einem Fall habe ich zum Schutz der Betroffenen eine kleine, punktuelle Verschlüsselung eingeführt.) Sollten jene Eiligen, Schaulustigen, Geschäftstüchtigen mein Buch *nicht* lesen, so kann ich gewiß ihre gierige Reise in die Region auch nicht verhindern. Sollte einer von ihnen aber mein Buch lesen, so kann ich vielleicht – und das ist meine tiefe Hoffnung und mein sehnlicher Wunsch – dazu beitragen, daß auch in ihnen tiefe Achtung wächst vor dem Reichtum und der Vielfalt der Callawaya-Kultur und ein ebenso tiefes Bewußtsein für ihre Gefährdetheit. In diesem Sinne übergebe ich – mit Sorge und mit Hoffnung – dieses Buch dem Leser.

WIDMUNG

Kay juchuy qelqasqayta
tukuy sonqoymanta, tukuy almaymanta, tukuy umaymanta
paykunapaj jaywachiani – paykunamanta wiñaypaj yuyaspa:
– chay Callawaya medicokunapaj llakikojkunata jampisqankuta, yuyayninkutataj ñoqaman yachachisqawankuta:

Don Valentin Quispe	Don Federico Llaves
Don Ignacio Quispe	Don Ramón Alvarez
Don Enrique Ticona	Don Apolinar Ramos
Don Severo Ticona	Don Manuel Cáceres
Don Marcelino Pinto	Don Victor Cóndori
Don Prudencio Ticona	(*warminwan*, Doña Rosa)

– chaymantataj chay ñoqa rejserqani wañojkunapaj, jinallataj chay llakikojkunapaj:

Pastora Flores de Ramos
Mariano Cerdán
Marta Vila

Apolinar Ramos
Justina Ramos
Roxana Ramos
Liliam Ramos
Teresa Ramos
Fidel Ramos
Carlota Mamani viuda de Cerdán
Severo Cerdán
Valentin Cerdán
Oscar Cerdán
Celia Cerdán
Elias Trino Cerdán
Abraham Cerdán
Irene Ramos Vila
Maria Vila de Ramos

y tukuy kaykunamanta astawan:
Don Valentin Quispe*paj, tatay, wawan jap 'ikusqan kani.*

Ina Rösing, 1986

VORWORT

»In allen Gesellschaften ... wirft das Thema Tod Licht auf die wesentlichen kulturellen Werte, nach denen die Menschen ihr Leben leben und ihre Erfahrungen bewerten. Auf dem Hintergrund des Todes wird das Leben transparent und enthüllen sich fundamentale soziale und kulturelle Gegebenheiten ... Die Reaktion von Menschen auf die Erfahrung des Todes stellt einen wichtigen Zugang dar zur behutsamen Eruierung der Lebensweise der Menschen«.[1]

Band 1 meiner Studien zur Ethnomedizin der Callawayas in Bolivien beginnt deshalb mit eben diesem Thema: der Erfahrung des Todes, der Heilung von Trauer. Die Callawaya-Heilungsrituale für Trauernde, die einen nahestehenden Menschen verloren haben, führen uns tief hinein in die religiöse, rituelle und auch soziale Welt der Quechua-Indianer der Callawaya-Region. Die folgenden Bände werden dieses Bild Schritt um Schritt erweitern und vertiefen.

Für die Durchführung meiner Callawaya-Forschung schulde ich vielfältigen Dank:

An erster Stelle gilt mein Dank der *Deutschen Forschungsgemeinschaft*, die durch ihre finanzielle Unterstützung die vorliegende Forschung bereits in ihrer dritten Phase unterstützt; und der *Robert-Bosch-Stiftung*, die mir durch die Bewilligung eines Forschungsstipendiums erst ermöglicht hat, die reichen Daten meiner Feldforschung auch auszuwerten und aufzuarbeiten; der vorliegende Band ist die erste Frucht des Stipendiums, die ich der Robert-Bosch-Stiftung mit großer Dankbarkeit überreiche.

An zweiter Stelle möchte ich all denjenigen Menschen danken, die in Bolivien meine Arbeit ermöglichen und unterstützen; vor allem meinen Mitarbeitern *Ginés Pastén* und *Haydée Torres*, ohne deren Hilfe diese Arbeit undenkbar wäre. In La Paz danke ich der Deutschen Botschaft (vor allem Herrn Brandt) und Maria und Horst Meissner für die freundliche Aufnahme und die konkreten Hilfen. Dank auch der *Familie Sejas* in La Paz und

[1] Huntington und Metcalf 1979, S. 2

der Familie *Moises Tudela* und *René Rodriguez* in der Callawaya-Region, denen ich in Bolivien das Dach über dem Kopf verdankte oder verdanke. Für Freundschaft, Verständnis und Hilfe in der Region möchte ich auch vor allem meinen compadres *Cristófero Oblitas*, *Apolinar Ramos*, *Silvestre Paye*, *Marcos Apaza* und *Manuel Barrera* Dank sagen – und vielen anderen aus Charazani und Umgebung, deren Namen ich gar nicht alle nennen kann.

An dritter Stelle geht mein Dank an die unvergeßlichen ersten Unterstützungen, die ich in der Region von deutschen Forschern erfuhr, als ich nach drei Tagen und drei Nächten, von Lastwagenfahrten und kalten Andennächten erschöpft, am 13. 3. 1983 das erste Mal in Charazani ankam: *Xaver und Helga Menhofer* nahmen mich in ihr Haus auf, und mit Professor *Paul Seibert*, der später dazu stieß, entfaltete sich sogleich der lebendigste Austausch, der seitdem ungebrochen anhält; für seine Teilnahme am Fortgang meiner Arbeit und für seine konkreten Hilfen sage ich meinen ausdrücklichen Dank.

Viertens möchte ich denjenigen meinen Dank aussprechen, die hierzulande meine langen Forschungsabwesenheiten geduldet und meine Forschung mit sehr viel Interesse und Beistand verfolgt haben: meinen Ulmer Kollegen Professor Dr. Dr. *Helmut Baitsch* und Dr. *Friedrich W. Rösing* sowie dem derzeitigen Rektor der Universität Ulm, Professor Dr. *Theodor M. Fliedner*, dem ich nach jedem Forschungsaufenthalt kurz Bericht erstattete und der die Forschung »der entferntesten Außenstelle der Universität Ulm« nicht nur mit großem Interesse verfolgte, sondern mir für manchmal unlösbar erscheinende Probleme Mut machte oder sogar Lösungen anregte. Der Gedanke, mich um ein Forschungsstipendium zu bemühen, um jenseits einer nahtlosen Folge von anstrengender Feldforschung und anstrengender Semesterarbeit auch einmal zur Auswertung und Aufarbeitung der Daten zu kommen, stammt von ihm, und das werde ich immer dankbar erinnern.

Mein tiefer Dank gilt auch vor allem denen, die meine Abwesenheit nicht nur geduldet haben, sondern mir durch die Basis eines Zuhause, das sie mir gaben, halfen, die Härten der dortigen Arbeit zu ertragen, die schlimmsten Situationen dort durch tatkräftige Hilfe von hier zu meistern und den regelmäßigen »Kulturschock« der Rückkehr in das HIESIGE Land zu mildern: meinem Mann *Sigurd Diederich* und meiner Freundin *Ursula Lindner.*

Last not least – Dank denen, ohne die dieser Band nicht hätte geschrieben und gestaltet werden können. An erster Stelle meinen unermüdlichen Mitarbeiterinnen, *M. Hefuna*, die neben den schon vorhandenen Sprachen nicht nur Spanisch sprechen, sondern auch Quechua schreiben gelernt hat, Dipl. Biol. *Ulrike Ziegler*, ohne die ich in ungeordneten Literatur- und Dokumentenbergen täglich zu ertrinken drohen würde, sowie *Herrn Lutz*, Leiter der Photozentrale der Universität Ulm, und seinen Mitarbeiterinnen *Hanna Engelmann, Elvira Guttschick* und *Marlene Hepperle*, sowie *Herbert Lang*/Giessen, die am meisten mit meinen Dias zu tun hatten und manchmal unlösbar erscheinende Probleme doch noch zu lösen wußten. Ich danke meinem Freund *Peter Bracht* sehr herzlich, der mich auf die Fährte des Greno-Verlages gebracht hat, sowie *Franz Greno*, der sich so schnell und klar für mein Projekt ausgesprochen hat. Mein Dank gilt auch *Michael Bischoff*, Lektor des Verlages, für die editorische Zusammenarbeit.

Meinen herzlichen Dank auch den ersten Lesern des Buchmanuskriptes: Professor Dr. *Ilse Schwidetzky*, Dr. *Gertraude Franz, Waltraud Fischer, Hans Fischer, Ragane Heinbach, Hinnerick Bröskamp* und *Inga Kypke.*

Dank schließlich den Geistern und Göttern der Anden, meinem *machu* Sillaca, dem mir durch den weisen alten Medizinmann und watapurichej Don Valentin in einem Ritual zugeordneten Heiligen Berg und Ort der Kraft – sie haben mich beschützt und gerettet und dafür gesorgt, daß niemand und nichts meine Callawaya-Forschung verhindern konnte …

Den Menschen, von denen dieses Buch handelt, gilt unter allen der vorrangige und tiefste Dank. Ihnen ist deshalb das vorliegende Buch auch namentlich gewidmet.

Linden, Mai 1986

INHALTSVERZEICHNIS

EINLEITUNG

TEIL II: BEITRAG ZUR ANALYSE

SCHLUSS

Vorbemerkung zur Übertragung der Quechua-Texte

Das Übersetzungsproblem

Das Quechua ist eine ekliptische Sprache, das heißt eine Sprache, die vieles ausspart und *ungesagt sagt;* das betrifft das Quechua im Alltagsgebrauch und noch stärker im Kontext der Heilung, wo Sprache oft zur magischen Formel wird.

Es kommt hinzu, daß das Quechua, als agglutinative Sprache, sehr viele feine Bedeutungen durch ein- oder zweisilbige *Infixe* – Einschübe in das Wort – ausdrückt, wofür wir wortreiche Umschreibungen brauchen.

Zum Beispiel:

Jayway:	anbieten, reichen, widmen;
jaywa-mu-y:	kommen um etwas anzubieten;
jaywa-ika-ri-y:	etwas im Kreis herumreichen,
jaywa-raya-y:	mit ausgestrecktem Arm verweilend etwas anbieten, etwas lange mit ausgestreckter Hand hinhalten;
jaywa-rqo-y:	plötzlich die Hand ausstrecken oder: mit der Hand nach oben oder nach außen langen.

Dieses Beispiel mag den letztgenannten Punkt des Übersetzungsproblems verdeutlichen.

Quechua-»Fehler«. Das in der Callawaya-Region gesprochene Quechua ist gekennzeichnet von einigen Sprachformen, die nach vorliegenden Quechua-Grammatiken fehlerhaft sind. Dies betrifft besonders den Plural der Konjunktion mit Einschub des pronominalen Objekts. So wird z. B. regelmäßig *niwanku* gesagt, was grammatikalisch übersetzt heißt: »*sie* sagen *mir*«; die Quechua-Indianer der Callawaya-Region meinen damit aber »du sagst uns, er/sie/es sagt uns, ihr sagt uns«, was grammatikalisch richtig *niwanchis* heißen müßte. Dies muß der Quechua-Kundige bei der hier vorgelegten Übersetzung der Gebete berücksichtigen.

Aus diesen Gründen sind wörtliche Übersetzungen nicht immer möglich. Ich spreche deshalb von »Übertragung«. Bei der Übertragung habe ich mich aber bemüht, so wortgetreu wie irgend möglich zu bleiben.

Das Ergebnis ist für jeden (Quechua-kundigen) Leser – auch für mögliche künftige Forscher zu den hier dokumentierten Gebetstexten – nachprüfbar: Der Quechua-Text ist vollständig wiedergegeben. Ich bediene mich weitgehend der vom Tercer Congreso Indiginista Interamericano de La Paz, 1954, festgelegten Orthographie des Quechua.

Einige nicht übersetzbare Grundbegriffe der Heilungsrituale

Für einige Grundbegriffe der Callawaya-Heilung lassen sich keine sinnvollen Übertragungen finden. In den meisten Fällen werden sie deshalb unübersetzt gebraucht. Für den vorliegenden Band gilt dies insbesondere für:

MESA. Wörtlich: »Tisch«. Es ist der Opfer-Tisch oder besser: die Opfer-Gabe, die oft auf dem Boden bereitet wird und zu jeder Heilung dazugehört.

YANA MESA. Wörtlich: »schwarzer Tisch«; dies ist die Schwarze Heilung (u. a. auch Schadensstiftung, Hexerei).

YURAJ MESA. Wörtlich: »weißer Tisch«; die Weiße Heilung.

KUTI MESA. Wörtlich: »Zurückgeb-Tisch« – es ist eine mesa, die Unheil und Trauer u. a. an den Ursprung (der auch ein Mensch sein kann) zurückverweist.

CABILDO. Das cabildo ist die Opferstätte einer jeden Hütte der Region, auch die Opferstätten an Wegen, auf Pässen, an den lugares (Orten der Kraft).

Q'INTO. Ist ein Teil der mesa. Es ist ein aus Baum-, Schafs-, Alpaca- oder Lamawolle geformtes rundes »Nest«, in das die Opfergaben – z. B. Coca-Blätter – eingelegt werden.

CH'ALLA. Besprühung, Libation. Diese Handlung gehört auch zu jedem Heilungsritual. Die mesa wird bei der ch'alla mit Wein oder reinem Alkohol oder dem Blut des Opfertieres besprüht.

LUGAR, LUGARNIOJ. Es gibt kaum eine Heilung ohne die Anrufung der lugares. Lugar ist spanisch und heißt wörtlich »der Ort«. Lugarnioj heißt »Jemand, der einen Ort besitzt«. Die gemeinten Orte sind ganz besondere Orte, Orte, die angebetet werden, Orte, denen man als Kind oder auch Erwachsener in einer Art »Taufe« zugeeignet werden kann, Orte, die »bewohnt« sind, ohne daß dieser Bewohner *(achachila)* – jener »jemand« – personifiziert würde. Der Ort hat einen Namen, das ist der Name des Berges, des Sees, der Quelle. An einem Ort geht man nie achtlos vorbei. Denn der Ort hat Macht, er hat Kraft. Er kann heilen, er kann strafen, er kann besänftigen, er kann sich rächen.

Zuerst habe ich lugar mit »heiliger Ort« übersetzt. Aber das konnotiert Christliches. Die Verehrung der lugares ist jedoch gerade das Zentrum der heidnischen[1] Anrufung im Heilungsgebet.

Ich glaube, daß »Ort der Kraft« die Bedeutung von lugar treffend wiedergibt.

MACHU, WATAYOJ. Jedem Menschen wird nach seiner Geburt – oder auch später – durch ein watapurichej (vgl. u.) ein Ort der Kraft zugeordnet, der einen beschützt und bestraft, an den man sich mit Dank und Bitte wendet, dem man opfert. Dieser einem Menschen persönlich zugeordnete Ort der Kraft ist der machu (machu, Quechua, heißt »alt, weise«). Jedes Jahr wählt der watapurichej auch einen speziellen Ort der Kraft aus, der *dieses* Jahr für das Dorf zuständig ist. Das ist der watayoj (wörtlich: »Inhaber des Jahres«).

MAKINMANTA. Wörtlich: »von den Händen von«, und zwar in dem gleichen Sinn, wie wir sagen: im Namen von ...

[1] Für die Christianisierung waren die »Heiden« Menschen geringwertiger Religion, die es zu einer »Hoch-Religion« zu bekehren galt. Daher rührt auch heute noch der leicht negative Klang des Wortes »heidnisch« für manche Ohren. Statt »heidnisch« jedoch »vor-christlich« zu verwenden, bringt einen anderen Bedeutungsklang hinein, der nicht wünschenswerter ist: als ließe sich eine Religion nur in bezug zum Christentum charakterisieren. Ich bleibe deshalb in den folgenden Texten bei »heidnisch« – gewiß nicht, um Abwertung, sondern um EIGENSTÄNDIGKEIT auszudrücken.

oder im Sinn von ... Dies ist eine sehr häufig vorkommende Formel des Heilungsgebets. Im Namen eines anderen kann ich beten, handeln, heilen etc.

Wessen »Hände« aber sind in den Gebeten angesprochen? Es sind immer die Hände eines Weisen, eines Medizinmannes, eines »Dieners« der Orte der Kraft, eines Ritualisten. Und was in seinem Namen geschieht, geschieht in Wirklichkeit nicht in seinem »Namen« – sondern *im Geiste seiner Hände*: es sind die Hände, die den Opfertisch bereiten, die Weihrauchschale zum Nachthimmel heben, das Opferfeuer schüren. Und wenn es heißt ... makinmanta, so ist gemeint, daß das, was hier geschieht, »im Geist der Hände« jenes anderen geschieht. Und so will ich es auch übersetzen: nicht »im Namen von«, sondern – die Heilungs*handlung* mitmeinend –: »im Geist der Hände« von ...

WATAPURICHEJ. Dies ist ein ganz außerordentlich wichtiges Amt, das einer der weisesten und oft auch ältesten Männer eines Dorfes innehat. Wörtlich heißt es: »der das Jahr zum Gehen bringt«. Es ist der Ritualist der großen zyklischen Agrikultur-Riten. Ich übersetze es mit »Ritualist des Jahreszyklus« – auch wenn diese Bezeichnung nicht alle Funktionen des watapurichej faßt.
Diese Übersetzung verwende ich in dem vorliegenden Band bei den Übertragungen der Gebete. In späteren Studien, die wesentlich von dem Tun des watapurichej handeln, werde ich die Bezeichnung unübersetzt lassen.

»Heilung«

In der Apolobamba-Kordillere spricht man von curación, ein spanisches Wort, das Heilung heißt. Die Indianer haben noch viele andere Ausdrücke für curación – je nach Art des Heilungsrituals –, und ich werde darauf in den folgenden Studien an entsprechender Stelle eingehen.
An dieser Stelle sei nur klargestellt, daß Heilung – wenn ich dieses Wort benutze – niemals im Sinne einer *Zustandsbeschrei-*

bung gemeint ist – im Sinne von »ich bin geheilt, gesund« –, sondern immer den *Vollzug* meint, also das Heilungsritual. Der Kürze halber spreche ich manchmal von Heilung – zum Beispiel, wenn ich Arten des Heilungsrituals unterscheide, die Weiße Heilung, die Schwarze Heilung etc. –, gemeint ist aber immer das Heilungs*ritual*.

Durchgehend verwendete Abkürzungen

H	Heilung. H-98 z. B. wäre die 98. von mir dokumentierte Heilung.
LP	Heilungen in La Paz. LP-5 wäre die 5. in La Paz von mir dokumentierte Heilung.
R	Kollektiv-Ritual (R-1, R-2 etc.)
L	Lehre bei Medizinmännern (L-1, L-2 etc.; Lehren bei Medizinfrauen und Hexen: ♀ L-1, ♀ L-2).
I	Informationsgespräche (I-1, I-2 etc.)
f. S.	Folgende Spezialstudien; »vgl. f. S.« verweist auf nachfolgende Veröffentlichungen zu dem im Text angesprochenen Problem.

EINLEITUNG

KAPITEL 1

Callawaya-Region und Callawaya-Forschung

Übersicht:

1. DIE CALLAWAYA-REGION

Wer sind die Callawayas? Der Gebrauch des Namens ist uneinheitlich. Die einen sprechen von Callawaya-*Indianern*, die anderen von Callawaya-*Medizinmännern* – d. h. einer Teilgruppe jener Indianer. Die Etymologie des Wortes (obwohl noch umstritten) verweist eher auf die Richtigkeit des zweiten Gebrauchs. Nach Oblitas Poblete (1970a) leitet sich der Name wahrscheinlich von den Aymara-Worten qolla und huaya her – das eine heißt »Kräutermedizin«, das andere »tragen«. Die Callawayas wären dann die »Heilkräuter-Tragenden«. In diesem Sinn möchte ich im folgenden auch den Begriff Callawaya für die *Medizinmänner* reservieren. Wenn ich daneben von Callawaya-Region, Callawaya-Konzepten, Callawaya-Kultur spreche – so ist damit der geographische und kulturelle Lebensraum der Callawaya-Medizinmänner gemeint.

Die Callawaya-Region gehört zu der Provinz Bautista Saavedra im Departement von La Paz, Bolivien. Sie liegt ca. 260 km Schotterweg von der Hauptstadt La Paz entfernt, im Nordosten des Titicacasees an der Grenze zu Peru, im Bereich der Apolobamba-Kordillere und Muñeca-Kordillere der Anden. In der stark zerklüfteten Bergwelt liegen die Dörfer der Region auf Höhen zwischen 3350 und 4000 m. Die Hauptstadt der Provinz ist das Dorf Charazani mit heute etwa 300 Einwohnern. Dort endet der Schotterweg von La Paz. Zwei weitere Dörfer der Region sind ebenfalls auf einem – sehr mühsamen, schmalen, schlaglochbesäten und in der Regenzeit nahezu unbefahrbaren – Schotterweg erreichbar. Auf diesen Wegen verkehren unregelmäßig Lastwagen – das Transportmittel für Mensch, Tier und Ware – zwischen La Paz und der Region. Die Lastwagenfahrt dauert – ohne Unfall und Panne – zwischen 14 und 24 Stunden. Die anderen Dörfer sind nur auf steilen, Schlucht auf, Schlucht ab führenden Fußpfaden erreichbar. Bastien schrieb 1978(a), daß nur wenige Fremde »auf der gefährlichen Reise von La Paz nach Charazani ihr Leben riskieren«, um diese entlegene Gegend zu erreichen. Auch gestern noch (1985) waren es nur wenige. Doch Änderungen deuten sich an. Die Europäische Gemeinschaft ist mit Entwicklungsprojekten in die Region eingefallen ...

Die Provinz Bautista Saavedra erstreckt sich über ein Gebiet von 2525 Quadratkilometern und hat – nach einer Zählung von 1960 – 10668 Einwohner. MAHNKE (1985) zitiert eine Zählung von 1976 – ebenfalls mit etwa 10000 Einwohnern für die ganze Provinz. Dies können sicher nur ungefähre Zahlen sein: die Nachlässigkeit, mit der Babies angemeldet und Tote abgemeldet werden – oder auch nicht –, entspricht durchaus nicht der Würde, mit der die großen, eindrucksvollen Bücher der zivilen Registratur geführt werden.

Mit der Ausnahme eines Dorfes, in dem, wie in der gesamten Titicacaregion, Aymara gesprochen wird, sprechen die Indianer der dortigen Region Quechua. Die Männer unter den Indianern – eher vor allem, wenn sie Callawayas sind – sprechen auch manchmal Spanisch. Viele Medizinmänner können auch Aymara, und einige kennen noch die geheimnisvolle Callawaya-Sprache (OBLITAS POBLETE 1968). Die kleine Minderheit der Mestizen (Mischlinge) der Region, die fast ausschließlich in Charazani, dem Hauptdorf, und Umgebung wohnen, meist ehemalige Großgrundbesitzer, die durch die bolivianische Agrarrevolution von 1952 (mehr oder minder effektiv) enteignet wurden, sind zweisprachig.

Die Bewohner der Callawaya-Region leben überwiegend von Ackerbau und ein wenig Viehzucht. Beides erfordert harte Arbeit. Die kleinen Terrassenfelder liegen meist an steilen Hängen, die Weiden für das Vieh (Schafe, einige Rinder, weiter oben Lamas, Alpacas) sind oft weit entfernt und dürftig. Das Klima ist rauh. Die mittlere Jahrestemperatur liegt auf 2700 m bei 17 Grad, auf 4000 m Höhe bei 9 Grad. Es gibt nur zwei Jahreszeiten, die Trockenzeit (ca. Mai bis Oktober) und die Regenzeit. Die täglichen Temperaturschwankungen sind größer als die zwischen den Jahreszeiten und betragen zwischen 12 und 20 Grad (SEIBERT 1982). In der Trockenzeit können die Temperaturen des Nachts empfindlich unter Null sinken, da vermag

Abbildung 1: Die Bergwelt der Callawaya-Region (Chullina-Tal)

auch das Feuer der nächtlichen Heilungsrituale nicht mehr zu wärmen.[1]

Die Indianer leben überwiegend in Hütten aus selbstgefertigten Lehmziegeln. Die Hütten sind fensterlos und entweder stroh- oder (was Wohlstand und Status andeutet) wellblechgedeckt. Normalerweise schläft die ganze Familie in der 10–16 m^2 großen Hütte zusammen; die verglimmende Feuerstelle, die eng gedrängten Körper wärmen des Nachts. Manchmal sind Koch- und Wohnhütte getrennt, oft gibt es noch eine Vorratshütte, die *pirúa;* die Tiere sind im Corral, der Steineinfriedung, untergebracht. Außer einigen Hütten und Häusern im Hauptdorf hat keine Hütte ihre eigene Wasserstelle. Einige Orte haben aber schon öffentliche Trinkwasserzapfstellen. Im Hauptdorf ist das Klohäuschen zwar Signal von Status – es findet sich jedoch ausschließlich in Mestizenbehausungen, was nicht unbedingt bedeutet, daß es benutzt wird. Ansonsten geht man in den Corral oder ins Gebüsch.

Einiger »Fortschritt« ist in die Region eingezogen. Charazani hat als einziges Dorf einen Generator für Elektrizität. Er ist allerdings nur äußerst selten in Gebrauch. Charazani hat auch ein Krankenhaus mit drei Betten. Dort soll in der Regel ein Arzt sein. In der Regel ist aber keiner da. Das Krankenhaus wird jedoch versorgt von einem indianischen Sanitäter, der auch im Ort wohnt. Schulen gibt es seit der Agrarrevolution in jedem größeren Dorf. Es besteht allgemeine Schulpflicht. Sie wird, sofern es die wirtschaftliche Situation der Familie erlaubt (Kinder müssen das Vieh weiden, Reisig sammeln, auf den Feldern helfen, jüngere Geschwister hüten), auch eingehalten. Im Hauptdorf gibt es sogar ein Colegio – eine aufbauende Schule. Da vom ersten Schultag an im Unterricht Spanisch gesprochen wird, können Kinder manchmal mehr Spanisch als Erwachsene. Aber das verliert sich dann auch wieder. Ein Radio ist seltenes Luxusgut, Zeitungen kommen nicht in die Region, und als Unterschrift wird auch der Abdruck der Daumen akzeptiert

[1] Zu Vegetation, Klima und Wirtschaftsgeographie der Callawaya-Region vgl. Seibert 1981, 1982; Lauer 1982; Mahnke 1982, 1985; Schoop 1982a, 1982b.

– es ist nicht viel Bedarf an diesen Schulfähigkeiten in der Region.

Im Hauptdorf gibt es auch eine große Kirche und die eindrucksvollen Gebäude der Nonnen und des Paters. Hier und an anderen Zentren der Diözese werden Katechisten ausgebildet, die die entlegeneren Dörfer im Sinne der Katholischen Kirche versorgen. Die Kirchenstellen sind jedoch nicht immer besetzt, die Präsenz der Katholischen Kirche wechselt über die Jahre.

Ihre schwere Zugänglichkeit und ihre geographische und klimatische Unwirtlichkeit haben die Callawaya-Region bisher in einer relativen Isolierung gehalten und dazu beigetragen, daß sich eine stark traditionsgebundene, zum Teil noch vor-spanische Lebensweise erhalten konnte. Sie kommt insbesondere noch – wie MAHNKE (1985) sehr schön zeigen konnte – in der indianischen Wirtschaftsweise zum Ausdruck, in den Arbeitsmethoden auf dem Feld, den Arbeitsgeräten, der Agrarorganisation und dem zum Teil noch existierenden gemeinschaftlichen Landbesitz: Agrikulturmethoden und Agrikulturstrukturen, die auf die vor-spanische Zeit zurückgehen.

Auch die traditionelle Medizin hat bis in die jüngere Zeit in ihrem Bestand von dieser Isolierung profitiert,[1] obwohl die Medizin in Form von Kräutern und Weisheit ein ganz bedeutender »Export« der Region ist, welcher durchaus wirtschaftliche Bedeutung hat. (SCHOOP 1982a) Denn die Callawayas waren seit Jahrhunderten und sind bis heute *reisende* Medizinmänner. Soweit sie noch in ihrer Ausgangsregion wohnen, sind sie immer auch Bauern, aber wenn es der Stand der Äcker oder die Größe und Altersstruktur der Familie erlauben, gehen sie auf ein- bis mehrmonatige, früher auch Jahre dauernde Reisen, die sie heute noch in weite Regionen Boliviens und vor allem auch nach Peru und Argentinien, ja bis an die Grenze von Chile führen. Früher dauerten, wie viele Dokumente belegen, ihre

[1] Die Ganzheitlichkeit der Callawaya-Medizin mit Kräuterheilung und symbolischer oder ritueller Heilung steht heute, unter dem Einfluß vielfältiger Institutionalisierungsinteressen in bezug auf die traditionelle Medizin, allerdings unter beträchtlichem Druck. Ich werde an anderer Stelle ausführlicher auf diese Entwicklungen – und auf die erheblichen Gefahren für den Bestand der Callawaya-Medizin – eingehen.

Abbildung 2: Heimtreiben der Schafe am Abend

Reisen oft noch länger, und der Radius ihrer Reisen war viel weiter gespannt, reichte bis tief nach Argentinien und Chile, nach Kolumbien, Venezuela, Ecuador und Brasilien, ja bis nach Mittelamerika hinein.

Wie viele Callawayas in den einzelnen Dörfern leben, darüber besteht erhebliche Unsicherheit. Schoop (1982a) und Bastien (1982b) haben Zählungen versucht; Schoop kommt auf insgesamt 144 Callawayas aus acht Dörfern, Bastien hat nur die »herbalists«, die Kräuter-Heiler (was immer er damit meint), in den Orten Curva/Lagunillas und Chajaya/Kanlaya gezählt und kommt auf 37 bzw. 28, wobei aber viele davon sich auf Dauer in anderen Orten Boliviens niedergelassen haben. Die von diesen Autoren verwendeten Definitionen und Ergebnisse bedürfen der Korrektur, darauf werde ich in anderem Zusammenhang eingehen. Ich bin jedenfalls aufgrund meiner eigenen bisherigen Zählungen und Informationen sicher, daß diese Zahl auch heute noch deutlich höher angesetzt werden muß – insbesondere, wenn man aus dem Bereich der Heilenden nicht willkürlich Frauen ausschließt und solche Medizinmänner, die neben Kräuterheilung auch – und in den allermeisten Fällen sind beide Kompetenzen vereint – rituelle Heilungen vollziehen.

2. VORWISSENSCHAFTLICHE UND WISSENSCHAFTLICHE BILDER DER CALLAWAYAS

Unbestrittene Merkmale und zählebige Mythen über längst vergangene Traditionen zeichnen den Callawaya-Medizinmann zu einer außerordentlichen Gestalt; schließlich hat er schon am Hof der Inka-Könige gedient und die Weisen der Inkas (amautas) in Sachen Medizin unterrichtet; er hat ganz Südamerika auf seinen Heilungsreisen durchwandert – sogar nach Europa ist er gekommen – und sein Weg ist gesäumt von wundersamen

carolus BUCH UND KUNST

Liebfrauenstraße 4 · 6000 Frankfurt/Main · ☏ (069) 28 56 51

Herrn
Frau
Fräulein
Firma

Quittung	DM
Rösing: Die verbannung der Trauer	20,00

Steuerl. Entg. DM	MwSt. DM	MwSt. %
		7

Betrag dankend erhalten
i.A. Bank
Unterschrift

20.8.87
Bon-Nr. Datum

DM 20,00

Heilungen; dabei kommen diese Medizinmänner aus wenigen ärmlichen, abgelegenen, unzugänglichen Dörfern, wo fast alle erwachsene Männer Heiler sind; die Kunst wird vom Vater auf den Sohn weitergegeben und ihr Geheimnis radikal geschützt; sie sprechen eine Geheimsprache und sind ebenso versierte Heilkräuterkundige wie gefürchtete Hexer ...: Realität und Mythos.

Die wahrgenommenen Besonderheiten der Callawayas haben bedingt, daß sie über Jahrhunderte hinweg immer wieder vielfältige Aufmerksamkeit auf sich gezogen haben. Die Chronisten der spanischen Eroberung erwähnen sie – wenn überhaupt – nur indirekt, doch die Reisenden späterer Jahrhunderte begegnen ihnen in allen großen Städten des südamerikanischen Kontinents und haben durch ihre farbenreichen und wertenden Berichte zur Mythologisierung der Callawayas beigetragen. Weddell (1853) schreibt zum Beispiel:

Diese Callahuaya-Indianer, deren Geschichte kaum bekannt ist, stellen eine besondere Nation dar (une nation particulière), eine Enklave inmitten der Nationen der Quechua und Aymara. Ihre Mitglieder haben sich eine gewisse Berühmtheit als Ärzte und Zauberer erworben; in ihrer letzteren Eigenschaft erwecken sie einen so bemerkenswerten Respekt, daß, wenn einer von ihnen sich betrinkt (was oft vorkommt) und die Nacht ausgestreckt auf einem öffentlichen Weg verbringt, ohne bei Sinnen zu sein, er nicht bestohlen wird.

Die Callahuayas sind vor allem Reisende, und das in einem Maß, daß man manche von ihnen ... an den entferntesten Grenzen Argentiniens sieht ... Ein Sack, mit alten Silbermünzen geschmückt, enthält ihre kleine Apotheke, und sie tragen ohne Ausnahme als Erkennungszeichen ein Kruzifix aus massivem Silber um den Hals. (S. 177–178)

Spätestens Ende des 19. Jahrhunderts erfährt die europäische Welt noch auf einem anderen Weg als aus solchen Reiseberichten wie z. B. dem von Weddell von diesen höchst besonderen Medizinmännern: Bolivien schickt eine Sammlung der von ihnen verwendeten Heilungskräuter Ende des Jahrhunderts auf die Weltausstellung nach Paris. Bravo (1889) klassifiziert die Pflanzen und verfaßt auch einen Ausstellungsprospekt über die

Callawayas; sie kämen, so heißt es, aus nur zwei entlegenen Orten (Charazani und Curva), hätten die Inkas in Sachen Medizin unterrichtet, reisten u. a. nach Lima und Buenos Aires, und viele hätten gar den Atlantik überquert; man begegne ihnen allenthalben mit einem geradezu »religiösen« Respekt, und sie seien effektive Heiler – auch wenn einige von ihnen ihre Rolle mißbrauchten:

Die (medizinische) Schule der Callahuayas verdient ihrer langen Tradition wegen – die auf die prähistorischen Epochen der peruanischen Monarchie zurückgeht –, daß die Wissenschaftler sich dem Studium der Heilmittel widmen, welche diese verwenden und die ohne Zweifel günstige Änderungen im Krankheitsverlauf bedingen, was die einnmütige Meinung des Volkes bezeugt. (S. 171–172)

Einige dieser Callahuayas sind Bauchredner, und mithilfe dieser Kunst ziehen sie aus der Leichtgläubigkeit des einfachen Menschen ihren Nutzen, der den Magier mit dem Heiligen Josef sprechen sieht und hört, oder gar mit dem Teufel persönlich ... (S. 171)

Hier ist von Ruhm und Respekt die Rede – aber auch von Suff, Verschlagenheit und Betrug. In jedem Fall ist das Bild wertend. Und diese Wertungen kennzeichnen die Beschreibungen der Callawayas in hohem Maß – und das bis in die jüngste Zeit. Es ist, als ob die Callawaya-Medizinmänner – in jedem Fall als geheimnisvoll und mächtig wahrgenommen – eine Stellungnahme gewissermaßen herausforderten, und die Stellungnahmen sich zwischen tiefster Verächtlichkeit und höchstem Lob polarisierten. Beide Seiten möchte ich im folgenden an einigen Beispielen illustrieren. Dies ist, wie ich zeigen werde, kein Blick in die finstere Vergangenheit einer längst überholten Geschichtsschreibung und Ethnographie, als Beobachter, Reisende und Gelehrte sich noch keiner »Objektivität« zu bedienen wußten, sondern es ist noch Teil der Gegenwart: sogar die *heutigen* Kinder der *heutigen* Callawayas werden in der Schule damit indoktriniert ...

2.1 *Die Callawayas: Gewalttätige, ausbeuterische Patientenmörder übelster Moral*

Über Jahrhunderte hinweg bleiben die Kommentare und Beschreibungen der Callawayas verstreut und punktuell.

Dem österreichischen Südamerikaforscher und Quechuaist J.J. von Tschudi (1869) sind auf seinen Forschungsreisen gelegentlich Callawayas begegnet, und er beschreibt diese aus dem Canton Charazani bei »Penechuco« stammenden »Zigeuner-ähnlichen, recht abgefeimten Spitzbuben« in folgenden Worten:

Diese Indianer waren nach der Tradition die Botaniker und Apotheker der Incas; sie sind es, die noch heute ganz Südamerika mit ihren Kräutern und Balsamen durchziehen und dabei vortreffliche Geschäfte machen, denn seit Jahrhunderten wird ihren Medicamenten die größte Heilkraft zugeschrieben. Der Volksglaube hält nun ihre Balsame für durchaus echt, trotzdem sie während ihrer mehrjährigen Reisen ihre aufgebrauchten Vorräthe stets in der Apotheke der ersten besten größeren Städte wieder ergänzen. Sie verkaufen Droguen als von ihnen in ihren heimatlichen Wäldern gesammelt, die, allerdings aus Amerika stammend, schon die Rundreise nach Europa gemacht haben. Selbst in Rio de Janeiro habe ich sie mit Balsamen hausieren gesehen. Sie sind recht abgefeimte Spitzbuben und haben außer ihrem Wandertriebe noch manche andere Charakterähnlichkeit mit den Zigeunern. (S. 317–318)

Eine der ersten etwas ausführlicheren Beschreibungen der Callawayas stammt von Paredes (1898), später zu der Monographie »Mitos, Supersticiones y Supervivencias Populares de Bolivia« (1936) (Mythen, Aberglauben und Volksüberlieferungen von Bolivien) ausgebaut und immer wieder neu aufgelegt (1976). Wer also ist – nach Paredes – der mythenumwobene Callawaya?

Es lohnt sich, Paredes ausführlich zu Wort kommen zu lassen (Ausgabe 1976, S. 253–264):

Der Heiler oder Weise par excellence, der seine medizinischen Kenntnisse mit dem Prestige eines vorzüglichen Hexers verbindet, ist unter den

Indianern der Callahuaya. Im Inneren des Landes nennen sie ihn Khamili; man fürchtet und man sucht ihn. (S. 253)

In alten Zeiten bildeten die Callahuayas eine besondere Kaste. Man sah sie als einzige Träger der medizinischen Wissenschaft der kollanas, *ihrer weisen Ahnen, an ... Heute ... haben sie viel von ihrem alten Prestige verloren. (S. 254)*

Der Callahuaya begnügt sich nicht damit, ein Hexer und Heiler zu sein, sondern versucht, in seinem Verhalten und in seinen Beziehungen immer gegenüber anderen hervorzustechen. Seine Eitelkeit und sein Stolz beherrschen ihn allzusehr. (S. 254)

Die Frauen (der Callawayas) sind häßlich und sehr dreckig. (S. 257)

Die Callahuayas sprechen Aymara, Quechua, Puquina und Spanisch. Sie sind so mißtrauisch, daß sie sich – wenn sie einen Indianer behandeln – untereinander in einer Sprache unterhalten, die niemand anders versteht. (S. 257)

Sie führen ein geheimnisvolles Leben ... Es ist noch nicht gelungen festzustellen, wie die Callahuayas auf ihren Heilungsreisen an die Tiere und wertvollen Besitztümer herankommen; wahrscheinlich ist, daß sie es tun, indem sie den abergläubigen Geist der Bauern ausnutzen. (S. 257)

Sie haben genug an botanischer Kenntnis, um die Eigenschaften einiger Pflanzen zu kennen, und benutzen diese in ihren Rezepten. Und im Verbund dieser Rezepte mit dem Gesamt des Aberglaubens, den sie in jedem Fall einsetzen, erreichen sie die Gesundheit des Kranken oder den Frieden derer, die sich von bösen Geistern verfolgt glauben. (S. 257–258)

Die Callahuayas sind eifersüchtig und grausam, und sie sind Träger aller möglichen Omen. Oft ermorden die Frauen ihre Gatten aus Eifersucht. Sie wohnen in schlecht gebauten Unterkünften, zerfallen, kalt und arm. (S. 262)

Die Callahuayas erfreuen sich des Prestiges, außerordentliche Fähigkeiten zu haben, in die Zukunft zu sehen, die okkulten Dinge aufzudecken und erwiesene Ärzte zu sein; sie werden deshalb von den Indianern gefürchtet und mit aller möglichen Ehrerbietung behandelt; die Indianer bringen sie gut unter, schenken ihnen Dinge und trauen sich niemals, irgend etwas aus den aufgebauschten und mysteriösen Taschen zu holen, die sie mit sich tragen. (S. 262–263)

Was ihre religiösen Praktiken betrifft, so sind sie sehr nachlässig und stehen nicht im Einklang mit den Anforderungen des katholischen Glau-

bens, von dem sie nichts weiter schätzen als den Teil, der ihnen erlaubt, sich zu vergnügen und zu betrinken. Das Christentum ist nicht in die Eingeborenenseele gedrungen ... Der Callahuaya geht nicht zur Messe ... Er stirbt, wie er gelebt hat: mit dem Beistand seiner Hexer. (S. 263)

Diese Indianer sind wenig gastfreundlich und sie erlauben nicht, daß ein Fremder mehrere Tage in ihrem Bereich bleibt. (S. 263)

Obwohl die Callahuayas in entfernte und zivilisierte Länder reisen, und einige von ihnen sogar Ausbildung in ausländischen Schulen genossen haben, haben sie keine Fortschritte gemacht, weder in der Art, wie sie als einzelne sich verhalten, noch in ihren sozialen Bräuchen. Das, was ihre Vorfahren waren, das sind sie heute noch: Leute mit den gleichen Neigungen und gleichen Widerständen, sich dem zivilisierten Leben einzufügen. (S. 263)

Abgesehen davon, so erfahren wir desweiteren bei Paredes, besaufen sich die Callawayas oft, werden dann melancholisch oder gewalttätig, bedienen sich in den Heilungen der Manipulationen und Geheimniskrämerei, und sie rauben, schlagen und betrügen ..., so daß Paredes seinen Bericht mit einem Satz voll bösartiger Ironie schließen kann: »Das also sind die berühmten Kräuterheiler und Hexer der Eingeborenenrasse.« (S. 264)

Die negativen Wertungen hinsichtlich der Callawayas ziehen sich auch durch die jüngeren Berichte über ihre Kultur; – ein Beispiel ist das Buch von Otero (1951; z. T. auch immer wieder abgedruckt, vgl. z. B. Otero 1976), wonach ihre Heilkunst im wesentlichen in Tricks, List und Lüge besteht (vgl. u.); ein anderes Beispiel ist Cuentas Gamarra (1966), der sogar so weit geht zu behaupten, daß sie ihren Patienten oft genug Überdosen verabreichen, so daß diese schwere Vergiftungen erleiden oder gar sterben:

Die Kallahuayas (sind) ... unermüdliche Wanderer ... Sie tragen ein Bündel mysteriöser Kräuter auf dem Rücken, eine Unzahl davon; Pflanzen, deren Merkmale und Qualitäten nur sie kennen und sie in der einen oder anderen Mischung (den Patienten) zu trinken geben, oft in einer höheren Dosis, so daß sie den Tod des Patienten bewirkt. In häufigen Fällen bewirken sie massive Vergiftungen.

Und dennoch sind die Kallahuayas die amautas *(Weisen) der Gegenwart; sie wissen von allem, sie wahrsagen, sie heilen und sie töten auch ... Sie führen auch Amulette verschiedener Art mit sich ... Es fehlt nicht an Menschen, die wir zivilisiert nennen können, die auf solche Zaubereien zurückgreifen. Für die Masse der Eingeborenen sind sie eine Art Weise, weil sie denken, (die Kallahuayas) wissen alles, und weil die Gutgläubigkeit (der Eingeborenen) in dieser Hinsicht extrem ist; (die Eingeborenen) haben Angst vor ihnen, und sie haben Respekt.*

Diese Kallahuayas sind also die Träger der ambulanten Medizin, die man sehr gut diabolische Medizin nennen kann; sie streifen durch alle möglichen Gegenden wie der Prototyp des Wanderers, ohne andere Rückendeckung als ein zusammengeschnürtes Bündel von Kräutern. Sie haben ohne Zweifel eine jedem beliebigen anderen Eingeborenen der Gruppe überlegene Intelligenz, und diese gibt ihnen die Möglichkeit der Suggestion; genau derer bedienen sie sich, um Heilungen zu erwirken, die dem Indianer rätselhaft erscheinen. (S. 116–117)

Es sei dem Mangel an Landärzten zuzuschreiben, so meint CUENTAS GAMARRA abschließend, wenn »die Mehrheit der Eingeborenen in der primitiven Epoche des magischen Denkens versunken bleibt« (S. 118).

Ganz in diesem Sinn bedauert Dr. Jean VELLARD (1961), Direktor des Französischen Instituts für Anden-Forschung und Professor der Ethnologie an der Universität in Lima, in dem Bericht über seine »sozial-anthropologischen Studien in Charazani« (abgedruckt in OBLITAS POBLETE, 1970a, S. 61–68), daß die »Eingeborenen« jener Region ihrer Isolation wegen den Callawayas und Hexern »ausgeliefert« seien, und das, obwohl die Heilungsweise der Callawayas »in Theorie und Praxis sehr unzureichend« und die profunde Kenntnis der Pflanzen, die man den Callawayas zuschreibe, »sehr übertrieben« sei. Es bedürfe einer fortschrittlichen westlichen Medizin, um diesen unerfreulichen Einflüssen entgegenzuwirken.

Nun kam die Callawaya-Region – z. B. zwanzig Jahre vor den »Studien« von VELLARD – jedenfalls für zwei Jahre in den Genuß der westlichen Medizin: 1939/1940 war der deutsche Arzt Dr. BLUMBERG als bolivianischer Regierungsarzt in Charazani eingesetzt. 1953 berichtete er in der Deutschen Medizinischen Wochenschrift über einige seiner Erfahrungen in jener »halbzivilisierten Gegend«. Sein Bild der Callawayas ist nicht ganz so schwarz wie das der vorangehend zitierten Autoren; ihren Ruhm läßt er gelten, wenn ihre Medizin ihm auch »steinzeitlich« erscheint:

(Die) Callahuayas sind berufsmäßige Heilkünstler und Zauberer, die ... sich auf eine uralte, mit Sicherheit auf die Inkazeit zurückgehende Tradition berufen und ihr Gewerbe als wandernde ›Curanderos‹ in ganz Südamerika ausüben ... Ihre Berufsreisen führen sie, wie einwandfrei festgestellt wurde, durch ganz Südamerika. Man hat sie in den entferntesten Punkten, z.B. in Rio de Janeiro, in Montevideo, in Venezuela angetroffen, was umso bemerkenswerter ist, als diese Reisen fast ausschließlich zu Fuß zurückgelegt werden. Sie kommen meist mit gutem kommerziellen Erfolg zurück ... (S. 1798–1799)

(Ihre Heilkunst ist eine) eigenartige Verquickung von Medizin und Magie, wie man sie nicht oft wiederfinden wird ... Es ist die Heilkunde der Steinzeit mit mittelalterlichen Beimengungen ... In Bolivien, sogar in ganz Südamerika, genießen die Callahuayas immer noch einen mit einem gewissen Schauder verbundenen Respekt ... Für den modernen Arzt ist die Heilkunde der Callahuayas ... nur noch eine Reliquie uralter Zeit. (S. 1801)

Man möchte meinen, daß solche zum Teil extremen Wertungen, wie ich sie zitiert habe (Vergiftung, Betrug, Raub und Mord ...), der Vergangenheit angehören. Aber man wird eines besseren belehrt. Als wenn sie es nicht wissen könnten, wird auch den Söhnen und Töchtern der heutigen Callawayas in der Schule beigebracht, was ein Callawaya ist: ein Schulbuch belehrt sie darüber. Das Schulbuch von CARDENAS MIRANDA, veröffentlicht 1979, wird im Colegio von Charazani, dem Hauptdorf der Callawaya-Region, verwendet. Ich habe 1983 von einem 17jährigen Schüler ein vielfach zerlesenes Exemplar erworben. Was lehrt das Schulbuch – und wen lehrt es dies? Wie viele von denen, die in der Schule über Callawayas belehrt werden, sind Callawaya-Kinder?

Tabelle 1
Callawaya-Kinder im Colegio von Charazani
1982, 1983, 1984

	1	2	3	4
1982	I-1	47	12	25.5
	I-2	40	15	37.5
	I-3	27	12	44.4
	M-1	17	3	17.6
	M-2	15	2	13.3
1983	I-1	41	18	43.9
	I-2	37	9	24.3
	I-3	25	9	36.0
	M-1	15	5	33.3
	M-2	13	5	38.5
1984	I-1	32	12	37.5
	I-2	36	16	44.4
	I-3	27	7	41.2
	M-1	14	8	57.1
	M-2	6	1	16.7

Spalte 1: Schuljahrgang[1]
Spalte 2: Anzahl der Schüler insgesamt
Spalte 3: Davon Callawaya-Kinder
Spalte 4: Callawaya-Kinder in %

Um dieser Frage nachzugehen, habe ich die Schülerregistraturbücher des Colegio für die Jahre 1982, 1983 und 1984 ausgewertet. Die Bücher lagen mir im Original vor. Aufgrund eigener Kenntnisse und mit Überprüfung von drei Informanten wurden unter den Vätern der Schüler die Callawayas identifi-

[1] Das bolivianische Schulsystem sieht 5 Grundschuljahre vor (Alter 6 bis 11). Es folgen drei Jahre »Colegio Intermedio« sowie 4 Jahre »Colegio Medio« – womit dann die Universitätsreife erreicht ist. Das Colegio in Charazani führt nur bis zum 2. Jahr des Colegio Medio. Wer studieren will, kann seinen Schulabschluß dann nur in anderen Orten erreichen.

ziert.[1] Die Eltern sind in den Registraturbüchern namentlich aufgeführt, auch der Beruf des Vaters. Als Beruf wird »médico« oder »Callawaya« oder irgend etwas ähnliches jedoch niemals angegeben; statt dessen ist von »agricultor« (Bauer) die Rede – was der Callawaya ja stets auch ist – oder von »comerciante« (Händler). – Die nebenstehende kleine Tabelle zeigt das Ergebnis der Auswertung.

Daraus ergibt sich, daß für diese Jahre im Durchschnitt jeweils ein Drittel der Schüler eines Jahrgangs Kinder von Callawayas sind. In ihrem Schulbuch erfahren sie nun, daß die Callawayas – ihre Väter – dermaßen »interessant« seien, daß sich eine Vielzahl von Forschern und Autoren mit ihnen auseinandergesetzt haben. Es folgt eine lange Liste erlauchter Autorennamen, und dann werden einige der Erkenntnisse, zu denen diese Autoritäten über die Callawayas gekommen sind, aufgeführt, wobei vor allem Otero (1951) ausführlich zu Wort kommt. Mit welchen grotesken Wertungen die Söhne und Töchter von Callawayas, die Kinder anderer Indianer in der Callawaya-Region sowie die Kinder der Mestizen in bezug auf die Callawayas in diesen Texten konfrontiert werden, das können nur ausführliche Zitate aus dem Schulbuch zeigen:

Alle (die oben erwähnten) Autoren stimmen darin überein, daß es zwischen den Callawayas und den Juden viele gemeinsame Aspekte gibt. Desgleichen zwischen den Callawayas und den Zigeunern. Der Callawaya ist ein einsamer Nomade, er reist ohne Frau und Kinder, ohne Geschwister und Freunde. Ungerührt verläßt er seinen heimischen Herd. Auch bei der Rückkehr in sein Haus zeigt er keinerlei Gefühlsregung im Sinne von Entgegenkommen, Freude oder Mißstimmung. Der Callawaya von Curva ist der grausamste Mann für seine Frau; jedesmal, wenn er sich betrinkt, mißhandelt er sie auf unmenschliche Weise.

Die Mehrzahl (der Callawayas) sind Kräuterärzte, und andere sind Magier, Wahrsager, Hexer, Kamilis, Jampiris, Yatiris. *Ihre Heiligtümer sind die* konapas, huacas, *die* apachetas *und die cabildos.[1] Sie bereiten ihre Medizinen mit Blättern, Wurzeln, Blüten, Samen, Fetten,*

[1] Callawayas waren dabei für uns diejenigen, die (u. a. mit Kräutern und Ritual) Heilungen vollziehen und auch auf Heilungsreisen gehen bzw. in andere Dörfer gerufen werden und diese Heilkunst nachweislich in den letzten 10 Jahren ausübten.

Haaren, tierischen Organen und Drüsen, Pulver aus Vogelfedern usw. Ihre bösen Geister sind der supay, *der* anchancho, *der* mekala.[1] *Sie benutzen Amulette, Talismane, Fetische … (S. 159)*

Unter anderen Autoren geben wir Gustavo Adolfo Otero *den Vorrang, ein eifriger Intellektueller, der als politischer Gefangener eine beträchtliche Zeit mit den Callawayas (im Gefängnis) zusammenlebte und dessen Einschätzungen der Wahrheit am nächsten liegen. (S. 159–160)*

(Dann folgen Oteros Einschätzungen der Art: Bei den Callawayas habe er sich gefühlt) *wie im zoologischen Garten, wo sich seltsame Lebewesen versammeln, die sich kurz vor ihrem Aussterben befinden … (S. 160)* (Und weiter wird Otero zitiert:) *Das typische Merkmal der Callawayas ist, daß sie sich Eingeborenen, Mestizen und Weißen gegenüber absetzen … daß sie sich als eine überlegene, auserwählte Gruppe vorkommen und sich selbst aristokratische Eigenschaften zuschreiben … Diese Überlegenheit beruht nach den Callawayas in ihrer magischen Weisheit, ihren Kenntnissen von Heilkunst und ihrer Macht der Wahrsagung … Ihre Verschlagenheit besteht in einem psychologischen Instrumentarium … Ihre Methoden der Weissagung, ihre magischen Tricks und ihre Heilungen vollziehen sie mit List … Eine Erscheinungsform ihres lebendigen Geistes ist die Neugier und eine gewisse Macht der geistigen Beobachtungsgabe … (Der Callawaya) ist ein gewandter Schauspieler, der seine Worte je nach den Umständen auswählt … (Mal ist er) ein bißchen blind, ein bißchen taub, ein bißchen stumm, ein bißchen einfältig – wenn die Situation etwas kompliziert wird …Der Callawaya ist ein Mensch in permanenter Meidung und Flucht, er ist immer auf Reisen … Seine typische Kleidung (besteht u. a. in seinem Poncho, Umhang) … Der Poncho ist für die Callawayas als Mantel und als Verteidigung unentbehrlich, und auch als Instrument des Okkultismus für seine Taschenspielertricks und magischen Maschen … (S. 160)*

Sie sind Erben dreier Religionen, die der Aymara, der Quechua und der Christen, aus deren Ingredienzen sie ihren eigenen religiösen Bereich entwickelt haben … Sein Hauptkult gilt der Pachamama *oder Göttin der Erde … Der Geist der* achachilas *ist die Seele der Natur, der auf den Bergen wohnt, in den Flüssen und Seen … (Der Callawaya gibt sich) dem Kult der* achachilas *und der Ahnen (hin) … (S. 161)*

[1] Diese Begriffe werden in diesem Band und den folgenden Arbeiten – im Kontext der dargestellten Heilungen – erklärt.

Es ist ein groteskes Bild, das sich aus diesen Zitaten ergibt, ein Bild, das sich sowohl mit den übelsten Vorurteilen gegenüber Juden und Zigeunern verbindet als auch mit Gewalttätigkeit, Grausamkeit, Betrug und Gefühlskälte; wie es den Tieren im Zoo entspricht, zeigen sie äußerst merkwürdige Verhaltens- und Denkweisen (Kult und Religion) – und haben bei all dem noch eine unerschütterliche Arroganz und die Fähigkeit einer chamäleonhaften Verstellung, je nach Situation und Vorteil.[1] Im Anschluß an dieses perverse Bild des Callawaya zitiert das Schulbuch einige Callawaya-Rezepte des Autoren OBLITAS POBLETE (1971a) und läßt schließlich SALMON BALLIVIAN (1926) zu Wort kommen, der schreibt:

Auch wenn für uns die Callawayas mehr Hinterlist (Betrug) als Medizin betreiben, so sind sie für die Leute vom Altiplano nicht nur ambulante Ärzte, sondern auch Weise. Als Nachfahren der amautas *(der Weisen der Inkas), haben die Weisen des Altiplano in der Tat ihre Kenntnisse von Generation zu Generation, von Vater zu Sohn, weitergegeben und bewahren bis heute, was die Wissenschaft jener Epochen war. (S. 163)*

Auch hier sind die negativen Wertungen nicht zu überhören.

2.2 *Die Callawayas: Vitale, überragend intelligente Wunderärzte beispiellos vorbildlicher Moral*

Sind die Callawayas für PAREDES und OTERO und andere brutal und unmoralisch, gewalttätig und rückständig, primitiv und ausbeuterisch, so sind sie für andere der Inbegriff des Fortschrittspotentials und der menschlichen Vollendung – allerdings nur bis auf halbe Strecke zwischen Indianer und Mittel-

[1] Neben diesen Abwertungen enthält das Buch von OTERO (1951) aber auch eine Vielzahl wichtiger Beobachtungen. Zu OTERO vgl. auch seine eingehende und lesenswerte Studie über das Alltagsleben in der Kolonialzeit (OTERO 1975) – zu den Callawayas dort besonders Kapitel 8 – sowie sein Buch über »Physis und Charakter des Indianers«. (OTERO 1981)

Abbildung 3: Die Region der Callawayas: Wohnhütten in Huata Huata

klasse: Teran Gomez (1955) schreibt den Callawayas »hohe moralische und physische Qualitäten« zu, welche sie gegenüber allen anderen Indianern, die Bolivien bevölkern, hervorheben. Weiter heißt es:

Außer daß sie profunde Kenntnisse in der Kunst des Heilens mit Kräutern haben, mit Wurzeln, mit Talg und Fetten von Tiger und Löwe, ist der Callawaya auch ein furchteinflößender Hexer und gleichzeitig auch Wahrsager ... Seine Kenntnisse der Arzneimittel sind bewundernswert ... Der Ruhm des Callawaya reicht über weite Teile des Kontinents ... Das Eheleben unter den Callawayas ist jeden Lobes wert, denn es ist festgefügt und von exemplarischer Moral ... Der Callawaya schreitet fort auf dem Weg der menschlichen Vervollkommnung. (S. 143–147)

Es sei auf seinen vielen Reisen in die Ferne, daß der Callawaya, im Kontakt mit der Fremde, viele dieser hervorragenden Eigenschaften annehme. Und das führt den Autoren zu seinem höchsten Lob:

Von daher kommt es, daß man den Callawaya, der durch Assimilation der positiven Merkmale außerhalb seiner Heimat und durch die erneuernden Normen, die er innerhalb seines Herkunftsbereiches annimmt, als ein Wesen zwischen dem Indianer und dem Mensch der mittleren Klasse ansehen kann. (S. 147)

Wie dieses zweifelhafte Lob illustriert, haben wir Mühe, ebenso positive Darstellungen der Callawayas zu finden, wie es die negativen sind. Alvarado (1965) behandelt die Callawayas unter dem Thema »Aberglauben und Mythen in der Eingeborenen-Psychiatrie Boliviens«, hebt dann aber lobend hervor:

Erwähnt man die Callawayas, so ist es angemessen, sie mit der größten Ausführlichkeit zu beschreiben; nicht nur wegen der langen Tradition ihrer Erwähnungen, sondern vor allem wegen der ethnischen und sozialen Kraft dieses Volkes, dessen Vitalität der Belastungsprobe der Zeit widersteht und bis in unsere Tage seine alteingewurzelten und höchst interessanten Traditionen bewahrt, deren Wert und Einmaligkeit zwei der wichtigsten Forschungsarbeiten zur bolivianischen Folklore inspiriert haben (und dann werden OTERO, vgl. o., und OBLITAS POBLETE, vgl. u., genannt). (S. 27)

Kommt hier in der Zitierung auch eines OTERO noch eine gewisse Ambivalenz zum Ausdruck, so ist das Bild, das BASADRE – und das schon 1884 – zeichnet, ohne Nebentöne positiv:

Alle Indianer (des Callawaya-Dorfes Curva) sind auf dem gesamten Kontinent, in dem ganzen Territorium, das sie besuchen, von Buenos Aires, Brasilien und Chile bis Bogota, unter dem Namen Calaguayas bekannt. (S. 22)

Alle ... Ärzte und ambulanten Heilmittelhändler Südamerikas kommen aus Curva und Umgebung. Vor einigen Tagen kamen einige Calaguayas durch die Straßen Limas ... Alle sind sie Christen und tragen auf der Brust auffällig große Kreuze aus Silber und je einen Rosenkranz: sie sind sehr religiös ... Die Calaguayas sind auch (was Alkohol betrifft) enthaltsam ... Es sind robuste Leute, schlankwüchsig und gut gebaut ... Sie durchwandern die trostlosen Kordilleren Perus, Boliviens und Chiles. (S. 28)

Sind diese kräftigen, aktiven, enthaltsamen und intelligenten Calaguaya-Indinaner von der gleichen Rasse und Familie wie die nachlässigen, achtlosen, dreckigen und besoffenen Indianer der Pampa de Umabamba? Sind die Calaguaya-Indianer – sie sind fleißig und einige haben Bart – von der gleichen Abstammung wie die argwöhnischen, schlappen und vertrauensunwürdigen Indianer der Hochebenen Perus und Boliviens? (S. 24)

Man hört heraus, daß der Autor seine rhetorischen Fragen verneinen möchte. Betrachtet man nun die positiven und negativen Wertungen, so ergeben sich zum Teil eklatante Widersprüche. Morden die Frauen der Callawayas nun »oft« ihre Männer, und schlagen diese ihre Frauen auf »inhumane« Weise – oder haben sie eine vorbildliche Ehemoral? Sind sie nun im Glauben nachlässig, oder sind sie gute Christen? Sind sie nun große Säufer und liegen besoffen auf den Wegen herum, oder sind sie im Gegensatz zu den »anderen Indianern« enthaltsam? Haben sie Kontakt zu höheren Kräften, oder sind es betrügerische Bauchredner, Manipulatoren und Ausbeuter?

In seiner Polarität und Widersprüchlichkeit dürfte das vorwissenschaftliche Bild der Callawayas ein seltenes Extrem folkloristischer oder ethnographischer Darstellung sein. Wie hat sich nun die ethnologische Forschung mit den Callawayas befaßt?

2.3 *Das »wissenschaftliche« Bild der Callawayas*

Die Grenze zwischen vorwissenschaftlicher Schilderung und wissenschaftlicher Untersuchung ist für die Callawayas nicht leicht zu ziehen. Allgemein wird jedoch Enrique OBLITAS POBLETE zu den ersten wissenschaftlichen und sicher wichtigsten Erforschern der Callawaya-Kultur gerechnet. OBLITAS POBLETE ist in Charazani, dem Hauptdorf der Callawaya-Region und der Hauptstadt der Provinz, geboren, hat dann studiert und ist zu einem der prominentesten Juristen des Landes aufgestiegen. Er hat aber auch nie aufgehört, sich umfassend für die Region seiner Herkunft zu interessieren, und er hat ein reiches Material an Erinnerungen und Beobachtungen, Berichten von Informanten und Recherchen über die Kultur der Callawayas hinterlassen. Er hat Beiträge geleistet zum Studium ihrer Heilpflanzen (1969) und ihrer »Geheimsprache« (1955, 1956a, 1968), ihrer magischen Rezepturen (1971a) und Amulette (1962), der ökonomischen Ressourcen ihrer Region (1970a) und ihrer politischen Struktur (1956b), ihrer Literatur und Dichtung (z. B. 1959; 1963b; 1970b; 1971b) sowie vieler weiterer Aspekte ihrer Kultur (Religion, Ethik, Verwaltung, Kleidung, Ernährung, Rechtsprechung, Feste und Tänze usw.; 1957; 1963a). Einiges ist überholt, vergangen, verloren; einiges ist nur flüchtig und widersprüchlich beschrieben (vgl. dazu z. B. Kapitel 8), vieles ist – wie die Rezepturen und »magischen Bräuche« – ohne ihre Einbettung in ein lebendig ablaufendes Geschehen, »Sammelstücken« gleich, dargestellt – aber dennoch ist das gesamte Werk von OBLITAS POBLETE bis heute der wichtigste Forschungsbeitrag zur Kultur der Callawayas und eine unentbehr-

Abbildung 4: Traditionelle Lebensformen. Weben in Amarete

liche Quelle der Information und Anregung. OBLITAS POBLETE ist ein *beteiligter* – und zwar ein wohlwollend beteiligter – Erforscher der Callawaya-Kultur gewesen, der sich jedoch immer mehr um Beschreibung denn Wertung bemüht hat. Obwohl OBLITAS POBLETE auch auf Religion, Magie, Ritual und symbolische Heilung eingeht, ist sein Werk doch deutlich mehr von einem naturwissenschaftlichen Interesse geprägt, wie sein Band über die Heilkräuter und seine Sammlung von Krankheitsbildern und Rezepten zeigen.

Wenn man von kleineren Beiträgen zu speziellen Aspekten der Callawaya-Kultur absieht – wie zum Beispiel die Studie zur Textilwebkunst der Quechua-Indianer der Callawaya-Region von GISBERT, ARZE und CAJIAS (1984, im Anschluß an die wichtige diesbezügliche Studie von GIRAULT 1969) –, so ist OBLITAS POBLETE mit seinem umfangreichen Werk, das vor allem aus den fünfziger und sechziger Jahren stammt, der einzige Forscher aus Bolivien geblieben, der praktisch sein Lebenswerk diesen berühmten Medizinmännern und Mitbürgern des eigenen Landes gewidmet hat. Fast alle anderen Callawaya-Forschungsbeiträge stammen aus Europa und Nordamerika – ein problematisches Ungleichgewicht.

Ich beginne die Darstellung der außerbolivianischen ethnologischen Callawaya-Beiträge mit einer kleinen Chronologie der Erwähnungen der Callawaya-Medizinmänner durch Bolivien-Forscher, denen die Callawayas gewissermaßen »nebenbei« begegnet sind. Es geht mir dabei weniger um die Vollständigkeit der Aufzählung jeder kleinen Callawaya-Bemerkung, als um die Illustration einer durchaus durchgängigen Einschätzung der Callawayas durch diese Forscher.

Anfang des Jahrhunderts hat der Schwede NORDENSKIÖLD archäologische, geographische und ethnologische Forschungen, vor allem in Peru und Bolivien, durchgeführt und darüber viele wissenschaftliche Arbeiten veröffentlicht. Auf die Callawayas geht er am ausführlichsten in seinem Artikel »Recettes magiques et médicales du Pérou et de la Bolivie« (Magische und medizinische Rezepte aus Peru und Bolivien, 1907) ein. Für NORDENSKIÖLD sind die Callawayas »ein sehr bemerkenswertes wanderndes Volk«, er betont vor allem ihre Rolle als Heilkräuterlieferanten für die Märkte und Hersteller von Amuletten, die in viele magische Rezepturen eingehen. Für BANDELIER (The Islands of Titicaca and Koati, 1910) sind die Callawayas »eine merkwürdige Gilde indianischer Medizinmänner und Schamanen« (S. 103). Ihre Erscheinung und ihre Bedeutung für künftige Forschung beschreibt er in folgenden Worten:

Die Callahuayas sind große, unerschrockene, reisende Hausierer; sie dehnen ihre Reisen zur Ost- und Westküste des Kontinents aus, und es ist ebenso wahrscheinlich, daß man einem Callawaya in Buenos Aires begegnet wie – seine Ware anbietend – in La Paz, Copacabana oder auf der Titicaca-Insel.

Ihre Kleidung unterscheidet sich von der der Aymara insofern, als sie Hosen tragen und breitkrempige Hüte. Ein Poncho (Umhang) mit mehr oder weniger aufwendigen Mustern – immer dreckig – fällt herab von den Schultern bis zu den Knien, über die meist ausgebeulten Beinkleider. Zwei dicke Taschen, wie Satteltaschen, und ein Täschchen mit Coca und anderen Ingredienzen, sehr hübsch gewebt, aber steif vor Fett vervollständigen die offizielle Kleidung des wandernden Callahuaya.

Überall treffen wir ihn an. Zwischen Puno und Sillustani sahen wir diese wunderlichen Figuren im Gänsemarsch und unter Schweigen von einem indianischen Dorf zum anderen, von einer einsamen Siedlung zur anderen laufen – überall toleriert und überall mit unauffälliger Gastfreundschaft empfangen.

Eine eingehende Untersuchung der Callawayas in ihrer Herkunftsgegend ist sehr nötig und würde eine Menge interessanter Details über Eingeborenen-Medizin und Hexerei enthüllen. (S. 104)

BANDELIER hat selbst diese Untersuchungen der Callawayas, die er fordert, auch begonnen, aber sein Tod hat sie unterbrochen, und die Teilergebnisse sind nicht bis zur Publikation gelangt. WRIGLEY (1917) hat aber einige der unveröffentlichten Teilergebnisse eingesehen und fügt diesen seine eigenen Beobachtungen bei. Unter Hinweis auf Texte der Chronisten und Südamerikareisender früherer Jahrhunderte betont er vor allem die lange Tradition der Callawayas, diesen »seltsamen Vertretern der Heilkunst«, denen man in Buenos Aires ebenso begegnen könne wie in Bogotá und die gerade ihrer langen, jahrhundertealten Tradition wegen »den größten Anspruch auf unser Interesse heute» haben. (S. 295) WRIGLEY geht auch auf die Geheimhaltung der Callawaya ein und schreibt: »Sie sind üblicherweise verschwiegen, wenn Weiße sie befragen«. (S. 184)

TSCHOPIK (1946, 1951), ein bedeutender Aymara-Forscher, erwähnt sie nur kurz:

> *Viel ist über die qolawayu geschrieben worden, die berühmtesten unter den Aymara-Ärzten ... Diese reisenden Kräuterheiler und Amuletthändler ... stellen eine spezielle kulturelle Untergruppe der Aymará dar. So haben sie speziell kennzeichnende Kleidung und Bräuche, und einige Leute behaupten, daß sie einen speziellen Dialekt des Aymara sprechen. Alle Männer dieses Teilstammes werden als Kräuterheiler ausgebildet. Sie reisen über weite Teile Südamerikas und sind oft mehrere Jahre von ihren Dörfern abwesend. (S. 569)*

TSCHOPIK kolportiert hier offensichtlich mehr das, was man hier und dort zur Zeit seiner Forschungen in der Titicaca-Region hören konnte, als eigene Beobachtungen. Mit dem »speziellen Aymara-Dialekt« ist wohl die Callawaya-Sprache gemeint. Wie überhaupt Irrtümer und Unvollständigkeiten sich über die Jahrzehnte hinweg mit erstaunlicher Zähigkeit halten. Schon WEDDELL (1853) spricht davon, daß die Callawayas aus den Dörfern Curva und Charazani kommen (und läßt die anderen Callawaya-Dörfer unerwähnt), und das finden wir dann bei NORDENSKIÖLD, bei BANDELIER, WRIGLEY, LA BARRE und anderen immer und immer wieder; manchmal ist nur noch von Curva die Rede.

Ein anderer bedeutender Aymara-Forscher, LA BARRE (1948), schätzt die Bedeutung der Callawayas sehr hoch ein; er stellt die Callawayas in den Kontext der Aymara-Medizin, welcher er einen einmaligen Platz in der Ethnomedizin einräumt; innerhalb dieser einmaligen Ethnomedizin sind die Callawayas für ihn die bedeutendsten Vertreter:

> *... in der Ausübung der eingeborenen Medizin erfährt die Aymara-Kultur ihre höchste Ausformung. (S. 211)*

Die Aymara-Medizin ist hoch spezialisiert und hat folglich eine große Zahl verschiedener Spezialisten ... Es läßt sich wohl gefahrlos sagen, daß keine andere der modernen Ethnologie bekannte Gruppe eine so reiche Spezialisierung unter den Vertretern ihrer eingeborenen Medizin aufweist. Der berühmteste Vertreter von allen ist der q'olawayu, der über das gesamte pazifische, andine und südliche Südamerika hinweg bekannt und geachtet ist. (S. 217)

So einmütig die Bedeutung der Callawayas von diesen Forschern eingeschätzt wird, so bleibt es doch – mit der Ausnahme des Werkes von Oblitas Poblete – jahrezehntelang weitgehend still um eine Callawaya-Forschung. Die Zeit verstreicht, die Callawaya-Kultur wandelt sich, die Bräuche verlieren sich – und schon melden sich besorgte Stimmen, daß die Zeit nicht mehr fern ist, da ihre Erforschung nicht mehr möglich sei. Auch Oblitas Poblete gehörte zu diesen warnenden Stimmen. Er hat seinen Beitrag durchaus nicht als abschließende Callawaya-Forschung betrachtet, sondern eine »investigación mucho más profunda, mucho más científica y mucho más metódica« gefordert: »eine viel tiefer reichende, eine viel wissenschaftlichere und viel systematischere Erforschung« der Callawayas (1971a; S. II). Olbitas Poblete fährt fort:

Die Wissenschaft schreitet voran, und die großen Massen der campesinos werden sich in das moderne Leben integrieren, und die wenigen Callawayas, die noch in unseren Städten wandeln, werden binnen kurzem nur noch Legende sein. (1971a, V)

Oblitas Poblete verweist auch sehr konkret darauf, was seiner Ansicht nach am meisten an Callawaya-Forschung fehlt:

Obwohl es umfangreiche Literatur über die Callawayas gibt, so ist trotz allem bis heute ihre Geschichte nicht geschrieben worden, und es ist nicht gelungen, die Untersuchung über ihre okkulten Kenntnisse und Praktiken zu vertiefen ... Der Callawaya ist also eine unbekannte Größe ... (1963a, Ausgabe 1978, 13)

Den tiefsten Erforschern ihrer Kultur sind die Callawayas noch eine unbekannte Größe, und der Fortgang der Zeit mache sie alsbald zur Legende. Nach Trimborn (1968) scheint es sich gar kaum noch zu lohnen, sie im Sinne der von Oblitas Poblete geforderten tieferreichenden, wissenschaftlicheren und systematischeren Weise zu untersuchen:

Die alten Wanderärzte, die ›qollawayu‹, sind zwar nicht völlig ausgestorben, haben aber durch die Grenzsperrungen im Chaco-Krieg eine nie wieder aufgeholte Schlappe erlitten. (1968, S. 81)

Was ist angesichts dieser Warnungen und Forderungen geschehen? In bezug auf die *Ethno-Historie* der Callawaya-Heilkunst muß – mit Ausnahme von Saignes' (1983) kleineren Beiträgen und der bedeutsamen Untersuchung der Grabstätte von Niñokorin (Wassen 1972) – gesagt werden, daß sie weiterhin weitgehend aussteht; das wird in meinen folgenden Studien immer wieder offenbar werden. Was die *Ethnologie und Ethnomedizin* der Callawayas angeht, so sind – kleinere Arbeiten über spezielle Teilaspekte[1] auslassend – nur zwei weitere Forscher zu erwähnen: der Franzose Girault und die Arbeiten des US-Amerikaners Bastien.

Girault war ein unermüdlicher Erforscher der Callawaya, wobei ihn an erster Stelle die Kräuter-Seite ihrer Medizin interessierte. Nach einer ersten Studie über die Heilpflanzen (1966a) erschien sein Hauptwerk, eine Untersuchung der Callawaya-Heilkräuter, erst im Jahr 1984, neun Jahre nach seinem zu frühen, plötzlichen Tod in La Paz. Neben diesem Hauptforschungsinteresse hat Girault aber auch einige größere und kleinere Beiträge zu anderen Aspekten der Callawaya-Kultur beigesteuert, so seine Untersuchung zur Symbolik der Webkunst (1969) sowie einige kleinere Beiträge über rituelle Momente der Callawaya-Region (Girault 1958, 1975). Viele seiner Daten und Sammlungen lagern noch unbearbeitet im Musée de l'Homme in Paris, und sein früher Tod hat dazu beigetragen, daß es bei dem Zustand blieb, den er selbst beklagte: Was bisher an Beschreibungen der Callawayas vorliege, sei »bien mince en vérité« (in Wahrheit ziemlich dürftig), und das Bild der Callawayas sei, so klagt er, »stereotyp«. (1966b; 673)

[1] Z. B. Soria Lens 1954; Portugal 1961; Bolton 1974.

Die jüngsten Beiträge zur Ethnologie und Ethnomedizin der Callawayas stammen von BASTIEN, der 1972 für ein Jahr in einem der Dörfer der Callawaya-Region, Kaata, weilte und mit seinem Beitrag zum rituellen Leben der Kaata-Bewohner 1973 promovierte (BASTIEN 1973; Buchausgabe: 1978a). BASTIEN hat sich in der Folge dann vor allem mit Fragen der Vermittlung westlicher und traditioneller Medizin befaßt (BASTIEN und DONAHUE, 1981; BASTIEN 1982a) und hat in drei kurzen Reisen in die Callawaya-Region in den Jahren 1979, 1980, und 1981 vor allem die Heilpflanzen (BASTIEN 1983) studiert sowie deren Kundige (BASTIEN 1982b). Für BASTIEN – in vielen Arbeiten immer wieder neu nachzulesen (BASTIEN 1978b, 1978c, 1979a, 1979b, 1981) – ist die Welt der Callawayas, wenn nicht die Anden-Kultur als ganze,[1] mit der Metapher des Berges von Kaata, in Analogie zum Körper verstanden, gewissermaßen entschlüsselt; aus dieser Metapher sind für BASTIEN viele andere Aspekte der Callawaya-Kultur – ihre Ethnophysiologie und Anatomie, ihre Rituale und Amulette, ihre Kosmologie und ihre Agrikulturbräuche – zu verstehen. Es scheint, als ginge BASTIEN von der Annahme einer homogenen, konsensualen, in Religion, Mythologie und Brauch intakten, bruch-losen und heilen Kultur aus. Die immense Varianz der rituellen Vollzüge z. B., die großen Unterschiede in Auffassung und Erklärung, die Widersprüche selbst in einem Menschen, sie kommen auf der Basis dieser Annahme nicht zur Sprache. Und deshalb können sich verzerrte Darstellungen – etwa die der Spezialisierung der Callawayas in Kräuterheiler, Ritualisten und Wahrsager – auch ungebrochen über mehrere Stationen seiner Forschung aufrechterhalten. Ich werde mit meinen Studien erhebliche Korrekturen anbringen.

[1] Z. B.: The symbolism of Mount Kaata and its ritual provide deep insight into Andean society, and so perhaps Mount Kaata can be called a ›Keystone of Andean Culture‹. (BASTIEN 1978a, XX) »Der Symbolismus des Berges Kaata und seines Rituals eröffnet tiefe Einsichten in die andine Gesellschaft, und so kann der Berg Kaata vielleicht als eine Grundlage der andinen Kultur bezeichnet werden«.

Abbildung 5: Das Chari-Tal gegen Ende der Regenzeit

3. EIGENE FRAGESTELLUNGEN

Schaut man nun zusammenfassend auf die bisherige Ethnologie und Ethnomedizin der Callawayas, so fallen zwei Ungleichgewichte oder Defizite ins Auge:

(1) *Kräutermedizin und symbolische Heilung.* In der Ethnomedizin der Callawayas ist ein deutliches Ungleichgewicht auszumachen. Immer wieder haben wir in alten Reiseberichten, in Kommentaren von Wissenschaftlern und Beobachtern gehört, daß die Callawayas sowohl Kräuterheiler als auch »Hexer« seien. Die Kräuterseite ihrer Medizin hat ungleich mehr Aufmerksamkeit auf sich gezogen als die »Hexen«-Seite – die es gleich weniger abfällig zu benennen gilt. Das Ungleichgewicht beginnt spätestens mit Bravo (1889), Iturralde und Grimault (1889) und Diaz Romero (1904), zieht sich auch durch das Werk von Oblitas Poblete mit seinem Schwergewicht auf dem »Handhabbaren« (Kräuter, Amulette, Rezepte), ist Schwerpunkt der Forschung von Girault (1966a, 1984) und hat auch Bastien nach seiner Untersuchung des Dorfes Kaata offensichtlich besonders angezogen (1983).[1]

Diesem relativen Übergewicht der »Kräuterseite« der Callawaya-Medizin in der Forschung entspricht auf der aktuellen politischen Seite ein eindeutiges, immer stärker anwachsendes öffentliches Interesse in Bolivien an der Kräutermedizin der Callawayas. Hier wie dort ist »alternative« Medizin modern – dort allerdings vor allem deshalb, weil unwiderruflich klar geworden ist, daß für ein Land wie Bolivien – eines der ärmsten des südamerikanischen Kontinents – eine Gesundheitsversorgung der Bevölkerung mit der westlichen Medizin unerschwinglich ist. So besinnt man sich auf eigene Ressourcen. Durch Institutionalisierung, durch Seminare, durch Presse und andere politische Mittel bemüht man sich um eine systematische Auf-

[1] Der Trend setzt sich bis in die jüngste Zeit fort. Es ist ein Callawaya-*Kräuter*kundiger, dem die Presse die Möglichkeit gibt, seine »Kräuter-Geheimnisse« zu enthüllen. (Salcedo 1986)

wertung der Kräutermedizin der Callawayas. Ein Ergebnis ist zum Beispiel das Kräuter-Rezeptbuch der Organisation SEMTA (Servicios Múltiples de Tecnologías Apropriadas), 1984.[1] Ich werde an anderer Stelle ausführlich auf diese Entwicklungen und ihre auch kritisch zu beurteilenden Seiteneffekte eingehen.

Es ist kein Zweifel, daß sich das Ungleichgewicht der Forschung in unguter Weise mit der Ungleichgewichtigkeit der öffentlichen Wertung und Förderung in der Vernachlässigung – ja Abwertung – der *anderen* Seite der Callawaya-Medizin verbündet. Diese andere Seite wird, wie wir sahen, immer gern »Hexerei« genannt. OBLITAS POBLETE spricht von »magischen Praktiken«, vom »okkulten Wissen und Tun«. Im Grunde sind dies alles enorm verengende und jedenfalls abwertende Bezeichnungen.

Das weite, reiche, differenzierte, variierte Feld der Callawaya-Heilung außerhalb ihrer »Kräutermedizin« ist besser mit ritueller oder – um auch die Verbindungen zu unseren diesbezüglichen Formen der Heilung besser anzudeuten – mit *symbolischer Heilung* zu umschreiben. Symbolische Heilung (der Begriff stammt von SANDNER 1979) meint alle Heilungen, die nicht nur auf der physischen Manipulation (Einnahme, Einlauf, Operation etc.) des Körpers des Patienten basieren, sondern andere Medien der Heilung suchen: das Wort, die symbolische Einbettung, den religiösen Vollzug usw. Unsere Psychotherapien und unsere Seelsorge sind in diesem Sinne ebenso Formen symbolischer Heilung wie die Ritualheilung des Callawaya-Medizinmannes. Es ist diese Seite der ganzheitlichen Heilungsweise der Callawaya-Medizin, die bisher vernachlässigt wurde und die in Gefahr ist, zunehmend abgewertet zu werden und sich damit zu verändern oder gar korrumpiert zu werden. Seit Jahrhunderten war sie lebendig. Mir scheint, es wird Zeit, eben dieser symbolischen Callawaya-Heilung besonderes Augenmerk zuzuwenden – ehe *diese* nur noch »Legende« (OBLITAS POBLETE) ist.

[1] Eine neue Publikation von SEMTA (RANABOLDO 1986) zeigt hingegen etwas mehr Problembewußtsein für die Verbindung von Kräutermedizin und symbolischer Heilung.

(2) *Summarische Beschreibung versus Prozeß- und Interaktionsforschung*. Betrachten wir nun im zweiten Schritt das wenige an symbolischer Heilung, das in der bisherigen Ethnomedizin der Callawayas erscheint, so fällt ein weiteres Merkmal ins Auge. Ein paar Zeilen lange, summarische Beschreibungen von ritueller Heilung finden wir durchaus bei OBLITAS POBLETE. Aber wir finden – mit der Ausnahme zweier teilweise dokumentierter Heilungsrituale bei BASTIEN (1974) und eines einzigen Heilungsrituals bei BOLTON (1974) – nirgendwo detaillierte Heilungsbeschreibungen. Zwar wird immer wieder betont, wie bedeutsam die Anrufung des Medizinmannes oder Ritualisten sei, wie bedeutsam Religion und Gebet – aber wir finden kein Gebet, auch nicht bei BASTIEN und BOLTON. Wir wissen nichts über die Interaktion zwischen Medizinmann und Patient: Wie wird der Kontakt zwischen Heiler und Patient hergestellt, wie entsteht Vertrauen, wie nimmt der Heiler die Krankheitsgeschichte des Patienten auf oder definiert sie mit, in welche größeren Zusammenhänge stellt er das Geschehen, das Anlaß der Heilung ist, welche Inhalte vermittelt er und welche Emotionen kommen zum Ausdruck, wie wird der Patient einbezogen, welche nichtverbalen Transaktionen finden statt, wie legitimiert sich das Geschehen – all das wird von summarischen Beschreibungen überhaupt nicht erfaßt; all dies kann nur eine detaillierte Darstellung des Heilungsprozesses zeigen, d. h. eine eingehende Untersuchung der Interaktion zwischen Heiler und Patient, in dem das Wort ebenso dokumentiert wird wie der Handlungsvollzug. Nichts dergleichen liegt bisher vor. Erst aus diesen Informationen konstituiert sich der Aspekt des Heilungsgeschehens, der in allen Heilungssystemen der Welt, sei es unsere Medizin oder unsere Psychotherapie oder die traditionelle Medizin der Callawayas, von entscheidender Bedeutung ist: die *Interaktion* zwischen Heiler und zu Heilendem als »the crux of medicine«. (WILSON 1963)

Damit sind nur die wichtigsten Defizite bisheriger ethnomedizinischer Callawaya-Forschung benannt. Weitere Defizite werden im Verlauf meiner Callawaya-Studien noch zur Sprache kommen. Dazu gehören auch immer wieder die ethnohistorischen Fragestellungen zur Callawaya-Medizin, die zunächst außerhalb meiner ethnomedizinischen Feldforschung liegen. Meine Forschung wird aber nachdrücklich dazu beitragen, die Notwendigkeit einer Ethnohistorie der Callawaya-Medizin zu unterstreichen.

Die beiden aufgezeigten wichtigsten Defizite der ethnomedizinischen Callawaya-Forschung sind der Ansatzpunkt meiner eigenen Forschung: die Untersuchung der vollständigen, lebendigen, in Wort und Handlung ablaufenden Interaktion zwischen Medizinmann und »Patient« im Prozeß der symbolischen Callawaya-Heilung. Um dieses zentrale Anliegen, das Heilungsgeschehen, zu verstehen, werde ich es allerdings überschreiten und in weitere Bereiche der Callawaya-Kultur eindringen müssen.

Aus dem Gesagten ergibt sich das *erste Hauptziel* meiner Studien zur Ethnomedizin der Callawayas. Die Bedeutung dieser besonderen Gruppe der Callawayas, wie ich sie in den Stimmen von Beobachtern, Reisenden und Forschern anschaulich zu machen versuchte, die Eindeutigkeit, mit der bestimmte Areale ihrer Heilungsweise bisher vernachlässigt oder gar abgewertet wurden, und die Gefährdung gerade dieser reichen Traditionen der Callawayas machen es für mich (jenseits aller anderen Ziele) vordringlich, ihre Heilkunst, solange sie noch lebendig ist, in aller Sorgfalt zu dokumentieren. Die *Dokumentation* einer reichen, bisher in der Forschung vernachlässigten, jedoch gefährdeten kulturellen Tradition ist also mein erstes und oberstes Anliegen.

Mein *zweites Hauptinteresse* ergibt sich aus der Psychotherapieforschung und meiner Psychotherapiepraxis. »Forschungshistorisch« war dies mein erstes Motiv – das Ziel der Dokumentation ist als primäres Interesse erst im Kontakt mit den Callawayas, mit der Erkenntnis ihres großen Reichtums an ritueller Heilung, mit der Erfahrung seiner Gefährdung, in den Vordergrund gerückt. Zurück zur nunmehr zweiten Motivation:

Unsere Psychotherapie ist aufgespalten in eine Vielzahl von Schulen, die sich zum Teil eifersüchtig bekriegen und manchmal im höchsten Maß unfruchtbar voneinander abgrenzen.

Eine unangenehme Herausforderung dieses Revierdenkens ist in der Psychotherapieforschung die »common-factor-Forschung«. In der common-factor-Forschung wird gefragt, welches die (jenseits aller technischen, methodischen, theoretischen Unterschiede sowie jenseits aller Unterschiede in Ausbildung, Legitimation, Machtstruktur, Patientenrekrutierung usw. liegenden) verschiedenen Psychotherapie-Schulen übergreifenden *gemeinsamen* Faktoren der Heilung sind. (vgl. z. B. LINSENHOFF et al. 1982) Bei dieser Fragestellung reicht es nicht aus, in die Festungen einzelner Psychotherapieschulen hineinzuschauen; da geht es auch um die Betrachtung der weiter gefaßten Arzt-Patient-Beziehung oder der Interaktion zwischen Heiler und Hilfesuchendem. Die Arzt-Patient-Beziehung in der somatischen Klinik kommt ebenso ins Blickfeld wie die Beziehung zwischen Seelsorger und ratsuchendem Gemeindemitglied. Relevant werden nicht nur die Fragestellungen zur Arzt-Patienten-Beziehung aus Medizinsoziologie und Medizinpsychologie, sondern auch die Ansätze und Modelle psychosomatischer, integrierter Heilung. Bleibt man jedoch mit diesen Fragen der common-factor-Forschung *innerhalb* unserer Kultur, untersucht man die Bastionen und Hochburgen der Psychotherapien, die Arzt-Patient-Beziehung innerhalb und außerhalb der Klinik, die psychosomatischen Modelle, die Seelsorge und Beratung usw., so ist in allen diesen verschiedenen Heilungssituationen allemal schon *ein* gemeinsamer Faktor enthalten: der gemeinsame Faktor des kulturellen Kontexts. Radikaler ist die Frage nach den common factors zu stellen, wenn man in eine andere Kultur geht – und dort verschiedene Formen symbolischer Heilung untersucht. (vgl. FRANK 1981) Das ist mein zweites Anliegen: nach den (verschiedene Formen symbolischen Heilens übergreifenden) Bedingungen außerhalb unserer Kultur zu fragen; wohlgemerkt: zu fragen. Nur die Schärfung des Fragens – ggf. in Form eines theoretischen Modells (das dann in anderen Kontexten zu überprüfen wäre) – ist mein Anliegen, das ist, was *Prozeßforschung* in der Psychotherapieforschung – und meine Studien sind Prozeßforschung – leisten kann. Für eine transkulturelle *Effizienzforschung* der Psychotherapie oder symboli-

Abbildung 6: Blick auf den Gipfel des heiligen Akamani-Berges

schen Heilung fehlen die begrifflichen und methodischen Voraussetzungen fast gänzlich.

Ich habe unter diesem Blickwinkel die Callawayas – von denen ich vor fünf Jahren noch niemals etwas gehört hatte – für meine Fragen gewissermaßen »aufgespürt«. Ich begann zu lesen; wegen meiner vorhandenen Spanisch-Kenntnisse in der Ethnologie Südamerikas. Ich »suchte« eine traditionelle Heilungsweise mit breitem Bereich auch symbolischer Heilung. Das trifft für die Callawaya in hohem Maße zu. Und ehe ich einem einzigen Callawaya real begegnete, begegneten mir all die vielen vorne geschilderten *Bilder* der Callawayas – als Inbegriff des menschlichen Scheusals und – weniger stark gezeichnet – Inbegriff menschlicher Qualität. Ich hatte meine Zweifel, ob ich Zugang zu den Callawayas würde finden können – ich hatte im Ohr:

La Barre *(1948): ... Die Callawayas sind in ihren Ausgangsdörfern extrem ungastlich und erlauben einem Fremden nicht, lange in ihrer Nähe zu bleiben. Sie wachen exzessiv eifersüchtig über ihr medizinisches und botanisches Wissen und reichen ihre hermetisch gehüteten Geheimnisse vom Vater auf den Sohn weiter. (S. 219)*

Paredes *(1976): Diese Indianer sind wenig gastfreundlich und erlauben nicht, daß ein Fremder mehrere Tage in ihrem Bereich bleibt. (S. 263)*

Wrigley (1917): *(Die Callawayas) sind üblicherweise verschwiegen, wenn Weiße sie befragen. (S. 184)*

Goldwater(1983): *Die seit längstem bekannte abgrenzbare Gruppe eingeborener Heiler in Südamerika sind die bolivianischen Ärzte oder Callawaya ... Noch heute geschieht die Ausbildung mündlich und wird von älteren Weisen nur an die Männer weitergegeben. (S. 42)*

Schoop *(1982a): Zum Schutz ihres Broterwerbs unterliegen die Kallawaya-Ärzte in ihren Gemeinden ungeschriebenen festen Regeln, z. B. – weibliche Personen und Fremde werden nicht in die Heilpraktiken eingeweiht.*

Da war nun allerdings wirklich die Frage, wie ich als *Fremde* und dazu noch als *»weibliche Person«* ausgerechnet diese, die Frauen aus ihrem Wissen ausschließenden, Callawaya-Weisen würde kontaktieren, und mehr noch, wie vor allem von ihnen lernen können. Auch die diesbezüglichen Erfahrungen anderer Frauen in der ethnologischen Forschung (z. B. ISBELL 1978) oder die Erfahrung von Ablehnung und Feindseligkeit ganzer Dörfer gegenüber den Ethnologen hatte ich im Ohr, als ich mich Anfang 1983 zum ersten Mal »probeweise« aufmachte, die Region der Callawayas zu besuchen.

Es kam alles anders als erwartet. Die Schwierigkeiten in meiner Forschung kamen aus ganz anderen Quellen – aber es ist hier nicht der Ort, darauf, und auf den Einfluß dieser Erfahrungen auf den Forschungsablauf, einzugehen. (vgl. dazu f. S.) Bis heute (1986) bin ich insgesamt 22 Monate in der Region der Callawayas gewesen, ich lernte ihre Sprache (Quechua), und ich habe mehr und mehr begriffen, wie unendlich viel mehr es noch zu lernen gibt. Band um Band werde ich versuchen, den Reichtum der symbolischen Heilung der Callawayas zu entfalten; an erster Stelle, um diesen kulturellen Reichtum – ehe er verloren geht – in aller Sorgfalt zu dokumentieren und wenigstens auf diese Weise in die Zukunft zu retten, und zum zweiten, um im Blick auf unsere Formen symbolischer Heilung radikaler nach den heilwirksamen Faktoren *fragen* zu lernen.

Wir gehen an solche und jede andere Forschung immer mit einer Vielzahl von Vorverständnissen oder Prämissen heran; manche sind verborgen, manche explizit. Ich will hier eine solche Prämisse nennen, die für mich sehr explizit ist: Ich gehe zunächst einmal von der Annahme aus, daß das, was ich untersuche, vielfältiger, uneinheitlicher, widersprüchlicher, komplizierter, verstrickter und undurchdringlicher ist, als das erste Verstehen mich glauben macht. Ich – mit meinem »hochzivilisierten« Geist – gehe nicht an eine »primitive« Kultur heran, die ich mit einem einfach geschnitzten, kognitiven Schlüssel »knacke«. Komplexität und Weisheit liegen vielmehr *dort* – und nicht bei mir. *Mein* Geist ist der »primitive«. *Er* gilt zu wachsen. Nicht meine Sprache, nicht meine Ordnungssysteme und Theorien sind wichtig; es geht vielmehr darum, die fremde Kultur, soweit als möglich, in ihrer eigenen Sprache – im übertragenen Sinn verstanden – zur Sprache kommen zu lassen.

Desweiteren gehe ich davon aus, daß ich bis zum Schluß meines Lernprozesses bei den Callawayas NICHT alles verstanden habe. Würde ich je behaupten, *unsere* Kultur ganz zu verstehen? – Mit dieser Grundeinstellung kommen die Vielgesichtigkeiten und Vielschichtigkeiten einer fremden Kultur, ebenso wie ihre Widersprüche und Verschlossenheiten – und ich würde sagen, damit ihr Reichtum und ihre *Realität* – auch eher ins Blickfeld. (bei MALINOWSKI 1916, 418–430, fühle ich mich verstanden ...) Meine Untersuchungen der Callawaya-Medizin möchte ich deshalb stets nur als einen bescheidenen *Beitrag* zum Verständnis der Callawaya-Heilungsweisen und ihres kulturellen Kontextes verstanden wissen.

4. METHODISCHE ZUGÄNGE

Die skizzierte »Erkenntnisprämisse« hat natürlich auch Konsequenzen im methodischen Vorgehen und in der Darstellung; sie erfordert, sich dem Verständnis der Callawaya-Medizin und ihrem Kontext vielfach und auf *verschiedenen* Wegen zu nähern und die Heiler, auch ihre »Patienten«, selbst lange Strecken zu Wort kommen zu lassen.

Meine wichtigsten Zugänge zum Verständnis der Callawaya-Heilung sind folgende:

(1) Zunächst geht es darum, dort zu sein, dort zu leben, mich jenseits aller Programme und Fragestellungen einzulassen und einbeziehen zu lassen, *Alltag zu teilen,* innere und äußere Fremdheit abzubauen. So betrachtet, ist jeder Tag dort vollgestopft mit »Forschung«.

(2) Der zweit-wichtigste Zugang ist Sehen und Aufnehmen: die *teilnehmende Beobachtung*. Dies ist die Hauptquelle meines Lernens. Ich habe bisher an über 100 nächtlichen Heilungsritualen (H) und anderen Ritualen (R) der Region teilgenommen. Meine wichtigsten Hilfsmittel sind Papier und Bleistift, ein

Mini-Diktiergerät, ein Tonbandgerät und der Photoapparat. Ich notiere den Prozeßablauf in Stichworten mit – oder ich flüstere ihn auf Band, wenn in der Dunkelheit der Nacht eine Mitschrift nicht möglich ist. Ich habe das Tonband laufen und dokumentiere so die gesamte hörbare Interaktion des Geschehens, und gelegentlich photographiere ich. Diese Hilfsmittel sind den Medizinmännern, »Patienten« und anderen Teilnehmern einer Heilung erklärt und werden nur mit ihrer Einwilligung eingesetzt. Die Tonbänder werden von meinem Mitarbeiter Ginés Pastén vollständig in Quechua und teils in Spanisch transkribiert. Meine nächtlichen Protokolle werden unmittelbar nach der Heilung (das ist meist zwischen null und vier Uhr morgens) ausgearbeitet. Die Transkriptionstexte, die ausgearbeiteten Ablaufprotokolle sowie die Dias sind meine »Rohdaten«.

(3) Ein dritter, wesentlicher Zugang ist die *Lehre* bei erfahrenen Medizinmännern. Eine Lehre ist keine ethnologische Informantenbefragung. Es ist eine über Wochen und Monate in täglichen Treffen ablaufende und mit vielfältigen Demonstrationen konkretisierte, d. h. sichtbar, hörbar, spürbar und erfahrbar gemachte Unterrichtung. Ich habe bisher drei solcher Lehrmeister gehabt (L-I, L-II, L-III) und habe Hunderte von »Lehrlings«-Stunden hinter mir. Das Gelehrte wird an mir demonstriert. Ich arbeite die Mitschrift aus, und ich lese sie am folgenden Tag meinem Lehrmeister vor, so daß er meine Formulierungen und mein Verständnis überprüfen kann. Die Lehren steuere ich nicht durch Einzelfragen, sondern schlage bestenfalls Themenbereiche vor. Diese versuche ich in verschiedenen Lehren zur Sprache kommen zu lassen, so daß Raum ist für Varianz und Validierung.

(4) *Das Informantengespräch* (I), übliches Instrument der ethnologischen und ethnomedizinischen Forschung, ist mein vierter Zugang. Es kam erst im späteren Verlauf der Forschung dazu. Es galt zunächst, überhaupt einmal fragen zu lernen. Eine Warum-Frage ist zwecklos und dumm. Chronologie ist – zunächst – nicht wichtig. Für mich zunächst unverständlich zusammengefügte Aussagen enthalten oft viel mehr. Das alles gilt

es – abgesehen von der Sprache – erst zu lernen. Inzwischen ist das Informantengespräch – das ich mit Tonband aufnehme und dann transkribieren lasse – eine wichtige zusätzliche Quelle des Lernens, niemals jedoch die einzige für einen bestimmten Sachverhalt. Auch hier ermögliche ich durch *viele* Gespräche das Auffinden von Varianz und die Validierung.

(5) Schließlich ist auch die *Sammlung und Auswertung von Dokumenten und anderer Materialien* oft eine wichtige zusätzliche Quelle der Information – wie z. B. die oben erwähnte Auswertung der Schulbücher. Welche anderen Dokumente ich herangezogen habe, wird dann im Verlauf der Darstellung eingehender geschildert.

Ethnologische, ethnomedizinische Forschung ist mit einer Vielzahl von ethischen Problemen behaftet, die oft Konflikt, oft Verzicht und *immer* innere Spannung bedeuten. Dieses Thema ist mir so wichtig, daß ich nicht hier am Rande – in den Schlußsätzen einer Einleitung – darauf eingehen möchte, sondern ihm eine gesonderte Arbeit widmen möchte. (vgl. dazu auch Kap. 10 dieses Buches)

5. AUSBLICK AUF DEN VORLIEGENDEN BAND

Nach dieser Einleitung teilt der vorliegende Band sich in drei Hauptabschnitte.

Teil I enthält *Beiträge zur Datenbasis* des hier untersuchten Rituals, der llaki wij'chuna, der Verbannung der Trauer – ein Ritual für die Trauernden nach dem Verlust eines nahestehenden Menschen. Die Daten stammen aus der teilnehmenden Beobachtung dieser Rituale (Kapitel 2, 3 und 4), aus den Lehren (Kapitel 5) und aus der Teilnahme an einem alljährlichen kollektiven Ritual. (Kapitel 6) Natürlich ordne ich die Darstellung der Daten, deute die rituellen Schritte, stelle Bezüge her und interpretiere; ich halte jedoch Darstellung und Kommentar getrennt und stelle – zumindest, was die Krankengeschichte, was wichtige Passagen der Interaktion und was die so zentral wichtigen Anrufungen und Gebete der Heilungen betrifft, den Ablauf in der Originalsprache dar, so daß ihre Übertragung ins Deutsche und ihre Deutungen überprüfbar sind.

Teil II enthält *Beiträge zur Analyse* des llaki wij'chuna-Rituals, einmal in Form einer systematischen Inhaltsanalyse von Zielsetzungen, Handlungsschritten, Ingredienzen, Settings usw. des Rituals, zum anderen mit der Ortung der llaki wij'chuna im weiteren Spektrum der Heilungsweisen der Callawayas. Um dieses weitere Spektrum anzudeuten und die Bezüge herauszuarbeiten, greife ich noch einmal ausführlich auf die Ergebnisse meiner Lehren zurück: im Kontext anderer Heilungen klärt sich die Stellung der llaki wij'chuna. (Kapitel 7) Im 8. Kapitel versuche ich schließlich, die llaki wij'chuna auch in einen historischen Kontext zu stellen, und frage nach ihren Wurzeln (welche auf die Zeit der Inka, also auf die vor-koloniale Zeit zurückzuverweisen scheinen) und gehe auch der Frage der kulturellen Einbettung der llaki wij'chuna in der Gegenwart nach, ihrer Einbettung in den weiteren Raum der Anden-Kultur.

Nach diesen intra-kulturellen Analysen – Struktur und Heilungskontext der llaki wij'chuna, ihre Ortung im geschichtlichen Raum und im Raum der Anden-Kultur – geht das 9. Kapitel einige Schritte in Richtung auf eine trans-kulturelle Analyse: ich werfe einen Blick auf die Trauerritualistik anderer Kulturen – einschließlich der unseren – und gehe auf die doppelte Frage ein, was diese Betrachtung zum Verständnis der llaki wij'chuna beiträgt und was die llaki wij'chuna »für uns« bedeutet.

Dies ist nur eine sehr knappe, kursorische Zusammenfassung der Hauptlinien des Buches. Eine ausführliche Zusammenfassung jedes einzelnen Kapitels findet sich im Kapitel 10 – ebenso wie ein Ausblick auf die Inhalte der dem vorliegenden Band nachfolgenden Studien.

TEIL I

BEITRAG ZUR DATENBASIS

KAPITEL 2

Llaki wij'chuna I: Pastoras Tod. »Trauer-Therapie« für eine mutter-verwaiste Familie: Ein großer, weiser, alter Medizinmann, Valentin – halb blind, halb taub – schöpft aus den Tiefen der Tradition

Übersicht:

1. DIE FAMILIE APOLINAR RAMOS

»So lange kennen wir uns jetzt schon, nicht wahr, *doctorita, comadrita*?«[1] Das ist immer ein Teil unserer Gespräche, wenn ich wieder nach Bolivien und in die Apolobamba-Kordillere zurückkomme und am ersten Tag zu Apolinars Hütte den schmalen Weg am Berghang hoch gehe, Richtung Westen.

Ja, wir kennen uns schon lange; wir haben auch schon viel zusammen erlebt und durchgestanden. Erst war Apolinar Maurer für mich. Dann Freund. Dann mein *compadre*, nachdem sein Söhnchen Fidel mein Patenkind wurde. Dann mein Medizinmann-Lehrmeister.

Aber zuerst habe ich Justina kennengelernt. Anfang 1983. Ich sprach noch kein Wort Quechua. Ich war das erste Mal in der Gegend. Ich wollte mich umschauen, ich wollte die »Bedingungen« für die Feldforschungsarbeit dort kennenlernen: Würde ich die dortige rituelle Heilkunst, der ich durch halb-relevante und unvollständige ethnologischer Literatur auf der Spur war, untersuchen können? Ist sie noch so geheim wie früher? Komme ich als Frau in jener männerbestimmten Medizinmannwelt an die Heilungen heran? Werde ich lernen können? Kann ich dort leben, kann ich es aushalten – die Flöhe, das dürftige Essen, die Kälte, die zugige Hütte, die Höhe von 3000–4000 m, die Fußmärsche ...? Und auf einem meiner ersten Wege durch diese wild-schöne Landschaft kommt mir ein kleines Mädchen entgegen, mit Schafen. Lächelt mich scheu an. Bleibt stehen, guckt mich an. Ich bleibe auch stehen. »Ich heiße Ina,« sag ich, »und du?« »Fast genauso«, sagte sie. »Na, wie denn?« »Justina.« – So habe ich Justina, die älteste Tochter, damals 12 Jahre, von Pastora und Apolinar Ramos kennengelernt. Sie hat noch vier Geschwister, erzählt sie. Die Mutter ist nicht zu Haus. Warum denn nicht? Sie ist krank. Wo ist sie denn? Allá, allá (dort); mehr kriege ich nicht raus.

[1] Comadre = Patenmutter. »ita« ist die Verkleinerungsform. ita ist in Bolivien Ausdruck von Freundlichkeit und Zuwendung, so auch »doctorita« statt doctora (Frau Doktor).

Und dann habe ich aufgrund dieser ersten Exploration entschieden, daß ich in jener Gegend leben würde, daß ich dort zu lernen versuchen würde, daß ich das Forschungsfreijahr, das anstand, dort verbringen würde, daß ich einen DFG-Forschungsantrag stellen und Familie, Freunden, Mitbewohnern und Mitarbeitern zumuten würde, (zunächst) für fast ein Jahr weg zu sein ... Und nach drei Monaten war ich dann wirklich schon wieder zurück in der Apolobamba-Kordillere.

Erst wohnte ich am Rand des Dorfes an einem großen Hof mit mehreren mit Wellblech gedeckten Häusern; ich bezog einen winzigen Anbau, vielleicht 8 Quadratmeter. Mehr als einen Rucksack voll hatte ich nicht mit. Es war also Platz genug. Das Gehöft mit den Hütten gehört Moises Tudela, früher Großgrundbesitzer, haciendero, mit der bolivianischen Agrarrevolution auch teilenteignet. Aber Moises hat noch immer riesengroße Felder, und zwar dort, wo die Felder groß sein *können,* unten im Tal, am Fluß – im Unterschied zu den zum Teil winzigen Terrassenfeldern auf den steilen Berghängen. Er wohnt im Tal. Oder in La Paz. Oder eben hier oben in Charazani: wenn ein Fest ist, wenn es in der »Hauptstadt« etwas zu erledigen gibt, wenn der Lastwagen kommt oder fährt. Moises kommt mit einem Pferd aus dem Tal geritten. Er ist über siebzig. Er ist ein vitaler, herzgewinnender Mann mit strahlendem Lächeln und makellosen Kunstzähnen. Er hat in jedem Sinne das Gebahren des (einst noch reicheren) haciendero: fürsorglich, ausbeutend, väterlich, herrisch.

Aber Moises' Mini-Hütte wurde mir zu klein. Ich bekam die Hütte gegenüber, auch am gleichen Hof liegend, an den Berg gebaut. Man hatte einen wunderschönen Blick durch das kleine Fenster nach Osten in die Eukalyptusbäume. Aber kein Strahl Sonne. Kein Südfenster. Und wenn keine Sonne ist, dann ist es bei Tag und bei Nacht sehr kalt, oft kaum über 10 Grad in der Hütte. Ich würde mir ein Südfenster in die Lehmziegel *(adobes)* der Hütte setzen lassen – ich dachte schon an all die bolivianischen Jahre, die noch kommen würden. Für diese Arbeit habe ich Apolinar gefunden. Apolinar ist gelernter Maurer, 36 Jahre. Und Apolinar hat mir ein Fenster auf die Südseite der Hütte

Abbildung 1: Apolinar Ramos und vier seiner fünf Kinder

gebaut. Den Rahmen und das Glas habe ich mit dem Jeep aus La Paz mitgebracht.

So haben wir uns kennengelernt. Ich habe erfahren, daß er fünf Kinder hat. Seine Frau Pastora sei weggegangen. Zu ihrem Vater. In das Dorf oberhalb von seinem. Er ist mit den Kindern allein. Das jüngste ist ein Bub. Er ist jetzt 3 Jahre. Als seine Frau noch bei ihnen war, habe sie gelegen, immer nur gelegen, nichts getan, und es war auch schon so, als wäre sie weg. Er habe erst langsam begriffen, wie krank sie ist. Sie hat sich für nichts mehr interessiert, sie ist nicht aufs Feld gegangen, sie hat nicht gekocht, sie hat sich nicht um die Kinder gekümmert, sie hat keine Tiere gehütet, es gab viel Konflikt, und dann hat sie der Vater geholt. Mit den Eltern von Pastora lebt Apolinar in Streit. Um die Kinder kümmern sie sich nicht. Nur seine Mutter, die nach dem Tod von Apolinars Vater wieder geheiratet hat, kommt alle Woche einmal und schaut nach den Kindern und kocht etwas. Sonst versorgt die Älteste Haus und Hof: sie holt Reisig, sie holt Wasser, sie macht den Tee, sie schält die Kartoffeln, sie bereitet die Suppe für die Geschwister. Die Kleineren hüten die Schafe. Da muß man oft weit weggehen, um Weiden zu finden.

Seit Apolinar mein Fenster gebaut hat, wuchs eine tiefe Freundschaft. Mehr von seiner Situation, seiner Familie, seinen Nöten habe ich erfahren, als Apolinar eines Tages bei einem Medizinmann ein Heilungsritual suchte, damit seine schwierige Lage sich bessere, damit Pastora wieder gesund werde, damit Versöhnung stattfinde ... Es war eine yuraj mesa, eine Weiße Heilung. (vgl. f. S.) In dieser Heilung schildert Apolinar dem Medizinmann – einer der großen alten Medizinmänner, aus einem anderen Dorf, mit zerfurchtem Gesicht, zerknitterter Haut und zitternden Händen, aber von großer Aufmerksamkeit und nachfragender Zuwendung – sein Problem in diesen Worten:

> Schau (sagt Apolinar), wir stecken mitten drin in Krankheit und Elend. Meine Frau ist sehr krank. Ich bin auch halb krank. Meine Frau ist sogar schwer krank. Sie ist auch nicht mehr bei mir. Sie ist woanders. Sie ist bei ihrem Vater. Und

ich bin allein mit den kleinen Kindern, die auch angesteckt sein können. Und dafür sollst du mich heilen, ich bitte dich ... Sie ist schon lange krank. Ungefähr vier Jahre schon. Und ich kann deshalb nirgendwo mehr hingehen (weil die Kinder allein sind), das ist es, wofür du etwas für mich tun sollst ... (Und nach einer Pause fährt er fort:)

Also ist meine Frau weggegangen. Ihr Vater hat sie geholt. Ja, ihre eigene Familie hat sie geholt. Vor langem ist sie krank geworden. Ihre Krankheit ist Tuberkulose, sagt man. Lang ist sie krank. Sie soll nach La Paz geschickt werden. Aber mein Schwiegervater wollte nicht. Und als ich das merkte, da bin ich dreimal hingegangen, und er wollte immer noch nicht, und dann habe ich hier mit meinem *compadre* gesprochen, der hat mir auch gesagt, ich soll sie nach La Paz bringen. Und das habe ich meinem Schwiegervater gesagt, daß das besser wäre für sie. Und statt dessen ist er in meine Hütte gekommen und hat sich seine Tochter mitgenommen. Jetzt sind es schon bald drei Monate. Und so bin ich allein, verlassen. So ist es. Und ich lebe mit meinen Kindern, das sind fünf. Und in dieser Lage bin ich mit meiner Arbeit ganz zurück. Vorher bin ich überall hin gegangen zum Arbeiten, bis Inca bin ich gegangen, um Holz zu schlagen. Leicht war es, überall hinzugehen. Aber jetzt kann ich nicht. Nicht einmal hier ins Dorf. Die Felder. Die Arbeit. Allein wie ein Witwer, so allein, so ist es. Und vielleicht hat die Krankheit meine Kinder auch noch angesteckt. Deshalb mache ich mir solche Sorgen. Wegen all dem komme ich; und ich möchte, daß du mir das »ins Lot« bringst.[1] (Heilung 28)

Nach diesem nächtlichen Heilungsritual sagte mir Apolinar: »Ich habe wieder ein bißchen Hoffnung. Vielleicht wird ja doch alles gut.« – Aber es wurde nicht gut. Pastora versank mehr und mehr in vollständige Apathie, nur aufgeschüttelt vom Husten; Apolinar und die Kinder blieben allein. Der alte Medizinmann

[1] Das verwendete Wort ist *jallchaykuy;* beim Spanischsprechen wird *arreglar* dafür benutzt: »arreglieren«, in Ordnung bringen, ins Lot bringen.

hatte Apolinar *»del Señor«* geheilt – das ist eine umfassende Vergebungsheilung für alles Unheil, das »vom Herrn« kommt, von Gott. »Vielleicht war es nicht das richtige,« äußert Apolinar viel später leise. »Vielleicht ist das nicht *del Señor*. Vielleicht sind hier ganz andere Dinge im Spiel ...« Was Apolinar damit andeutet: Hexerei, Verwünschung, böse Geister ... Aber ich habe das damals noch nicht verstanden, und ich habe damals auch noch nicht geahnt, daß es dafür ganz andere Heilungen gibt, ganz andere, geheime Rituale, die Schwarzen, die Grauen Heilungen. (vgl. f. S.)

Ich mußte nach La Paz. Es war Anfang Februar 1984. Allerlei Unbilden, Blockade in La Paz, politische Unruhen, Streiks hielten mich fest, und ich kam erst Ende des Monats nach Charazani zurück. Apolinar habe Pastora ins Thorax-Krankenhaus gebracht, erfuhr ich von den Madres, den Nonnen des Dorfes; die Krankheit wurde zu schlimm, und der Vater Pastoras ließ es schließlich zu. Apolinar war also fort. Ich ging nach den Kindern schauen. »Er ist immer noch nicht zurück« (wohl auch aufgehalten durch die Blockaden und Streiks), »und das Essen reicht jetzt nur noch für einen Tag«, sagt Justina. »Komm dann zu mir«, sage ich. Ich sitze auf dem Rand des Reisiglagers und alle fünf Kinder drängeln sich ganz nah an mich heran. Im Abendlicht gehe ich zurück. Ein Lastwagen ist gerade im Dorf angekommen – und Apolinar!

Er ist völlig erschöpft. Er hat ein riesengroßes Bündel auf dem Rücken. Es ist die Strohmatratze, die er für Pastora mitgenommen hat, aber die wurde im Krankenhaus nicht gebraucht. Da gibt es Stahlbetten und andere Matratzen. Er ist traurig, voller Tränen. Pastora mache ihm immerzu Vorwürfe. Sie sei immerzu böse. Sie sei sicher verzweifelt. Die Ärzte hatten gesagt, er soll bei seiner Frau bleiben. »Jetzt sag mir mal, wie soll ich das denn? Wovon soll ich denn in La Paz leben? Wer kümmert sich um die Kinder? Wovon soll ich die Kinder dann ernähren?« Sechs Monate müsse sie mindestens im Krankenhaus bleiben. Es sei nicht sicher, ob es was hilft, sagen die Ärzte, es ist ein Versuch. »Ich hatte absolut kein Geld mehr. Ich konnte nicht mal den Lastwagen für die Rückkehr hierher bezahlen. Ich mußte mich als Kassierer und Fahrtgehilfe verdingen, um zurückzukommen. Und ich weiß nicht, wie es weitergehen soll.« Und Apolinar ist hoffnungslos und verzweifelt. »Doctorita«, sagt er, »ich muß es einfach noch einmal mit einer Heilung versuchen, all mein Beten hilft nichts mehr ...«

Er wolle eine Heilung für Pastora, für seine Hütte und für die Kinder. Die Heilung würde in seiner Hütte stattfinden, in seinem Dorf. Und es sollte einer der besten Medizinmänner kommen, Daniel aus Curva. Der würde nach Charazani kommen (ca. 4 Stunden Marsch), und dann würde Apolinar ihn nach Lunlaya (1 Stunde) nehmen. Und ich würde mitgehen dürfen. – Der Abend senkt sich herab, und Daniel, der Medizinmann, kommt nicht. Stockdunkel ist die Nacht. Es ist 8 Uhr, es ist 9 Uhr. Die Kinderchen werden längst schlafen. Und dann kommt Daniel doch noch. Aber es ist jetzt keine Frage mehr, ob wir nach Lunlaya gehen. Daniel ist vom Nachtmarsch erschöpft, und so wird beschlossen, die Heilung in Charazani durchzuführen; ein *compadre* von Apolinar hat eine große Strohhütte, die ist leer, dort kann die Heilung stattfinden. Das cabildo, die Opferstätte der Hütte, liegt versteckt im Hof, nicht einsehbar, das ist wichtig. Dort können ohne Blicke anderer die Opfergaben verbrannt werden. Natürlich beziehen wir die Kinder, Pastora und die Hütte oben mit ein in die Heilung. Denn die Medizinmänner können auch eine Heilung »in Abwesenheit« der Betroffenen durchführen. Apolinar wird sie alle vertreten. Wir gehen in die Hütte und Apolinar schildert seine Lage, und der Medizinmann bereitet die Opfer. Dann geht ganz leise die knarrende Tür, und ein Knecht, der in dieser Hütte sein Matratzenlager hat, schlüpft scheu und schweigend herein, geht leise zum Lager und rollt sich unter die Decken. Und Apolinar schildert dem Medizinmann:

> Also in der Lage bin ich: Ich bin allein. Ich wohne in Lunlaya. Ich habe nur einen Bruder. Aber mit dem geht es nicht gut. Er wohnt gleich daneben im Winkel. Wir sind nur zwei Geschwister. Aber es ist oft so, daß wir unter Brüdern auch nicht gut miteinander leben, nicht?

Dann, meine Frau ist jetzt schon fünf Jahre krank, oder mehr. Sie ist auch hier schon ins Krankenhaus[1] gegangen, und manchmal hat es etwas geholfen und manchmal nicht; und schließlich ist sie ganz weggegangen, zur Hütte ihrer Eltern, wortlos.

Es heißt, es ist Tuberkulose. Sie hustet, und sie ist total ausgetrocknet, und keine Medizin hilft ihr ... Mit Tuberkulose trocknen sie aus, bis sie schwarz sind, und magern ab bis zu Stöcken, nicht?

Ja, so ist das; und weil ich arm bin, haben die *señoras*[2] hier, die einen »Club der Mütter«, den Club de madres haben, mir geholfen, und mit dieser Hilfe habe ich sie nach La Paz gebracht, um sie heilen zu lassen, jetzt ist sie dort im Thorax-Krankenhaus ... Und meine Kinder leiden auch, daß es ein Jammer ist. Fünf sind es. Vier Mädchen, ein kleiner Junge. Verlassen sind sie, vernachlässigt, Kleider und alles. Und Kinder untereinander streiten, und das ist kein gutes Leben ... Die doctora hilft mir. Sie hat nach dem Haus gesehen, als ich in La Paz war. Aber es geht nicht so weiter.

Tu etwas für uns! Meine Kinder sind verlassen und ich auch. Ich kann nichts machen, wie du dir vorstellen kannst. Auf der einen Seite habe ich irgendwo Arbeit, und auf der anderen muß ich zu Haus bleiben bei den Kindern, und die Felder müssen ja auch gemacht werden, und jetzt, wo alles so knapp ist, muß man doch arbeiten, um ein bißchen Zucker zu kaufen und andere Lebensmittel, und wenn ich nicht arbeiten kann, reicht es für nichts. Ja, so ist meine Lage. (Heilung 57)

Es wurde eine lange, schöne Weiße Heilung mit einem endlosen Fluß intensiver Gebete. (vgl. f. S.) »Es wird dir helfen«, sagt der

[1] Gemeint ist das Dreibett-Krankenhaus in Charazani, versorgt von einem Sanitäter und gelegentlich auch einem Arzt.

[2] Mit den señoras sind die Mestizen-Frauen gemeint. Als Mestize wohnt man bevorzugt an der Plaza, dem zentralen Platz des Dorfes, wo auch die Kirche steht. Als Mestize spricht man auch perfekt Spanisch, kann lesen und schreiben, hat oft ein kleines Lädchen, für das die wenigen Güter aus La Paz kommen, die teuer verkauft werden; als Mestize hat man familiäre Bindungen nach La Paz, oft studierte Kinder, man ist eher wohlhabend und konservativ.

Medizinmann, »es wird ganz bestimmt helfen, alles wird gut werden. Aber es wäre natürlich besser, wir würden eine weitere Heilung auch noch in deiner Hütte machen ...« »Dann machen wir auf jeden Fall noch eine Heilung in meiner Hütte, auf jeden Fall«, sagt Apolinar.

Daß dieses geplante Heilungsritual niemals mehr würde stattfinden können, das wußten wir damals noch nicht.

Nachdem ich diese beiden Heilungsrituale mit Apolinar erlebt hatte, lernte ich ihn noch von einer ganz neuen Seite kennen. Bisher kannte ich Apolinar als Maurer; ich kannte Apolinar als Freund; die Taufe der beiden Kinder, Fidel und Teresa, hatten wir auch schon geplant, ich kannte ihn also als künftigen *compadre* (was fast Familienbande sind). Und später lernte ich Apolinar auch noch als Medizinmann kennen. Daraus haben sich dann ganz neue, weite, faszinierende Bereiche des rituellen Lebens in der Apolobamba-Kordillere für mich eröffnet. (vgl. f. S.)

Apolinar, der Medizinmann: über diese Seite hatte er lange nicht gesprochen. Sein Großvater war Medizinmann, sein Vater war Medizinmann, sein Bruder sei auch auf Heilungsreise gegangen, und so habe auch er gelernt. Und er könne mir auch diese geheime Callawaya-Sprache beibringen, flüsterte er mir einmal zu. Auch sonst wisse er eine Menge. Aber ich habe das nicht so recht geglaubt. Hier weiß natürlich jeder ein bißchen was von Heilpflanzen und Ritual, dachte ich.

Aber dann durfte ich einmal an einem Heilungsritual in Lunlaya teilnehmen. (Heilung 54) Der Patient, ein alter, gebrechlicher Mann, rief immer wieder einmal »seinen« Medizinmann für ein Heilungsritual zu sich: Valentin, den etwa 90-Jährigen (niemand weiß sein genaues Alter, auch er nicht, aber er sei schon lange, lange auf der Welt). Und dies war dann das erste Heilungsritual, das ich mit dem großen, weisen, alten Medizinmann Valentin erlebt habe und das sich tief in meine Seele eingegraben hatte: diese unsagbar »sanften« Ritualhandlungen, die Konzentration, das Hantieren fast ohne Augenlicht, das Kommunizieren fast ohne Gehör, die zitternden Hände, das Gebetsgebrabbel, das kaum noch zu verstehen ist, und eine

Sicherheit, Ausstrahlung und Intensität der Handlung, die sich dem Tonband, dem Prozeßprotokoll und der Kamera entziehen.

Für die großen Heilungsrituale haben die Medizinmänner meist einen Gehilfen, der die Weihrauchschale bereitet, das Reisigfeuer am cabildo anzündet, Cocablätter aussucht, das Meerschweinchen aufschlitzt – dies sind zum Beispiel Ritualhandlungen, die im allgemeinen auf den Gehilfen entfallen. Natürlich braucht auch Valentin einen Gehilfen. Und er hatte sich – Apolinar gewählt. Er hatte schon oft mit Apolinar zusammengearbeitet. Doch ich dachte noch immer: Nun ja, Apolinar weiß so ein wenig ... Aber in diesem Heilungsritual habe ich nun doch wirklich begriffen, daß Apolinar *selbst* Medizinmann ist, und dann hat er es mir schließlich auch unverschlüsselt gesagt: Natürlich ist er Medizinmann, von seinem Vater hat er gelernt, natürlich ist er auch gereist, aber nachdem Pastora krank wurde, konnte er nicht mehr reisen, seit Jahren nicht mehr. Auch Valentin kann nicht mehr reisen, seines Alters wegen, aber es kommen immer noch Patienten zu ihm, sogar aus Peru kommen sie, um sich von Valentin heilen zu lassen, und er, Apolinar, arbeitet dann oft mit ihm zusammen. Apolinar ist in der Tat – das sehe ich sehr schnell – kein kleiner Gehilfe. Er ist ein Medizinmann, er *hilft* Valentin, aber vor allem *betet* er auch – wer betet, ist mehr als Gehilfe, er ist Medizinmann-Kollege. Diese »Entdeckung« sollte noch weitreichende Folgen haben ...

Aber jetzt mußte ich erst einmal fort. Das Semester begann. »Ich muß in mein Land zurückfahren«, sagte ich zu Apolinar, »aber in drei Monaten bin ich wieder da. Dann wirst du auch Sigu kennen lernen, meinen Mann.« »Dann werden wir die Kinder taufen«, strahlt Apolinar, »und jetzt, diese drei Monate, werden wir alle für dich beten, die Kinder auch, und wir bereiten dir eine *wij'churipuna* (eine kleine Opfergabe für die lugares, die Orte der Kraft), und du wirst gut zurückkehren in dein Land und dann gut zurückkehren zu uns.«

Abbildung 2: Apolinar Ramos als Medizinmann. Hier bei einer Weißen Heilung (H-54) mit Valentin Quispe

Aber bevor ich in mein Land zurückkehren würde, das war klar, würde ich Pastora in La Paz besuchen. Apolinar gab mir Botschaften mit, die ich Pastora überbringen sollte. Am 12. April 1984 war ich bei ihr im Thorax-Krankenhaus.

2. PASTORAS TOD

Nur ein einziges Mal habe ich Pastora gesehen. Draußen war gleißendes, weißes Sonnenlicht. Drinnen war auch alles weiß. In dem Raum standen 8 oder 10 Betten, ich weiß es nicht mehr. Es war vollkommen still im Raum. Die Frauen lagen oder hockten auf den Betten. Müdigkeit war in allen Gesichtern. Pastora kauerte auf dem zweitletzten Bett rechts. Ihr Gesicht war dunkel, hohe, ausgeprägte Backenknochen, eingefallene Wangen, knochig, fleckig. Mein Gott, dachte ich, ihre Ärmchen sind nur noch Striche, ihre Beine Striche. Sie ist 32. Aber sie sieht in ihrer Zartheit, in ihrer Krankheit aus wie ein Mädchen von 20. Sie lächelt scheu. Ja, von mir habe sie auch schon ganz viel gehört. Ich setze mich auf den Bettrand und zeige ihr die Bilder von den Kindern, ihren fünf Kindern. Justina, jetzt 13 Jahre, Roqsana, 12 Jahre, Liliam, 8 Jahre, Teresa 7, und der kleine Fidelito ist gerade 3. Und die Bilder von Apolinar, ihrem Mann, der sie hierher gebracht hat, als es ausweglos schien. Und von der Hütte und den Bäumen und Feldern. Sie weint. Wie es ihr geht? Es gehe immer besser, jeden Tag. Neulich ist eine Frau in der Dusche gestorben. Neben ihr die beiden Frauen sind auch gestorben. Die Krankenschwestern und Ärzte können kein Quechua (das ist die einzige Sprache, die Pastora spricht; ganz leise spricht sie, immer flüsternd). Sie dürfe bald raus. Sie will nach Hause. »Es ist schrecklich hier. Ich werde wieder gesund. Der Arzt hat gesagt, ich kann in vier Wochen nach Hause. Die Medikamente haben geholfen.« Ach ja, es wäre so schön, wenn sie ein bißchen Geld hätte. Sie könnte sich etwas kaufen am Kiosk des Krankenhauses. Es ist das Thorax-Krankenhaus in La Paz. Das liegt mit dem Lastwagen auf den rumpligsten, schlechtesten Schotterwegen eine Tagesreise von Charazani entfernt. In Charazani hört der fahrbahre Weg auf. Dann läuft man noch eine Stunde, leicht bergauf zu ihrem Dorf, Lunlaya. Gesunde brauchen eine Stunde. Apolinar auch weniger. »Ich brauche jetzt sicher drei Stunden. Vielleicht geht es auch gar nicht. Aber vielleicht kann Apolinar einen Maulesel leihen.« Sie spricht immer wieder vom Nachhause-Kommen. Und davon, daß es schrecklich ist hier. Warum – die Frage stellt sich mir nicht. Man sieht es: Es ist so viel Schweigen hier und Sterben. Und ein Radio wäre schön, aber das wird ja geklaut. Mein kleines Geld versteckt sie auch gleich unter den Kleidern. »Ich muß in mein Land zurückkehren«, sage ich. »Und wenn ich zurückkomme, dann taufen wir Teresa und Fidelito, ja?« Ja, das hat sie mit Apolinar besprochen, sie möchte auch, daß ich Patenmutter werde und Sigurd Patenvater. Wir feiern dann zusammen, dann ist sie wieder zu Hause ... Ich umarme das zarte Geschöpf, streiche ihr über die schwarzen Haare, sie über meine, sie hält meine Hände fest, sie küßt sie, sie lächelt scheu – und doch ganz voller Hoffnung.

Und Pastora ist auch wirklich nach Hause gekommen. Im Entlassungsbrief ist von einigen Wochen die Rede, dann muß sie wieder ins Krankenhaus. Sie hat Medikamente mitbekommen, auf dem Krankenhauszettel ist genau erklärt, wie sie diese einzunehmen hat. Apolinar kann auch ganz gut lesen.

Es muß eine sehr schlimme Rückkehr gewesen sein.[1] Pastora habe sich zu der Stelle durchgeschlagen, durch die ganze Stadt, wo die Lastwagen nach Charazani abfahren. Aber die fahren ganz unregelmäßig. Wann? Keiner kann es sagen. Sie ist müde, schwach, kauert sich an den Straßenrand. Es kommt eine dieser bitter kalten Nächte in La Paz, das über 3000 m hoch liegt. Sie hat keine Decken, gar nichts. Auch andere Leute aus der

[1] Die folgende Darstellung basiert auf den Berichten der Madres und einiger Leute aus dem Dorf sowie auf dem Bericht von Apolinar, Justina, Ginés und den Nachbarn Apolinars.

Gegend von Charazani kommen und schauen, wann der Lastwagen fährt; und gehen wieder. Ginés hat sie dort kauern sehen. Der Lastwagen fuhr erst am übernächsten Tag. Pastora war so geschwächt, daß man sie auf die Ladefläche heben mußte. Hinten, auf dem offenen Lastwagendeck, ist immer ein entsetzliches Gerangel; der Lastwagen ist immer überbesetzt, verstopft, auch von Gepäck, Kästen, Tüchern mit Eßware, auch Tiere, Hühner werden transportiert. Man muß immer kämpfen um seinen Platz, und meist weiß man nicht, wohin mit den Beinen und wie man einen Arm aus dem Gedränge ziehen soll, um sich den Staub aus den Augen zu wischen. Es ist eine grausige Kälte auf dem offenen Lastwagen, ich weiß das selbst, vor allem, wenn die Pässe kommen und der Nebel und der Regen. Es zieht, es staubt, es gibt keinen Schutz. Nach 18 solchen Stunden Fahrt ist der Lastwagen an seinem Ziel, kommt Pastora in Charazani an. In der Nacht. Kein Licht im Dorf. Die Gestalten steigen ab, verlieren sich in der Nacht. Und Pastora verbringt noch eine Nacht im Freien, zusammengekauert auf der Straße. Niemand hat Apolinar benachrichtigt – oder benachrichtigen können, daß seine Frau kommt.

Am nächsten Morgen nehmen sich die Madres, die Nonnen, Pastoras an. Sie wird in die Räume der Kirche getragen. Ein Bote wird zu Apolinar geschickt. Pastora soll in das »Krankenhaus« von Charazani. Derzeit ist dort sogar eine Ärztin tätig. In Bolivien muß jeder ausgebildete Mediziner für ein Jahr aufs Land. Die wenigsten wollen das, La Paz ist ihnen angemessener oder eine andere Stadt, »nicht diese dreckigen Indianer, deren Sprache wir nicht können« (sagte mir einmal ein Arzt!). Oft halten sie ihre Zeit auch gar nicht aus. Und da sie ihr Gehalt in La Paz selbst abholen müssen, da der Lastwagen unregelmäßig fährt, da es in Bolivien immer Streiks gibt – ist auch immer ein Grund, daß sie im Monat ein, zwei oder mehr Wochen weg sind. Aber jetzt ist die Ärztin da. Medikamente aber gibt es nicht. Es hat keinen Zweck, es hat absolut keinen Zweck, sagt die Ärztin, Pastora aufzunehmen. Und sie verweigert es.

Pastora liegt also zunächst bei den Madres. Die Füße von Pastora sind angeschwollen. Die Beine auch, die Haut springt überall auf, der Husten ist schlimm. Ihre Kräfte sind fast am Ende. Und Apolinar möchte sie nicht nach Hause nehmen. Das ist doch nur *eine* Hütte. Da schlafen alle, er, die fünf Kinder. Aber die Madres können sie auch nicht hier behalten. Es ist deine christliche Pflicht, sagen sie, daß du sie nach Hause nimmst, es ist deine Pflicht vor Gott und Jesus. Apolinar ist Katechist. Er ist sehr gläubig. Die Madres sind Autoritäten Gottes. Und er treibt einen Maulesel auf, denn Pastora kann nicht gehen, nicht einmal drei Schritte, und sie fällt auch auf dem Maulesel immer zusammen, und Apolinar stützt und hält sie, und so geht es den schmalen Pfad berghoch, dann einen sehr steilen hinab, und dort in der Senke, halb im Tal, wo man schon das Rauschen des Flusses hört, ist die Hütte.

Pastora steht nicht mehr auf. Die Madres schauen fast täglich nach ihr. Sie geben ihr Spritzen. Aber sie können nicht mehr viel tun. Überall ist die Haut aufgelöst. – »Sie ist einfach so abgefault«, sagt Apolinar. Und am 6. Juli 1984 stirbt Pastora. »Die Tuberkulose hat sich Pastora geholt.«

Nur wenige Schritte oberhalb der Hütte von Apolinar ist der Friedhof von Lunlaya. Kaum gekennzeichnet, kaum erkennbare Steinhügel auf der steinigen kleinen Steilterrasse. Die Kapelle ist etwas abseits. Ihr Dach ist eingefallen. Sie ist fensterlos. Auf diesem Friedhof liegt Pastora. Apolinar weist auf einen schmalen Haufen Steine. Er nimmt den Hut ab und kniet nieder. Ich nehme die Mütze ab und knie nieder. Wir nehmen noch einmal zusammen Abschied von Pastora. Das Bild dieses zarten, abgemagerten, dunklen Mädchens in dem weißen Krankenhaus schießt mir durch den Kopf ...

Unten rufen die Kinder. Sie kommen uns entgegengelaufen. Den kleinen, rotzigen, hustenden Fidelito nehme ich auf den Arm. Wir gehen in die Hütte, ich sitze wieder am Rand des Reisiglagers. Die kleine, freche Teresa tollt um mich herum und faßt mir in die Taschen. »Und nun werden wir, sobald Sigurd kommt, die Taufe feiern«, sagt Apolinar, »aber erst müssen wir mit einer llaki wij'chuna das Unheil und die Trauer verbannen und verwerfen.« – (*Wij'chuy* heißt wörtlich wegwerfen. llaki wij'chuna also das »Wegwerfen der Trauer«.)

Ein Tod in der Hütte ist fast wie eine ansteckende Krankheit. Das Unheil, das mit dem Tod kam, sitzt in allen Ritzen der Hütte. Es lockt mehr an. Und wir müssen die Hütte reinigen. Wir müssen auch uns reinigen. Erst dann kann es weitergehen. – »Wie machen wir das, Apolinar?« – »Valentin werde ich bitten. Er wird die llaji wij'chuna für uns machen.«

3. VORBEREITUNG UND KONTEXT DES HEILIGUNGSRITUALS

Apolinar stieg hoch zur Hütte von Valentin, am Berghang auf der anderen Seite des Tales. Natürlich würde dieser das Heilungsritual für Apolinar und seine Familie übernehmen. Sein Sohn, Ignacio, etwa 57 Jahre, würde ihm dabei helfen. Dann beriet sich Apolinar auch mit Juana, seiner Mutter, und deren zweitem Mann, einem angesehenen alten Medizinmann aus Chari. In diesen Beratungen vervollständigte sich auch die Liste der Heilungsmittel, die wir brauchen würden.

Die Liste ist lang, und die Beschaffung dauerte mehrere Tage:

Ingredienzen für llaki wij'chuna I

1. Schwarzes Tuch als mesa-Unterlage
2. ein neuer irdener Krug für Dornensud
3. eine Wasch-Schale
4. Kleider zum Wechseln
5. Weihrauch
6. rote Nelken
7. graue Schafswolle
8. ein Knäuel linksgesponnener grauer Schafswolle

9. Ginster (retama) und andere Pflanzen (vgl. u.)
10. Coca
11. Zigaretten
12. *kuti kuti* und *sajsa kuti*
13. Schweine- und Schafstalg
14. ein dreifarbiges (weißes) Meerschweinchen
15. mindestens eine, besser zwei Kerzen
16. Steine vom Fluß

Folgende Pflanzen gehen in dieses Heilungsritual ein; Apolinar nennt mir die Liste am Tag nach der Heilung – betont aber, er könnte auch einige Pflanzen zu nennen vergessen haben. Über die medizinische und rituelle Bedeutung der Pflanzen gibt Oblitas Poblete (1969) Auskunft; die Zahlen in Klammern beziehen sich auf die Seitenzahlen seines Buches, wo die entsprechende Pflanze in ihren Verwendungsweisen bei den Callawayas beschrieben ist. (vgl. dazu auch Girault 1984)

1 *ichu* (200)
2 *ch'uju* (159)
3 *pampa khichca* (277)
4 *pojro* (*achuma*, 38)
5 *pampa salvia* (277)
6 *loriwichu (chinchircoma* 154)
7 *motuelo amarillo* (–)
8 *motuelo blanco* (–)
9 *pinco pinco* (289)
10 *chinchiruru* (–)
11 *mullak'a* (261)
12 *qimsa khuchu* (117)
13 *eucalipto* (172)
14 *cantuta* (110)
15 *naca blanco* (262)
16 *naca verde* (262)
17 *taratara* (*pujllay qora*, 295)
18 *qeña* (299)
19 *phusa phusa* (286)
20 *alqo khichca* (351)
21 *oqoruru* (*berro*, 99)
22 *yerba buena* ♂ (376)
23 *yerba buena* ♀ (376)
24 *paica* (*paipo*, *jalapa*, 204)
25 *yana warakko* ♀ (369)
26 *yuraj warakko* ♂ (369)
37 *orqo muña* (291–2)
28 *pampa muña* (291–2)
29 *retama* (311)
30 *tabaco* (336, 337)
31 *khuru rojo* (213)
32 *khuru blanco* (213)
33 *lirio* (223)
34 *khoola* (*sauco*, 325)
35 *floripondio* (*quillankkara*, 175)
36 *tumbo* (354)
37 *kunkuna* (–)
38 *lambran* (*aliso*, 57)
39 *sabila* (*savila*) (–)
40 *willega* (–)
41 *penqoya* (–)
42 *chiñi rosas* (–)

Wir brauchten ein Knäuel gesponnene Schafswolle. Nicht gewöhnlich gesponnene Schafswolle – sondern *links*gesponnene Schafswolle. Links ist die Richtung, mit der das Schlechte, das Weggeben, das Falsche, die Beseitigung und der schwarze Zauber assoziiert sind. (vgl. f. S.) Juana wollte den Schafs- und Schweinetalg *(untu de oveja, untu censal)* besorgen und sich um das dreifarbige Meerschweinchen kümmern. Die drei Farben symbolisieren: die Hütte mit ihren Bewohnern (weiß), die Tiere (vicuña-farben), die Trauer – *llaki* und *chiki* (vgl. u.) (schwarz). Das Meerschweinchen ist für Diagnose, für Behandlung und Opferung ein viel verwendetes Heilungs-Tier (und außerdem ein Festtagsbraten zu besonderen Anlässen) – aber ein dreifarbiges aufzutreiben, ist sehr schwierig. Ich habe noch nie eines gesehen. Wir haben auch keines gefunden. Ein weißes Meerschweinchen mußte als Ersatz dienen. Ich sollte Coca-Blätter mitbringen, reinen Alkohol, Kerzen, etwas Weihrauch, Zigaretten. Die Beschaffung von *sajsa kuti* und *kuti kuti* – Früchte von Bäumen aus den Niederungen des bolivianischen Dschungels – war besonders schwierig. Natürlich kann man sie in La Paz kaufen, wo in der Linares und den angrenzenden schmalen Gassen die *chifleras* (Marktfrauen) an vielen kleinen Ständen Heilungskräuter und rituelle Heilungsmittel aller Provenienz verkaufen – aber hier? Als »Vorrat« mag der eine oder andere Medizinmann diese *kutis* haben, solche nämlich, die jene bestimmten Heilungen vollziehen, bei denen *kutis* gebraucht werden. Dazu gehören auch die Schwarzen Heilungen. Diese aber sind von Geheimhaltung umgeben. Kein Medizinmann gibt so leicht zu, daß er *kuti* hat – und dann wohl auch Schwarze Heilungen kennt, kann oder vollzieht. – Aber wir haben unsere *kutis* schließlich doch aufgetrieben.

Am aufwendigsten ist die Beschaffung der vielfältigen Pflanzen – vor allem Dornenpflanzen, die in einem Sud gekocht werden müssen. Retama (Ginster) wächst überall und ist eine der wichtigsten Heilpflanzen – in dieser Heilung aber Ritualpflanze. Aber die Standorte der vielen anderen Pflanzen, die wir brauchen, sind über Berge und Schluchten verteilt, wachsen an versteckten Quellen und am Rande von Felslöchern und Berg-

Abbildung 3: Valentin Quispe

spalten. Apolinar war mehrere Tage auf der Suche. Juana, die Mutter, und Justina, die älteste Tochter, halfen. Juana sei in eine Richtung gegangen, Justina in die andere, er – Apolinar – in die dritte. Man kann die Pflanzen auch nicht zu jeder Tageszeit pflücken und schon gar nicht dort, wo Leute sind, wo einer auf dem Feld arbeitet, wo Hütten stehen oder wo ein Kind Schafe hütet. »Es ist nicht gut, wenn die Leute es wissen, sie können uns schlechte Gedanken schicken, dann kann sich die Heilung ins Gegenteil verkehren, oder bestenfalls ist sie ohne Sinn. Was suchst du denn, wird man immer gleich gefragt. Meine Kinder haben Husten, ich brauche Kräuter, sage ich dann. Aber die Leute gucken manchmal sehr genau. Und die meisten Dornenpflanzen braucht man nicht für Husten, das weiß doch jeder. Also muß das alles möglichst unsichtbar und unbeobachtet sein«, erklärt Apolinar.

Das Heilungsritual wurde auf einen Montag festgelegt. Eigentlich sind Dienstag oder Freitag die Tage für eine llaki wij'chuna. Ich weiß nicht mehr, warum es ein Montag war. Jedenfalls war Valentin bereit, diese Heilung am Montag zu vollziehen, das ist das wichtigste. Er würde sich mit den lugares, den Orten der Kraft, schon abgesprochen haben. – Und natürlich würde das Heilungsritual nachts stattfinden. Kaum ein Heilungsritual findet am Tage statt. Und gar eine llaki wij'chuna am Tag, das ist definitiv undenkbar. Jeder Blick würde stören. Die Dunkelheit nimmt das Dunkle mit davon. Die Tür einer Hütte kann Tag und Nacht offen sein, bei allem; aber bei einer llaki wij'chuna ist sie zu. *Jawamanta qawakumunkuman!*: Man könnte uns ja von draußen beobachten!

Ich bin also in der Abendämmerung nach Lunlaya gewandert. Mich kennen schon so viele hier. »Doctorita«, fragt man mich dann, »wo gehst du denn um diese Zeit hin?« »Ich bring noch schnell ein paar Brote zu den Kindern von Apolinar, meinem künftigen *compadre*.« Und ich öffne meine Tasche ein wenig, und da sind wirklich einige Brote drin, 20 Stück von diesen hauchdünnen und mit der Teuerung immer und immer dünner werdenden, fast nur noch aus einer Rinde bestehenden Brötchen mit Aschenspuren. »Ach, dann gib mir doch eines,

Abbildung 4: Ignacio Quispe

und ich schau dir nicht weiter nach«, sagt mir einer, der Bescheid weiß – ein »Zauberer« – ich habe schon meine Vollmondnächte mit ihm an einem Ort der Kraft verbracht ... Und ich gebe ihm ein Brötchen. Ich habe die Brötchen mitgenommen, denn nach der Heilung würden wir ein Mahl teilen.

Es ist tief dunkel, als ich an der Hütte ankomme. Die Hütte ist strohgedeckt und etwa 12 m^2 groß. Justina schürt ein Reisigfeuer an der Kochstelle. Eine Seite der Hütte ist von Wand zu Wand von einem Bett ausgefüllt, ein Strohlager auf Reisig und Holzlatten. Darauf viele Decken, Tücher, Töpfe, ein Korb, Hüte, drei der Kinder, die unentwegt herumwuseln und spielen. Unter dem Hüttendach sind Stangen gespannt, darüber hängen Kleider, Schaffelle, Tücher. Die Hütte ist fensterlos. Sie hat nur die niedrige Tür, man muß sich bücken (und nicht nur ich, die ich länger bin) um einzutreten, und ein Abzugsloch für den Rauch über der Feuerstelle, wodurch der Wind manchmal ganz empfindlich pfeift. Die Tür ist aus Holz, aus Brettern, und sie ist verzogen, sie knarrt und läßt sich schlecht schließen. Durch die Ritzen zieht die Kälte.

Justina hat Wasser vom Fluß geholt und erhitzt es. Die Medizinmänner kommen von der anderen Seite der Schlucht. Es gibt für alle einen heißen Tee, einen Pflanzentee, ein Blechbecher ist für mehrere. Wo bleibt Juana, die Mutter Apolinars, die auch kommen wollte? Sie bringt die *untus* (Talg) und das Meerschweinchen. Wartend, Tee schlürfend, kauern wir auf dem Reisigbett oder auf dem Boden. Wir sind neun Menschen bisher in der kleinen Hütte. Apolinar; die Medizinmänner Valentin und Ignacio; die vier Kinder (eines fehlt, ist weg im Dorf unten); Ginés und ich. Es ist warm geworden. Und dann kommt Juana, sie ist ganz verschwitzt, sie hat sich beeilt, aber sie hat kein dreifarbiges Meerschweinchen besorgen können, und so wird Justina noch einmal weggeschickt, um ein weißes Meerschweinchen aufzutreiben, denn ohne Meerschweinchen geht es auf keinen Fall. Wir plaudern, wir kauen Coca, wir bieten uns gegenseitig kleine Coca-Sträußchen an. Worüber gesprochen wird? Nichts Feierliches – einfach Alltagsplaudern am Abend: über Leute, über die Felder, über die Tiere, über die

Abbildung 5: Ein heißer Tee vor der Heilung: Teresa, Fidel und Liliam Ramos

Ankunft eines neuen Lehrers, über die Wolken und das Wetter, über die Qualität des Coca und seine Preise.

Derweil beginnen die vorbereitenden Handlungen. In einen großen bauchigen Krug *(olla, manka)* werden die Dornenpflanzen gestopft, vorsichtig, spitzfingrig, reichlich Ginster dazu und Wasser darüber; das kommt auf die linke Seite der Feuerstelle, die Juana jetzt schürt. Dann schält sie Kartoffeln, legt sie in den Topf auf der rechten Flamme. Justina kommt mit dem Meerschweinchen. Es ist weiß. Aber es ist »gültig«, erklärt Valentin. Drei Kerzen werden entzündet. Der Zug zwischen Rauchabzugsloch und Türritzen will sie immer wieder ausblasen. Das ist gar nicht gut. Ausblasen darf sie – später! – nur Valentin! Wir suchen auf dem Boden (nackte Erde) nach geschützten Stellen. Die Medizinmänner richten sich auf dem Platz ein, wo sie die mesa bereiten würden. Als Unterlagen brauchen sie ein dunkles Tuch. Apolinar bringt ein altes Kleidungsstück. »Nein, das auf keinen Fall«, sagt Valentin, »es wird doch alles nachher vernichtet!« Also wird ein schwarzer Lumpen gefunden. *Allin* – gut ist der für Valentin. – Es ist ja wirklich sehr eng in der 12 m^2-Hütte mit zehn Menschen (vgl. Skizze). Drei Kerzen und ein

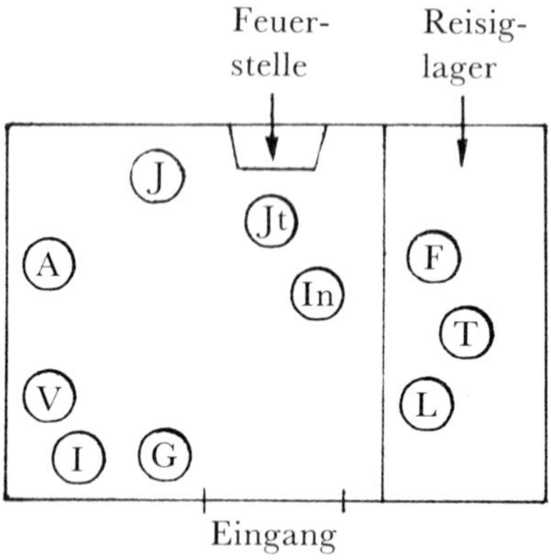

Teilnehmer

F Fidel
T Teresa
L Liliam

G Gines
I Ignacio
V Valentin

A Apolinar
J Juana
Jt Justina

In Ina

Apolinar Ramos' Koch-Hütte

kleines Steinherdfeuer geben nicht viel Licht. Überall liegt und steht etwas herum. Wo ist meine Tasche mit den Brötchen? Und die Kameras? Ich finde die Tasche mit Protokollheft und Stiften nicht. Der Sack mit Tonband? Ich greife im Dunkel nach einem Bündel, auf dem Boden. Es quiekt. Es ist unser weißes Meerschweinchen. Ich taste weiter. Auf dem kalten Boden hüpfen die Flöhe und laufen die Spinnen, das weiß man einfach, das braucht man nicht mehr sehen. Ignacio stopft noch einige Dornenpflanzen in den runden Topf auf der Steinfeuerstelle. Parallel dazu beginnt Valentin, aus grauweißer Schafswolle hübsche, runde, sorgfältig zurechtgezupfte doppellagige q'intos zu formen, die »Opfernester«. Die Heilung hat begonnen – unmerklich.

4. ABLAUF DES HEILUNGSRITUALS

Über drei Stunden dauert die Heilung. Das Geschehen ist vielfältig und komplex. Ich möchte diese llaki wij'chuna sehr ausführlich schildern – nur diese Ausführlichkeit vermag den Bedeutungsreichtum der vielfältigen symbolischen Handlungen zu dokumentieren. Um eine Orientierung in dem komplexen Handlungsgeschehen zu erleichtern, wird der Heilungsablauf in fünf Phasen dargestellt. An ihren Übergängen sind – wenn nicht der Ort des Geschehens gewechselt wird – keine scharfen Einschnitte. Eine Callawaya-Heilung ist immer fließend. Aber die Phasen sind durch die Verlagerung des Handlungsakzentes zu unterscheiden.

Die Phasen sind folgende:

1. Bereitung und Weihung der q'intos auf der schwarzgedeckten mesa;
2. Anlegen der q'intos an den Leib der Trauernden;
3. Reinigungsritual in und an der Hütte;

4. die Reinigungsrituale am Fluß in der Schlucht;
5. Rückkehr und »Erneuerung«: Weihrauch und gemeinsames Mahl.

4.1 *Bereitung und Weihung der q'intos auf der schwarzgedeckten mesa*

Überblick Handlungsablauf

(nach Vorbereitung des Dornensuds)
(1) Formung der sieben q'intos
(2) Einlegen von Coca
(3) retama und Dornenpflanzen
(4) kuti kuti
(5) Kreuz-Weihung der mesa
(6) Herstellung der Nelken-Kreuze
(7) Einlegen von Schafs- und Schweinetalg
(8) Kreuzweihung der mesa
(9) siebenfaches Ausblasen der Kerzen
(10) Abschluß Kreuz-Weihung der mesa
(11) Alkohol-ch'alla der mesa

Aus unbehandelter Schafswolle, weiß-grau in der Farbe, formt Valentin die bei keiner Heilung fehlenden q'intos. Er schaut nicht immer auf seine Hände, vielleicht sieht er nicht, was entsteht, er ist ja fast blind – aber sie werden mit ganz großer Sorgfalt bereitet, gerundet, vertieft, gezupft, mit einer Doppellage versehen. So ergibt sich ein etwa apfelsinengroßes »Nest«. Dazwischen seufzt Apolinar einmal tief durch, schiebt sein Coca tiefer in die Backe und wendet sich an Valentin, mit dem Mund ganz nah an seinem Ohr:

DAS HEILUNGSANLIEGEN APOLINARS

Kunanqa, tioy, sobrinayki chinkaponqa. Chaymanta mana aparkarichikunichu llakitapas imapas, tio. Chayta aparkariway! Chayta sumajta mayllakariway, tio.

Und Valentin mehrmals: *Iyau, ari. Kayqa llijopacha wakichikonqaqa!*
Apolinar: *Ari, wawakunamanta, ñoqamanta, chaymantatajina kay wasikunamantawan, jinapas ari, tio. – Chayta nariway! Mana – kaymantajina imapas pasawanman chareqa, llaki chareqa!*

ÜBERTRAGUNG

Hör zu, mein Onkel: Deine Nichte (Pastora) ist weggegangen. Davon habe ich mir die Trauer und all das noch nicht abnehmen lassen, Onkel. Nimm du mir das ab! Wasch es mir gut ab, Onkel!
Und Valentin: Gut, einverstanden, ja gewiß. Für alle werde ich dies hier bereiten (mesa).
Apolinar: Ja, für die Kinder, für mich und dann auch die Hütten, ja so, Onkel. Bereit mir die mesa. Andernfalls könnte mir vielleicht jeden Augenblick was zustoßen, noch mehr Leid vielleicht.

Sieben q'intos werden bereitet. Sie sind für Apolinar, die vier anwesenden Kinder, die Kochhütte (in der wir sitzen) und die kleine Schlafhütte etwas weiter oben am Hang. Ignacio hat derweil die Cocablätter auf ein *tari,* ein kleines, viereckiges Webtuch (in dem die Frauen ihr tägliches Coca aufzubewahren pflegen), geschüttet und unter den getrockneten Blättern gute Blätter (ohne Knick, ohne Risse und Einkerbungen) ausgesucht. Das Einlegen der Coca-Blätter ist gewiß immer die Aufgabe des Haupt-Medizinmannes, er muß zumindest damit beginnen – denn es ist eine der Handlungen einer jeden Heilung, die von Gebet begleitet werden. Und Beten ist an erster Stelle die Aufgabe des Haupt-Medizinmannes. Aber hier, in unserer Heilung, übernimmt Ignacio das Einlegen der Coca-Blätter – Valentin sieht wohl einfach nicht mehr genug. Aber er unterläßt es auch nicht, Ignacio noch einmal genaue Anweisung zu geben: *Ama uyanmantaqa. Tijrasqamanta churanki!* (Nicht mit der guten Seite nach oben! Umgedreht, falsch rum, wirst du die Blätter einlegen!) Und während Ignacio in jedes der sieben q'intos zwölf Cocablätter mit der blassen (»schlechten«) Seite nach oben einlegt, begleitet Valentin seine Handlung mit Gebet. Valentins Gebete sind wie Stammeln, Seufzen, Klagen, Brabbeln. Er spricht sehr undeutlich. Er spricht, als koste es ihn die letzte Kraft. Seine Gebete sind wie magische Formeln – immer und immer wiederholt. Es ist diese Artikulation »mit letzter Kraft«, die diesen magischen Formeln etwas unbeschreiblich Eindringliches gibt, vielleicht auch der Klang der vielfach wiederholten Worte:

VALENTINS GEBET BEIM EINLEGEN DES COCA

1 *Desgracia,*
2 *chikin chikin desgracia*
3 *chayta kunan urakaponqa*
4 *chay desgracia, chikin*
5 *waj laduman, mayunejman purinqa*
6 *chikin, desgracia, chikin*
7 *hay ... hay ...*
8 *desgraciakuna, chikin*
9 *wawakunapas llakikunman ... onkoynioj kanku chareqa,*
10 *chiki, chiki, chiki, chiki, chiki,*
11 *hay ... hay ... hay*
12 *llakikusqan, llakikusqan kunan*
13 *chay pensonakusqan:*
14 *mayuman, mayuman, mayuman, mayuman, mayuman, mayuman riponqa*
15 *mayuman, mayuman, mayuman*
16 *tukuy sajrayoj, sujrayojkuna urakonqa*
17 *chiki, chiki, chiki*
18 *hay ... hay ... hay ...*

ÜBERTRAGUNG

1 Unheil,
2 sein Kummer, sein Kummer, das Unheil,
3 dies alles falle jetzt von ihm ab,
4 dies Unheil, sein Kummer,

5 zur anderen Seite hinweg, zum Fluß hinweg wird es jetzt gehen,
6 sein Kummer, das Unheil, sein Kummer,
7 ay ... ay ...
8 die Unbilden, sein Kummer,
9 auch die Kinder trauern gewiß ... kann sein, daß sie krank sind,
10 Kummer, Kummer, Kummer, Kummer, Kummer,
11 ay ... ay ... ay ...
12 sein Trauern, all sein Trauern,
13 all diese Grübeleien,
14 hinweg zum Fluß, zum Fluß, zum Fluß, zum Fluß, zum Fluß, zum Fluß damit!
15 Zum Fluß, zum Fluß hinweg.
16 Alles Schlechte, Schlechtigkeiten, hinab zum Fluß.
17 Kummer, Kummer, Kummer,
18 ay ... ay ... ay ...

In diesem Gebetstext bedürfen mindestens drei Worte einer genaueren Erläuterung. Sie mögen auch die Schwierigkeiten illustrieren, diese sakralen Texte zu übersetzen. Das Verständnis dieser Worte entschlüsselt einige Bedeutungen der llaki wij'chuna.

(1) Das Quechua der dortigen Region kennt zwei Ausdrücke für Trauer: *llaki* und *chiki* (auch *chiji*). Ersteres – es heißt auch dauern, bedauern – wird mehr auf Häuser und Gegenstände angewandt. Der Trauernde ist ein *chiki*-Mensch. In jedem Fall ist Trauer nicht nur eine Sache der Menschen – der Heilungsverlauf wird dies noch sehr deutlich machen (L-III).

(2) *Urakapuy* ist ein vielfach in »Trauer-Heilungen« verwendetes Verb. Wörtlich heißt es: absteigen, hinuntergehen. Ich gehe einen Berg hinunter, das wird mit *uraykuy* ausgedrückt (*uray* = unten).

Die Nuancen im Quechua, die feinen Bedeutungen, werden durch Infixe ausgedrückt, eingeschobene Silben. In diesem Fall ist in das von Valentin benutzte Wort *(i)kapu* eingefügt; *(i)kapu* drückt unter anderem die Wiederherstellung eines ursprünglichen Zustandes aus. Hinstellen, zum Beispiel, heißt *churay*. Etwas wieder auf seinen ursprünglichen Platz stellen, heißt – mit diesem Infix *ikapu* –: *chura-ikapu-y*.

Was in dem von Valentin verwendeten Wort *uraykapuy* also an Bedeutungen mitschwingt, ist einmal etwas »aktiv Tuendes« (Ich tue etwas, wenn ich den Berg hinuntergehe, ich werde nicht hinuntergegangen, etwas in mir tut es), und zweitens: es soll mit diesem Tun der alte Zustand wiederhergestellt werden – das also, was war, als wir dieses Heilungsritual noch nicht unternehmen mußten: der Zustand vor der Trauer, der Zustand ohne Trauer. Befreiung von Trauer (und Unheil, die immer zusammen genannt und gemeint werden) ist, wozu die llaki wij'chuna beitragen will. Im Cochabamba-Quechua heißt juraq'ay (uraykapuy) auch: den Schmutz durch waschen beseitigen; und menstruieren. (Herrero und Sanchez, o.J.)

(3) Wie die folgenden Gebete zeigen, wird Valentin neben *uraykapuy* noch ein anderes zentrales Wort verwenden, welches das Ziel des Heilungsrituals der llaki wij'chuna ausdrückt – und das auch Apolinar in der Formulierung seines Heilungsanliegens (vgl. S. 108) benutzt: *apakapuy*. Drei Quellen helfen uns, das Bedeutungsfeld dieses Wortes zu entschüsseln:

1. Nach Middendorf (1890) bedeutet *apakapuy:* etwas wieder von jemandem wegnehmen.
2. Lara (1978) führt *apaqay* auf und gibt folgende Bedeutungen: entibar agua para cambiarla la dirección (Wassergraben u. ä. ausbauen, um das Wasser umzuleiten); represar (Wasser stauen, fig.: aufhalten, hemmen, unterdrücken).
3. Bei Torres Fernandez (1982) findet sich *apacay:* barrer (kehren, wegfegen, säubern, freimachen); quitar (abnehmen); represar (vgl. o.); rebajar (herabsetzen, z. B. Preise kürzen, schmälern).

Kern des Bedeutungsumfeldes ist also die Richtung »hinweg«, oder die Qualität »Verminderung«. Was vorher ist und was geändert werden soll, geht auch aus diesen Bedeutungen hervor. Vorher ist: Schmutz, Ungezügeltheit (Wasser), Zuviel. Wie dieser Zustand in den neuen – Vermindertheit, Sauberkeit, Geleitetheit – übergeführt wird, dafür gibt es verschiedene Modi im Bedeutungsumfeld von *apacay/apaqay:* wegnehmen, pressen, regulieren usw. – aber es ist immer ein aktiver Modus. Ebenso wie das Ritual für die Verminderung/Wegnahme von Trauer diesen Prozeß symbolisch – aktiv vollzieht.

Ja, wir sind noch in dieser engen Kochhütte, zu zehnt, und die Heilung hat eben erst begonnen, die Kerzen flackern vom Windzug, der durch das Rauchabzugsloch und die Türritzen bläst, und Ignacio hat begonnen, nach Coca auch Kräuter und Dornenpflanzen in die q'intos einzulegen. Eine der wichtigsten Pflanzen für dieses Heilungsritual ist retama (Ginster), das darf bei einer llaki wij'chuna nicht fehlen – so erklärt mir später Apolinar. Und worin besteht die Bedeutung? Das kann mir Apolinar nicht erklären. Jedenfalls spielt retama auch in der Kräutermedizin der Callawayas eine wichtige Rolle.

Konsultieren wir drei Quellen für dieses wichtige Ingredienz der llaki wij'chuna, eine Beigabe, die sowohl im Sud gekocht als auch in die q'intos eingelegt wird und die in der llaki wij'chuna einen vergleichbar zentralen Platz einnimmt wie die Nelkenblüten in der yuraj mesa (Weiße Heilung) oder die *machula t'ika* in der Opfergabe für die *awichas* (vgl. f. S.):

(1) Die kleine, von der Organisation Semta (Servicios Multiples de Tecnología Apropriada) herausgegebene Callawaya-Kräuter-Kunde (1984) führt als Heilwirkung von retama auf: »erleichtert das Wasserlassen« (facilita el hecho de orinar); u. a. werde retama verwendet gegen Kopfschmerzen, Muskelkater, Herzbeschwerden. (vgl. Rezeptur S. 100, 117, 119, 150)

(2) Oblitas Poblete (1969) und Girault (1984, 340) gehen darüber hinaus auch auf den rituellen Gebrauch von retama ein – vor allem auf die Rolle in der Schwarzen Heilung (vgl. f. S.) – zur Abwendung von Schadenszauber und Unheil und zur Stiftung von Schaden.

Die Verwendung von retama in der llaki wij'chuna ist eine der vielen Hinweise auf deren Nähe zur Schwarzen Heilung (vgl. Kapitel 7); die symbolische Bedeutung von retama in der llaki wij'chuna leitet sich jedoch auch vom medizinischen Gebrauch her: Retama wirkt stark diuretisch – wie auch meine Lehrmeister-Medizinmänner mir beibrachten – eine wichtige Körperreinigung. Es ist also wohl der reinigende Aspekt – hier im übertragenen Sinn –, der durch retama in der llaki wij'chuna zum Ausdruck kommt. Diese Interpretation wird gestützt durch die Rolle, welche die q'intos, in die retama eingelegt wird, und der Dornensud, in dem retama gekocht wird, bei den folgenden Reinigungsritualen haben.

Ebenso wie retama die symbolische Bedeutung von »hinweg« trägt (wegnehmen, wegspülen, reinigen) – so gilt dies auch für die Nuß *kuti kuti*, die Ignacio (nachdem sie mit einem Stein in einer kleinen irdenen Schale gemahlen wurde) in jedes der sieben q'intos einlegt, begleitet von den singend-leiernd-klagend-seufzend klingenden Gebeten von Valentin:

VALENTIN'S GEBET BEIM EINLEGEN VON KUTI KUTI

1 *Chikin, llakikusqan, chikin kutikaponqa kunan!*
2 *Urakaponka urayman!*
3 *Chikin ari, chikin chikin ...*
4 *chiki chiki chiki*
5 *chay desgracia, desgracian,*
6 *llakikuchian*
7 *pensonakuchian*
8 *kunan mayuman mayuman mayuman riponqa!*

ÜBERTRAGUNG

1 Sein Kummer, seine Trauer, sein Kummer weiche nunmehr!
2 Falle ab, nach unten hinweg,
3 sein Kummer, ja, sein Kummer, sein Kummer ...
4 Kummer, Kummer, Kummer,
5 dies Unheil, sein Unheil,

6 seine Trauer,
7 sein Grübeln,
8 verschwinde jetzt zum Fluß, zum Fluß, zum Fluß!

Kutikaponqa – beschwört Valentin – das Unheil möge weichen, und das gleiche wird durch (den Namen der Nuß) *kuti kuti* ausgedrückt. *Kutikapuy* heißt wörtlich: zu seinem Dorf zurückkehren (Middendorf, 1890), d.h. dorthin zurückkehren, wo man herkommt, zu seinem Ausgangs-, Ursprungspunkt zurückkehren. *Kutiy* heißt auch, eine halbe Drehung vollziehen und den gleichen Weg zurücklegen. Und dies ist auch mit *kuti* gemeint, sowohl hier in der llaki wij'chuna als auch bei der häufigen Verwendung von *kuti kuti* in der Schwarzen Heilung. (vgl. f. S.)

Damit wird sowohl auf der Ebene symbolischen Handelns *(kuti kuti* einlegend) als auch auf der Ebene magischer Formeln die Richtung, das Ziel der Heilung verdeutlicht: zurück zum Zustand ohne Trauer, Befreiung von der Trauer. Das gleiche wurde bereits durch das »falsch« eingelegte Coca ausgedrückt: wie die Cocablätter »umgekehrt» eingelegt sind, so wird auch die Trauer umkehren *(la pena también va volcarse,* sagt Apolinar).

Nachdem die q'intos mit Coca, retama und *kuti kuti* belegt sind, wird die mesa geweiht: Valentin hebt seine Hand und zeichnet in langsamer Bewegung ein Kreuz über der mesa und betet:

VALENTINS GEBET BEI DER KREUZ-WEIHUNG DER MESA

1 Santa Cruz
2 kunanmanta qespichiwayku
3 Dios yaya, churi, Dios espiritu santo.
4 chay desgracia, chay llakikuchian, chaykuna mayuman,
5 padre espiritu santo
6 Dios espiritu santo
7 Dios espiritu santo
8 Dios espiritu santo
9 chiki, chiki chiki
10 mayuman mayuman kunanqa.

ÜBERTRAGUNG

1 Heiliges Kreuz,
2 von nun an erlöse uns,
3 Gott Vater, Sohn, Gott Heiliger Geist,
4 dies Unheil, diese seine Trauer, all dies: zum Fluß hinweg;
5 Vater Heiliger Geist,
6 Gott Heiliger Geist,
7 Gott Heiliger Geist,
8 Gott Heiliger Geist (die Stimme wird immer beschwörender)
9 Kummer, Kummer, Kummer,
10 hinweg zum Fluß, zum Fluß jetzt hinweg!

Mit einem christlichen Symbol (Zeichen des Kreuzes) und der Anrufung der Dreifaltigkeit wird in dieser Weihung der mesa also das unterstrichen, worum es in diesem Heilungsritual geht: hinweg (mit der Trauer) – zum Fluß hinab. Aber nicht nur in Worten (in diesem Gebet) und nicht nur in der Gestik (Kreuz über die mesa), sondern auch durch Gestaltung wird christliche Symbolik ausgedrückt: durch die Herstellung von Kreuzen, Kreuzen aus roten Nelken:

Die Blumenkreuze werden von Ignacio bereitet. *Machucajpaj cruzta ruallasun ari*, sagt er, wir werden das Kreuz für den alten Mann herstellen; *machu*, der Alte, hat hier in keiner Weise einen pejorativen Sinn, im Gegenteil: *machu* ist immer ein alter Mensch, der auch weise ist, *machu* heißt auch der Ort der Kraft, der einem Menschen wie in einer Art »heidnischer Taufe« (der Vergleich stammt von meinem Medizinmann-Lehrmeister) zugeeignet wird; und Ignacio deutet, während er das sagt, auf die Augen, als wolle er ausdrücken: Ich mache die Kreuze, er sieht nicht genug. Aber, wie oft, schaltet sich Valentin mit Instruktionen ein: *Kay llokewan maytukonqa!* (Mit dem Linksfaden ist es zu umwickeln). – Was geschieht?

Ignacio nimmt drei Nelken, glühend rote, mit kurzem Stengel. Er legt sie so aufeinander, daß drei »Speichen« entstehen. Das Speichenkreuz wird dann mit dem linksgesponnenen Faden umwickelt: es entsteht ein Nelkenkreuz. Drei solcher Kreuze werden hergestellt, zwei werden oberhalb, eines unterhalb der q'intos abgelegt. (vgl. Skizze der mesa)

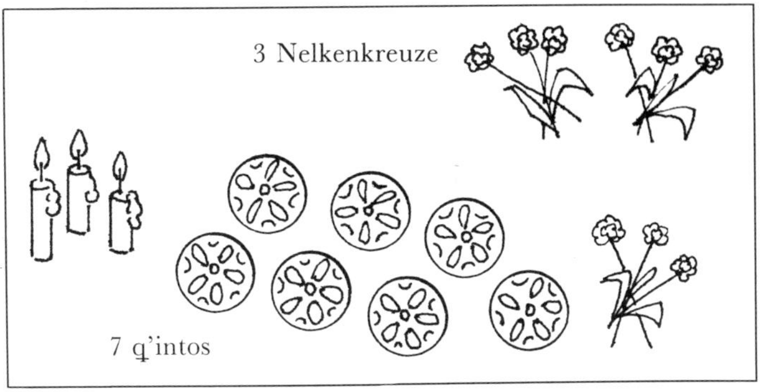

Man muß nun nicht denken, daß alle feierlich gebannt auf dieses Geschehen schauen, feierliches Schweigen wahren, feierliche Mienen tragen. Eine Callawaya-Heilung – und zumal eine von Valentin – ist ein gelöstes, sanftes, lockeres, fließendes, natürliches Geschehen, und das heißt auch: man plaudert zwischendurch; die Kinder hampeln auf dem Reisiglager herum; weit draußen hört man den zarten Klang einer zampoña-Flöte, und das wird kommentiert; Apolinar fällt ein, man müsse mal nach dem Meerschweinchen im Sack schauen; Juana schält weiter Kartoffeln; einer von den Männern geht raus zum Pinkeln; eine Spinne wird gefangen; jemand schimpft kurz auf die Flöhe, die einen hier schier auffressen wollen. Und natürlich kauen wir alle Cocablätter: das ist gleichermaßen Alltagshandlung wie ritueller Vollzug.

Auch die Handlungen selbst sind nicht von ritueller Starre. Nicht einmal die Ingredienzen. Auf jeden Fall gibt es zentrale, unverzichtbare Ingredienzen, Handlungs- und Gebetsinhalte – ich werde für die llaji wij'chuna darauf im Kapitel 7 näher eingehen. Aber um diesen Handlungs-, Ingredienz- und Inhaltskern ist vielfältige Varianz möglich. Deshalb gibt es auch nicht sehr viele »Fehlhandlungen«. Wird das *untu* (Tiertalg) jetzt eingelegt oder später? Es ist wirklich nicht so wichtig. Die mesa ist geweiht, aber das *untu* von Schaf und Schwein[1] wird jetzt erst eingelegt:

VALENTINS GEBETE BEIM EINLEGEN VON UNTU

1 Imamanta piensonakun, llakikun
2 chaykuna uraikaponqa
3 mayuman mayuman mayuman mayuman
4 hay ... hay ... hay ...
5 mayuman mayuman mayuman mayuman
6 mayuman chayta purinqaqa
7 chikin desgracias chikin
8 chiki chiki chiki
9 mayuman kunanqa!

ÜBERTRAGUNG

1 Wie immer er trauert, was immer er denkt,
2 dies alles, hinweg nunmehr,
3 zum Fluß, zum Fluß, zum Fluß, zum Fluß hinweg,
4 ay ... ay ... ay ...
5 Zum Fluß, zum Fluß, zum Fluß, zum Fluß,
6 zum Fluß hinweg damit,
7 sein Kummer, alles Unheil, sein Leid,
8 Leid, Leid, Leid,
9 hinweg zum Fluß nunmehr!

Und dann wird die jetzt erst vollständige mesa noch einmal mit der Geste des Kreuzes und der Anrufung von Gott Vater, Sohn und Heiligem Geist geweiht.

Diese Weihung und Anrufung der Dreifaltigkeit ist aber nur eine von drei Handlungen, welche die mesa gewissermaßen

[1] *Untu* ist eine unverzichtbare mesa-Beigabe, es ist »Nahrung«, Angebot, Opferung, das die Wirkung der mesa erhöht. Talg des verehrten, »heiligen« Lamas aber geht nur in die Weiße Heilung ein; für die mesa mit der Gestik »hinweg«, »zurück«, oder die schwarze mesa der Schadensstiftung wird nur der Talg der »niedrigeren« Tiere verwendet.

»mit Kraft aufladen«. Die zweite Handlung – gleichzeitig eine symbolische Geste der Trauer-Vertreibung – ist das siebenfache Ausblasen einer Kerze, die dritte Handlung, die in fast keiner Callawaya-Ritualheilung fehlende ch'alla:

Drei Kerzen haben wir angezündet. Die Zahl hat hier keine Bedeutung. Wir hätten auch zwei oder vier anzünden können. Auf jeden Fall aber brauchen wir mindestens eine. Und selbst, wenn wir eine Kerosinlampe gehabt hätten, die das Heilungsgeschehen beleuchtet, eine Kerze hätten wir trotzdem gebraucht: Ignacio reicht Valentin eine unserer Kerzen. Valentin beugt sich mit der Kerze tief über die mesa und bläst sie mit einem kraftvollen »puuh« aus, gibt sie zurück an Ignacio, der reicht ihm eine andere, zündet die verloschene Kerze wieder an und gibt sie Valentin zurück ... Dies geschieht siebenmal, siebenmal wird eine Kerze über der mesa ausgeblasen; ebenso wie bei den sieben q'intos: für Apolinar, für die vier anwesenden Kinder (die *chiki-runa,* die Trauernden) und die Koch- und Schlafhütte (die *llaki wasikuna,* die Trauer-Hütten). Und das begleitende Gebet schrumpft unter Seufzen zur bloßen »Benennung«:

VALENTIN BEIM AUSBLASEN DER KERZEN

1 Chay desgracia
2 oracionniyki
3 oración, oración, hay ... hay ...
4 hay, desgracia, oración oración, oración,
5 hay oración, oración, oración, oración, oración
6 desgracia chikin
7 hay ... kay oracionniyki
8 chikin, hayyy ... hay ... kunan ripunki!

ÜBERTRAGUNG

1 Dies Unheil,
2 dein Gebet,
3 Gebet, Gebet ... ay ... ay ...
4 ay ... Unheil, Gebet, Gebet, Gebet,

ay, Gebet, Gebet, Gebet, Gebet, Gebet,
Unheil, sein Kummer,
ay ... ay ... dies dein Gebet,
sein Kummer, ayyy ... ay ... weg jetzt damit!

Was meint Valentin mit der Beschwörung von »dein Gebet« – dann verkürzt nur noch zur Rufung »Gebet, Gebet, Gebet«? Das wird deutlich in der dritten Kreuz-Geste Valentins über der mesa, welche der siebenfachen Löschung der Kerzen folgt:

VALENTIN, DIE MESA EIN DRITTES MAL
MIT KREUZZEICHEN WEIHEND

Santa Cruz
kunanmanta qespichiwayku
Dios yaya, churi, espiritu santo
kay oracionwan urakapunki mayuman,
mayuman chay desgracian
Dios espiritu santo, mayuman urakapunki!

ÜBERTRAGUNG

Heiliges Kreuz,
von nun an erlöse uns
Gott Vater, Sohn, und Heiliger Geist,
mit diesem Gebet zum Fluß hinweg wirst du's bringen,
zum Fluß, dies sein Unheil,
Gott Heiliger Geist: zum Fluß hinweg wirst du's tragen.

Es ist also dies christliche Gebet – die Erlösungsbitte an die Dreifaltigkeit (ein Fragment aus dem Vaterunser, vgl. Catecismo, Rezana Libro 1959), was mit »Gebet« gemeint ist, und das angesprochene Du ist der Dreifaltige Gott, der angerufen wird, die Trauer hinwegzutragen zum Fluß.

Und die letzte Weihungshandlung der mesa durch Valentin ist die ch'alla – zentrales Element jeder rituellen Callawaya-Heilung. Es gibt weitgehend schweigend arbeitende Medizinmänner – und es gibt »Priester«, die jede Minute ihres rituellen

Abbildung 6: Ausblasen der Kerzen

Handelns mit hämmerndem Gebet begleiten. Wenn aber ein eher schweigsamer, wortkarger, mit Gesten sparender Medizinmann nicht bei der ch'alla betet – dann ist er keiner. Die ch'alla ist eine Besprühung der mesa mit reinem Alkohol oder bei anderen Arten des Heilungsrituals auch mit rotem Wein oder Blut von Opfertieren. Ignacio füllt reinen Alkohol in einen kleinen Blechbecher, reicht ihn Valentin, Valentin besprüht die drei Nelkenkreuze auf der mesa, dann die sieben q'intos und reicht den Becher an Ignacio weiter, der das gleiche tut. Die Besprühung geschieht hier direkt – ohne die sonst meist zur Besprühung verwendete Blume oder Pflanze – es werden einfach ein paar Tropfen direkt aus dem Becher auf die rituellen Gaben gegeben, und Valentin spricht:

VALENTINS GEBET BEI DER CH'ALLA MIT REINEM ALKOHOL

1 *Chaywan kunan apakapunki sumajta ari*
2 *hayyy! machasqa machasqa mayuman ripunki*
3 *mayuman mayuman mayuman mayuman mayuman*
4 *chikin desgracian chikin chikin chikin*
5 *kunan apakarinkichis sumajta*
6 *hay! hay ... hayyyyyyyyyy!*
7 *Tinkayki, tinkayki, tinkayki, tinkayki – hayyyy!*
8 *Dios espiritu santo. Jinata kachun, amén.*

ÜBERTRAGUNG

1 Mit (Alkohol) bestens hinab jetzt mit dir,
2 ay! besoffen, besoffen wirst du zum Fluß gehen,
3 zum Fluß, zum Fluß, zum Fluß, zum Fluß, zum Fluß,
4 seinKummer,seinUnheil,seinKummer,Kummer,Kummer,
5 vollständig hinweg damit,
6 ay! ay ... ayyyyyyyyyy!
7 Für dich ist dies Opfer, Opfer, Opfer, Opfer[1] – ay!
8 Gott Heiliger Geist. Amen.

[1] *t'inka* (Lara 1978): Geschenk, um einen Gefallen zu erbitten. Middendorf (1890) versteht t'inka synonym mit ch'alla beim Trinken: »die Libation, eine Sitte, der zufolge

Dieses »Amen« schließt die erste Phase der Heilung ab. Das Handlungszentrum dieser ersten Phase ist die Bereitung und Weihung der mesa. Ich habe gezeigt, daß rituelle Handlung, Gebetsinhalt und Ingredienzen sich bündeln zu der immer gleichen Bedeutung: der vielfach in Gebet, Gegenstand und Handlung symbolisch ausgedrückten Richtung »Hinweg«, welches das Ziel dieses Rituals ist. Was mit dieser Bedeutung symbolisch in die mesa eingeht, wird dann noch in dreifacher Weise gewissermaßen mit Kraft aufgeladen: mit der Kraft des Kreuzes Christi und der göttlichen Dreifaltigkeit; mit der Kraft des symbolischen Auslöschens aller Trauer (Ausblasen der Kerze; *asi la pena también va apagarse!*, so erklärt mir Apolinar später: genauso wird die Trauer verlöschen); und schließlich durch die Besprühung der mesa mit einem der »Lieblingsgetränke« (reiner Alkohol) der heidnischen Orte der Kraft. Amen, steht am Schluß; auf Quechua: *jinata kachun* – so sei es!

4.2 *Anlegen der q'intos an den Leib der Trauernden*

Überblick Handlungsablauf

(1) Linksfaden-Verschnürung der q'intos
(2) Zusammenschnüren von q'intos und Nelken-Kreuzen
(3) Alkohol-ch'alla auf das verschnürte Gut
(4) Anlegen von q'intos und Nelken-Kreuzen an den Leib der Trauernden
(5) Linksfäden-Umschnürung der Trauernden.
(6) Wirkungs-Pause und Berauchen der verbleibenden q'intos

In die q'intos, in die Blumenkreuze, wurde in vielfältiger Weise das Ziel der llaki wij'chuna – »hinweg mit der Trauer« –

bei einem Feste, oder überhaupt beim Trinken, etwas *chicha* mit den Fingern in die Luft geschnippt wird, als ein den Geistern der Vorfahren dargebrachtes Opfer«.

hineingelegt. Nun geht es darum, diese symbolische Bereitung in Kontakt mit denen zu bringen, deren Trauer hinweggenommen werden soll. Dazu bedarf es einiger Vorbereitungen: gebraucht wird das Knäuel mit linksgesponnenem Schafswollfaden, mit dem vorher auch schon die Blumenkreuze umwickelt wurden. Ignacio reicht q'intos, Blumenkreuze und Linksfäden an, und Valentin verschnürt diese: erst das q'into zu einem kleinen, kompakten Ball, in dem alle Ingredienzen sicher eingeschlossen sind, dann werden drei der q'intos jeweils an ein Blumenkreuz gebunden und schließlich auch die verbleibenden vier q'intos verschnürt. Linksherum wird der Linksfaden geschnürt, und damit wird auf doppelte Weise ausgedrückt: »Es wird jetzt anders herum gehen, nicht so weiter, sondern in der entgegengesetzten Richtung«. (L-III)

Diese Handlung – als eine weitere Form der symbolischen Verdichtung der gewünschten Wirkung – wird begleitet von langen Gebeten:

VALENTINS GEBETE BEIM LINKSUMWICKELN VON Q'INTOS UND BLUMENKREUZEN

1 *Chay desgracian chikin urakaponqa mari*
2 *desgracian chikin desgracian chikin*
3 *chiki chiki chiki desgracia ...*
4 *desgracia chikin*
5 *chikin chikin chikin chikin chikin chikin*
6 *kay desgracia chikin*
7 *llakikuchuian, chay pensionakuchian, chay chikin*
8 *chikin chikin chikin desgracian*
9 *llakikuchian ima chicapas*
10 *pensonakuskan,*
11 *chaykuna llakikusqan*
12 *chikin chikin chikin, hayy, hayyyy, hayyyy! ...*
13 *chaypi llakikusqan, chay pensonakusqan,*
14 *chikin chikin chikin chikin chikin ...*

(usw., in nahezu hundertfacher Wiederholung)

ÜBERTRAGUNG

1 Dies sein Unheil, sein Kummer, hinweg damit,
2 sein Unheil, sein Leid, sein Unheil, sein Leid
3 Leid, Leid, Leid, Unheil ...
4 Unheil, sein Leid,
5 sein Leid, sein Leid, sein Leid, sein Leid, sein Leid, sein Leid,
6 dieses Unheil, sein Leid,
7 seine Trauer, sein Grübeln, dieses sein Leid,
8 sein Leid, sein Leid, sein Leid, sein Unheil,
9 seine Trauer,
10 seine Gedanken,
11 diese seine Trauer,
12 sein Leid, sein Leid, sein Leid, ay! ayyy! ayyyy! ...
13 hier seine Trauer, diese seine Gedanken,
14 sein Leid, sein Leid, sein Leid, sein Leid, sein Leid ...
(usw., in nahezu hundertfacher Wiederholung.)

Während der Handlung wird also in endloser Beschwörung immer wieder das genannt, was in der symbolischen Bewegung der Richtungsänderung und mit dem symbolischen Ingredienz der Richtungsänderung mit in die q'intos und die Blumenkreuze eingewickelt wird: seine Trauer, sein Leid, sein Unheil, seine Grübeleien und Gedanken ... Und Valentin weiht schließlich diese verschnürten Bündel noch einmal mit einer ch'alla von reinem Alkohol – die ch'alla ist ein Angebot an die Orte der Kraft, die (im besten Sinne der andinen Reziprozität[1]) etwas angeboten bekommen und nun aber auch etwas tun sollen: Dies ist eine Gabe für dich – und jetzt vertreib auch die Trauer!

VALENTINS GEBETE BEI DER CH'ALLA DER BÜNDEL

1 Kay tinkayki, tinkayki, tinkayki, tinkayki
2 kunanqa qan apakanki!
3 lliju wawakunamanta,

[1] Vgl. Bastien 1978a.

4 wasimanta!
5 hayyy! Machasqa purinki
6 ujyaska apakanki – hayyyyy!

ÜBERTRAGUNG

1 Dies ist dein Opfer, dein Opfer, dein Opfer für dich.
2 Hinweg wirst du's nehmen nunmehr,
3 hinweg von jedem Kind,
4 von der Hütte hinweg.
5 Ayyy! Besoffen wirst du wandeln,
6 betrunken wirst du's tragen davon – ayyy!

Die Bündel sind fertig, geweiht, beschworen. Zuerst bekommt Apolinar, dann bekommen die beiden ältesten Kinder ein q'into-Blumenkreuzbündel angelegt, auf die Brust, kurz unterhalb der Kehle, auf die nackte Haut. Die zwei kleineren Kinder bekommen nur einen q'into-Ball; sie schlafen schon ganz fest, sie beginnen zu wimmern, als Ignacio zu ihnen kommt und versucht, in dem Durcheinander von Decken, Lumpen, Gerümpel und kleinen Leibern den Zugang zum Anlegen der q'intos zu finden. Zwei Bündel bleiben auf dem Boden, auf dem schwarzen Tuch der mesa zurück: die beiden q'intos für Koch- und Schlafhütte. (vgl. u.)

Während Ignacio mit dem Anlegen der Bündel beschäftigt ist, wendet sich Valentin an Apolinar und instruiert ihn noch einmal, was er jetzt zu tun habe, damit die Bündel auch ihre Wirkung tun können:

VALENTIN INSTRUIERT APOLINAR

Kunanqa tata,[1] *llijota pensanki, q'alata pensanki, imaynatachus purinki, imaynatachus llakikunki, warmiykipas imaynatachus llakikun, kayqa q'alata kayman willanki, chaymin mayu apakasunki. Hayy Jesus, Maria y José, kayqa chikin – q'alata willanki, haber pensanki*

[1] *tata* heißt Vater – es ist eine Anrede der Zuwendung. Im Deutschen würde man hier eher »Sohn« erwarten.

Abbildung 7: Anlegen von q'into und Blumenkreuz-Bündel

chaypi! Chayta lloke ladupi akullinki, ari; jina nasqalla puringeqa. Mayuman llijota tokaykupunki, mayuman, kay pensakusqaykuna, kay llakikusqaykuna nispa!

ÜBERTRAGUNG

Und jetzt, tata, wirst du an alles denken, an absolut alles: wie du hier wandelst, wie du leidest, auch wie deine Frau gelitten hat, dies alles wirst du das (Bündel) wissen lassen und mit ihm trägt's dir der Fluß dann davon. Ayy, Jesus, Maria und Josef, dieser sein Kummer, alles wirst du das Bündel wissen lassen, da hinein wirst du's denken. Und das (Coca) wirst du jetzt auf der linken Seite kauen, ja, und so geheilt wirst du wandeln. In den Fluß wirst du alles spucken und dabei sagen: in den Fluß mit all diesen Gedanken, all dieser Trauer!

Und sich an mich wendend, erklärt Valentin die Wirkung: *Kay, doctora, pensanchis kaypi, imatapas llikikuspa kaypi pensanchis chaypi; t'ikapi urakaj kasqa.*

Was immer an Leid und Trauer ist, Doctora, denken wir hier hinein (in die Blumen und q'intos); mit den Blumen wird die Trauer dann verbannt.

Aber mit dem Anlegen der q'intos (und Blumenkreuze) ist es noch nicht getan. Ignacio schnürt Apolinar einen Linksfaden um den Hals, der doppelt verknotet wird, ebenso um beide Hand- und beide Fußgelenke. Auch Justina, das älteste Mädchen, wird auf diese Weise verschnürt, während bei den drei Kleinen, die auf dem Reisiglager schlafen, nur Schnüre um Hals und Handgelenke gelegt werden – »damit sie nicht aufwachen, damit sie nicht so weinen.« Für müde Kinder darf in der Heilung schon einmal ein Kompromiß gemacht werden. (vgl. auch Kapitel 3)

Es ist Instruktion, Versicherung, Ausblick auf das, was in der Heilung noch geschieht, was Valentin in diesen wenigen Worten vermittelt. Und wir kauen alle Coca. Bieten uns gegenseitig kleine Cocasträußchen an – ein Zeichen von Zuwendung und Teilnahme. Nichts geschieht. Wir plaudern. Die Zigaretten werden ausgepackt. Juana hantiert am Steinherd. Die Kinder

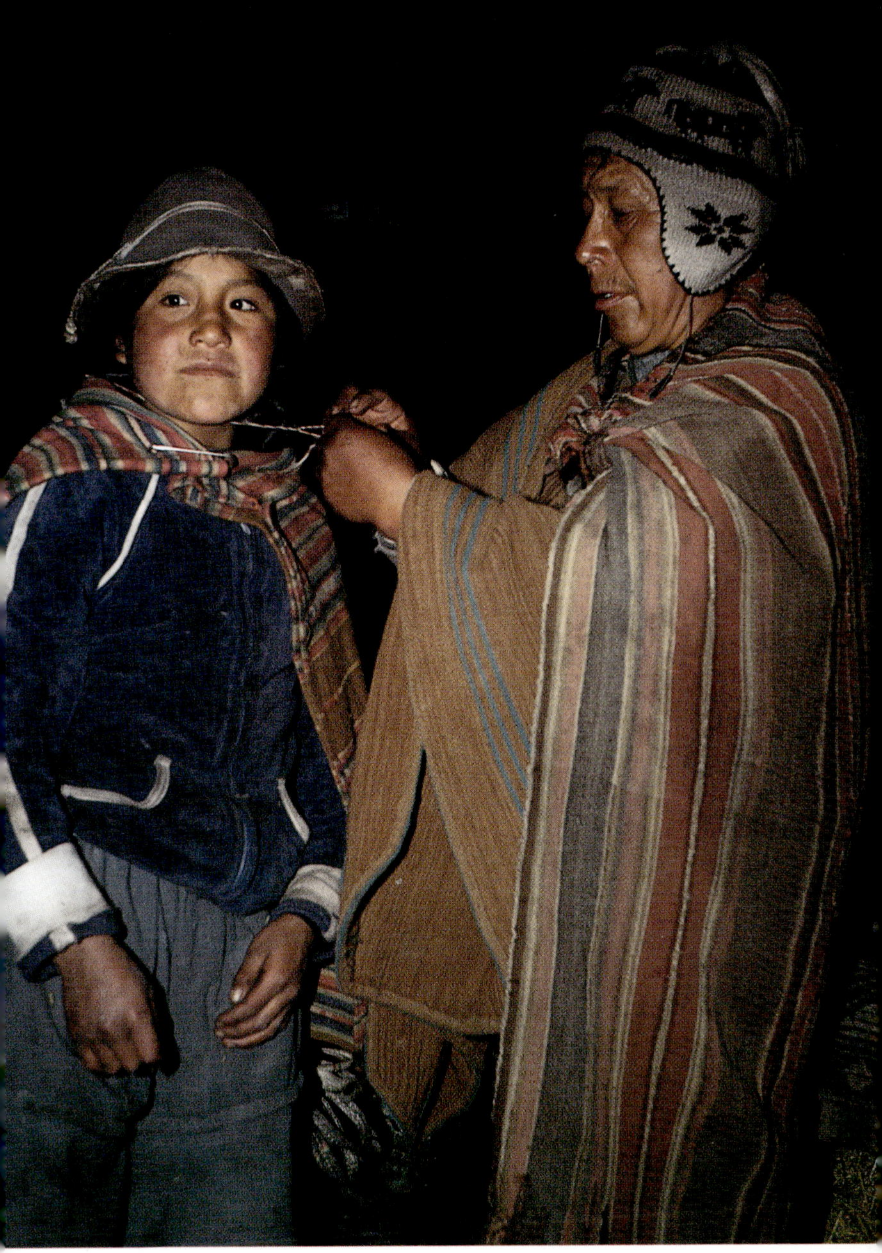

Abbildung 8: Linksfaden-Umschnürung bei Justina

haben sich beruhigt, und den kleinen Fidel hört man schon wieder schnarchen. Der reine Alkohol wird mit ein wenig Wasser gemischt und macht die Runde. Bevor man aus dem kleinen Blechbecher trinkt, tropft man einen Hauch auf den Boden, *Pachamama, santa tierra* (für die Mutter Erde, die heilige Erde), eine kleine Dank-ch'alla, die jedem Trinken vorausgeht.

Jeder hat sich jetzt seine Zigarette angesteckt. Valentin beugt sich tief über die mesa und bläst kraftvoll seinen Rauch auf die beiden dort noch liegenden Bündel – *wasipi wañojpaj, onkosqan* – murmelt Valentin: für die, die in der Hütte gestorben ist, dort krank war. Denn für die Hütte ist eines der beiden Bündel vorgesehen. Auch Ignacio bläst auf die Bündel. Und Apolinar beugt sich ganz tief darüber. Und ich auch, und ich hauche den Rauch auf die Bündel. Und so beugen sich drei, vier Köpfe gleichzeitig über die mesa und blasen den Rauch auf die Bündel. Er wird ihre Wirkung verstärken. Es ist eine Situation von großer Dichte: alle tun sich zusammen, alle handeln zusammen, in dieser Geste des Wegblasens: so wie aus mir der Rauch, soll aus dir die Trauer weichen. Die Dichte und Intensität dieses gemeinsamen Handelns, in das alle Anwesenden (Erwachsenen) einbezogen sind, erlebe nicht nur ich. Apolinar ist sichtlich bewegt und sagt mit ganz weicher Stimme: *Tukuy sonqoykiwancha, tioy, ruariwankiqa, tukuy sonqolla* ... (Aus deinem ganzen Herzen, nicht wahr, Onkel, machst du das für mich, aus ganzem Herzen?) Und Valentin versichert: *Ari ari ari, tukuy sonqo puni, tukuy sonqo ruasqayki.* (Ja, gewiß, aus ganzem Herzen, gewiß, aus ganzen Herzen mach ich das für dich.) Die Asche der Zigaretten wird auf die Bündel gestreut, die Zigarettenstummel werden in die Bündel gepackt, das gekaute Coca wird auch noch in die q'intos gestopft: all diese Reste, die etwas von der Trauer in mir in sich aufgenommen haben, werden gesammelt und später dem Fluß übergeben. Sie können nicht einfach – wie sonst – auf dem Hüttenboden herumliegen. Die Hütte soll ja auch von Trauer gereinigt werden; wir würden die Trauer von neuem allenthalben verstreuen.

Während wir so rauchen, trinken, Cocablätter kauen, wird in großer Muße auch beraten, an welche Stelle des Flusses in der

Schlucht wir gehen können. Wo ist überhaupt Platz genug, wo kann man zwischen dem Geröll balancieren? Und wer wird mit in die Schlucht gehen? Nein, die Kleinen nicht, die sollen schlafen. Was wir tun müssen, besorgen wir hier für sie. So ordnet es Valentin an. Aufstehen mitten in der Nacht, das ist zuviel verlangt. Noch einmal bedingt die Fürsorge einen ganz natürlichen Kompromiß in der Heilung. Also Apolinar und Justina würden mitgehen. Juana hat eine eigene Aufgabe, sie muß bleiben: sie wird die Weihrauchschale vorbereiten und uns mit Weihrauch empfangen – uns, das heißt: Apolinar, Justina, Ginés und mich. Nein, die Medizinmänner kehren nicht mehr mit in die Hütte zurück, um nichts in der Welt: sie haben die Reinigung vollzogen, sie haben die Trauer weggenommen, an ihnen kann ein Stück jenes Leides, jenes Unheils noch haften, und sie werden damit nicht in die gereinigte Hütte zurückkehren!

Apolinar sucht einen zweiten Satz Kleider zusammen, ebenso Justina. Die Kleider werden in eine Blechschale gelegt, die auch als Schüssel dienen kann. Und was ist mit dem Dornensud? Er ist schon vom Steinherd genommen, er kühlt schon ab, versichert Juana. Wir dürfen das Meerschweinchen nicht vergessen, meint Justina – sie weiß schon Bescheid. Und laßt uns Kerzen mitnehmen, sagt jemand, denn die Nacht ist stockdunkel, besser zwei Kerzen, der Wind könnte eine löschen. Der reine Alkohol darf auch nicht fehlen.

4.3 *Reinigungsritual in und an der Hütte*

Überblick Handlungsablauf

(1) Q'into-Reinigung der jüngsten Kinder und Zerreißen der Linksfäden
(2) Q'into-Reinigung der beiden Hütten und Zerreißen der Linksfäden

Mit diesen Beratungen und Vorbereitungen fließt die Zeit leise dahin. Nach einer guten Weile (vielleicht einer halben Stunde) leitet Valentin dann den nächsten Schritt ein, wendet sich an Ignacio und instruiert ihn:

Kunantaj puñunata t'ipiy! Altosta t'ipiy! Llijurqomunki! Wawakunamantaraj apakamunki! Samaykuchinki ari! Chay desgracia riponqa nispa samaykurqochinki! Chicamanta patata t'ipinapaj purinki!

ÜBERTRAGUNG

Und jetzt wirst du am Bett (die Fäden) zerreißen. Auch oben (in der Hütte, wo die Kleider hängen) wirst du (die Fäden) zerreißen. Überall wirst du hinlangen. Und dann wirst du den Kindern (die Trauer) nehmen. Laß sie draufhauchen. Unheil, hinweg mit dir, sollen sie dabei sagen, so wirst du sie draufhauchen lassen. Und dann gehst du hoch (zur anderen Hütte), um dort (die Fäden) zu zerreißen.

Das ist alles für einen Uneingeweihten etwas schwer zu verstehen. Was wird zerrissen? Worauf soll gehaucht werden?

Ignacio tritt an das Reisiglager, wo die drei kleinen Kinder schlafen. Zuerst bekommt er unter all den Decken den kleinen Fidel zu greifen, tastet sich an seinen Hals und reißt dann kraftvoll die linksgesponnene Schnur entzwei. Und zerreißt sie noch einmal über der Stirn des Kleinen und murmelt *troca, troca, troca*, und Valentin begleitet ihn mit *troca, troca, troca*. Troca heißt Änderung, Wandel – das heißt, Trauer und Unheil, das soll sich jetzt ändern. In gleicher Weise zerreißt Ignacio die Schnüre um die Handgelenke des Kleinen, hält sie noch einmal über seine rechte, seine linke Schulter, zerreißt sie da nochmals. Holt dann das q'into unter Fidels Hemdchen heraus und reinigt Fidel: das q'into wird wie ein kleiner Schwamm in zarten Gesten über den Körper des Kindes geführt, *troca, troca, troca* begleitet die Handlung, und dann soll der Kleine dreimal auf das Bündel und die Fadenreste in Ignacios Hand hauchen: *juh nispa qimsata samaykuy!* (Sag huh und hauch dreimal drauf!) In gleicher Weise verfährt Ignacio mit den anderen beiden Kindern, beugt sich

Abbildung 9: Q'into-Reinigung der Sterbehütte

dann mit Bündel und Fäden über das Bett, reinigt auch die Beine des Reisiglagers, hebt die Bündel hoch und wedelt mit einer flüchtigen Geste in Richtung der Stangen, die unter dem Hüttendach angebracht und mit Kleidern, Tüchern und Fellen bepackt sind. Schließlich legt er alle Bündel und Fäden auf dem schwarzen Tuch, der mesa, ab, zu den beiden q'into-Bällchen, die dort noch liegen.

Die Trauer, das Unheil, sitzt aber, wie gesagt, nicht nur in den Menschen; nicht nur sie müssen davon gereinigt werden; Trauer und Unheil kleben auch in allen Ritzen der Hütte, und deshalb muß auch jede Hütte symbolisch gereinigt werden:

Mit den beiden verschnürten q'intos, die auf der schwarzen mesa verblieben waren, und einem langen Stück Linksfäden geht Ignacio hinaus in die Nacht, erst zu der oberen Hütte – *wañoj wasi*, die Sterbehütte. Mit einem q'into wird sorgfältig der Türrahmen gereinigt; an seinen vier Ecken werden mit *troca troca*-Gemurmel Linksfäden zerrissen, und das gleiche geschieht dann mit den anderen q'intos und weiteren Linksfäden auch am Türrahmen unserer Kochhütte. Es ist die Tür, die vor allem gereinigt werden muß; es ist die Tür, welche die *troca* vollziehen muß, denn durch die Tür geht man ein und aus, und auch das Unheil geht durch die Tür ein und aus, ihm muß durch Reinigung der Zugang verwehrt werden. Nachdem die drei kleinen Kinder, als unmittelbar von dem Tod Mitbetroffene, und die beiden Hütten gereinigt sind, bereiten wir uns zum Aufbruch vor. Valentin wendet sich nochmals an Apolinar, gibt ihm Orientierung, Versicherung, Instruktion vor dem Abstieg zum Fluß. Auch Juana wird instruiert:

> *Kikin p'achapi t'ipisqayki llijuta. Llijuta t'ipikasaj! Chay apakaskaykiqa! Waj p'achawan churaykurikunkiqa. Mayupi kayqa quedaponqa. Mana chay, t'ipikayman kasqa p'achaykillawantaj chikaqa kutimunman, mana allin kanmanchu. Chaywan, modaykuspa, jampunki, waj ladunta jampunki.*
>
> Zu Juana: *Qan chayanpujtinkuqa, incensiowan suyarinki. Waykumojtinku jina azarinki. Chayanpujtinkuqa azarinki, waykumojtinku jina.*
>
> Zu Apolinar: *Pakarintaj mari tajsarqonman mamayki. Tajsarkospa*

chayachipunman, chayta incensiowan azarispa nakupuway. Qankunacaj jampullankakuqa. Ñoqaykucajlla mañana kutimusajkuchu. Ripusajkuqa. – Qan chayman simanapacha ama kayllankichu! Wajnillantaj purinki. Chiqa allin!

ÜBERTRAGUNG

Von diesen deinen jetzigen Kleidern werde ich dir alles wegreißen (durch Zerreißen der Fäden abnehmen). Alles an Trauer und Unheil werde ich dir wegreißen. Abnehmen werd ich's dir. Du wirst dir dann andere Kleider anziehen. Die alten werden am Fluß bleiben. Wenn wir es nicht so machen, wenn du in denselben Kleidern zurückkehrst, in denen ich dich durch Zerreißen der Fäden von der Trauer befreit habe, dann kann es nicht gut werden! Deshalb: Umgezogen wirst du (zur Hütte) zurückkehren; und auf einem *anderen* Weg wirst du zur Hütte gehen.
Zu Juana: Du wirst sie mit Weihrauch erwarten. Wenn sie ankommen, wirst du sie mit Weihrauch umhüllen, gleich wenn sie (zur Hüttentür) reinkommen.
Zu Apolinar: Und morgen kann deine Mutter (die alten Kleider) waschen; gewaschen wird sie sie dir wiedergeben. Die Kleider kannst du dann, wenn sie mit Weihrauch behandelt sind, wieder benutzen. – Ihr werdet (zur Hütte) zurückkehren. Wir dagegen werden nicht mehr mit zurückkehren. Wir werden (direkt vom Fluß aus) fortgehen. – Und du wirst dich dieser Stelle am Fluß für eine Woche nicht nähern! Du wirst andere Wege nehmen. Dann ist alles gut!

Und so brechen wir auf. Es geht mit: der Krug mit Dornenwasser; Kerzen, Alkohol, Coca; das Meerschweinchen in einem dunklen, kleinen Sack; unser schwarzes mesa-Tuch mit den zerrissenen Fäden, den q'intos, den Abfällen vom Rauchen und Cocakauen; die Schale mit neuen Kleidern.

4.4 *Reinigungsrituale am Fluß in der Schlucht*

Überblick Handlungsablauf

(1) Rauchen, Coca kauen, Trink-ch'alla
(2) Meerschweinchen
(3) Q'into-Reinigung und Linksfaden-Zerreißen vor Apolinar und Justina
(4) desgl. vor Ginés und mir
(5) Waschung der Trauernden im Dornensud
(6) Abtrocknen mit Stein und Ausspucken
(7) Llaki-Gut in den Fluß

Die Nacht ist sehr dunkel. Wir müssen erst über ein Mäuerchen klettern, uns an der hinteren Hüttenwand entlang tasten, dann geht es bergab. Durch dichtes Gestrüpp. Die Büsche duften unbeschreiblich. Große Geröllbrocken liegen am Boden. Ich frage mich, wie Valentin diesen Abstieg schafft. Ignacio leuchtet ihm mit meiner Taschenlampe. Ich sehe so gut wie nichts. Offensichtlich ist es kein Weg. Es geht langsam voran. Ich halte mich an den Rücken des Vordermannes, versuche mit den Füßen zu tasten. Ich bin ganz benommen von dem Duft der Büsche. Das Rauschen des Flusses wird immer lauter. Man versteht kaum ein Wort mehr. (Das Tonband auch nicht.) Wir versuchen jeder, einen Standplatz auf einem der umsprudelten Ufersteine zu finden. Auf dem größten steht Valentin, er legt das schwarze mesa-Bündel ab, öffnet es, entzündet zwei Kerzen. Wir tauschen erst einmal Coca aus, rauchen eine Zigarette in die Nacht. Valentin wedelt mit ihr in der Luft – hin zu den Orten der Kraft –, bläst den Rauch hoch in die Luft, begleitet von einer Geste des Hinweg! Hinweg! – und wir tun es ihm nach. Auch hier darf die Asche nicht irgendwo hinfallen oder die Kippen einfach fortgeworfen werden. Wir hangeln zu Valentins Stein hinüber, dort auf dem schwarzen Tuch sammeln wir alle Abfälle.

Abbildung 10: Don Valentin am Fluß, mit Meerschweinchen

Es gibt für jeden einen Schluck reinen Alkohols. Ich balanciere neben Valentin auf dem großen Stein. Ein paar Tropfen aus dem Gläschen läßt er auf die mesa tropfen, dann trinkt er einen Schluck, hebt das Glas ganz hoch, ruft hörbar: *Apakapuchun q'alata!* (Alles möge der Fluß hinwegnehmen) und schüttet den Rest des Glases in großem Bogen in den Fluß. Seine Gesten zeigen: wir sollen es ihm nachtun. Und Apolinar fordert er auf: *Mayuman ch'allaykuy, apakariwanki llakiykunata niy!* (Mach du die ch'alla zum Fluß und sag: Alle Trauer nimm von mir weg!) In diese Geste – Dank und Bitte an den Fluß – sind alle, außer der kleinen Justinita, einbezogen. Alle wenden sich an den Fluß, alle bieten ihm einen Schluck, alle bitten, er möge die Trauer, das Unheil hinwegtragen.

Ignacio öffnet dann den Sack mit dem Meerschweinchen und reicht es Valentin. Es ist ein ganz bestimmter Griff, mit dem er das Tier am Genick packt: Apolinar wird herangewinkt. Das Tier wird Apolinar mit der Schnauze fest an die Kehle gepreßt. Und so verharren sie, der Medizinmann und Apolinar. Dann muß Apolinar dreimal auf die Schnauze des Tieres hauchen. In gleicher Weise wird Justina behandelt, dann mein Mitarbeiter, dann ich. Während Valentin mir die Schnauze des Tieres an die Kehle drückt, merke ich die Zähnchen, aber das Tier kann offensichtlich nicht beißen, weil es so stark angepreßt wird. Und es bekommt kaum Luft und japst an meiner Kehle, und das gibt ein Gefühl, als würde es an meiner Kehle saugen. In der Tat: das soll das Tier tun, es soll das Schlechte absaugen, es soll Unheil, Trauer, alles Negative absaugen, das ist seine Aufgabe in der Heilung *(ch'onkanapaj)*. Aber das Meerschweinchen hat auch noch eine »prognostische« Aufgabe:

Valentin reicht das Meerschweinchen an Ignacio, zum anderen Stein hinüber. Das Töten des Meerschweinchens, das ist stets die Aufgabe des Gehilfen in einem Heilungsritual. Der Fingernagel wird in die Kehle des Tieres gepreßt, mit dem Fingernagel wird die Kehle aufgeschlitzt, dann mit beiden Händen der Körper aufgerissen, um Herz, Lunge und Eingeweide bloßzulegen. Ignacio zeigt Valentin die Innereien. Apolinar kommt dazu, die anderen auch. Alle beugen wir uns über

Abbildung 11: Absaugen des Schlechten mit Meerschweinchen

das bluttropfende Meerschweinchen, halten eine Kerze hoch. Das Herz schlägt noch. Ein ausgezeichnetes Zeichen! Auch die Gedärme geben keinen Hinweis, der negativ gedeutet werden könnte. Die Heilung wird also gelingen, der Fluß wird die Trauer davontragen. *Allin allin allin kanqa* – lächelt Valentin (gut, gut, gut wird's sein!), und Ignacio wirft das Meerschweinchen in den Fluß.

Könnten wir noch irgend etwas an Unheil und Trauer – die wir gewissermaßen mit Apolinar alle tragen – in uns haben? Wir rauchen noch eine Zigarette, wir blasen das Schlechte aus uns heraus auf die schwarze mesa, und auch die Asche kommt wieder dazu, die Kippen, und unsere – links gekauten – Coca-Reste auch.

Noch tragen Apolinar und Justina ihr q'into und Blumenkreuz an der Brust und die Linksfäden um Hals und Fuß- und Handgelenke. Valentin winkt Apolinar zu sich heran, reißt ihm mit einem Gesichtsausdruck voller Intensität und Spannung (vgl. Bild) die Fäden vom Hals, zerreißt sie nochmals vor dem Hals, vor der Stirn von Apolinar, reißt dann ebenso kraftvoll einen Faden nach dem anderen von Hand- und Fußgelenken, immer den abgerissenen Faden vor den Gelenken in noch kleinere Teile zerreißend. Er betet dabei. Das Rauschen des Flusses verschluckt es. Alle Fäden werden auf dem mesa-Tuch abgelegt. Jetzt läßt sich Valentin das q'into-Blumenkreuz-Bündel geben, das Apolinar bisher an der Brust trug; Apolinar reißt den Hut vom Kopf; er beugt sich zu Valentin hin, und Valentin beginnt eine ganz ausführliche und sorgfältige Gesamtkörperreinigung von Apolinar: der Kopf, das Gesicht, Hals und Schultern, Leib, beide Beine hinab, die Arme, die Hände von beiden Seiten, der Rücken. Und läßt Apolinar dann dreimal auf das Bündel hauchen. Nur einmal höre ich, wie Rufe aus der Ferne, vertraute Worte schon, magische Gebetsformeln:

VALENTINS GEBET BEI DER Q'INTO REINIGUNG VON APOLINAR

1 Chay desgracian, chikin,
2 chay desgracia chikin riponqa

3 *mayuman riponqa, mayuman mayuman mayuman*
4 *chiki chiki chiki*

ÜBERTRAGUNG

1 Dies sein Unheil, sein Leid,
2 dies sein Unheil, sein Leid – hinweg damit
3 zum Fluß hinweg, zum Fluß, zum Fluß, zum Fluß
4 Leid, Leid, Leid ...

Auf die gleiche Weise werden die Fäden an Justinas Leib zerrissen und wird die ganze kleine Person von Kopf bis Fuß gereinigt. Und wieder werden auch wir – Ginés und ich – in die Handlung einbezogen. Könnten wir nicht Unheil in der Hütte an uns gezogen haben? Ich besonders, die ich so viel in der Hütte ein- und ausging, die ich Pastora besucht habe, auch ihr Grab, die ich die Kinder auf dem Arm hatte und Essen in die Hütte brachte? So erklärt es mir Apolinar später, warum Valentin jetzt zuerst vor mir vielfältig Fäden zerreißt, vor der Stirn, dem Hals, der Brust, dem Bauch, vor beiden Handgelenken und Füßen – und dann auch, flüchtiger, nur vor der Stirn von Ginés. Und auch ich hauche dreimal auf diese Fadenfetzen in Valentins Hand – das letzte Schlechte aus mir ausatmend –, und Valentin legt alles zusammen auf dem schwarzen Tuch ab. Und nochmal holen wir alles Schlechte aus uns heraus und entfernen es: wir spucken unsere Coca-Reste jetzt kraftvoll auf das dunkle Tuch.

Ich verstehe nicht, warum Apolinar so in den Taschen seiner Jacke und seiner Hose kramt. Er holt ein zerknülltes Papierchen heraus, schaut drauf, wirft es auf das schwarze Tuch. Dann ein Streichholz. Wirft es auch auf das Tuch. Dann kommt ein Nagel zum Vorschein. Ein Nagel ist hier etwas Kostbares! Man sieht Apolinar deutlich zögern – aber schließlich wirft er auch den auf das schwarze Tuch. Alles muß hier bleiben, alles muß dem Fluß übergeben werden; selbst der Nagel – zur Hütte zurückgebracht, könnte er Unheil in die Hütte zurückbringen. Dieses Unheil ist wie eine ansteckende Krankheit, sie klebt überall, sie

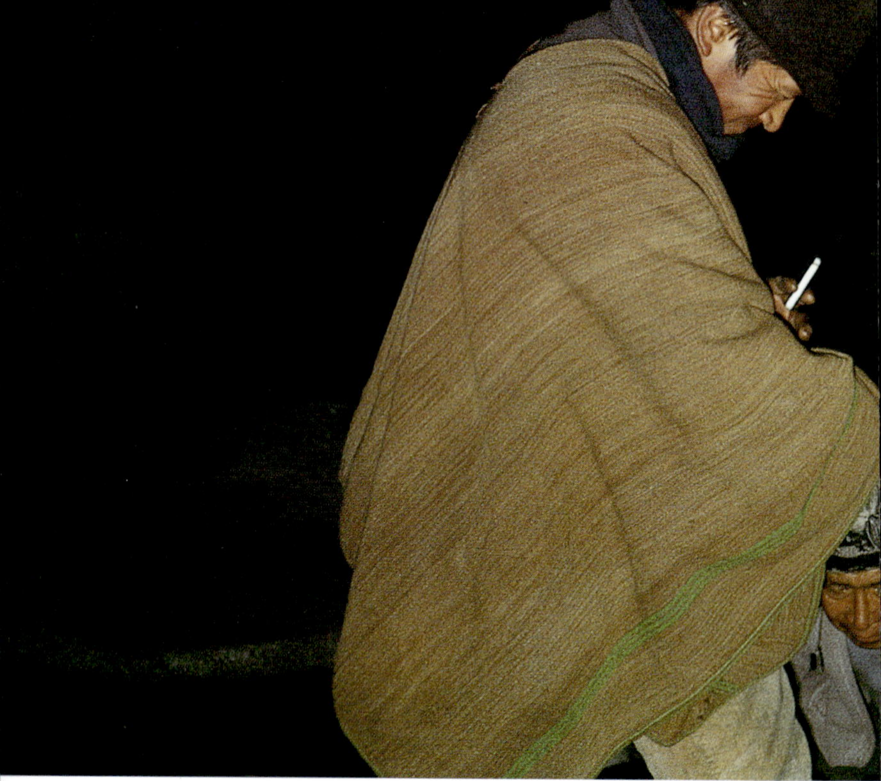

Abbildung 12: Linksfäden-Zerreißung an Apolinar

muß radikal beseitigt werden, alles Halbe hebt das Ganze des Heilungsrituals auf.

Und deshalb muß Apolinar auch die Kleider ablegen und alles beseitigen, was in den Kleidern steckt. Er zieht sich bis auf die Unterhose aus; Ignacio schüttet Wasser aus dem irdenen Topf, in dem die Dornenpflanzen kochten, in die Schale, die wir mitgebracht haben, und Apolinar wäscht sich in diesem Dornensud. Nicht flüchtig, nicht »symbolisch«, sondern ganz kräftig und ausführlich, Gesicht, Kopf und Haare, Ohren und Hals, Oberkörper und Arme, Bauch, Rücken und Beine; und dann spuckt er noch einmal kräftig in die Schale, ehe das Wasser in schwungvollem Bogen wiederum in den Fluß geschüttet wird.

Inzwischen hat Ignacio am Ufer einen faustgroßen Stein aufgelesen. Wie um Apolinar nochmals zu waschen, in der Bewegung der q'into-Reinigung, oder als ob er Apolinar mit einer leichten Berührung des Steins abtrocknen wollte, so fährt Ignacio jetzt über den nackten Leib von Apolinar. Der spuckt dann kräftig auf den Stein und schleudert ihn selbst in den Fluß. Alle abgelegten Kleider von Apolinar liegen auf einem Bündel am Boden, er streift jetzt auch noch das letzte Kleidungsstück ab und zieht sich vollkommen neu an, mit den Kleidern, die wir mit zum Fluß genommen hatten. Für Justina wird derweil neues Dorenensudwasser aus dem Krug in die Schale geschüttet, sie schlüpft aus ihren Oberkleidern, unter denen sie ein großes Christuskreuz an einer dicken Kette trägt. Sie wäscht sich, spuckt in das Wasser, wird mit zwei kleineren Steinen abgerieben, spuckt auf die Steine, Wasser und Steine werden in den Fluß geworfen, und Justina zieht sich neu an.

Was geschieht hier alles am Fluß? Das Meerschweinchen: *desgraciata chonkanapaj* – um das Schlechte abzusaugen. Draufhauchen, draufspucken: *llakita llojsinapaj,* damit die Trauer weiche. Zerreißen der Fäden: *llakita t'ipinapaj* – um das Leid zu zerreißen. Und der Stein: *llakita rumichanapaj* – damit der Kummer zu Felsen wird und nicht mehr spürbar ist. (L-III)

Valentin hatte uns schon oben in der Hütte instruiert: nichts darf an Altem zurückkehren in die Hütte. Der Dornensud-Topf wird in den Fluß geworfen, ich sehe ihn an einem Felsen

Abbildung 13: Rituelle Waschung im Dornensud am Fluß

zerschellen. Er muß zerbrechen, erklärt mir später Apolinar, damit niemand von den Anwesenden stirbt. Auch die Waschschale wird dem Fluß übergeben. Das schwarze mesa-Tuch wird zusammengeschnürt und in den Fluß geschleudert. Nichts bleibt übrig. Nur das Bündel der Kleider. Das bleibt am Fluß liegen, das soll Juana morgen holen. Diese Kleider darf Apolinar erst wieder tragen, wenn jemand anders die Kleider gewaschen und mit Weihrauch eingehüllt hat.

Unsere Wege trennen sich. Die Medizinmänner gehen das Ufer des Flusses hinab. Apolinar, Justina, Ginés und ich klettern wieder zur Hütte hoch – ein anderer Weg muß es diesmal sein. Wir dürfen uns auf keinen Fall umschauen. Wieder dieser intensive Duft der blühenden Büsche, der wilden Kräuter. Und das Rauschen des Flusses in der Schlucht wird immer leiser.

4.5 *Rückkehr und »Erneuerung«: Weihrauch und gemeinsames Mahl*

Oben am Rand der Schlucht sieht man einen Schimmer. Das ist die Tür der Hütte. Wir treten nacheinander ein, jeder von uns wird von Juana mit der rauchenden *brasera* (Weihrauchschale) empfangen: sie schwingt die Schale über dem Kopf des Eintretenden, dann unter seinen Händen. Der Weihrauch ist eine Weihung, Bestärkung, Besänftigung, Erneuerung. Wir umarmen uns – jeder jeden – und wünschen uns: *buena hora kachun*, alles Gute jetzt! Dann teilen wir auch ein gemeinsames Mahl. Es ist die Suppe, welche Juana und Justina während des Heilungsrituals in der Hütte auf dem Steinherdfeuerchen gekocht haben. Jeder bekommt einen Teller dampfender Suppe mit kleinen, ganzen Kartoffeln drin. Löffel gibt es nicht. Man schlürft aus dem Teller, macht den Mund weit auf und läßt die Kartoffeln reinkullern. Wir plaudern, wir lachen, wir genießen die heiße Suppe. Kalt war's am Fluß, meint Justina, und wie dunkel war es heute, ich habe noch keine so dunkle Nacht gesehen wie heute ... Das ist gut, um die Trauer zu bannen

Abbildung 14: Justina bei der rituellen Waschung

(llaki wij'churinapaj), versichert Apolinar. Uns hat auch niemand gesehen. Und wir alle dürfen morgen, so erklärt mir Apolinar noch, nicht weit von der Hütte weggehen, wir müssen in der Nähe bleiben, wir sollen keinen Besuch bekommen, wir müssen leise sein und uns hüten ... Und übermorgen, sagt Apolinar zu mir, komm ich dich mal in deiner Hütte besuchen.

Es ist nahe Mitternacht. Ginés und ich brechen auf. Erst geht es ein Stück den Berg hoch, dann einen langen Weg am Hang entlang, wo der Berg mehrfach abgebrochen ist. Es ist wirklich sehr dunkel. Der kleine Lichtkegel der Taschenlampe beleuchtet nur die Stelle, wo der nächste Fuß hingesetzt wird. Erst immer im letzten Augenblick merke ich – die ich den Weg noch nicht auswendig kannte –, daß ich auf den Abgrund zugehe, daß der Pfad eine Kurve macht. Nach einer Stunde wird der Lichtkegel der Lampe auch immer schwächer. Etwas gröhlt durch die Nacht. Eine Gruppe Torkelnder kommt uns entgegen. Ihr Rufen, Lachen und Lallen ist aber hinter der übernächsten Biegung schon nicht mehr zu hören, die Stille der Nacht umfängt uns wieder, man hört nur die eigenen Schritte und ganz unten in der Schlucht, fern, das Rauschen des Flusses, dem alle Trauer übergeben wurde: *mayuwan ripusqa*, der Fluß trug sie davon.

5. BESONDERHEITEN UND WIRKUNG DES HEILUNGSRITUALS

Am besten lassen sich die Besonderheiten dieser Heilung im Vergleich zu anderen llaki wij'chuna-Ritualen darstellen und auch im Vergleich zu dem alten, nur noch wenig praktizierten, doch noch nicht ganz vergessenen, großen, kollektiven llaki wij'chuna-Ritual. Auf diese Vergleiche kann ich erst im Kapitel 7 eingehen. Ich möchte aber auch schon an dieser Stelle auf einige Aspekte der Heilung aufmerksam machen, zumal diese Zusammenstellung eine Folie darstellt für die Betrachtung der folgenden llaki wij'chuna-Rituale. Dabei werde ich nicht über die Ablaufbeschreibung dieses Kapitels hinausgehen, sondern nur insgesamt fünf der in diesem komplexen Ritual bereits dargestellten Aspekte besonders hervorheben.

(1) Die llaki wij'chuna, wie sie hier abgelaufen ist, hat Merkmale eines *partizipativen Gruppengeschehens*. Gewiß ist es keine intime Arzt-Patient-Beziehung, die wir hier erlebt haben. Aber es sind nicht nur viele Menschen anwesend, sondern sie alle werden auch in vielfältiger Weise aktiv in das Geschehen hereingeholt. Sie sind nicht einfach Beobachter, sie sind Einbezogene. Jeder gibt ein Stück seiner Kraft, seiner Macht, seiner Bitten in die Heilung ein, um sie zu ihrem Ziel zu führen: *llaki wij'chunapaj*, um die Trauer zu verbannen. Wie sieht diese Einbeziehung aus? Vielleicht darf ich Beispiele *meiner* Einbeziehungen noch einmal aufführen:

a) Natürlich kaue auch ich Coca-Blätter – und zwar auf der linken Seite des Mundes. Links ist die »falsche« Seite, die Seite, welche das »Andersherum« symbolisiert, die Richtungsänderung. Damit habe ich handelnd teil an der Geste der Umkehrung des Unheils, der Richtungsänderung des Schicksals, der entscheidenden *troca* (Wandel), die wir hier anstreben.
b) Auch meine ausgekauten Coca-Blätter lege ich auf die schwarze mesa ab, und auch ich blase Rauch auf die mesa: Teilhabe an der Geste des Wegwerfens, Ausatmens, Wegblasens von Schlechtem, von Unheil, von Trauer.
c) Das Meerschweinchen wird auch mir an die Kehle gelegt und saugt an meinem Hals. Als Befreundete der unheilbetroffenen Familie partizipiere ich an deren Unheil und muß auch gereinigt werden – erst dann kann ich auch heilbringend partizipieren und zum künftigen Wohl der Familie, zur *troca*, beitragen.
d) Auch vor meiner Stirn, vor meinem Hals, meinen Hand- und Fußgelenken werden linksgesponnene Fäden zerrissen: Körperzeugenschaft für die Geste des Zerreißens von Unheil.

e) Auch mein Kopf wird mit Weihrauch eingehüllt, auch meine Hände werden über dem Weihrauch gewärmt: Teilhabe an der Geste der Neuwerdung.

Diese partizipative Grundstruktur ist nicht nur ein Merkmal der llaki wij'chuna, sie ist ein Merkmal fast jeder Callawaya-Heilung. Ausnahmen sind jene ganz düsteren, geheimen Schwarzen Heilungen, die über das Wissen von zwei Menschen, über vier Augen und Ohren, besser nicht hinausdringen (vgl. f. S.). Daß das Heilungsritual in den meisten Fällen ein Gruppengeschehen ist und daß die Anwesenden nicht nur dabei sitzen, sondern auch mit handeln, erleichtert – und erschwert – auch meine Forscherrolle in der Callawaya-Region, wobei der erste Aspekt der bedeutsamere ist. Ich bin kein Eindringling in eine sonst abgeschirmte Arzt-Patient-Beziehung, wie ich es etwa wäre, würde ich hierzulande symbolische Heilung (z. B. in der Variante der Psychoanalyse) in partizipativer Beobachtung untersuchen wollen ... Die andere Seite ist, daß ich auch nicht einfach schreiben, Tonbänder aufzeichnen und Bilder machen kann. Immer und immer hat das Heilungsgeschehen selbst Priorität – und dann müssen Kamera und Stift und Band weggelegt werden, weil ich Coca einlegen oder die ch'alla vollziehen oder mich anhand der Meerschweinchen-Innereien überzeugen soll, daß die Heilung Erfolg haben wird.

(2) Der »Patient« *trägt selbst auch handelnd zu seiner eigenen Heilung bei.* Er ist nicht passiver Empfänger eines über ihn hinweg laufenden oder vor ihm zelebrierten Geschehens. So hat Apolinar zum Beispiel zu seiner eigenen Heilung beigetragen, indem er die Pflanzen für den Dornensud gesammelt hat, indem er expressiv das Schlechte ausspuckt, indem er dreifach aushaucht, indem er das vom Schlechten Behaftete weggibt (die Gegenstände aus den Hosen und Jackentaschen), indem er sich vom Kopf bis zu den Füßen vom Unheil reinwäscht, indem er zum Fluß spricht und betet, indem auch er *mayuman* beschwört und in Form des Steines sein eigenes Unheil weit in den Fluß hinein schleudert.

(3) *Die Heilung hat Merkmale von Alltagsgeschehen.* Um diesen Punkt zu verdeutlichen, stelle man sich noch einmal vor, ich würde hierzulande Ethno-Psychotherapie-Forschung betreiben. (Ein Psychoanalytiker-Kollege legte mir dies nahe, fand eine Ethno-Psychotherapie-Forschung hier wichtiger als in Bolivien und meinte damit die Untersuchung der nicht-psychoanalytischen Psychotherapie-Verfahren ...) Man vergleiche das Setting einer symbolischen Heilung hier mit einer rituellen Heilung dort. Das *Setting* der llaki wij'chuna ist kein abgesonderter Raum; es ist die Hütte, in der der Alltag stattfindet, in der geschlafen, gekocht, gespielt, gelebt wird. Die *Atmosphäre* – so schwer diese auch zu vermitteln sein mag – ist frei von Steifheit, Unsicherheit, abgehobener Feierlichkeit; sie ist gelöst, fließend, natürlich. Plaudern, Beten, Handeln (Kartoffelschälen z. B.), Heilen – alles läuft – mit wenigen Ausnahmen innehaltender Ritualistik – nebeneinander her. Und schließlich hat die llaki wij'chuna Merkmale von Alltag auch noch in einer dritten, der bedeutsamsten Hinsicht. Dort ist nicht nur Heilung Ritual, dort ist auch Alltag Ritual. Und die *Alltags-Ritualistik* – jene Handlungen, die viele alltägliche Verrichtungen und Punkte im Ablauf von Tages- und Jahres- und Lebensprozeß kennzeichnen – haben vielfältige gemeinsame Elemente mit den Ritualen, die speziell der Heilung dienen sollen, der Heilung eines »Sonderzustandes«, so muß ich es ausdrücken, denn für die Quechua-Indianer der Apolobamba-Kordillere ist jedes Ritual Heilung; Heilung ist ein umfassender Zustand sanften Gleichgewichts, ist mit Bewußtheit, mit Dank und Hingabe den Tag zu durchschreiten, ist folglich auch der Vollzug all jener kleinen Alltags-Rituale. Aber darauf kann ich an dieser Stelle nicht näher eingehen. In folgenden Veröffentlichungen werde ich auf diese alltägliche Ritualistik und ihren Bezug zu den hier dargestellten Heilungsritualen eingehen und zeigen, wie Heilung zu Alltag wird und Alltag zu Heilung.

(4) Die Heilung ist *in einen mehrfachen Kontext gestellt,* der durch Vollzug, Gebet und Symbolik in den konkreten Handlungsraum hereingeholt wird. Es ist zunächst der familiäre Kontext; er ist

schon allein durch das Setting gegeben. Es ist auch der unmittelbare dörfliche (soziale) und der landschaftliche Kontext: nicht nur werden meist die Namen der jeweils lokalen Orte der Kraft angerufen, sondern das Geschehen findet auch in der unmittelbaren, natürlichen Umgebung (Fluß, Schlucht) statt. Es ist desweiteren der doppelte religiöse Kontext: die christliche Religion – keine Heilung ohne Nennung der Dreifaltigkeit, ohne Gestik des Kreuzes oder andere christliche Symbolhandlungen – es ist aber auch die heidnisch belebte Welt, es sind die Gaben, die speziell ihnen gewidmet sind: das Coca, der reine Alkohol, das *untu*.

(5) Das *Heilungsziel wird in sehr vielfältiger Weise symbolisch ausagiert* – die Symbolik dieser dargestellten Heilung ist von großem Ausdrucksreichtum. Es gibt eine Symbolik der Handlung, des Ortes, der Richtung, der Farbe, des Materials, der Gegenstände – um nur noch einmal einige Beispiele zu nennen:

a) Symbolik der Farbe: das schwarze Tuch; schwarz als die Farbe des Negativen, Schlechten, dessen, wovon man sich löst.
b) Symbolik der Richtung: links Coca kauen, linksgesponnener Faden, falschherum eingelegte Coca-Blätter: stets wird das Hinweg, die andere Richtung, visualisiert.
c) Symbolik des Materials: Dornen – sie vertreiben; Schafswolle, Schweinetalg, Schafstalg: die »niederen« Gaben, die Gaben zum Wegwerfen; der Stein: Versteinerung der Trauer etc.
d) Symbolik des Ortes: der Fluß, der alles davonträgt; die Tür der Hütte, die Ein- und Ausgang von Heil und Unheil kontrolliert.
e) Christliche Symbolik: das Nelkenkreuz, das Kreuzzeichen über der schwarzen mesa, auch die direkte Anbetung der Dreifaltigkeit, das Hereinholen von Josef und Maria.
f) Und schließlich vor allem die vielfältige *Symbolik der Handlung*
   – Symbolik des Wegwerfens, Auslöschens, Abwaschens, Reinigens, sich Entledigens von Trauer und Unheil und die Symbolik von Wandlung und Neuwerdung:

- Ausblasen der Kerzen: so verlösche die Trauer.
- Ausatmen des Rauches: so verlasse mich das Unheil.
- Sammeln der Abfälle: so verwerfen wir das Schlechte.
- Reinigung mit den q'intos, die lange Zeit auf dem Leib waren und somit das Schlechte absaugen konnten.
- Zerreißen der Fäden: so zerreißen wir die Trauer.
- Das Meerschweinchen: Absaugen des Schlechten.
- Die Dornensudwaschung: Reinigung von Unheil.
- Ausspucken: Ausspucken der Trauer.
- Berührung mit Stein: Versteinerung der Trauer.
- Die radikale Vernichtung aller Dinge, die Unheil in sich aufgenommen haben: q'intos, Coca-Reste, Asche, Zigarettenstummel, zerrissene Fäden, totes Meerschweinchen, Dornensudreste, benutztes Waschwasser, benutzter Stein, der Krug für Dornensud, die Schale für Waschwasser, das Säcken für das Meerschweinchen, das schwarze Tuch der mesa, die zerrissenen Fäden ...
- Und schließlich die Symbolik der Wandlung: Wechsel der Kleider, nicht Zurückschauen auf den Fluß, einen neuen Weg nehmen, Weihrauch einatmen und ein Mahl teilen.

Am übernächsten Tag kommt Apolinar mich in meiner Hütte besuchen. *Imaynalla kankichis chikaqa,* frage ich ihn – wie geht es Euch denn so? *»Tranquilo«,* sagt er, *»bien suave, como recién nacido.«* (Ruhig, ganz sanft, so wie grad geboren.) »Doch dürfen wir nicht darauf warten«, fährt Apolinar fort, »daß das Gute so einfach von selbst kommt. Man muß auch etwas dafür tun, man muß es herbeiholen, man muß es rufen, man muß etwas anbieten: wir müssen noch eine Weiße Heilung machen, für uns und für die Hütte und alles, was dazu gehört.«

In der Regel sollte einer llaki wij'chuna eine Weiße Heilung folgen, dann ist durch die Reinigung nicht nur der *Raum* für die Wiederkehr des Guten geschaffen, sondern es wird auch aktiv hereingeholt. Und so gab es auch für Apolinar und seine Kinder, für diese mutter-verwaiste Familie, für die beiden kleinen Hütten, für die Schafe und Äckerchen noch eine Weiße Heilung, die – natürlich – auch von Valentin und Ignacio vollzogen wurde. Bei dieser Heilung (Heilung 76) waren dann des Nachts in der kleinen Hütte dreizehn Menschen versammelt, und wir alle – außer den drei Kleinsten – haben in der ch'alla die weiße mesa und die weißen Watte-q'intos mit reinem Alkohol und rotem Wein besprüht.

KAPITEL 3

Llaki wij'chuna II: Marianos Tod. »Trauer-Therapie« für eine vater-verwaiste Familie: Vier Medizinmänner bei der siebenköpfigen Familie

Übersicht

1. DER MEDIZINMANN MARIANO

Etwas scheu, sehr bescheiden, auch ein wenig verschmitzt, seinen Patienten sehr zugewandt und von eindrucksvoller Gabe zu beten – so wirkte Mariano auf mich, als ich ihn am 24. August 1984 das erste Mal erlebte. Ich durfte an einem Heilungsritual für einen alten Mann teilnehmen. Der alte Mann ist ein Mestize. Er war vor der bolivianischen Agrarrevolution Großgrundbesitzer; auch Staatsbeamter war er zeitweilig; heute lebt er allein mit seinen zwei Schwestern auf dem geschrumpften Besitz im Tal, am Fluß. Daniel liegt im Bett; er hat Rheuma, Kopfschmerzen, Durchblutungsstörungen (sagt er) und Langeweile am Leben, keine rechte Lust mehr: Frau lange tot, Kinder weg, Augen zu schlecht zum Lesen, Beine zu schlecht zum Laufen – ein Tag wie der andere. Mariano sitzt an einem kleinen Tisch vor dem Bett von Daniel, hört zu, wendet sich mit dem ganzen Körper zum Kranken hin, fragt immer wieder nach. Dann bereitet er mit viel Sorgfalt eine doppelte yuraj mesa, die den alten Mann »con el Señor« (mit Gott dem Herrn) – durch die Vermittlung der Heiligen – und mit den Orten der Kraft (lugar, lugarnioj) – durch Vermittlung des cabildo, der Opferstätte seiner Hütte – versöhnen soll (zu yuraj mesa, Weißen Heilungen vgl. f. S.). Mariano betet nicht bei jedem Handgriff; aber er betet lang und intensiv und geht sehr persönlich auf den Patienten ein, wenn er die Stimme erhebt (H-73):

MARIANO BETET FÜR DON DANIEL, EINEN ALTEN, KRANKEN MANN

1 *Señor Santiago tata, kunan kay Danielta ari sumaj saludta qonki ari,*
2 *paz y sonqota,*
3 *ima cuerpokunamanta jamperkoy ari,*
4 *Señor Santiago España, qanman sirvirimusqayki,*
5 *sumajta recibikunki ari.*
6 *Uj ignorante kan;*

7 *Tukuy uj kurajkuna kan;*
8 *pichakojkunaj, chay lugarniojkunaj, sirvijpaj makinwan sumajta ari sirvirimusqayki kunanri ...*
9 *Danielta jamperkonki, saludta qonki, k'uchilla purikunanpaj;*
10 *kay wasinpi sumajta karikunanpaj, llajtanpi,*
11 *sumajta ari jampiykuy,*
12 *salvarkonki ari kunanri ...*
13 *Tukuy lugarniojkuna sirvirimusqaykichis kunanqa,*
14 *yachajkunaj, pacokunaj makinmanta,*
15 *purejkunaj, watapurichejkunaj makinmanta,*
16 *atejkunaj makinmanta,*
17 *Señor Atichamán, Señor Escani, Señor Silliaca,*
18 *tukuy machia lugarniojkuna:*
19 *recibikunkichis – sirvirimusqaykichis ...*
20 *cachia lugarnioj, kunan kachariychis,*
21 *cachia cabildo, convidamusqayki,*
22 *k'uchita sanayarkochiy, ima onkoyninmantapas librakopunki,*
23 *salud, allin sonqota, allin llampu sonqota qorinki ...*

ÜBERTRAGUNG

1 Herr Vater Santiago, nun laß doch Daniel genesen, gib ihm
2 Frieden und Mut,
3 heil ihn von all seinen körperlichen Leiden,
4 Herr Santiago von Spanien, zu dir komme ich, um dir etwas zu bereiten –
5 so empfange es gut.
6 Dumme gibt's.
7 Und es gibt Vernünftigere;
8 doch ich bewirte dich jetzt aufs beste, und zwar im Geiste der Hände all derer, die solche Gaben bereiten, im Namen der Orte der Kraft und derer, die ihnen dienen ...
9 Heile Daniel, gib ihm Genesung, damit er gesund wandle,
10 sich wohl fühle in seinem Haus, in seinem Dorf,
11 heile ihn gut,
12 errette ihn jetzt ...
13 All ihr Orte der Kraft, ich biete euch jetzt dies hier an,

14 im Geiste der Hände der Weisen, der Bereiter der mesas,
15 im Geist der Hände der reisenden (Medizinmänner), der Ritualisten des Jahreszyklus',
16 im Geist der Hände derer, die (rituelle) Macht haben,
17 Herr Atichaman, Herr Escani, Herr Sillaca,
18 wo immer ihr sein mögt, ihr Orte der Kraft,
19 nehmt diese (meine) Gaben jetzt an, ich komme, um sie euch anzubieten ...
20 Du hiesiger Ort der Kraft, gib ihn jetzt frei,
21 Cabildo dieser Hütte, ich lade dich ein,
22 laß ihn gesunden; was immer an Krankheit ist, befreie ihn davon.
23 Genesung, guten Mut, ein gutes, sanftes Herz wirst du ihm geben.

Und später in der Nacht, draußen vor der Opferstätte des Hofs, ruft Mariano kniend den Boten Ankari an, den Wind, den Diener der Orte der Kraft, der das Opfer zu ihnen trägt, damit sie – die Orte der Kraft – den Patienten gesunden lassen:

1 Qan, kachia cancha cabildo,
2 tukuy lugarniojkunaman paganki.
3 Qan, Ankari, tukuyman aparinki
4 tukuy lugarniojkunaman, machukunaman,
5 tukuy cabildoyojkunaman aparinki.
6 kachia cancha Ankari,
7 kachia cabildo Ankari,
8 qan comisario kanki,
9 qan kachia pacha Ankari
10 chaskirichinki.
11 Pago a pago convidarimusqaykichis,
12 lugarniojkuna,
13 qan servicio Ankari, tata Ankari,
14 pasarichinki, qan, ari, mundo Ankari.

ÜBERTRAGUNG

1 Du, Cabildo des hiesigen Hofs,
2 mein Opfer wirst du bringen allen Orten der Kraft!

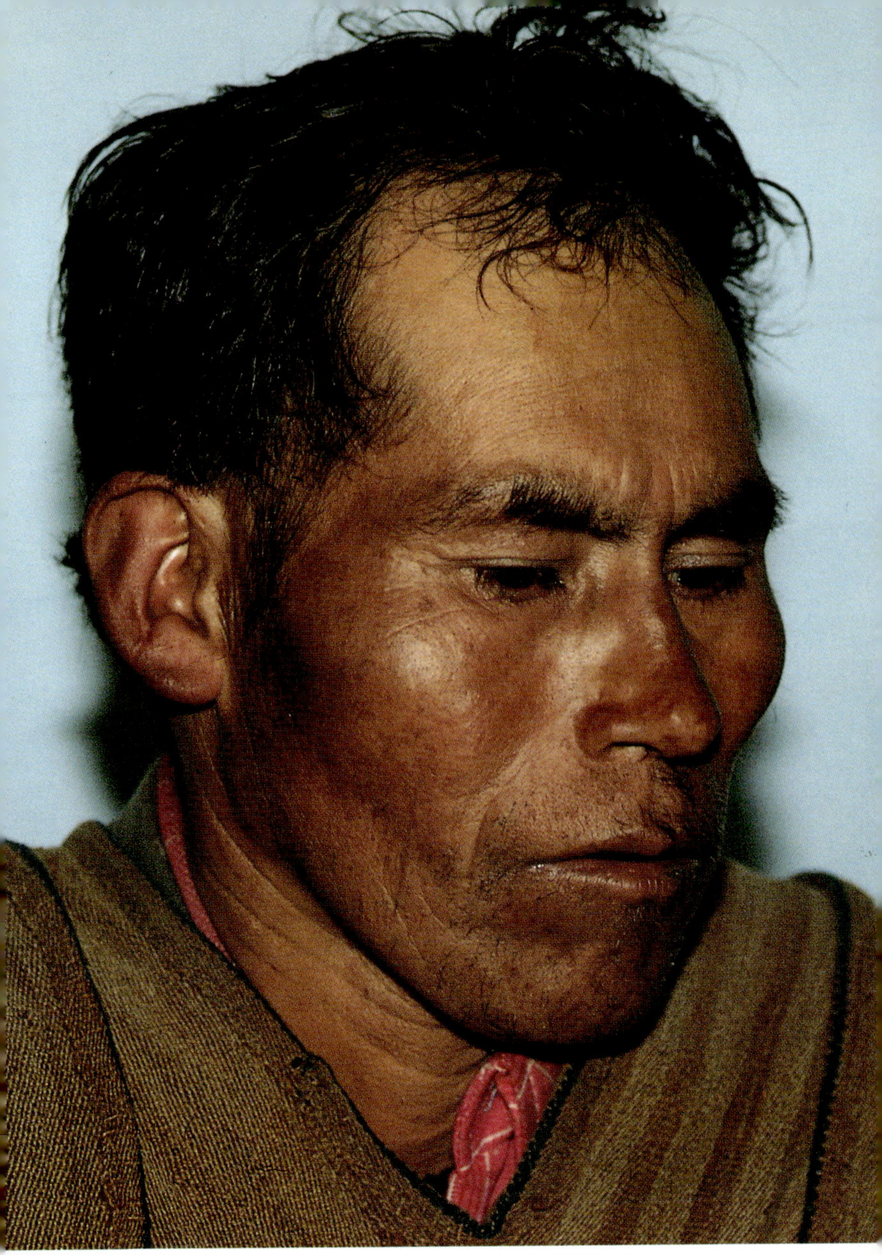

Abbildung 1: Der Medizinmann Mariano

3 Und du, Ankari, zu allen Orten trag du es hin,
4 an alle Orte der Kraft, die machu-Orte der Kraft,
5 zu den Opferstätten der Berge trag es hin.
6 Ankari des hiesigen Hofs,
7 Ankari der Opferstätte hier,
8 Bote bist du,
9 du Ankari der hiesigen Erde,
10 sorg für des Opfers Empfang.
11 Gabe um Gabe, so laden wir euch ein,
12 ihr Orte der Kraft,
13 und du, Diener Ankari, Vater Ankari,
14 du, Ankari der Welt, du bring es dorthin.

Nach diesem Heilungsritual habe ich Mariano noch etwas näher kennengelernt. Ich habe ihn in meine Hütte eingeladen, ich habe ihm einen Coca-Tee bereitet, und wir haben von seinem Dorf (Inca) gesprochen; er hat mir einiges erzählt (I-5). Ich habe erfahren, daß er das Heilen von seinem Vater gelernt hat – der schon lange tot ist –, daß er sechs Kinder hat, 21 der älteste, drei der jüngste, fünf Buben und ein Mädchen, daß er keine Geschwister hat, daß auch seine Frau weder Eltern noch Geschwister hat, aber daß er KÜHE hat (seine Augen leuchten) und daß er mit zwei seiner Jungens, den jüngeren, auf Heilungsreise geht, zwei-, dreimal im Jahr, Richtung Charaña, bis an die chilenische Grenze, daß die Buben dadurch auch schon viel von Heilung verstehen, daß es in seinem Dorf nicht mehr so viele reisende Medizinmänner gebe, 10–15 vielleicht, meint er, die anderen gingen jetzt einträglicheren Arbeiten nach, Saisonarbeiten in La Paz oder in den Yungas, dem Dschungel, daß *er* aber weiter heile und nur von Weißen Heilungen wisse, nein, Schwarze Heilungen – *mana ni imapas chaymanta yachanichu* (nein, davon verstehe ich nichts) – auch von kuti mesa (»halbschwarzen« mesas, vgl. f. S.) verstehe er nichts, er sei nur für die *sumaj cosaskunapaj* – die guten Dinge – zuständig, so wie bei Daniel, wo er eine mesa für »la gloria« und eine für die lugares, die Orte der Kraft, bereitet habe ... Und während er spricht, rührt er ständig in seiner Tasse mit Coca-Tee, und ab und zu füllt er – etwas absorbiert vom Gespräch – noch einen Löffel Zucker nach, und als er das Ergebnis bemerkt (der Löffel bewegt sich kaum noch), lacht er verschmitzt und löffelt genußvoll den Zucker aus. Mariano ist Anfang 40 (so ungefähr, sagt er, so genau weiß man das hier auch nicht), aber wenn er so lacht, sieht er viel jünger aus. Und keine drei Monate später ist Mariano tot. Hinterläßt seine Frau, die sechs Kinder, die Kühe, seine Felder – ohne jede Großfamilie im Hintergrund. Plötzlich wurde er krank. Und keine vier, fünf Tage, dann ist er gestorben.

2. MARIANOS PLÖTZLICHER TOD – WAS IST PASSIERT?

Ich war fast vier Monate fort gewesen. Ich brachte ein schönes Bild mit, ein Photo, das ich Mariano schenken wollte, eines, wo er so verschmitzt lacht. Und ich erfuhr von seinem Tod. Ich war nach Inca gegangen. Zufällig traf ich dabei auch Carlota, die Frau von Mariano. Ich kannte sie nicht. »Gib ihr das Bild, sie wird sich freuen!« meint Ginés, mein Mitarbeiter – und ich gab ihr das Photo von Mariano, und sie brach in Tränen aus. Sie hatte ihr ganzes Leben kein »Bild« von Mariano gesehen – und hier sieht sie ein Bild – »ganz genau er, ganz genau er!«, sie weint und schneuzt sich in den Rock. Ich treffe auch Severo. Er ist der älteste Sohn, 21 Jahre. Er ist nicht mit dem Vater auf Heilungsreise gegangen, nein, er hat Schneidern gelernt, er hat auch schon in La Paz gearbeitet, aber jetzt wird er hier gebraucht, die ganze Familie hat ja sonst keinen erwachsenen Mann, die nächstälteren Brüder sind 13 und 10. Hart sei es jetzt, sich durchzuschlagen, vor allem mit den Feldern, den Tierweiden. Und dann diese Traurigkeit, die immer wieder komme. *Apakachinkichisña chaymanta?* frage ich (und ihr habt euch von der Trauer schon heilen lassen?). Nein – haben wir nicht, das ist zu teuer, der Alkohol, das Coca, das alles kostet ja etwas. – Ich kann vielleicht ein wenig helfen, ein bißchen Alkohol und Coca besorgen? – »Es wäre wunderbar«, sagt Severo und spricht mit seiner Mutter. Sie ist ganz erfreut, und beide sind auch einverstanden, daß ich dann auch an dem Heilungsritual teilnehmen darf. *Tukuy sonqowan suyasyaki, doctorita* – von ganzem Herzen werde ich dich erwarten, Doctorita, sagt Carlota.

Aber was ist denn passiert, wie konnte er so schnell sterben, er war doch gesund? Ja, er war gesund, bestätigen mir Carlota und Severo. Was »wirklich« passiert ist – das weiß ich nicht. Carlota und Severo haben sich viele Gedanken darüber gemacht. Und in den vielfältigen und für mich etwas wirren Berichten (wie sie später während des Heilungsrituals gegeben werden) leuchten verschiedene »Begründungszusammenhänge« auf (verschiedene nur für uns, nicht für die Betroffenen). – Hören wir genauer hin, was vor allem die Hinterbliebenen sich an Gedanken über den plötzlichen Tod des Vaters machen:

CARLOTA UND SEVERO ÜBER MARIANOS STERBEN

Kay Alvarota misachiyku, chay jawalla karqan. Sabadota ujyachiayku. Domingota ujyachiayku. Lunesta onkosqa pakarerkopunqay, costadojina. Custipasqachá karqan. Mana unancharqoykuchu ari.

Severo ergänzt:
Sabadotaqa ujyaspa kaynarqoyku. Domingotaqa chirijina paqarirqon. Mana ponchoyoj, q'ara uma puriykachasqa, tomasqa kaypi, jinapi, ari. Paqarirquska mal ari. Tawa p'unchaynoij jinalla!

Carlota:
Noqa ponchoykuy, nini. Izkaymi ponchonkunapas kan, nichiani. Ponchoykuy, chirisunki, nispa. Mana, q'ellicharqoyman, nin. Jjinapi mauka ponchowan churaykusqa. Chirichá pasarqon.

Severo:
Kay hermanitoy primerota onqoykorqan. Kaycaj wañujjina karqan! Iskay simanaña karipun ... tatayqa chay onkochinayoj kapun, chay onkosqawan cambiarqopun papasitoywan. Entonces, paypaj chay inyec-

ciónwan mejorarqopun. Ultimo calorta quitarkon. Papitoycajta ultima calor ultimarkopun puni ari.

Carolta:
Injección pisiparqochin! Chay runa – mana valikunipaschu chay inyección churajta pusarqomusqa.

ÜBERTRAGUNG:

Für den Álvaro haben wir eine Messe lesen lassen. Bei der Gelegenheit war es. Samstag haben wir (Alkohol) getrunken. Und Sonntag haben wir getrunken. Und Montag ist er dann krank aufgewacht. Sowas wie an der Lunge. Sowas an der Lunge muß er gehabt haben. Wir haben uns das (erst) gar nicht klar gemacht.

Severo ergänzt:
Den ganzen Sonnabend haben wir mit Trinken verbracht. Sonntag ist er dann fröstelnd aufgewacht. Ohne Umhang (poncho), ohne Hut war er rumgelaufen, so besoffen, hier so, ja ... Er ist krank aufgewacht. Und dann hat er nur noch so etwa vier Tage gehabt!

Carlota:
Leg dir einen poncho über, habe ich zu ihm gesagt. Wir haben doch (sogar) zwei ponchos, sage ich zu ihm. Deck dich zu, es wird dir sonst kalt, sag ich zu ihm. Nein, ich könnte den (poncho) dreckig machen, sagt er. Und so hat er sich (nur) mit einem alten poncho zugedeckt. Die Kälte muß ihm zugesetzt haben.

Severo:
Dieser mein kleiner Bruder, der ist zuerst krank geworden. Dem ging es zum Sterben schlecht! Zwei Wochen war das so ... Mein Vater hat sich wohl angesteckt, mein Väterchen hat sich wohl diese Krankheit geholt. Jedenfalls ihm (dem Kleinen) ging es mit der Spritze dann besser, damit ist er das hohe Fieber losgeworden. Meinem Väterchen dagegen hat das hohe Fieber den Rest gegeben.

Carlota:
Durch die Spritze ist es ihm schlechter gegangen. Dieser Mensch ist – ohne daß ich ihn gerufen hätte! – gekommen, die Spritze zu setzen.

An dieser Stelle muß eingefügt werden, wer »dieser Mensch« ist und wer dieser Álvaro ist, von dem zu Beginn des Leidensberichtes die Rede ist:

Nicht unweit von Mariano und seiner Familie lebte Álvaro R., alt und gebrechlich und krank. Mariano hat sich um den Kranken gekümmert. Der habe sich am Schluß ganz vernachlässigt. »Er hat aufs Lager gepinkelt«, erzählt Carlota, »und mein Mann, der hat es selbst weggemacht.« Außer den ebenfalls vernachlässigten Feldern habe er nichts mehr besessen. Nicht einmal Kleider – außer den Lumpen, mit denen er herumgelaufen sei *(q'opalla muyukuchian)*. Sein Sohn war auch schon gestorben. Und dann stirbt er selbst. Familie ist keine mehr da. Wer wird ihn beerdigen? Man kommt zu Mariano: »Macht ihr's«, sagt man, »ihr seid bekannt gewesen.« »Ich werde nach Hause gehen und meine Frau fragen«, antwortet Mariano, »mal sehen, was sie sagt.« Und das ist schließlich auch keine leichte Entscheidung. Einen Gestorbenen begraben – das beinhaltet Verpflichtungen, die drei Jahre währen und die viel Geld kosten (vgl. dazu auch Kapitel 6):

Erst muß eine Messe gelesen werden, und das kostet etwas! Die Beerdigung selbst ist immer auch ein Umtrunk mit reichlich Essen und Trinken. Und Mariano, der die Aufgabe übernahm – »schließlich können wir ihn doch nicht einfach unter die Erde scharren, und schließlich wohnte er hier in unserer Nähe« – schlachtet also eines seiner Schafe, Carlota kocht für alle Trauergäste (jeder aus dem Dorf kann kommen), und Mariano treibt schließlich sogar einen Blechkanister Alkohol auf ... Aber der Gestorbene muß auch gekleidet werden. Da er nur Lumpen hatte, hat Mariano ihm eine neue Hose gegeben, »ja, eine *neue* Hose hat mein Väterchen dem Leichnam übergezogen« betont Severo.

Aber mit dem Begräbnis hören die Verpflichtungen nicht auf.

Die drei dem Tod folgenden Allerheiligen sind Anlaß aufwendiger Erinnerung an den Verstorbenen, ein Gabentisch wird bereitet mit Speisen und Getränken, viel Brot muß gebacken werden, und auf dem Friedhof, am Grab des Verstorbenen, wird dies alles dann an jeden verteilt, der an das Grab tritt, um für den Toten zu beten.

Das große Trinken – »Sonnabend, Sonntag haben wir getrunken« – das war nun anläßlich des Begräbnisses von Álvaro. Und dann wurde Mariano krank.

Dann gibt es da einen Mann im Dorf (der »Typ«, auf den Carlota sich bezieht), der viel böses Gerede auf sich zieht, und dieser Mann ist – ungerufen, wie Carlota berichtet – gekommen und hat dem kranken Jungen und dem kranken Vater eine Spritze gegeben ...

Nun hat ein solches »Fremd«-Begräbnis noch einen delikaten Hintergrund – und dieser ist wohl auch in die Entscheidung der Cerdáns, Álvaro zu begraben mit eingegangen. Der alte Mann hatte noch Felder, er hatte Land. Es ist selbstverständlich, daß jemand, der einen familienlosen Gestorbenen beerdigt, einen, der keine direkten Erben hat, etwas von diesem Land zugesprochen bekommt – schließlich hat er auch ungeheure Kosten mit der Beerdigung und allen folgenden Verpflichtungen.[1] Obwohl diese Verpflichtungen niemand gern übernimmt – daß Land an den Wohltäter gehen könnte, das neidet man dennoch.

Allemal dann, wenn es sich um jemanden wie Mariano handelt. Denn Mariano war tüchtig – tüchtig auf seinen Feldern und auch wohl erfolgreich auf seinen Heilungsreisen – und er hat einiges an Besitz angesammelt: eine ganze Menge Land *(wapu jallp'aykuqa – atun jallp'akuna! – paypajpas ñoqapajpas atun atun jallp'aykuqa!)* betont Carlota mehrfach; (Riesenländer haben wir – große Felder, er und ich, wir haben große, große Felder!), auch Schafe, Esel, Kühe.

Worauf einer der Medizinmänner (vgl. u.) in diesem Gespräch zu bedenken gibt: *Imaymana kanchis. Envidioso kanku ari.*

[1] Carlota berichtet, was sie sich für Kocharbeit gemacht hat zu dieser Beerdigung, wie sie geschafft hat und hin- und hergerannt ist – und fügt hinzu: *Jallp'arayku chay sonserata yanakuni!* (Wegen der Felder habe ich diese Torheiten begangen!)

Jallp'amantaqa tukuy imata envidiakunku. (Alle möglichen Sorten von Menschen gibt es. Die Leute sind neidisch. Wegen Feldern und allem möglichen anderen gibt's Neid.) Und Carlota bestätigt es und geht noch weiter: Der Neid der Leute ist es, weswegen Mariano sterben mußte:

Hon, chay jallp'ajawalla mareqay! Chay causa wañun. Mana chayqa – mana! Chay causallapuni, chay jallp'acausallamanta ... Q'alata sintiripunku jallp'amantaqay!

ÜBERTRAGUNG

Ja, ganz genau: wegen der Felder. Aus dem Grund ist er gestorben. Wenn das nicht wäre – dann (wäre er) nicht (tot). Nur aus dem Grund ist es passiert, nur wegen dieser Felder. Alle haben sie Ressentiment gehabt wegen der Felder.

Was sollen diese Andeutungen heißen? Die Leute seien neidisch. Und deshalb mußte Mariano sterben. Hier ist ein unausgesprochenes Zwischenglied, das erklärt, warum Neid tödlich sein kann. Das unausgesprochene Zwischenglied ist die Hexe. Aber *wie* diese töten könnte – das wird erst in einer folgenden Studie zu behandeln sein. Hier bleibt zunächst diese Andeutung als eine der subjektiven Todes-»Theorien« der Betroffenen im Raum stehen. Und noch eine andere wird hinzugefügt – auch eine Tötungstheorie. Carlota hatte berichtet: dieser Mensch – der kam ungebeten und ungerufen, und er hat dem kranken Sohn Marianos und dem kranken Mariano eine Spritze gegeben. Und wie wir oben gehört haben: Dem Kleinen hat es geholfen, das Fieber ging runter – doch Mariano »hat es den Rest gegeben«. Carlota:

Chay runa – mana walikunipaschu – chay inyección churajta pusarqomusqa. Chay causa! – Many chayqa – allinyakuchianman ichapas! – Qijaykumunayki!, tukuy niwanku. Pitaj qijapi ñoqata ayudawanmanri, nispa. Jina kapullantaj.

ÜBERTRAGUNG

Also dieser Mensch ist – ohne daß ich ihn gerufen hätte – gekommen, um die Spritze zu geben. Deshalb ist es passiert (ist er gestorben). Ohne das wäre er vielleicht wieder gesund geworden. Du mußt gehen und einen Prozeß anstrengen, sagen mir alle. Und wer wird mir in dem Prozeß dann helfen, sag ich. Und so hab ich's stehen lassen.

Und Mariano soll, als ihm die Spritze gegeben wurde, gesagt haben. *Manapas allin kasaj chiqari?* (Und wenn es mir davon dann nicht besser geht?) – denn zu dem Zeitpunkt sei es ihm ganz gut gegangen, ja, durchaus gut gegangen. Und nun verdichtet sich in Rede und Gegenrede ein Verdacht:

Carlota: *Chiqapacha allin karkan.*
Enrique: *O pasasqa inyección karqan. Qawarinaykichis karqan!*
Carlota: *Mana allinta yachaykuchu. Kaypi wakukuchiarqani.*
Enrique: *Por envidia wakinqa pasasqa inyeccionta churaykuchinku!*
Carlota: *Kanman, ninku ari.*
Enrique: *Pasasqata churaykuchin!*
Carlota: *Envidiamantachá churaykuchin, niwan, ari.*

ÜBERTRAGUNG

Carolta: Zu dem Zeitpunkt ging's ihm gut.
Enrique: Oder es war eine alte Spritze. Ihr hättet da aufpassen müssen!
Carlota: Wir kennen uns da nicht so aus. Und ich war auch hier am Kochen.
Enrique: Es gibt welche, die aus Neid alte Spritzen setzen!
Carlota: Solche gibt's, sagt man, ja.
Enrique: Eine alte hat er ihm gegeben!
Carlota: Aus Neid hat er die Spritze gesetzt, sagte man mir, jawohl!

Und dann folgt in all diesen gemeinsamen Grübeleien über die Ursachen von Marianos schnellem Tod die Geschichte von einem anderen Fall. Hier war es eine Frau, die Spritzen geben konnte. Und sie hat also einem Kranken eine Spritze gegeben, und dann ging es überhaupt nicht besser, im Gegenteil, es wurde nur schlimmer mit dem Fieber. Also wollte die Frau dem Kranken noch eine Spritze geben. Aber da wollten die Angehörigen dann dabei sein und ganz genau zusehen. Und siehe da, darauf hat sie ihm die zweite Spritze doch nicht mehr gegeben ... »Und wir«, sagt Carlota, »wir haben in keiner Weise zugeguckt. Ich als Dumme, was versteh ich denn davon!« *(Ni imata ñoqayku qawaykuykuchu! Noqa sonsata mana yachanichu ari!)* – Und so geht das Reden vom Spritzengeben weiter – alsbald gar nicht mehr hintergründig:

»Diese Frau (die Spritzen geben kann) tötet auch, sagen die Leute immer. In Lunlaya hat sie jemanden umgebracht.« *(Payqa – wañuchin nillankupuni. Lunlayapipas wañurqochisqa!)* Was Carlota nur bestätigen kann: »Die gibt ihnen den Rest, sagen die Leute immer.« *(Pisiparqochej ninkupuni)*, und irritiert wiederholt sie darauf noch einmal, daß jener »Mensch« zu Mariano gekommen sei, ohne daß man ihn gerufen habe, und daß niemand zugeschaut habe und daß es ihm in dem Augenblick doch gar nicht so schlecht gegangen sei ...

Jedenfalls ist Mariano keine 4–5 Tage krank gewesen, als er starb. Kaum zwei Monate, nachdem ich sein Heilungsritual für Daniel erlebt hatte und mit ihm Coca-Tee trank. Er starb 1984, wenige Tage vor Allerheiligen.

Und ließ zurück: Carlota, seine Frau (außer einem Neffen, der in La Paz wohnt, hat sie keine Verwandte); Severo, 21 Jahre, seinen ältesten Sohn; Valentin, der auf das Colegio geht, die Sekundarschule, und auch seinen Vater auf Heilungsreisen begleitet hat, (er ist 13 Jahre), zusammen mit dem jüngeren Bruder Oscar, 10 Jahre. Celia, das einzige Mädchen, ist 9 Jahre. Und dann kommen noch zwei kleine Buben, Elias Trino (5 Jahre) und Abraham, gerade 3 Jahre alt. Vor allem Severo wird jetzt die Felder bestellen müssen. Valentin und Oscar sind dafür zuständig, die Tiere auf die weit entfernten Weiden zu führen. Celia hilft in Haus und Küche.

3. HEILER, HEILUNGSKONTEXT UND VORBEREITUNG DER HEILUNG

In den Gesprächen mit Severo und Carlota war es eine abgemachte Sache, daß dieses Heilungsritual stattfinden würde. Die Heilung würde ein Medizinmann aus einem anderen Dorf machen müssen. Das hatte mir schon Mariano erklärt: man heilt nicht in seinem eigenen Dorf, niemals, es sei denn die eigenen Kinder, die eigene Familie oder einen vertrauten Nachbarn. Ein paar Pflanzen und Kräuter könne man schon einmal verschreiben, aber eine *»abusión«* – eine *»curación mística«*, sagen die Mestizen (eine mystische Heilung) – eine rituelle Heilung, das macht man nicht im eigenen Dorf. – Warum nicht? – Man läßt sich nicht auf die Finger schauen. Es gibt zu viele Medizinmänner. Es gibt Neid und Probleme. So erklärte es Mariano. Und so bestanden Carlota und Severo auch darauf, daß der Heiler jemand aus einem anderen Dorf sein müsse, »diese Brüder aus Chajaya« zum Beispiel ...

Wer sind die »Brüder aus Chajaya«, die ins Gespräch gebracht werden? Es gibt deren vier. Severo, Enrique, Julio und Policarpio Ticona. Alle vier Brüder sind Medizinmänner. Ein Sohn von Severo, Porfideo, ist auch Medizinmann. Der älteste Bruder dieser vier und der Vater – auch sie sind Medizinmänner; sie leben in Peru, sie praktizieren in Trujillo. Drei der Brüder kannte ich schon – und deshalb war es auch von ihrer Seite kein Problem, daß ich an der Heilung teilnehmen würde.

Einmal habe ich die beiden ältesten Brüder, Severo und Enrique, in einem sehr schönen Heilungsritual in ihrer Hütte in Chajaya erlebt (Heilung 36). Später durfte ich bei einem ganz besonderen Heilungsritual dabei sein: als Severo die alte, gebrechliche, zartgliedrige Andrea aus Chari von »Seelenverlust durch Blitzeinschlag« (susto de relámpago) heilte (Heilung 44). Als ein junger Mann in meinem Dorf schwer krank wurde (er soll die chaga haben), da wurde Enrique gerufen, und wieder durfte ich dabei sein (Heilung 58). Enrique erlaubte mir auch, zwei Heilungsrituale mitzuerleben, in denen es um einen dramatischen sozialen Konflikt, um Besitz und Diebstahl, um Versprechen und Widerrufung ging (Heilung 62 und 63). Den Bruder Julio lernte ich kennen, als er versuchte, der sterbenden Candelaria, der 80- oder 90-jährigen Mutter der ebenfalls schon alten Justa, heilend beizustehen (Heilung 64). Und schließlich habe ich mit Enrique – und dessen Kollegen Marcelino, mit dem er wiederholt auf gemeinsame Heilungsreise geht – eine ganz besondere Heilung erlebt: eine »Selbstheilung«, würden wir sagen – ein Heilungsritual der beiden für sich selbst, damit es ihnen auf der anstehenden Heilungsreise, für die sie morgen aufbrechen würden, gut gehe, damit ihnen nichts zustoße und sie die Kraft haben würden, die Patienten zu heilen, und auch das Geld in ihre Tasche fließe (Heilung 84).

Dies alles, was ich durch die Brüder Ticona (und viele andere Medizinmänner und -frauen) kennengelernt habe, wird dort »curación« (Heilung) genannt. »Heilung« ist ein sehr umfassender Begriff, und Heil-Sein ein sehr umfassender Zustand; es ist nicht einfach Abwesenheit psychischer Krankheit: »Heilung« wird auch mit *jallchaykuna* umschrieben; sich heilen lassen heißt dann *jallchaykuchikuy* (arreglarse) – sich etwas arreglieren, in Ordnung bringen, ins Lot bringen lassen. Und in diesem Sinne haben Enrique und Marcelino, unter Anrufung von Dreifaltigkeit, katholischen Heiligen und Orten der Kraft, die Dinge wohlweislich vor der Reise ins Lot gebracht.

Auch über die Heilungsrituale hinaus ist mir insbesondere Enrique ein vertrauter Mensch geworden. Mit ihm und einem jungen Gehilfen – Isaac – bin ich am Jueves Santo 1985, dem »Heiligen Donnerstag« (Gründonnerstag), in triefendem Regen beim Heilpflanzensammeln über klippenartige Berge geklettert. Enrique, der 1985 Vorsitzender des Bauernsyndikats seines Dorfes war, hat mir auch ermöglicht, an einem *Kallay* teilzunehmen, diesem großen, eindrucksvollen Agrikultur-Ritual (vgl. f. S.); mit ihm habe ich viele informative Gespräche über die Heilungspraxis der Callawayas geführt und manche Dorfversammlungen erlebt: all die Beratungen, die geführt werden mußten, um unser Projekt einer kleinen Wassermühle für Chajaya zu realisieren. In einer solchen langen Bekanntschaft darf dann der gemeinsame Umtrunk auch nicht fehlen – keinen Schluck des reinen Alkohols brauchte ich nehmen, aber das Festmahl mußte ich zumindest teilen und aus jedem Schnapsgläschen, das mir angeboten wurde, mit ein paar Tropfen die Pachamama (Mutter Erde) besprühen und eben dableiben, bis alle schon nicht mehr ganz deutlich sprachen. Es wird sehr reichlich dort getrunken, das gehört zum Leben; und es ist keine Schande, betrunken zu sein; ein Besäufnis ist einfach normal (solange es nicht zu Konflikt, Ausschreitung, Prügelei kommt). Das wird ja auch in der ganz selbstverständlichen Schilderung von Carlota und Severo deutlich: zwei Tage hat man getrunken, und bei der Gelegenheit war es, daß Mariano krank wurde.

Ich glaube, dieser liebenswerte, herzliche, fähige und aktive Enrique – er ist auch ein wenig ein Schlitzohr. Der Bruder Severo – so wurde dann vereinbart – sollte die llaki wij'chuna für die Familie Marianos bereiten; und Severo würde sich sicher seinen Gehilfen mitbringen. Severo sei aber, so wußte Enrique dann zu dem anstehenden Termin der llaki wij'chuna zu melden, zum Apfelsinenholen nach Carijana gegangen (eine mehrtägige Wanderung). Carlota und Severo waren auch einverstanden, daß *er*, Enrique, zusammen mit Marcelino die Heilung vollziehen würde. Jedoch war Severo offensichtlich keinesfalls nach Carijana gewandert. Und so kam eine zunächst außerordentlich komische Situation zustande. Ich stieg mit den beiden Medizinmänner, Enrique und Marcelino, die auch alle Ingredienzen für das Heilungsritual besorgt hatten (außer Coca und Alkohol und natürlich Zigaretten, die ich beisteuern sollte), bei hereinbrechender Nacht nach Inca hoch: Wir ruhten an einem cabildo (einer Opferstätte) aus; wir hatten noch Zeit: es sollte für unsere Ankunft in Inca und im Hause der Familie Marianos dunkel sein – solche Dinge läßt man besser im Dunkel, betonen die Männer. Wir ruhen am cabildo aus, kauen Coca – und da kommt Severo eiligen Schrittes den Berg hoch – natürlich: zu dem vereinbarten Termin. Und als Gehilfen oder Kollegen brachte er seinen Medizinmann-Sohn Porfideo mit. Was soll denn das, mein Gott: vier Medizinmänner, das geht doch nicht!

Aber komisch bis befremdlich war die entstandene Situation

offensichtlich nur für mich. Man grüßte sich freundlich, setzte sich dazu, kaute auch Coca, wir würden nun also mit vier Medizinmännern ankommen ... Und so war es. In der Dunkelheit der Nacht kamen wir nach Inca. Es war schwer, Marianos Hütte zu finden – wir mußten uns mehrmals helfen lassen, und das ist eine heikle Angelegenheit, weil dann in einem solchen kleinen Dorf jeder sofort fragt: »Was wird denn *da* laufen?« Die Wegbeschreibungen sind meist vage (»da halt!«, »weiter oben!«, »geht immer weiter, dann kommt's« usw.), so daß wir lange über steile, schmale, geröllige Pfade, zwischen Lehmhütten, Lehmmäuerchen und eingezäunten Weiden herumirrten. Mit der größten Selbstverständlichkeit begrüßte Carlota die unerwartet große Zahl der Besucher, führte uns in die große Hütte und würde uns gleich eine kleine Stärkung bringen. Ich ging dann zu ihr in die Küchenhütte, ihr Sohn Severo stieß auch dazu, und ich meinte: »Was machen wir mit diesen vier Heilern?« – aber das war wiederum ausschließlich mein Problem, für Carlota und Severo war das völlig in Ordnung: *tawantin ruallachun, allin kanqa.* (Sie sollen es zu viert machen, das ist gut so.)

Wir hatten einen Aufstieg hinter uns, und so bereitete uns Carlota, was eine (häufig, aber durchaus nicht immer geübte) Geste von Zuwendung und Gastfreundschaft ist, ein stärkendes Mahl: dampfende Suppe mit vielen schmackhaften Kräutern, mehrere Schalen mit gekochten Kartoffeln und einige Becher heiße Milch. Mein Mitarbeiter Ginés kam auch noch dazu und stärkte sich mit.

Die große Hütte, in der wir saßen – neben der kleineren Kochhütte gelegen – ist etwa 4–5 × 3 m. Sie hat, wie üblich, keine Fenster. Sie ist eingerichtet mit einem Bett, einem Tisch, einer Bank, zwei Hockern. Licht gibt es nicht. Normalerweise kauert man auf dem Lehmboden. Ich zündete zwei Kerzen an, stellte sie auf den Tisch in der Ecke ab, und so sahen wir, was wir aßen. Der Sohn Severo setzte sich auch zu uns, und nach und nach kamen alle anderen Kinder und auch Carlota. Sie und die drei Kleinen kauerten sich auf den Lehmboden, gegenüber der Bank, auf der die vier Medizinmänner sich niedergelassen hatten. Ginés und ich saßen auf dem Bettrand. Die beiden ältesten Söhne, Severo und Valentin, auf kleinen Hockern, Oscar, der dritte, immer ganz in der Nähe von Valentin (es sind diese beiden Brüder Valentin und Oscar, die Mariano mit auf seine Heilungsreisen genommen hatte). Sie setzten sich so, daß der Kreis sich schloß; 13 Menschen waren wir in der Hütte.

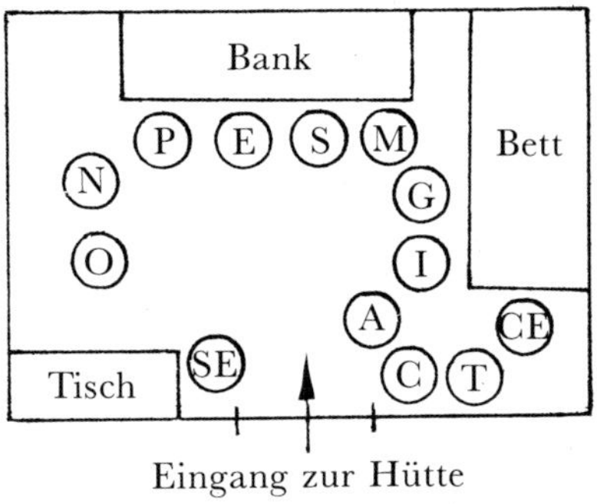

Teilnehmer und Setting

Im Kreis linksherum:

P Porfideo
E Enrique
S Severo
M Marcelino
G Gines
I Ina
CE Celia
T Trino
C Carlota
A Abraham
SE Severo
O Oscar
V Valentin

Man plaudert erst einmal, kaut Coca, tauscht Coca aus. Und wie von selbst kommt dann das Gespräch auf den Anlaß dieser Versammlung. Und lange, ausführlich, sich immer wieder gegenseitig ergänzend und von Fragen der Medizinmänner ermuntert, berichten Carlota und Severo von Marianos Leben und Sterben ... Und von vielem anderen wird auch gesprochen. Der kleine Klatsch über andere: welche Leute im Dorf sind, welche kommen, gehen; wer krank ist, Vieh verloren hat, heiratet, Kinder kriegt, fremd geht, böse oder gut ist, etwas weiß oder nicht ..., das alles gehört auch zu dem Gespräch.

Zwischendurch werden kleine Instruktionen eingefügt und kleine Gebete: Links sollen wir alle das Coca kauen; selbst das Kleinste soll wenigstens ein Blatt Coca kauen; das Gekaute darf nicht weggeworfen werden – es muß alles in der Mitte in einem

Abbildung 2. Die vier behandelnden médicos Callawayas

Stück Plastiktuch gesammelt werden, das Carlota herauskramt. Zigarettenasche und Stummel auch.[1]

Ab und zu heben die beiden ältesten Medizinmänner, die Brüder Severo und Enrique, ein Sträußchen Cocablätter in den Händen hoch, wedeln damit ein wenig in der Luft (ehe sie es in den Mund stopfen) und beten dabei. Oder sie wedeln mit der Zigarette in der Luft, blasen den Rauch kräftig aus – in Richtung auf das Plastikabfalltuch (eine Symbolik der Handlung, die wir schon aus der vorangehenden Heilung kennen) und beten auch dabei. Es betet einmal der eine, einmal der andere, oder sie beten gleichzeitig – und das Plaudern geht dabei auch weiter. Es ist so, als sei das Gebet ein ganz natürlicher und in keiner Weise abgehobener (jedenfalls nicht mit feierlich erstarrendem Schweigen begrüßter) Teil des fließenden Gespräches.

COCA- UND RAUCH-GEBETE VOR BEGINN DER MESA-BEREITUNG

1 *(S.) Kunan tukuy desgracia, tukuy mal*
2 *(E.) Marianomanta tukuy desgracia, tukuy llaki llojsichun ari.*
3 *(S.) Tukuy chiji, tukuy problema ni ima desgracia, ni ima kachun.*
4 *(E.) Amaña kay wawitakunapas sufrichunchu,*
5 *llakikuna llojsipuchun ari,*
6 *apacheta pataman ripuchun,*
7 *tukuy alma, tukuy nata, tukuy desgracia ...*
8 *(S.) Tukuy desgracia, tukuy llaki, tukuy mala gana*
9 *kay wawakunamanta llojsinqa,*
10 *tukuy ovejanmanta, vacamanta (vacaykikuna kan chari? – kanmi)*
11 *wasinmanta (wasiyki kan chari? – Wasiy kan, izkay wasi)*
12 *tukuy nakuna kunan llojsipunqa*
13 *chunca izkaynioj apachetaman, camino crúz,*
14 *tukuy llaki, tukuy chiji*

[1] Kleine Instruktionen der Medizinmänner vor der mesa-Bereitung: *Lloke ladupi akullirikusun kunanqa! Wawakunantin de canto. Una cosa buena, una cosa seria kaytaqa ruachianchis. Akullisqanchistaqa tantasunchis, uj papelpipas, nylonpipas; kay wawitakunatapas ujta akullirikuchun, lloqe ladupi, lloqe ladupi (E.) ... Chayta joven Severo, joqarikuy! – Pitaykuriychis!*

15 *llojsinqa kunan kay wawakunamanta,*
16 *kay angelitokunamanta;*
17 *kunan pichus maychus uj gente envidioso,*
18 *uj gente mala fé*
19 *uj laduman kunanqa, waj laduman*
20 *kay laduman rinqa kunan*
21 *chay chiji, kay llaki.*
22 *(E.) Pichus maychus tataykita malta ruan –*
23 *(S.) ajayon, espiritun, chay laduman llojsinqa kunan*
24 *tukuy llaki, tukuy desgracia, tukuy mala suerte*
25 *cambiakonqa kunanqa!*

ÜBERTRAGUNG

1 (S.) Alles Unheil, alles Schlechte jetzt: hinaus von hier!
2 (E.) Aus Marianos Haus – alles Unheil, alle Trauer hinaus!
3 (S.) Aller Kummer, alle Probleme, kein Unheil, nichts mehr (dergleichen) bleibe hier.
4 (E.) Damit diese Kinder nicht mehr leiden,
5 gehe die Trauer (aus der Hütte) hinaus
6 hoch zu den Pässen der Berge möge sie gehen,
7 alle Seele, all dies, alles Unheil . . .
8 (S.) Alles Unheil, alle Trauer, alle Lustlosigkeit
9 weiche von diesen Kindern,
10 von allen Schafen, von ihren Kühen (an Carlota gewandt: Du hast doch Kühe? – Ja, wir haben Kühe).
11 aus ihrer Hütte (Du besitzst eine Hütte, nicht? – Ich habe eine Hütte, zwei Hütten),
12 aus all diesem entweiche die Trauer nun,
13 hoch zu den 12 Pässen der Berge, der Kreuzung der Wege,
14 alle Trauer, aller Kummer
15 weiche nun von diesen Kindern,
16 von diesen Seelchen.
17 Und wo immer irgendein Neider ist,
18 mit schlechter Absicht,
19 der möge jetzt auf die Seite treten, auf die andere Seite,

diese Seite hier treten,
dieser Kummer, diese Trauer ...
(E.) Wer immer wo immer deinem Vater Übles getan,
(S.) dessen Seele auf jene Seite jetzt, hinweg damit
alle Trauer, alles Unheil, alles Unglück
wandle sich nun!

Zweierlei läßt sich schon an diesen wenigen Zeilen beobachten. Einmal läßt sich erkennen – und der Verlauf des Heilungsrituals wird dies noch verdeutlichen –, daß eine solche llaki wij'chuna gewissermaßen eine Besitzerklärung ist, eine »öffentliche Inventarisierung«: alles, was zu Haus und Hof gehört, wird aufgezählt, denn alles, was dazu gehört, muß auch von Unheil, Leid und Trauer gereinigt werden: Kinder und Schafe und Kühe und Hütten ... Ebenfalls deutlich wird, daß Gebete und Beschwörungen nicht nur »für« die Trauernden gesprochen werden, sondern – wenn schon entsprechende verdachtsvolle Ahnungen aufgekommen sind – auch gegen die Neider, gegen die Leute schlechter Absicht; und diese werden, ebenso wie die Trauer, weit, weit hinweg gewünscht: zu den *apachetas,* den Pässen der Berge, und zu jenen Orten, wo man Negatives – sei es Trauer, Unheil, Verhexung oder schwarzen Zauber – traditionellerweise niederlegt: an eine Wegkreuzung. Von der Kreuzung der Wege ist in diesen Gebeten die Rede – und später in der Nacht werden wir aufbrechen und die Trauer wirklich zu einer Kreuzung der Wege bringen.

Natürlich kommen auch Momente großer Trauer auf, etwa wenn einer der Medizinmänner teilnehmungsvoll sagt: »Mariano ist zu früh gestorben, jung ist er weggegangen, und die Kinder hat er alle so zurückgelassen«, dann spricht Carlota von ihrer großen Trauer, von der ihres Sohnes, von den Tränen, der Ratlosigkeit – aber auch dem Trost.

CARLOTA SPRICHT VON IHRER TRAUER

Wakachiasqallay kunan ñauwiypas pierden. Imanasajpuni chari wakaspa. Kay wawallay songochawan. Imapajtaj, mamay, wakanki, ruachiasun chari chajrataqa. Songochawan ari.

ÜBERTRAGUNG

Von diesem ganzen Weinen verderbe ich mir ja fast die Augen. Was soll ich nur tun, so weine ich dann. Aber dieser mein Sohn tröstet mich. Warum weinst du denn, meine Mama, wir werden die Äcker schon bestellen. Ja, er tröstet mich wirklich.

Mit diesen Gesprächen ist es 8 Uhr geworden – seit einer Stunde etwa sitzen wir schon zusammen –, und nun erklärt Enrique den Beginn des Heilungsrituals: *Bueno kunanqa, kallaykusun.* (Gut, laßt uns jetzt beginnen.) Wer einen Hut trägt, setzt ihn jetzt ab. Auch Carlota. Auf den Boden, in der Mitte unseres Kreises, wird ein schwarzes Tuch gelegt, das Carlota herausgekramt hat. Auf dieses Tuch breitet man alles aus, was in die Heilung eingehen wird (vgl. Kasten):

Ingredienzen für llaki wij'chuna II

1. schwarzes Tuch als mesa-Unterlage
2. kleines Stück Plastiktuch für Abfall
3. zwei neue irdene Krüge für Dornenpflanzensud
4. Tonschale für das Waschwasser
5. schwarze Alpaca-Wolle
6. ein Knäuel links gesponnene schwarze Alpaca-Wolle
7. Retama (Ginster) und Dornenpflanzen (unbekannt welche)
8. Coca
9. reiner Alkohol
10. Zigaretten
11. *kuti kuti* (vgl. Kapitel 2)
12. *wayruru*[1]
13. kuti wisnancho[2]
14. Schafs-, Schweine- oder Rindertalg *(untu)*
15. Kerzen (ohne rituelle Bedeutung)

[1] *Wayruru,* auch *guairuro,* ein Fruchtkern, bohnengroß, in rot oder rot-schwarz; wird als Medizin verwendet und in yana mesas (vgl. auch Oblitas Poblete 1969, S. 184).

[2] *Kuti wisnancho:* eine Schrumpelnuß mir unbekannter Herkunft. Stücke der schrumplig harten Schale befinden sich immer im *q'opa hampe*-Gemisch.

4. ABLAUF DES HEILUNGSRITUALS

Überblick Handlungsablauf
Vorbereitende Handlungen: (1) Eröffnungs-ch'alla auf das schwarze Tuch. (2) Bereitung des Dornensuds.

Die Heilung beginnt mit einem langen Eröffnungsgebet von Severo, dem ältesten der Medizinmänner: die mesa – noch unbereitet – wird unter Anrufung der Dreifaltigkeit mit einem Kreuzzeichen der Hand geweiht. Jeder einzelne der Trauernden wird namentlich in das Gebet einbezogen, auch nochmals aller Besitz der Familie. Während des Gebetes besprüht Severo die schwarze mesa und die darauf ausgebreiteten Pflanzen und Ingredienzen mit reinem Alkohol (ch'alla):

ERÖFFNUNGSGEBET, WEIHUNG UND CH'ALLA DURCH SEVERO

1 *Kunan Dios yaya, Dios churi, Espiritu Santo*
2 *Kunari, Josefat, Monjates*
3 *kunan tukuy desgracia, kunan tukuy llaki, tukuy chiji kunan*
4 *chunca izcaynioj cabildo*
5 *chunca izcaynioj apachetaman llojsinqa kunan haber (sutiykiqa iman kasqa? – Carlota Mamani)*
6 *Carlota Mamanimanta llojsinqa (kanpajri? – Severo Cerdán)*
7 *Severo Cerdán kunan (chay patapi maykentaj kan qanpaj sutiyki?*
8 *Valentin Cerdán kunanri ...*
9 *Oscar ...*
10 *Celia kunan espirituyki kachun*
11 *kunan chunka izkaynioj camino, chunka izkaynioj crucekuna*
12 *tukuy llaki, tukuy desgracia haber (chay patapiri?)*

13 *Trino kunan espirituyki . . . llaki,*
14 *tukuy desgracia, tukuy mala gana, tukuy llaki llojsinqa (chikamantari?)*
15 *Abraham . . . Espirito Santo (chaymanta ovejayki kan y? – Oveja kan)*
16 *Kunan kay ovejamanta tukuy desgracia, tukuy llaki llojsinqa (vacari? – vaca kan)*
17 *Kunan kay vacamanta llojsipunqa tukuy llaki, tukuy chiji (chay patapiri? – asnu)*
18 *Asno, kunan, tukuy llaki llojsichun ari (*Carlota: *wasi kan, izkay wasi)*
19 *Kay plaza wasimanta kunan chay wasimantapas llojsinqa tukuy chiji (Chaylla, y? – Chaylla!)*

ÜBERTRAGUNG

1 Nun Gott Vater, Gott Sohn und Heiliger Geist
2 Und Josefat, Monjates.
3 Alles Unheil nunmehr, alle Trauer, aller Kummer
4 ziehe hinaus zu den zwölf cabildo-Stätten,
5 zu den zwölf Pässen der Berge (wie war noch dein Name? – Carlota Mamani)
6 Von Carlota Mamani, es weiche die Trauer (und deiner? – Severo Cerdán)
7 Severo Cerdán nunmehr – (und danach, wie heißt du?)
8 Und jetzt Valentin Cerdán . . .
9 Oscar . . .
10 Celia, gut sei dein Geist
11 zwölf Wege nun, zwölf Kreuzungen der Wege,
12 alle Trauer, alles Unheil (und dann kommt?)
13 Trino, dein Geist nunmehr . . . die Trauer . . .
14 alles Unheil, alle Lustlosigkeit, alle Trauer weiche hinweg (und danach?)
15 Abraham . . . Heiliger Geist . . . (und dann hast du auch Schafe, nicht? – Wir haben Schafe, ja)
16 Von diesen Schafen nun weiche alles Unheil, alle Trauer (Rinder? – Haben wir)

17 Von diesen Rindern weiche alle Trauer, aller Kummer (noch etwas? – Esel!)

18 Esel: alle Trauer weiche nunmehr (Carlota: eine Hütte haben wir, zwei Hütten)

19 Von der Hütte am Platz, von dieser Hütte hier weiche aller Kummer hinweg. (Das ist alles? – Das ist alles)

Das Eröffnungsgebet hat die Verbannung von Unheil und Trauer (die immer in einem Atemzug genannt werden) für jeden einzelnen Menschen, für jede Art Tiere und für jede Hütte beschworen; die mesa ist im Namen der Dreifaltigkeit geweiht und mit Alkohol besprüht, und das Ziel des Heilungsrituals wird noch einmal benannt: *pura troca* – vollständiger Wandel, *tukuy desgracia pasachun* – alles Unheil soll jetzt vergehen, *karupachamanpuni kay llakita despacharqopusun* – ganz weit weg werden wir die Trauer befördern.

Und damit die Trauer, das Unheil soweit hinweg verbannt werden können, muß der Dornensud bereitet werden. Der eine große Tonkrug wird also mit Ginster, mit Kaktusstücken (z. B. *Warakka*) und Dornenpflanzen belegt – eine Handlung, bei der alle Medizinmänner beteiligt sind. Kleine Gebete begleiten diese Handlung (*tukuy llaki tukuy desgracia kunan pasachun* – alle Trauer, alles Unheil soll jetzt vergehen). Beim Hantieren mit den Dornenpflanzen wird auch noch einmal das Thema Neid belebt, der Medizinmann Severo wendet sich an Carlota und sagt ihr, wie *er* das handhaben würde – solchen Neid – und wie sie zu beten habe, um dies zu erreichen.

SEVERO INSTRUIERT CARLOTA ÜBER DEN BETENDEN UMGANG MIT NEID

Sichus ñoqata malta deseawan, chay gente envidioso, »kay laduman« nispa »paypaj animalninman, chaypaj uywankunaman« nispa »ñoqajina kallanqataj uj vidapipas!«
Und in den Tonfall des Gebets fallend: *Paykunamanta pichus envidiakun paymankama tukuy llaki kutichun!*
Und wieder zu Carlota: *Chaykunaj animalninman, kausayninman llojsipunqa niy! Tukuy wawakunamantapas.*

Abbildung 3: Bereitung des Dornensuds

Und wieder betend: *Tukuy wawakunamantapas, kay angelitokunamantapas llosiponqa, kay chiji, kay llaki, kay desgracia!*

ÜBERTRAGUNG

Wenn mir einer was Schlechtes wünscht, diese neidischen Leute, dann sage ich: »Verschwind auf die Seite, Unheil, weg zu seinen Tieren, zu seinem Jungvieh hin – und in einem anderen Leben wird es dir gehen wie mir!«[1]

Im Tonfall des Gebets: »Auf die Neider selbst falle alle Trauer zurück!«

Und dann wendet er sich wieder an Carlota und instruiert sie, wie sie zu beten habe:

»Hin zu deren Vieh, zu deren Hütte weiche es hinweg – so mußt du sagen. Sag: alles Unheil, alle Trauer, alle Mutlosigkeit – hinweg! Und dann betet er wieder selbst: Von allen Kindern, von diesen Engelchen, weiche der Kummer, weiche die Trauer, weiche das Unheil hinweg!«

Die Dornenpflanzen sind eingelegt, nun wird Wasser darüber gegeben, der Krug wird von Severo mit einem Kreuzzeichen geweiht und dann zu der Feuerstelle in der Kochhütte gebracht, wo der Sud vor sich hinsimmern soll.

Der Ablauf des Heilungsrituals – vom Eröffnungsgebet, in dem von der Verbannung der Trauer die Rede ist, bis zur »realen« Verbannung der Trauer in der Nacht – läßt sich – wiederum nach dem Handlungskernpunkt des rituellen Vollzugs oder dem Fokus der Aufmerksamkeit – in fünf Phasen einteilen (die sich jedoch inhaltlich von den Phasen der vorangehenden Heilung unterscheiden, vgl. dazu Kapitel 7 und Abschnitt 5 dieses Kapitels):

4.1 Bereitung der mesa
4.2 Anlegen der q'intos an den Leib der Trauernden
4.3 Reinigungsritual für die Tiere
4.4 Reinigungsritual in der Hütte
4.5 Reinigungsritual an der Kreuzung des Weges.

[1] Was hier gemeint ist: *kutichun paymankama* ist eine Formel, die in vielen Gebeten der yana mesa, der Schwarzen Heilung, vorkommt: auf ihn selbst falle es zurück, und was er mir angetan hat, so soll's ihm dann auch gehen – noch im Jenseits, wie der Text oben beschwört.

4.1 *Bereitung der mesa*

Überblick Handlungsablauf

(1) Formung der sieben q'intos
(2) Einlegen von: Coca,
(3) Schafs-, Schweine- und Rindertalg,
(4) Dornenpflanzen, und
(5) Nüssen und Kernen.
(6) Weihung durch Kreuzzeichen und ch'alla

Die Bereitung der mesa auf dem schwarzen Bodentuch geschieht konzentriert, geschieht in nahtloser Zusammenarbeit der Medizinmänner und vollzieht sich unter fast ständigem Beten. In der Kooperation der Medizinmänner deutet sich ein Muster an. Es ist der jüngste, *Porfideo,* Sohn des ältesten Ticona-Bruders Severo, der die Rolle des Gehilfen einer Heilung ausführt: er trägt den Tonkrug mit Dornenpflanzen hinaus, er hilft bei der Bereitung der q'intos, hilft, gute Cocablätter für die q'intos herauszusuchen usw. – aber er betet nicht. *Enrique* ist sicher der aktivste, gibt Anweisungen und Hinweise (»Hört nicht auf, Coca zu kauen! Und immer auf die linke Seite, ja? Und legt das Gekaute schön hier zum Abfall« usw.), betet viel – doch es scheint, daß die Weihung von Tonkrug und mesa, dieses Kreuzzeichen mit der Hand, *Severo,* dem Ältesten, zusteht (wie auch in der vorangehenden Heilung Ignacio, der Medizinmann-Sohn des alten Valentin, niemals mit Kreuzzeichen die mesa weihte). Ansonsten werden von den drei älteren Medizinmännern – *Severo, Enrique, Marcelino* – die Handlungen gemeinsam vollzogen oder aber unmerklich verteilt.

Die mesa wird in sechs Schritten bereitet:

(1) *Bereitung der q'intos.* Aus der schwarzen Alpacawolle werden sieben pampelmusengroße q'intos bereitet, ein q'into für jedes Mitglied der vater-verwaisten Familie. Alle Medizinmänner sind daran beteiligt, beugen sich tief über das schwarze

Tuch und hantieren mit der schwarzen Wolle, ziehen Streifen, rollen diese ein, zupfen das q'into zurecht, legen noch eine Schicht darauf, formen die Innenseite mit der zur Faust geballten Hand zu einer kleinen »Schale«.

(2) *Coca-einlegen.* Diese Aufgabe hat Marcelino, der bisher weitgehend im Hintergrund blieb: Severo reicht ihm das erste Bündel ausgesuchter, guter Cocablätter, Enrique und Porfideo reichen weitere nach. Marcelino legt sie ein, einzeln, »falsch« herum, wie wir es schon kennen, sechs in jedes q'into. Dabei betet Marcelino ohne jede Pause; gelegentlich fragt er nochmals nach dem Namen einer der Familienmitglieder, denn für jeden der Trauernden ist ein q'into bestimmt, und unter Nennung seines Namens wird es mit Coca belegt:

MARCELINOS GEBETE BEIM EINLEGEN DES COCA IN DIE NAMENTLICH BESTIMMTEN Q'INTOS

1 *Carlota Mamani:*
2 *Tukuy llaki kunanqa, llakiyniyki kunanqa*
3 *tukuy rabiayki*
4 *tukuy llakiynin ripuchun kunanqa!*
5 *chunca izkaynioj cruceroman kunanqa*
6 *chunca izkaynioj apachetaman*
7 *ripuchun kunan,*
8 *tukuy llakiynin ripuchun,*
9 *tukuy rabiasqan,*
10 *tukuy onkoynin,*
11 *tukuy llakiynin kunan ripuchun*
12 *allin pensamiento kachun ari kunanqa.*
13 *Kunan cruceroman, atun ñanman ripuchun!*
14 *Llaki ripuchun kunanri.*
15 *Severo Cerdán:*
16 *llakiykita kunanri ripuchun uj ñan cruceroman*
17 *ripuchun tukuy llakiynin, chijin!*
18 *Pensamienton kunan cambiakuchun,*
19 *ima sumajta mayllakupuchun ari kunanri,*

Abbildung 4: Bereitung der mesa

20 *mal pensasqankukuna payman kutichun ... (Valentin, Oscar ...)*
21 *Celia – tukuy mala gana kunanqa ripuchun,*
22 *maypi puriykachiachianku avecen mala gana kan,*
23 *ñan cruceroman ripuchun.*
24 *Mala gana kunan puriykachachiankuman,*
25 *uma nanaynioj avecenqa kachianku,*
26 *chay kunan ñan cruceroman limpiakupuchun,*
27 *mayllakupuchun ari,*
28 *tukuy chejniy, tukuy llakiy ripuchun kunan chaymanta urayman! ...*
Und für den Kleinsten, Abraham:
29 *Kay wawitapas kunanri*
30 *tukuy llakiynin*
31 *tukuy maypi mulljakusqanpas*
32 *tukuy rabia, tukuy chiji, tukuy llaki.*
33 *kunanri chunca izkaynioj leguaman,*
34 *chunca izkaynioj apachetaman,*
35 *ñan cruceroman ripuchun ari kunanri.*

ÜBERTRAGUNG

1 Carlota Mamani:
2 alle Trauer, all deine Trauer,
3 all dein Zorn,
4 alle ihre Trauer – hinweg damit nunmehr,
5 zu den zwölf Kreuzungen – hinweg,
6 zu den zwölf Pässen der Berge,
7 hinweg damit nunmehr.
8 All ihre Trauer weiche hinweg
9 all ihr Zorn,
10 all ihre Krankheit,
11 all ihre Trauer weiche hinweg.
12 Gute Gedanken sollen Einzug jetzt halten.
13 Zur Kreuzung hin, zum großen Weg hinweg.
14 Die Trauer weiche nunmehr.
15 Severo Cerdán:
16 deine Trauer weiche hinweg zu einer Kreuzung des Wegs,

17 hinweg all seine Trauer, sein Leid.
18 Wandeln sollen seine Gedanken sich jetzt,
19 wie rein gewaschen – so soll es jetzt sein;
20 und wer Schlechtes denkt, auf die selbst falle alles zurück ... (Valentin, Oscar ...)
21 Celia: alle Mutlosigkeit – hinweg damit jetzt;
22 wo (die Kinder) sind: manchmal ist Mutlosigkeit dort,
23 doch zur Kreuzung des Weges weiche sie nunmehr hinweg.
24 Vielleicht laufen sie mutlos manchmal herum,
25 manchmal mit Schmerzen im Kopf,
26 dies alles sei nun wie weggewaschen, zur Kreuzung des Weges hinweg,
27 ja, abgewaschen soll es sein,
28 aller Kummer, alle Trauer, in die Tiefe hinweg damit!
Und für den Kleinsten, Abraham:
29 Und jetzt auch dieser Kleine,
30 all seine Trauer,
31 auch all sein Erschrecken,
32 all sein Zorn, seine Kummer, seine Trauer,
33 zwölf Meilen hinweg damit jetzt,
34 zu den zwölf Pässen der Berge,
35 ja, zur Kreuzung des Weges hinweg damit jetzt.

In diesen Gebeten kehrt immer wieder: es sind die Trauer, der Kummer, das Unheil, die Grübeleien, auch die Lust- und Mutlosigkeit, der Schmerz im Kopf, der Zorn, die Angst, die weichen wollen. Auch die Orte, zu denen hin diese negativen Gefühle und Unbilden weichen sollen, werden immer wieder von neuem genannt: die meilenweit weg liegende Kreuzung der Wege, die Pässe der Berge und *urayman,* zur Tiefe hin, nach unten, zu der Schlucht, in der die Flüsse fließen – oder auch zurück zu jenen, die möglicherweise dieses Leid mit verschuldet haben: sie selbst treffe das Leid und auch ihre Tiere, und ihr Hab und Gut *(kausayninkukuna)* soll betroffen sein. Welches ist der Vollzug, mit dem Unheil und negative Gefühle zu diesen Orten der Verbannung weichen sollen? Es ist da von Weggehen, von Ändern, von Abwaschen, von (auf den Schuldigen) Zurückfallen, von Reinwaschen die Rede. Die vielfältige Kombination des »Was«, des »Wohin« und des »Wie« ergibt die Strophen dieses Gebets.

(3) *Einlegen der untus.* Drei Arten von Tiertalg (untu) werden verwendet: Talg vom Schwein, vom Schaf, vom Rind – alles keine verehrten Tiere – wie etwa das Lama, dessen untu ausschließlich in die yuraj mesa, die weiße mesa, eingeht (vgl. f. S.). Severo und Enrique zerbröckeln den Talg in der Hand und streuen ihn, von kleinen Gebeten begleitet, über die einzelnen q'intos. Beim Einlegen des Tiertalgs sind die Tiere das Hauptthema der Gebete; das untu steht für sie, die wie die Menschen von Trauer und Unheil betroffen sind:

GEBET VON SEVERO FÜR DIE TIERE, BEIM EINLEGEN VON TIERTALG

1 Tukuy mala suerte, tukuy envidia, tukuy llaki
2 kay animalesmanta,
3 kay vacamanta, kay ovejamanta, kay asnumanta riponqa;
4 tukuy envidia, tukuy mala fé
5 chaypaj animalninman purinqa,
6 chay gente, chay gente de mala fé kunanri
7 pichus envidiakun kay señoraman uj laduman purinqa.

ÜBERTRAGUNG

1 Alles Unglück, aller Neid, alle Trauer
2 weiche nun von diesen Tieren,
3 weiche von den Rindern, den Schafen, den Eseln hinweg;
4 aller Neid, alle Mißgunst
5 falle zurück auf des Neiders eigenes Vieh;
6 jene Leute, jene Leute voll Mißgunst,
7 die diese Frau (Carlota) beneiden: zur Seite hinweg mit ihnen.

(4) und (5) *Einlegen von Dornenpflanzen und Nüssen.* Diese beiden Handlungen werden von Severo und Marcelino (unter gelegent-

licher Hilfe von Enrique) parallel vollzogen. Marcelino legt kleine Stücke von Dornenpflanzen – spitzfingrig zerzupft und in der Dunkelheit der Hütte für mich nicht identifizierbar – in die q'intos ein. Gleichzeitig zerbricht Severo die *kuti kuti-*, *kuti wisnacho-* und *wayruru*-Kerne und Nüsse und legt sie ein. Die beiden handeln nicht nur parallel, sie beten auch parallel. Dieses Doppelgebet hat eine eindrucksvolle Rhythmik und eine fast zweistimmige Qualität – es ist wie Sprechmusik: das rauhheisere Flüstern von Severos tiefer Stimme und die klare, sanfte, gleichmäßige Stimme Marcelinos.[1]

(6) *Weihung durch Kreuzzeichen und ch'alla.* Mit dem Einlegen von Coca-Blättern, Talg, Dornen und Nüssen ist die mesa, sind die q'intos bereitet. Severo weiht die sieben schwarzen Alpacawoll-q'intos mit der Hand, zeichnet »im Namen des Vaters, des Sohnes und des Heiligen Geistes« ein Kreuzzeichen über sie. Reiner Alkohol wird dann in ein Gläschen gegeben und die mesa besprüht. Und wieder begleiten Parallelgebete von Severo und Marcelino die Handlung:

DOPPELGEBET BEI DER CH'ALLA

Severo:

1 *A ver kunanri*
2 *qori chiji, qolqe chiji,*
3 *tukuy desgracia,*
4 *tukuy mala suerte,*
5 *tukuy envidia*
6 *camino cruceroman riponqa!*
7 *Pichus maychus malta pensan*
8 *chay laduman kunanri*
9 *tukuy envidia, mala fé*
10 *kay laduman kunanri*
11 *kaypi kunan qori chiji, qolqe chiji*
12 *llojsinki;*

[1] Auf dem Tonband weitgehend unverständlich.

13 *viernes, martes kunan llojsinqa*
14 *kaymanta mejor t'ikajina*
15 *t'ikariponqa kunanqa*
16 *Tukuy animalkunapas,*
17 *tukuy vacapas imapas*
18 *achiata kunan mirarinqa!*

Marcelino:

1 *Llaki, chiji, . . .*
2 *atun mayuman ripuchun*
3 *kunan chunca izkaynioj apachetaman cambiakuchun*
4 *tukuy chiji, tukuy llaki ripuchun*
5 *kasqallantaj kay wawakunapas*
6 *avecen mala gana, puriykachachianku,*
7 *avecen ni casukuchankuchu*
8 *imaymana uma nanaynioj,*
9 *mala gana,*
10 *tukuy kallpa wañju puriykachachianku*
11 *chaykuna kunan tukukapun*
12 *kay martes tutamanta,*
13 *doce leguaman*
14 *chunka izkaynioj apachetaman*
15 *ñan cruceroman ripuchun kunanri.*

ÜBERTRAGUNG

Severo:

1 Nun also –
2 Kummer aus Gold, Kummer aus Silber
3 alles Unheil,
4 alles Unglück,
5 aller Neid,
6 zur Kreuzung des Weges hinweg!
7 Wer immer wo immer Schlechtes denkt,
8 zur Seite hinweg mit ihm jetzt!
9 Aller Neid, alle Mißgunst,

10 hinweg auf diese Seite jetzt!
11 Der Kummer aus Gold, der Kummer aus Silber,
12 weiche hinweg!
13 Freitag, Dienstag, hinweg damit.
14 Es blühe ab jetzt
15 wie die schönste der Blumen!
16 Auch alle Tiere,
17 alle Rinder, alles Vieh,
18 reichlich gebären mögen sie.

Marcelino:

1 Trauer, Kummer ...
2 hinweg damit zum großen Fluß.
3 Er verwandle sich jetzt, zu den zwölf Pässen der Berge hin,
4 aller Kummer, alles Leid, das weiche hinweg.
5 Desgleichen die Kinder:
6 manchmal wandeln sie mutlos,
7 unbeachtet auch mal,
8 mit allen möglichen Schmerzen im Kopf,
9 schlechter Laune,
10 alle Kraft ist erstorben, so irren sie manchmal herum;
11 und all dies finde nunmehr sein Ende
12 von diesem Dienstagabend an
13 zu den zwölf Meilen,
14 den zwölf Pässen der Berge,
15 zur Kreuzung des Weges weiche es jetzt hinweg!

Diese Gebete waren wie Musik – und sind sie nicht wie Poesie? – Doch »Kummer aus Gold« und »Kummer aus Silber« – was ist damit gemeint? *Qori/qolqe* (Gold/Silber) ist eine häufige Formel der yuraj mesa-Gebete; dort gibt es vor allem *qori libro* und *qolqe libro* – hauchdünnes, metallenes Gold und Silberpapier, das in die q'intos als Opfergabe für die Orte der Kraft eingelegt wird; als Adjektiv kommt *qori/qolqe* oft vor allem im Zusammenhang mit dem Lamafötus vor *(qori kuchu, qolqe kuchu)*, welcher einer der »kostbarsten« Opfergaben der yuraj mesa ist. *Qori/qolqe* bezeichnet Reichtum, Glanz, großzügige Gabe. Die

Verbindung in diesem Gebet mit Kummer (Kummer aus Gold, Kummer aus Silber) signalisiert möglicherweise, daß die schwarze mesa mit ihren Gaben (zu denen Unheil und Kummer gehören, symbolisch ausgedrückt in den Ingredienzen) für die »schlechten« Orte eine äquivalente Bedeutung haben können wie die »weißen« Gaben für die Orte der Kraft. Dies kann ich jedoch nur als Vermutung notieren. Was den Ingredienzen, auf die *qori/qolqe* am häufigsten angewandt wird, gemeinsam ist, ist ihre Delikatheit, Zerbrechlichkeit. Vielleicht sind es auch diese Eigenschaften, die dem Kummer zugesprochen werden sollen.

Der Kummer speziell der Kinder wird in diesen Gebeten auch umschrieben mit Lust- und Mutlosigkeit, mit Herumirren, Verlorensein, Unbeachtetsein, mit schlechter Stimmung und ersterbender Kraft. Und dieser Kummer in all seinen Ausdrucksformen – der soll verbannt werden. In diesen Gebeten taucht eine »magische« Formel dieser Verbannung auf: »Freitag, Dienstag«. Diese Formel hat eine tiefe, wichtige Bedeutung: Freitag und Dienstag sind die »schlechten« Tage, es sind die Tage für eine schwarze mesa, Tage für Schadenszauber und böse Hexerei. Es sind auch die Tage der kuti mesa, deren Essenz nicht »für« etwas (= weiße mesa), nicht »gegen« etwas (schwarze mesa), sondern »weg/zurück« mit etwas ist. Die llaki wij'chuna realisiert symbolisch, rituell, handelnd, betend diese Bewegung des »hinweg«; auch sie soll am Dienstag oder Freitag stattfinden. Damit ist die Nennung dieser Tage in den Gebeten der llaki wij'chuna eine magische Formel für die Realisierung dieser Bewegung.

Aber diese Gebete gehen auch noch ein Stück weiter. Es ist nicht nur die Geste des Hinweg, der Verbannung, des Wegwerfens (*wij'chuy* heißt u. a. wegwerfen), die angesprochen wird – es ist auch von Wandel die Rede. Und dieser Wandel wird mit Bildern von neuem *Leben* umschrieben: das Blühen der schönsten Blumen, das fruchtbare, gebärende Vieh. Blühen und Gedeihen sind die Bilder einer gewandelten Zukunft, welche die jetzt fertig bereitete mesa den Trauernden eröffnen soll.

4.2 *Anlegen der q'intos an den Leib der Trauernden*

Überblick Handlungsablauf

(1) Linksfaden-Verschnürung der q'intos
(2) Anlegen der q'intos
(3) Umschnüren mit Linksfaden
(4) Wirkungs-Pause
(5) Umfüllen des Dornensuds

Nach der Bereitung der mesa folgt eine zweite Phase, die uns auch schon von dem vorangehenden Heilungsritual vertraut ist. Die q'intos werden jetzt mit dem linksgesponnenen Faden zu einem kleinen »Ball« verknäult. Der Trauernde bekommt diesen q'into-Ball unterhalb der Kehle an den Leib, und er wird dann noch mit dem linksgesponnenen Faden umschnürt: in Valentins Heilung (Kapitel 2) am Hals und an beiden Hand- und Fußgelenken, hier in dieser Heilung am Hals und dem linken Hand- und Fußgelenk. Während Severo und Marcelino jetzt die vorbereitenden Handlungen übernehmen, ist Enrique der Haupthandelnde dieses Aktes – und es ist viel Arbeit, die er hat: er tritt vor jeden einzelnen der Trauernden, betet mit dem zusammengeschnürten q'into in seiner Hand über dessen Kopf, läßt es anlegen oder legt es – bei den Kindern – selbst an und verknotet dann noch einundzwanzig Mal die Linksschnüre.

Bei jedem Familienmitglied beginnt Enriques Handlung mit der Anrufung der Dreifaltigkeit, seine Hand auf dem Kopf des kauernden Menschen: »En el nombre del Padre, del Hijo, del Espiritu Santo«, sagt er auf Spanisch (im Namen des Vaters, des Sohnes und des Heiligen Geistes) und spricht dann ein langes Gebet, das mit dem Namen des Angesprochenen beginnt. In diesen Gebeten taucht eine merkwürdige kleine Parallele zur Aktuation des alten Valentin auf. Als Valentin siebenmal die Kerzen ausblies – als symbolische Geste des Verlöschenlassens aller Trauer –, hat sich sein auch sonst formelhaftes Gebet *(mayuman mayuman mayuman ...)* noch mehr verdichtet:

anstelle des Gebets steht nur noch eine *Bezeichnung*, und Valentin betet: »Gebet, Gebet, Gebet« ... Nicht unähnlich verfährt Enrique hier. Es gibt einige tradierte Gebete – sowohl zum Herbeiholen von Gutem als auch zur Abwendung von Unheil, bösem Zauber und Hexerei – die vielen Medizinmännern bekannt sind. Mein Lehrmeister Don Ramón hat sie mir vollständig diktiert – aber ich habe sie dann auch in zerfledderten alten kleinen Gebetsbüchern gefunden, die ich auf dem Krammarkt von La Paz entdeckte, und anderen, die mir Don Abelino aus dem Besitz seines Medizinmann-Vaters vermachte. Zu diesen Gebeten gehören zum Beispiel das Gebet des San Cipriano (zur Abwendung allen Unheils) und das Gebet des Santo Lino (zum Herbeiwünschen des Guten). Und bei Enrique tritt nun an die Stelle dieser Gebete ebenfalls ihre bloße Benennung:

ENRIQUES GEBET FÜR CARLOTA BEIM ANLEGEN DES Q'INTO

1 *Carlota Mamani viuda de Cerdán,*
2 *chunka izkaynioj apachetaman,*
3 *Señor San Salvador,*
4 *oración San Cipriano,*
5 *kunan oración Santo Bueno*
6 *oración Santo Lino ...*
7 *kunan imanasqataj kay señoraman ...*
8 *tukuy desgracia,*
9 *tukuy maldición,*
10 *tukuy runaj simin,*
11 *tukuy juezkuna,*
12 *tukuy uj pichara*[1], *phiskura*[2],
13 *kunan tukuy uj t'ijchara*[3],
14 *kunan uj maldición llosipuchun!*

[1] von *pichay* = reinigen. *Pichara* = Reinigungsritual (vgl. auch HEYDUCK 1971, S. 260).

[2] von *phiskuy* = hinsudeln, hinklecksen. *Phiskura* = Verschmutzung, Besudelung.

[3] *t'ijchay* (oder auch *t'inkay*) = ein »papirotazo« geben, das heißt, ein Geschenk machen, dessen Sinn die Bitte um Rückgabe eines Gefallens ist: ein Gefälligkeit erbittendes Angebot.

15 Oración Santo bueno, Santo Lino,
16 llojsipuchun tukuy maldición!

ÜBERTRAGUNG

1 Carlota Mamani, Witwe von Mariano Cerdán,
2 zu den zwölf Pässen der Berge,
3 Herr San Salvador,
4 Gebet des Heiligen Ciprian,
5 Gebet des San Bueno,
6 Gebet des Santo Lino,
7 warum bloß wird dies dieser Frau angetan?
8 Alles Unheil,
9 alle Verwünschung,
10 alles schlechte Reden der Leute,
11 alle Richter[1],
12 alle Reinigung und Beschmutzung,
13 – hier unser bittendes Angebot –
14 und was an Verwünschung ist, das weiche!
15 Gebet des San Bueno, Gebet des Santo Lino,
16 alle Verwünschung: geh raus!

Dieses Gebet ist geheimnisvoll und verschlüsselt. Nicht jeder außerhalb des Kreises der Medizinmänner vermag es zu erfassen, sicher auch nicht jeder »Patient«. Einmal werden mit den drei Worten *pichara, phiskura, t'ijchara* ganze Bedeutungshorizonte eröffnet: das, was hier geschieht und abläuft, ist angesprochen (Reinigung); das, was dieser Ablauf beseitigen soll (den »Schmutz der Trauer«) und der Weg, auf dem er beseitigt werden soll (durch Angebot, durch Tausch). – Zum anderen sind Gebete mit ihrer bloßen Überschrift genannt, die nicht jeder kennt. Mit einem dieser Gebete, dem des Cipriano, tritt gleichzeitig ein Aspekt der Heilung noch mehr in den Vordergrund, der zuvor – in Gespräch und im Gebet – mit »Neid«, mit »Mißgunst« umschrieben wurde. *»Maldición«* – das ist die Verwünschung, das ist auch der Akt der Schwarzen Heilung, das ist

[1] die offensichtlich auch als schlecht angesehen werden.

auch die Kunst der Hexe, durch die Neid und Mißgunst und das schlechte Reden der Leute zur Wirkung kommen. Mit dieser stichwortartigen Nennung des Gebets des Heiligen Cipriano – ein Gebet u. a. explizit gegen Hexerei – ist die *maldición* zum ersten Mal beim Wort genannt. »Witwe« bist du, beginnt das Gebet, und es endet mit dem Wort *maldición.* Und dazwischen wird in verschlüsselten Bögen ein Zusammenhang hergestellt. – In ähnlicher Weise betet Enrique auch über den Kindern – San Cipriano ansprechend, die (mögliche) *maldición* benennend, Trauer und Unheil hoch zu den Pässen der Berge schickend und das Gute ins Haus holend: *sano y bueno kachun* (gesund und gut sei alles), *kunan ima sumajta ari* (alles werde jetzt gut), *buena suerte kachun kunanqa* (Glück kehre jetzt ein), *tukuy llaki kunan qonqanapaj* (alle Trauer muß jetzt vergessen werden).

Nach dem Anlegen der q'intos und Fäden folgt die jeder Heilung eigene Handlungspause – die q'intos und Schnüre müssen ihre Wirkung tun und das Negative – Kummer, Unheil, Trauer, Grübeleien, Schmerzen, Mutlosigkeit – aus dem Körper absaugen *(chonkaykuy).* Derweil wird Coca gekaut, es wird geraucht, der reine Alkohol wird mit etwas Wasser gemischt, und das Gläschen macht die Runde. Und man spricht von Mariano – wie viele gekommen sind, um die Nacht nach seinem Tode bei ihm zu wachen! – Man plaudert auch, es geht um die Ernte, und daß die Kartoffeln *khuruyoj,* voller Würmer, sind, und von der vielen Feldarbeit, die für die vater-verwaiste Familie mit den vielen kleineren Kindern, die noch nicht zupakken können, so schwer zu bewältigen ist. »Sie werden schnell älter«, tröstet Enrique, »und dann können sie helfen, und bis dahin kommt ihr durch.« Das, was hier geschieht, so versichert Enrique auch noch einmal, ist Voraussetzung für die Wende: *Allinpaj llakiytaqa apakachikunapuni!* (Für das Gute muß man sich die Trauer erst abnehmen lassen, *apakapuy,* vgl. dazu die Erläuterungen im Kapitel 2). Und Carlota seufzt tief und sagt, sichtbar bewegt: *»Gracias allipuni kayta ruaripuwankichis* (Danke, danke vielmals, daß ihr das hier für uns macht!). Und noch einmal macht das Gläschen mit Wasser-Alkohol-Gemisch die Runde. Immer wieder wird auch eine kleine ch'alla vor dem

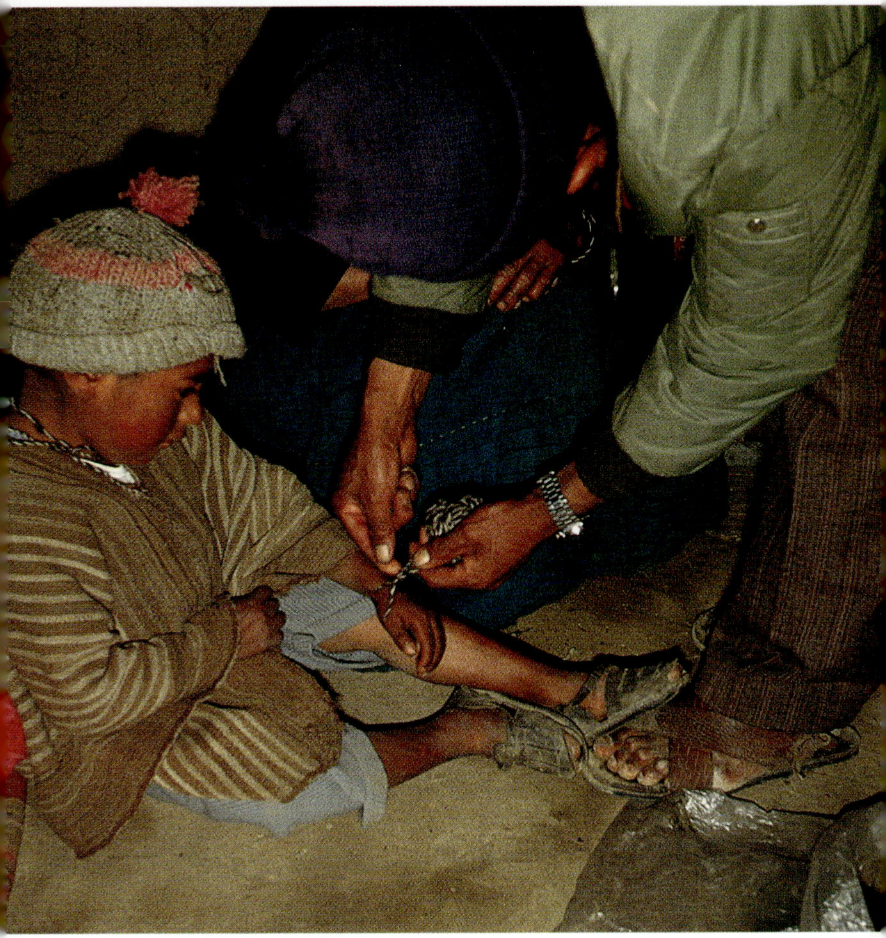

Abbildung 5: Anlegen der Linksfäden

Trinken eingeschoben: ein paar Tropfen auf das schwarze Tuch. Die ch'alla des ältesten Medizinmannes, Severo, rückt das Geschehen – ein einziges Mal – nah an eine Schwarze Heilung:

TRINK-CH'ALLA SEVERO

1 Chay contrariokunaj animonta, yawarnin, espiritun ...
2 chay contrariokunaj yawarnin ...

ÜBERTRAGUNG

1 Dieser ihrer Gegner Seele, deren Blut, deren Geist ...
2 Dieser ihrer Gegner Blut ...

Mehr ist von dem Gebet nicht zu verstehen. Doch ich kenne diese Wendungen gut: der Alkohol ist des Gegners Blut, dann hebt man das Glas an den Mund und trinkt sein Blut und verwünscht seinen Geist und seine Seele. Das ist Teil der Schwarzen Heilung, der yana mesa, Teil der Schadensstiftung, auch der Hexerei (vgl. f. S.). Und Severo hebt das Glas an den Mund und trinkt das »Blut des Feindes« aus.

Inzwischen ist der Tonkrug mit dem Pflanzensud vom Feuer gehoben worden, und der Sud wird in einen anderen Krug gefüllt. Während der junge Porfideo (mit des jungen Severos Hilfe) diese Handlung vollzieht, begleitet sie Enrique mit Gebet:

ENRIQUES GEBET BEIM UMFÜLLEN
DES DORNENSUDS

1 Tukuy maldición
2 tukuy uj runaj siminpas llojsipuchun;
3 ripuy kunanqa!
4 Uj doce leguasman despachapusun,
5 amaña kunan kayjina kanqachu.
6 Tukuy maldición,
7 tukuy runaj simin cosas,
8 kunan pichus maychus mala fé,

9 *contrario,*
10 *enemigokuna*
11 *kunanqa ripuchun!*

ÜBERTRAGUNG

1 Alle Verwünschung,
2 alles schlechte Gerede der Leute verschwinde;
3 geh jetzt, mach dich davon!
4 Zwölf Meilen weit werden wir's wegbefördern.
5 So wird es jetzt nicht mehr weitergehen.
6 Alle Verwünschung,
7 all das Geschwätz der Leute,
8 wer wo immer Mißgunst hat,
9 Gegner,
10 Feinde,
11 hinweg mit ihnen nunmehr!

Und das Gespräch läuft weiter. Ausführlich wird diskutiert, zu welcher Wegkreuzung man nachher gehen würde – die weiter oben? (aber da ist der Weg in der Nacht absturzgefährlich steil) – oder der Weg weiter unten? (Oder kann da jemand kommen?) Es wird auch davon gesprochen, was dort geschieht:

ENRIQUE ERKLÄRT:

Rezakunkichis. Chay yuyaylla Diosmanta mañakunkichis. Chicamanta manaña kanqachu chay llakipuni!

Beten werdet ihr. Mit all dem, was hier geschehen ist im Sinn, werdet ihr Gott anflehen. Danach wird sie nicht mehr da sein, diese Trauer.

Beten ist wichtig. Als der junge Severo von seinen schlechten Gedanken spricht – die ihn in letzter Zeit umtreiben –, da meint der alte Severo: *Imachus solo rezarqokuna, yasta.* (Was immer ist, beten muß man, und das wär's.) Daß man auf schlechte Gedanken kommt, ist nun allerdings kein Wunder. Denn keine drei

Wochen nach dem Tode Marianos ist eine Kuh gestürzt – schlechtes Zeichen, *alma kay kasqa* (eine Seele haben diese Kühe), sie spüren, was los ist. Und eine andere Kuh, als sie ein Junges bekam, da kam die Nachgeburt nicht nach, mit Öl haben sie es rausgespült. *Feopaj chari, feopaj puni,* bemerken die Medizinmänner ernst: schlechtes Zeichen, schlechtes Zeichen ... Aber sie versichern auch: *Kunanqa manaña kayjina kanqa.* (Jetzt wird das alles nicht mehr so weitergehen.) Die üblichen Unbilden des Lebens, die gehen natürlich weiter. So beklagt man sich ausführlich über die Füchse, die sowohl hier in Inca als auch im Dorf der Medizinmänner bösen Schaden unter den Schafen anrichten. Severo erzählt, wie sie als Medizinmänner versuchten, die gerissenen Schafe zu heilen. Aber essen kann man sie danach nicht mehr ...

Mit diesen Gesprächen vergeht die Zeit. Nach vielleicht einer halben oder auch einer Stunde gibt Enrique (der Dirigent des Geschehens) das Zeichen für den Fortgang der Heilung: *Kunanqa kaymanta q'alata animalninkumanta t'ipiramusun;* und jetzt werden wir von allen Tieren alles Unheil abreißen!

4.3 *Reinigungsritual für die Tiere*

Daß die Tiere von dem Unheil, das Marianos Tod bedeutet, ebenso betroffen sind wie die vater-verwaiste Familie, wie Hütten und aller Besitz, das ist uns schon bekannt, und die Geschichte der Kühe – jene »schlechten« Zeichen, von denen soeben die Rede war – hat es nochmals belegt. Die Tiere werden krank sein, sie werden stürzen, der Fuchs wird noch mehr wüten als sonst, sie werden sich verlaufen, sie werden gestohlen, sie werden abstürzen, sie werden keine Junge mehr kriegen, sie werden trotz Weide verhungern – das alles kann passieren, wenn Unheil auf ihnen liegt. Deshalb muß dieses Unheil »zerrissen« werden: durch Zerreißen von Linksfäden von ihnen abgerissen werden *(t'ipiy)*.

Wir gehen hinaus in die Nacht. Wir nehmen eine Laterne

mit, mit einem Rest von Kerze. Es wird Marcelinos Aufgabe sein, die *t'ipiykuna* zu vollziehen. Porfideo begleitet ihn; der Sohn Severo und der zweitälteste, Valentin, führen uns in die Umfriedungen der Tiere, den corral. Knarrende Reisigtüren werden geöffnet.

Zuerst gehen wir in den corral der Rinder. Mit dieser Laterne ist kaum etwas zu sehen, aber den Ochsen mit seinen Hörnern erkenne ich doch. Selbst Marcelino weicht ein wenig zurück, doch Valentin versichert: »Der ist zahm, ganz zahm!« Marcelino nähert sich also dem Ochsen, Porfideo reicht ihm ein langes Stück Linksfaden, das er von dem mitgebrachten Knäuel abreißt, und Marcelino zerreißt diesen Faden dann mehrfach vor der Stirn des Ochsen und vor seinen Vorderhufen; der Ochse schnaubt, und Marcelino betet:

MARCELINOS GEBETE BEIM OCHSEN

1 *Tukuy llaki, tukuy desgracia, tukuy mala suerte*
2 *ripuchun kunanqa.*
3 *Tukuy desgracia, tukuy llaki, tukuy chiji,*
4 *mala suerte, mala fortuna, tukuy llaki*
5 *ñan cruceroman ripuchun;*
6 *tukuy desgracia, tukuy llaki*
7 *chunca izkaynioj leguaman ripuchun.*

ÜBERTRAGUNG

1 Alle Trauer, alles Unheil, alles Unglück
2 weiche nunmehr hinweg.
3 Alles Unheil, alle Trauer, aller Kummer,
4 Unglück und Pech, alle Trauer,
5 hinweg zur Kreuzung des Wegs!
6 Alles Unheil, alle Trauer:
7 Zwölf Meilen weit weg!

Und in gleicher Weise betet Marcelino im corral der Esel und Schafe. Immer wenn Marcelino anhebt zu sagen: »Alles Unheil, alle Trauer« – hebt er den Faden vor die Stirn des Tieres oder

Abbildung 6: Linksfäden-t'ipisqa im Corral an den Tieren

die Hufe des Tieres – und wenn er die Zeile spricht, die von »hinweg« handelt, dann zerreißt er einen langen Faden kräftig in viele kleine Fäden. Aber nicht jedes einzelne Tier muß auf diese Weise durch »Zerreißen« vom Unheil befreit werden; die Behandlung ist vielmehr stellvertretend: ein Ochse für das große Vieh, ein Kälbchen für die Jungkühe, ein paar Schafe für die ganze Herde und ein Esel für die übrigen Esel. (Daß Hunde, Katzen, Hühner auf diese Weise behandelt werden, habe ich noch nie erlebt.) Mit schweren Schuhen – die Sohlen voll Kuhfladen und Lehm – kehren wir in die Hütte zurück.

4.4 *Reinigungsritual in der Hütte*

Überblick Handlungsablauf

(1) Reinigung der jüngsten Kinder mit q'intos
(2) Zerreißen von Linksfäden
(3) Waschung im Dornensud

Abraham, der Kleinste, ist inzwischen im Schoß der Mutter eingeschlafen. Trino lehnt sich an die Mutter, die immer noch an ihrem Platz auf dem Boden kauert, und schaut auch recht müde drein. *Mana purinkumanchu,* meint Carlota: die können nicht mitgehen – sie meint: hinaus in die Nacht, den steilen Pfad zur Kreuzung der Wege. Severo, der älteste Medizinmann, geht sofort darauf ein: *Entonces kayllapi wawakunataqa t'ipiykusun, mayllarqosun. Kaypi quedallachun. Descansakupunanku wawakunaqa!* (Dann »befreien« wir die Kinder hier von der Trauer, waschen sie hier. Sie sollen hier bleiben. Die Kinder müssen ausruhen.) – Es ist wie in der Heilung bei Valentin: das Ritual steht hinter den Bedürfnissen der Kinder zurück.

Die vier jüngsten Kinder also werden in der Hütte bleiben. Von ihnen wird jetzt die Trauer in dreifacher Weise »weggenommen«: das Unheil wird abgewischt, abgerissen und abgewaschen. Es ist Enrique, der die ersten beiden Schritte durchführt: die Reinigung mit den q'intos, die alle bis jetzt unter den Kleidern an der Haut getragen haben, und das Zerreißen der Linksfäden. Betend tritt er nacheinander vor jedes Kind, läßt sich das q'into herausangeln, bei den Kleinsten von der Mutter, betet damit über dem Kopf des Kindes, streift mit dem q'into über seinen ganzen Körper und betet.

ENRIQUES GEBETE BEI DER Q'INTO-REINIGUNG DER KINDER

1 *Tukuy llaki, tukuy desgracia, tukuy chiji*
2 *kay angelitomanta llojsipuchun,*
3 *tukuy llaki ripuchun ñan cruceroman,*
4 *chunca izkaynioj apachetaman;*
5 *tukuy maldición, tukuy runaj simin kunan llojsipuchun ari*
6 *kunanqa oración San Cipriano,*
7 *kunan oración San Salvador,*
8 *kunan ima sumajta salvarqoy ari, Cruz de Caravaca!*

ÜBERTRAGUNG

1 Alle Trauer, alles Unheil, aller Kummer
2 weiche nun von diesen Kinderchen;
3 alle Trauer: zur Kreuzung der Wege hinweg,
4 zu den zwölf Pässen der Berge;
5 alle Verwünschung, alles schlechte Reden der Leute, hinweg damit jetzt.
6 Gebet des Heiligen Cipriano,
7 Gebet des Heiligen Salvador,
8 vollendet retten wirst du sie jetzt, Kreuz von Caravaca[1]!

Die Gebete sind uns schon vertraut. Vertraut ist uns auch, daß die *maldición* – die Verwünschung – nicht nur angedeutet, sondern ausgesprochen wird und der ganze Bedeutungsinhalt

[1] Das Kreuz von Caravaca steht vor allem für ein Gebetsbüchlein, das viele kennen, wenige aber lesen können: »Tesoro de milagros y oraciones de la Cruz de Caravaca«. (Schatz der Wunder und Gebete des Kreuzes von Caravaca: Ein Büchlein magischer Praktiken, Lima. o.J.)

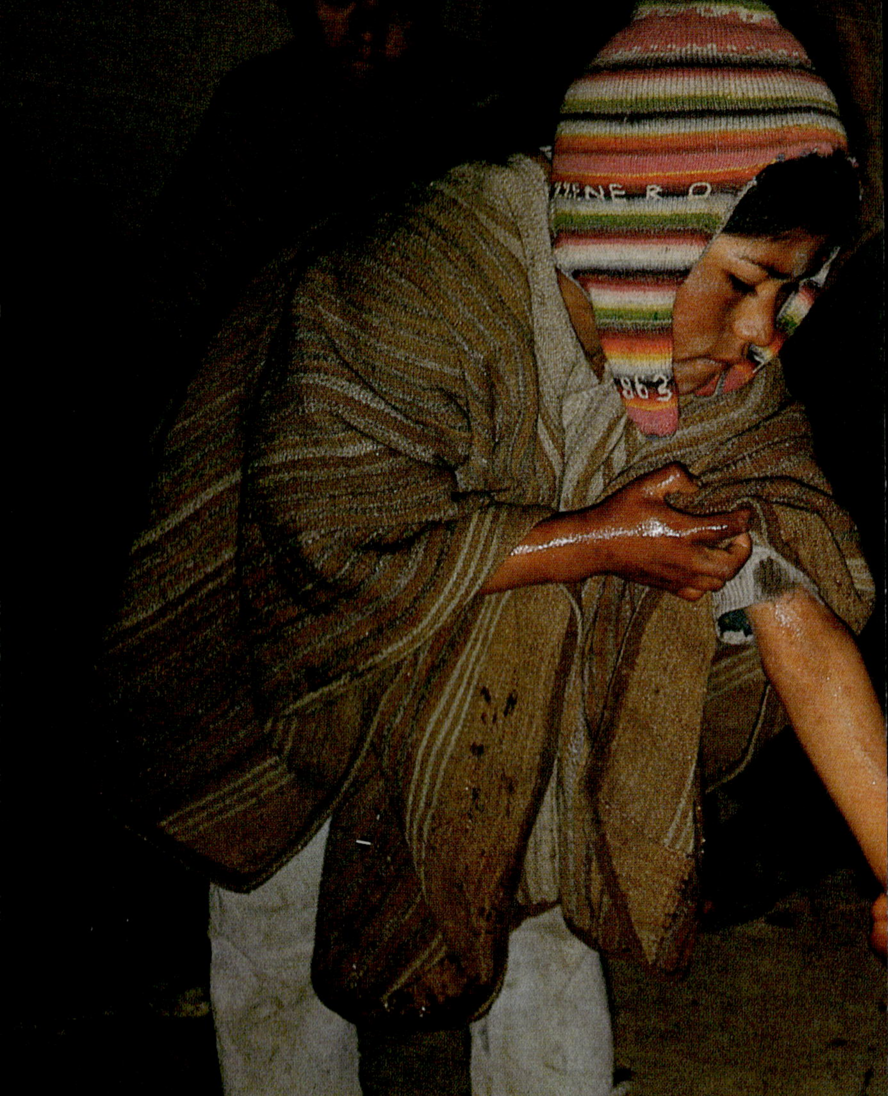

Abbildung 7: Rituelle Hand-Waschung

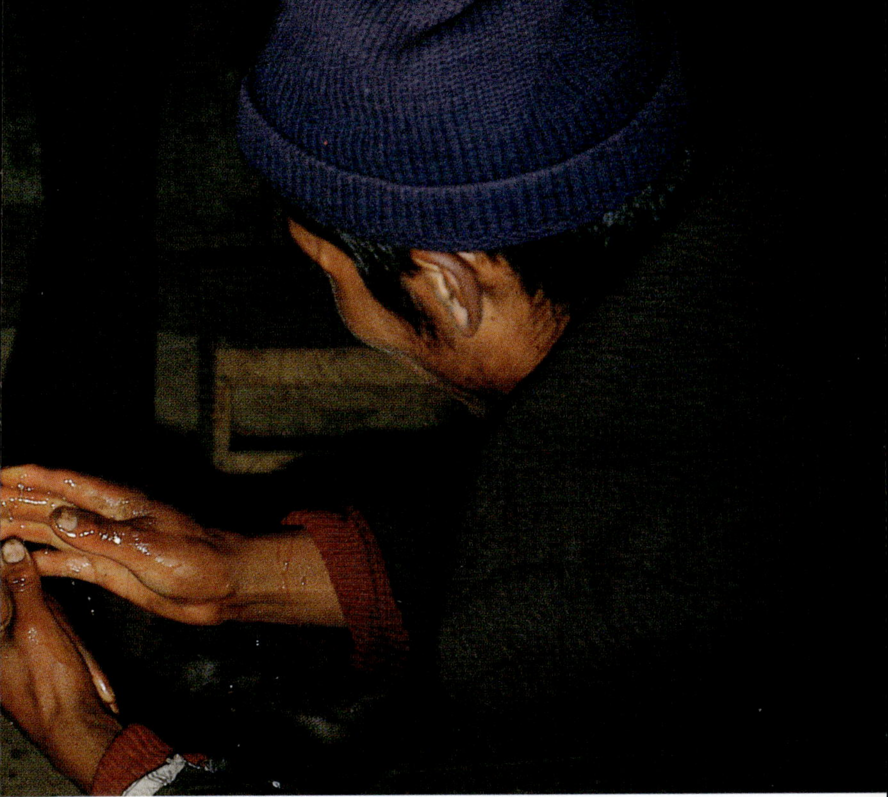

langer Gebete durch ihre bloße Benennung hereingeholt wird. Zur Vollendung der Heilung werden nicht nur die katholischen Heiligen angerufen, sondern auch das christliche Kreuz.

Dreimal muß das Kind dann auf das q'into hauchen, mit dem es gereinigt wurde, und Enrique sagt ihm deutlich vor, was dieses dreifache Hauchen bewirken soll:

ENRIQUE INSTRUIERT DIE KINDER BEIM DREIMALIGEN BEHAUCHEN DER Q'INTOS

Amaña kayjina, nispa, samaykunki! Ama manchaspa samaykorqoy kimzata; tukuy llaki, tukuy desgracia llosipuchun nispa!

Hauch drauf und sag: jetzt wird es nicht mehr so weitergehen! Ohne Angst zu haben wirst du dreimal darauf hauchen. Alle Trauer, alles Unheil soll raus, wirst du sagen!

Die gleichen, immer wieder beschwörend gesprochenen Gebetsformeln begleiten den zweiten Schritt des Reinigungsvollzugs in der Hütte, das Zerreißen der Linksfäden am Hals, am linken Handgelenk, am linken Fußgelenk der Kinder. Der dritte Schritt aber ist die Aufgabe des jüngsten Medizinmannes, Porfideo, in seiner Rolle als Gehilfe in dieser Heilung: die Waschung. Dornensud wird in eine Tonschale gegeben und die Kinder dem Alter nach herangerufen. Die beiden älteren Buben werfen den Poncho (Umhang) über die Schulter, streifen die Ärmel hoch und waschen sich dann kräftig die Unterarme; sie ziehen sich dann die Schuhe aus, streifen die Hosenbeine hoch und waschen sich die Unterbeine und Füße. Die Kleine wäscht sich auch selbst. Carlota hält den Jüngsten, und Porfideo wäscht ihn ab. Das gebrauchte Wasser wird in den ersten Krug gefüllt, in dem die Dornenpflanzen übrig geblieben sind.

Dieser Krug mit dem Wasser der rituellen Waschung und den Pflanzenresten vom Kochen wird mitgenommen zur Kreuzung des Weges. Auch der andere Krug mit Dornensud geht mit, ebenso die irdene Waschschale, das schwarze mesa-Tuch mit dem ausgekauten Coca, den Aschenresten, den zerrissenen Fäden (von den Tieren und von den Kindern), den q'intos der

Abbildung 8: Rituelle Fuß-Waschung

Kinder und allem, was bei der mesa-Bereitung übrig geblieben ist: ein wenig Alpacawolle, ein paar Stengel Dornenpflanzen, Krümel von Talg. Alles geht mit. Außerdem wird der Rest des reinen Alkohols mitgenommen, das Tuch mit Cocablättern, eine kleine Laterne. Carlota wirft sich eine Decke über, Abraham, der Kleinste, fängt fürchterlich an zu weinen und wird von seinen Geschwistern Trino und Celia getröstet. Die vier Kinder bleiben in der Hütte. Und wir ziehen los – neun sind wir. Es ist noch nicht ganz Mitternacht.

4.5 *Reinigungsritual an der Kreuzung des Weges*

Überblick Handlungsablauf

(1) Linksfaden-Verschnürung der Trauernden
(2) Q'into-Reinigung der Trauernden
(3) Zerreißen der Linksfäden
(4) Waschung im Dornensud
(5) Wegwerfen des llaki-Gutes

Es ist sehr kalt und sehr dunkel. Wir gehen nicht durch das Dorf, sondern ein wenig am Rand vorbei, und wir lauschen alle gespannt, ob die Hunde anschlagen. Es ist ganz klar: wir wollen nicht bemerkt werden. Es scheint zu gelingen. Kein Hund bellt. Die Nacht bleibt in tiefem Schweigen. Wir gehen einen schmalen Pfad den Berg entlang, einer hinter dem anderen. An der blassen, schwankenden Laterne, fünf dunkle Gestalten vor mir, kann ich schon die nächste Kurve des Weges erkennen. Wir gehen schweigsam, vorsichtig. In der Dunkelheit, auf diesen Geröllwegen, die hart am Abgrund entlang führen, müssen die Fußsohlen Augen haben.

Wir kommen zu der Stelle, wo ein anderer Weg unseren Pfad kreuzt. Auf der Erde, genau am Kreuzpunkt der Wege, werden die Krüge, die irdene Waschschale, das schwarze mesa-Bündel abgelegt. Das Tuch wird geöffnet. Es ist bitter kalt, und als erstes sollen wir uns mit einem Schluck reinen Alkohols wärmen. Enrique teilt aus. Jeder bekommt das Gläschen. Und jeder macht vorher seine ch'alla auf die Abfälle im schwarzen Tuch. Alle murmeln dabei Gebete, auch Carlota, Severo, Valentin, auch ich; wir wissen schon, was es zu sagen gilt: Trauer, Unheil – hinweg mit dir!

Dann vollzieht sich das Reinigungsritual unter dem nächtlichen Himmel in fünf Schritten: (1) Verschnüren der Trauernden, (2) Q'into-Reinigung, (3) Lösung der Verschnürung und Zerreißen der Fäden, (4) Waschung und (5) Vernichtung des llaki-Gutes.

(1) *Verschnürung.* Ein merkwürdiges Bild entsteht: Carlota, Valentin, Severo kauern am Wegrand auf den Boden. Mit den letzten paar Metern des Linksfadens werden sie untereinander mit Fäden umwickelt, aneinandergebunden. Sie sitzen wie in einem großen, lockeren Spinnennetz. Schweigsam geschieht dies, Enrique und Marcelino haben dabei zusammengearbeitet.

(2) *Q'into-Reinigung.* Mit dieser Verschnürung, auf den Boden gekauert, wird dann die Reinigung mit den q'intos vollzogen; es ist eine Parallelhandlung der drei ältesten Medizinmänner, jeder reinigt einen der Trauernden, alle drei beten, das Gebet ist flüsternd, ein Flüsterchor der Nacht. Anders als mit den Kindern in der Hütte sollen nun Carlota, Valentin, Severo selbst auch ausführlich beten – »Was immer euch einfällt, werdet ihr beten«, höre ich Enrique sagen, »betet das Vaterunser, und betet, daß die Trauer weggeht, und betet das Glaubensbekenntnis, betet, betet, betet!«

In den flüsternden Gebetschor der Medizinmänner mischt sich nun noch Stimme um Stimme mehr – schwer unterscheidbar sind sie, nur wenige Bruchstücke sind identifizierbar:

Enrique:

1 *Tukuy maldición, tukuy desgracia, tukuy runaj simin*
2 *kaypi kunanqa quedakupuchun;*
3 *tukuy animalninmanta, tukuy ... quedakupuchun ari ...*

Abbildung 9: Linksfaden-Umschnürung an der Kreuzung des Weges

Marcelino:

4 *Tukuy mala suerte, ima desgraciachu ... kachiapi quedapuchun,*
5 *kaypi kunan quedapuchun tukuy llaki, tukuy ima uma nanay ...*
6 *tukuy phiskura, kunan pichara*
7 *kunan viernes martes – kaypi quedapuchun.*

Severo, der Sohn:

8 *Gente sano kapusajku, mañana onkoyniojqa ...*

Severo, der Medizinmann:

9 *... kaypikama quedapuchun*

Marcelino:

10 *Pichus maychus malta piensan*
11 *doce apachetaman, doce leguasman ripuchun;*
12 *pichus maychus malta piensan*
13 *chay envidiosoman kutichun;*
14 *doce leguaman ripuchun,*
15 *ñan cruceroman ripuchun,*
16 *kunanri ripuchun.*

Marcelino, vor Carlota betend:

17 *Tukuy desgracia, tukuy llaki kaypi quedapuchun,*
18 *mala suerte – imataj kasqa kayjina viuda quedanapaj kunanri,*
19 *kunanjina wajcha quedanaypaj,*
20 *kaypi quedapuchun,*
21 *pichus maychus malta piensawan*
22 *chaymankama kunan kutichun.*

Carlota spricht mit ihm:

23 *Imataj pasawan – chayman kutichun kunan ...*

Marcelino fährt fort:

24 *Kunan viernes martes kaypi quedapuchun,*
25 *tukuy llakikusqanku, tukuy wakasqanku,*

26 tukuy maldición,
27 runaj simin, runa imaymanata pensachianku
28 paykunamanpas, qawakunamanpas kutichun,
29 ñan cruceropi quedapuchun.
30 Wawakunaqa sufrichianku kunanri,
31 avecesta ñankunapipas wakachianku,
32 chayta kaypi kunan quedapuchun, kay kachia ñan cruceropi
33 kunan martesta penan tukukuchun,
34 kunan martesta tukuy wakaynin tukukuchun.

ÜBERTRAGUNG

Enrique:
1 Alle Verwünschung, alles Unheil, alles schlechte Gerede:
2 das alles, das bleibe jetzt hier;
3 alles Unheil der Tiere, alles ... das bleibe jetzt hier ...

Marcelino:
4 alles Unglück, alles mögliche Unheil ... soll hier jetzt bleiben,
5 hier soll jetzt bleiben die Trauer, all der Schmerz im Kopf ...
6 alle Beschmutzung – Reinheit jetzt.
7 Freitag, Dienstag: es bleibe jetzt hier.

Severo, der Sohn:
8 Gesunde Leute werden wir sein, Krankheit wird nicht mehr sein ...

Severo, der Medizinmann:
9 ... hier bleibe es

Marcelino:
10 Wer immer wo immer Schlechtes denkt:
11 zu den zwölf Pässen der Berge, den zwölf Meilen hinweg damit.
12 Wer immer wo immer Schlechtes denkt,
13 falle auf diesen Neider selbst zurück,

14 hinweg zu den zwölf Meilen,
15 hinweg zur Kreuzung der Wege,
16 hinweg damit jetzt.

Marcelino, vor Carlota betend:
17 Alles Unheil, alle Trauer bleibe jetzt hier,
18 das Unglück – was war denn, daß ich jetzt hier als Witwe sitze,
19 daß ich jetzt auf diese Weise arm geworden bin?
20 – das alles bleibe hier;
21 wer immer wo immer Schlechtes über mich denkt,
22 das falle auf ihn selbst zurück!

Carlote spricht nach:
23 Was mir passiert ist – auf ihn selbst falle es jetzt zurück.

Marcelino fährt fort:
24 Freitag, Dienstag, das bleibe jetzt hier,
25 ihr ganzes Leiden, all ihr Weinen,
26 alle Verwünschung,
27 schlechtes Gerede, schlechte Gedanken der Leute,
28 das falle auf sie selbst und auf ihre Kinder zurück,
29 bleibe an der Kreuzung des Weges.
30 Die Kinder leiden jetzt,
31 auf irgendwelchen Wegen weinen sie vor sich hin,
32 das aber bleibe jetzt hier, hier an der Kreuzung des Weges,
33 an diesem Dienstag sei der Schmerz beendet,
34 an diesem Dienstag sei alles Weinen vorbei!

Jinata kachun, fällt an dieser Stelle der junge Severo ein – »so sei es, Amen«.

(3) *Lösung der Schnüre.* Und nun werden die Fäden, welche die drei Körper umspannen, zerrissen, die Fäden auch am Hals der drei, an den Hand- und an den Fußgelenken, und alle Fadenreste werden im schwarzen mesa-Tuch auf dem Kreuzweg abgelegt.

(4) *Waschung*. Aus dem Tonkrug wird Dornensud in die Waschschale geschüttet und in der schrecklichen Kälte, die uns alle unter die Kleider kriecht, waschen sich nun Carlota, dann Severo, dann Valentin ausgiebig die Arme und die Unterschenkel und Füße. Ein Handtuch gibt es natürlich nicht. Nur teilnehmende Worte: *Manchanata chirichian, y?* (Es ist ja einfach lausig kalt, nicht wahr?)

(5) *Vernichtung*. Der letzte Akt dieser vielstündigen Heilung besteht in der Vernichtung aller Heilungs»güter« – all der Dinge, die Unheil und Trauer mit in sich aufgenommen haben: Das sind unsere Cocareste, die zerkauten Blätter; das ist die Asche der Zigaretten, die wir geraucht haben; das sind die q'intos der Kinder oben in der Hütte und die q'intos der drei Familienmitglieder hier; das sind die zerrissenen Linksfäden vom Vieh, den Kindern in der Hütte, dem »Spinnennetz« hier, den drei Familienmitgliedern hier; das ist das schwarze Tuch der mesa; das ist der Krug, in dem der Dornensud bereitet wurde, mit dem Waschwasser der Kinder von der Hütte; das ist der zweite Krug mit Dornensud; das ist die Waschschüssel und das gebrauchte Wasser. Mit *ripuchun ripuchun* (hinweg, hinweg) wird alles – bis auf einen Krug – in den Abgrund befördert. Dieser eine Krug bleibt auf der Wegkreuzung stehen. Es ist noch etwas Dornenwasser darin. Er wird hier bleiben. Der Dornensud im Krug vernichtet gleichermaßen die Schatten unsere Handlung in der Nacht, die letzten Spuren der hier verworfenen Trauer.

Buena hora kachun (nun sei alles gut), und ein Dutzend von Danksagungen, Umarmungen und Abschieden. Die vier Medizinmänner gehen den Weg links hoch, Carlota und ihre beiden Söhne nehmen den Weg zurück ins Dorf. Dabei sollen sie einen anderen Weg nehmen als den Hinweg. Hin zur Wegkreuzung geht man links, zurück geht man rechts, erläutern die Medizinmänner. – Ginés und ich gehen den Berg hinab. Die Kälte ist uns allen sehr in die Knochen gekrochen. Wir gehen schnell, um warm zu werden. Aber das Geröll, das Stolpern vor Müdigkeit und schwarzer Nacht, das bremst uns wieder. Die Nacht – wenn man einen Augenblick innehält und das Geröll nicht mehr unter den Füßen rollt – sie ist absolut lautlos. Wirklich absolut lautlos. Dies war die hundertste Heilung, an der ich teilnahm. Ich fühle mich erfüllt und todmüde.

5. BESONDERHEITEN DES HEILUNGSRITUALS

Es war dies eine Gruppenheilung wie bei Valentin, eine Gruppenheilung im doppelten Sinn: eine Gruppe von Medizinmännern (zwei im einen, vier im anderen Fall) heilten eine Gruppe von Menschen (die fünfköpfige, mutter-verwaiste Familie, die siebenköpfige, vater-verwaiste Familie). Auch sonst sind vielfältige Parallelen im rituellen Geschehen auszumachen, die uns auf das Zentrum oder den unverzichtbaren Kern einer llaki wij'chuna der Callawayas verweisen. Doch die Identifikation dieses Zentrums oder dieses Kerns sei zurückgestellt, bis wir noch eine recht anders gestaltete llaki wij'chuna kennengelernt haben. – Wenn auch die Gesamtanalyse zurückgestellt werden muß, so möchte ich an dieser Stelle doch einige Aspekte hervorheben, die mir gerade an dieser Heilung besonders wichtig erscheinen.

Eine »Trauer-Behandlung« – hier oder dort – ist untrennbar verwoben mit den Konzepten von Leben und Tod, von Krankheit und Sterben, mit Warum-Fragen und Sinn. Und ich glaube, dies ist auch in dieser Heilung deutlich geworden. Wenn plötzlich der Familienvater stirbt – heute hat er noch gefeiert und getrunken, und nach fünf Tagen ist er tot – dann drängt sich, und nicht nur dort – wir alle wissen es aus unserer eigenen Erfahrung auch – die Frage auf: Warum ist er/sie gestorben? Warum hat es unsere Familie getroffen? Und die Antworten, die dann auftauchen, oft Antworten der Verzweiflung, sind nicht einfach individuelle Antworten – es sind auch kulturelle Antworten, religiöse Inhalte, mythologische Muster – je nachdem, was die Kultur an Inhalten bereithält. Und so liegt es im Falle von Marianos plötzlichem Tod nahe, daß die Gedanken der Hinterbliebenen – und der Medizinmänner, die diese ja durchaus schüren, aufnehmen und dann im Gebet sogar festmachen – sich auf den Einfluß böser, menschlicher Kräfte wenden, zumal der relative Wohlstand der Cerdáns einige Voraussetzung dafür schafft. Neid aber tötet nicht direkt; er kann aber töten, so glaubt man, durch die Vermittlung einer Aktuation, eines rituellen Vollzugs, einer bestimmten Form von yana mesa. Zur Bereitung einer solchen yana mesa gibt es eigene Spezialisten in der Region – und nicht selten, oder gar überwiegend, sind es die Frauen, die dafür zuständig sind, die das entsprechende geheime Können und Wissen verwalten. Wie solche intendierte Tötung vollzogen wird, die ein Klient von seiner Hexe wünscht, werde ich an späterer Stelle behandeln (vgl. f. S.). Hier – im Falle von Marianos Tod – bleibt alles offen, *maldición,* das immerhin wird ausgesprochen, könnte im Spiel gewesen sein – aber von wem? *Runaj simin* – Gerede der Leute, heißt es. *Runaj simin,* das böse Reden der Leute, der Neid, die Verwünschung – das ist jedoch nur ein Strang der Grübeleien zur Warum-Frage. Ein anderer Strang umkreist einen konkreteren Verdacht: Hat jener Mann (über den in der Heilung ausführlichst Schlechtes ausgetauscht wurde), der Mariano eine Spritze gab – eine *alte* Spritze gesetzt? Beiläufig weiß man schließlich, daß es eine Frau gibt, die auch spritzen kann und so jemand umgebracht haben soll ... Es bleiben diese Geschichten und Episoden im assoziativen, dunklen Nebeneinander. – Aber dann war es auch die Kälte – warum hat sich Mariano nicht mit zwei Ponchos zugedeckt? – Das wichtigste ist nun: Was immer die Ursache von Marianos Tod war – *alles* – auch *maldición* – ist vorsorglich mit behandelt worden, mit abgewaschen, abgerieben, abgerissen und mit in den Abgrund geworfen worden.

Neben einer Vielfalt vergleichbarer Handlungsabläufe unterscheidet sich dieses Heilungsritual auch in mehrfacher Hinsicht von dem, das wir bei Valentin erlebt haben. Ist hier oder ist dort etwas vergessen worden? Oder sind die Unterschiede Momente, die aus der unterschiedlichen Situation der Trauernden resultieren? Oder sind es unterschiedliche Eigenarten der Medizinmänner oder der Dörfer, aus denen sie kommen? Oder sind die Varianten gleichwertige Elemente aus einem großen, reichen Reservoir ritueller Möglichkeiten? Die Fragen stelle ich für das Kapitel 7 zurück.

KAPITEL 4

Llaki wij'chuna III: Der Tod der kleinen Martha: Doppel-mesa-Heilung für eine junge Mutter

Übersicht:

1. DER TOD DER KLEINEN MARTHA

Irene, noch nicht ganz 19 Jahre, sitzt erschöpft, zusammengesunken, wie benommen, am Rand des Reisiglagers in ihrer Hütte, die sie mit ihrer Mutter bewohnt. Der Vater ist lange tot. Die jüngere Schwester ist in La Paz. Bis vor wenigen Tagen hatte noch eine dritte, eine ganz kleine Frau, diese Hütte bewohnt: Martha, gerade ein Jahr alt, das erste Kind von Irene. Der Vater hat sich davon gemacht, hat eine andere Frau geheiratet. Irene und Maria waren ganz glücklich mit dem kleinen Mitbewohner der Hütte. Und dann wurde das Kind krank. Es waren nur wenige Tage, keine Heilung hat geholfen, und es starb – vor jetzt fünf Tagen, sagt Irene mit leiser Stimme. Und schweigt wieder. Der Medizinmann Federico ermutigt sie zu berichten:

Imamanta wawayki wañun, jayka unaycha onkon – qan sut'inta willakuway.
Tukuy kay mala suerteykita sut'inta willawanki.
Ima desgraciakunataj pasaj kasunki.
Chaymanjinataj ñoqapas componesaj suerteykita.
Tukuy fé, tukuy voluntadwan ruasun chiqaqa.
Tukuy tiempo sirvisunki. Sut'inta willawanki.

ÜBERTRAGUNG

Woran ist dein Kind gestorben, wie lange war es denn krank? Erzähl es mir in aller Offenheit, all dein Unglück, laß es mich mit aller Offenheit wissen. Welche unheilvollen Dinge sind dir zugestoßen? Dementsprechend werde ich dir dann dein Schicksal komponieren. Mit allem inneren Glauben und allem guten Willen werden wir dann (die mesa) bereiten. Für alle Zeit wird es dir nützen. Du kannst in aller Offenheit berichten.

Und dann berichtet Irene, mit leiser Stimme, aber ohne abzusetzen, ohne daß nachgefragt würde, fast ohne Atem zu holen:

Han jinata kunan kay wawaypaj tatanwan tiarkayku.
Jinaspa ›jamusaj‹ nirqawan.
Mana chayanpunchu.
Astajina kapun.
Sayakuchiani ›chayamonqa chari‹ nispa.
Al último chayamusqa, pataman chayamusqa.
Pero waj warmita pusaykukusqa.
Jinaspa chaywan tiakupusqa.
Kunan casarakupun nin.

Jinaspa waway onkon. Chaymanta allyachiyku. Allillan.
Chiqamanta devuelta onkoykullantaj.
Chiqamantaqa allyachichiallaykutaj.
Fiancitakunata han jina ruallaykutaj.
Chiqamanta kay onkoykun diarreawan, vomitowan.
Chay pamperantin kasqa nin, chay kunkapichá jatarirqorqanqa.
Chiqamanta kunancaj ni imapas allinta rurarqonchu.

Domingota tumpa allinraj kachian.
Jinaspa nacajta, lunesta sinchi jinaqa.
P'unchayqa purini.
Machukunamantawan chari, niwanku.
Jinaspa chaytaqa juchuytaqa ruarichini.
Manapuni chayqa imananpaschu. Asta locoparipun.

Jinaspa sajra kutipun, walejta aburrikun, makakunjina.
Imamantachá renegan, nikuchiayku.
Ni ima pujllana qosqatapas mana munanchu.
Ni mikuyta mana munanchu.
Walej mikurikuj karqanpas.
Choqan mikuytaqa.
Jicharparin.
Jallp'akunawan ima chuamanqa t'akarparin.
Walej renegonata puni onqoykunqa.

Sinchi paqaripun martestaqa.
Astawan locoparipun.
Q'alata wikakupun p'achankunata.

Kallu uñantinta kuturqukunpas.
Maki uñanta kuturqokun.
Jinaspa martesta ñauwinta tijrapunñapuni.
Chay tutaqa ñakayta paqarichiyku.
Miercolestaqa iguallataj karipun.
Miercolesta igual ñauwi tijrasqa kakuchian.
Jinaspa miercoles tardecaj, nueve de la nocheta, chiriyarqon ari. Pierdekopun.
Watitayojña karqan. Wata iskay semanayoj.
Atunña karqan, rerqanña.
Hanjina patita kinraykukunapi sapitanña purikoj.
Allin tiakuj. Chajrakunapipas tiakojlla.
Mana yanakojchu.
Mana reconesqarajpaschu karqan.
Susto munasqa karqan.
Jina wakakuchiayku kunanqa.

ÜBERTRAGUNG:

Also, ich habe mit dem Vater des Kindes zusammengelebt. Dann hatte er mir gesagt: ›Ich werde wiederkommen‹. Aber er ist nicht wiedergekommen. So ist es dann gewesen. Ich habe gewartet; er wird bestimmt wiederkommen, habe ich mir gedacht. Und schließlich kam er auch wieder, oben ins Dorf. Aber eine andere Frau hatte er sich mitgebracht. Danach hat er mit der zusammengelebt. Jetzt hat er geheiratet, sagt man.

Dann ist mein Kind krank geworden. Darauf haben wir es wieder heilen lassen. Es ging ihr gut. Danach ist es von neuem krank geworden. Nochmal haben wir es heilen lassen. So eine kleine mesa haben wir dem Kind bereiten lassen. Danach ist es mit Durchfall und Erbrechen weiter gegangen. Das ist der Kropf, hat man uns gesagt, an der Kehle ist es ausgebrochen. Und danach, diese Male, hat ihm nichts mehr gut getan, nichts mehr hat geholfen.

Am Sonntag ging es noch ganz gut. Danach, am Montag, ziemlich schlecht. Ich bin tags weggegangen (um Hilfe und

Rat zu holen). Das muß von den *machus* kommen, die Krankheit, hat man uns gesagt. Dann haben wir ihr ein bißchen was (eine mesa) bereiten lassen. Es hat ihr gar nichts mehr geholfen. Sie ist ganz verrückt geworden.

Dann ist es ganz böse geworden mit ihr. Sie hat sich wie belästigt gefühlt, sie hat sich selbst geschlagen. Warum führt sie sich denn so auf, haben wir uns gefragt. Nichts, was man ihr zu spielen gab, wollte sie haben. Nicht einmal essen wollte sie. Ein so guter Esser war sie immer. Sie hat ihr Essen weggestoßen, ausgeschüttet, hat ihre Schale mit Erde und allem möglichen bestreut. Dermaßen widerspenstig ist sie krank gewesen.

Am Dienstag ist sie in ganz schlechtem Zustand aufgewacht. Mehr und mehr war sie wie verrückt. Ihre ganzen Kleider hat sie sich losgerissen. Sogar in ihre winzige Zunge hat sie sich gebissen. In ihre winzige Hand hat sie sich gebissen. Dann haben sich am Dienstag ihre Augen verdreht. An dem Abend haben wir sie kaum noch wachgekriegt. Genauso ist es am Mittwoch gewesen. Am Mittwoch haben sich ihre Augen auch immer verdreht. Dann, am Mittwochabend um neun Uhr, ist sie plötzlich kalt geworden. Sie ist gestorben.

Ein Jährchen war sie alt. Ein Jahr und zwei Wochen. Sie war schon groß. Sie konnte schon krabbeln. So auf ebener Erde ist sie schon immer ganz allein gekrabbelt. Gut sitzen konnte sie schon. Wenn ich auf dem Feld war, dann hat sie immer aufrecht gesessen. Sie war keine Belastung – noch nicht einmal (als uneheliches Kind) anerkannt war sie. Unheimlich geliebt haben wir sie. Und da weinen wir jetzt...

Warum hat die kleine Martha diesen Todeskampf führen müssen, warum hat sie ihn verloren? Kam es vom Kropf? So sagten die einen. War es der Durchfall und das Erbrechen? Oder ist es von den *watayojkuna* gekommen, von ihrem *machu?* Die Kleine hatte noch keinen ihr zugeordneten *machu*, keinen ihr zugeordneten Ort der Kraft; dennoch *gibt* es natürlich bereits einen für sie; den gibt es, wenn sie geboren wird, und der watapurichej liest nur noch aus Coca und Karten, um ihn zu identifizieren. *Watayoj* – das sind die Orte der Kraft, die jedes Jahr neu bestimmt werden und – wie ich schon kurz erwähnt habe – gewissermaßen der *machu* dieses Jahres sind. Der *machu* beschützt und begleitet, aber er kann auch böse Macht haben. Könnte der Tod daher rühren? Doch das ist nur eine Vermutung. Aber es bleibt nicht die einzige Vermutung, und die anderen Vermutungen bleiben auch keineswegs im Vagen. Jene subjektiven Theorien über plötzliches Sterben – wie wir sie auch im Falle von Marianos Tod kennengelernt haben – lehren uns viel über die Sicht der Welt und über die sozialen Realitäten und Konflikte in jener Region. Hören wir Irene zu, wie sie zunächst noch einmal die Wirkung kosmischer Kräfte erwägt – und dann gezielte Hexerei:

Kajyamanta punichá kanman, q'ejo q'ejoykun.
Jinaqa allin kachiarqan.
Jinaspa janllayaripuchiasqa, q'ejo najtin.
Jaqaytukuyta, sustukukykupas.
Q'ejochá apapanqa ichá, nispa.

Watayojninmanta, nin.
Chaymanta, nin.
Atun mesata mast'achiychis.
Tukuy caro kajtin, mana mast'achillaykutajkuchu.
Media mesallata apakarichini, jampekarichini.
Jina kapun.

Janllayaripuchiasqa ari, asispajina.
Asipuchianmanjina kapuchiasqa wawaqa.
Ayaña chiqaqa karqan. Mayllasqaña.
Wañusqanmanta jina.
Chaymanta niwanku watayojmanta chari.
Machunchá apan, chayjinaqa niwanku.

ÜBERTRAGUNG

Vom Blitz wird es bestimmt herkommen, der hat sie geschlagen. Es ging ihr gut. Und dann ist sie mit offenem Mund dagelegen, als der Blitz sie geschlagen hat. Wir haben uns entsetzlich erschreckt. Der Blitz nimmt sie uns vielleicht weg, haben wir gesagt.

Es kommt von den Orten der Kraft, davon kommt es, hat man uns gesagt. Eine große mesa müßt ihr bereiten lassen. Aber da alles so teuer ist, haben wir sie nicht bereitet, nur so eine halbe mesa habe ich machen lassen, um das Unheil wegzunehmen, um sie zu heilen. Dabei ist es geblieben.

Ja, mit offenem Mund hat sie dagelegen, so als wenn sie lachen würde; so als wenn sie lachen würde, so war's mit meinem Kind. Da war sie schon Leichnam. Sie war schon gewaschen. Es war, nachdem sie gestorben war. Deshalb muß es wohl von den Orten der Kraft kommen, haben sie uns gesagt. Ihr *machu* nimmt sie mit, so hat man uns das gesagt.

Dies ist einer der Versuche zu verstehen, Sinn in dieses Geschehen, den plötzlichen Tod, zu bringen. Man muß die Zeichen zu lesen wissen: Der offene Mund, einem Lachen gleich, auf dem Gesicht des toten Kindes – das deutet auf den Blitz und auf die Orte der Kraft. Der Bericht verwirrt sich hier (nur für unsere Chronologie). Die Menschen kommen zusammen und fragen sich, was passiert ist, und geben Ratschläge, was zu tun ist. Und wenn es vom *machu* kommt, die Krankheit, dann muß eine große mesa bereitet werden. Nur, die Leute sind arm – woher da all die Ingredienzen nehmen, die gebraucht werden – schon allein der reine Alkohol, den man ja kaufen muß und der so teuer ist, und den man auch selten gegen Mais, Bohnen und Kartoffeln eintauschen kann. Hier kommt ein ökonomisches Moment hinein, welches die rituelle Handlungsfreiheit, wie sie den wahrgenommenen Notwendigkeiten entspräche, beschränkt: »Nur eine halbe mesa habe ich machen lassen ..., dabei ist es geblieben.«

Aber während diese Vermutungen eher vage bleiben, hat Irene auch noch andere, sehr konkrete Gedanken über das Sterben ihres Kindes – Hexenmord:

Irene: *Chay tatan chari han jinata.*
Mana pension pasanrayku chari wañupunman.
Wañunman nispa puni nisqa!
Pero mana wañunqa chiqaqa, mana entregapuwanqa chiqaqa – nasaj apakakupusaj wawayta nisqa ari.
Jinaspa mana yachanichu imakunatachá ruachimuwanku.
Sonserakunata chari ruachimuwanku.
Mamantaj uj jinapacha kasqaqa.
Mamanchá nachianqa.
Layqa nerkanku.
Ari, hanjina chay cosasta puni ruachimusqawanku.

Chayqa lloysikuchianpuni kunanpas.
Chay sabikunaman puriyku chiqa, chayllapuni llojsikuchian.
Chaypuni, nin.

Naupajpachamantachus chaykunata kutiycachiykuman, jampichiykuman.
Ichá allin kakuchianman karqan.
Kaymantajina onkoykullantaj.
Mana unaychu.
Pusaj p'unchay jinalla onkoykusqanqa.
Onkoykusqanmanta sinchi kasqan kajqa.

Federico: *Entonces qosanta, dueño qosanta como hechiseriata ruachispakama, chayta nan. Wañun. Auto volcarqusqa Coro Coromanta jamuchiasqa La Pazman. Chaypi wañupun.*

Apolinar: *Chiqaqa waltachiyta yachanku chareqa.*

Federico: *Yachanku, yachanku!*

Irene: *Chayta niwankupuni.*
Qanpaj wañunaykimantachá wawaqa wañun nispa.
Wawaj wañunanta munarqankupuni chareqa.
Chayqa ama pension pasananku chareqa.

ÜBERTRAGUNG

Irene: Ihr Vater, der muß so einer sein. Weil er das Unterhaltsgeld nicht bezahlen wollte, deshalb ist sie wohl gestorben. Die (Kleine) wird wohl sterben, so hatte er immer gesagt. Aber wenn sie nicht stirbt, wenn sie mir nicht übergeben wird, dann werde ich (etwas) arrangieren, ich werde es mir wegnehmen, mein Kind, so hat er geredet. Danach – ich weiß nicht, was man mir möglicherweise getan hat. Irgendwelche Blödheiten haben sie mir bestimmt angetan. Seine Mutter, die ist auch so eine. Wahrscheinlich hat seine Mutter etwas gemacht. Sie ist Hexe, sagt man. Ja, so ist es, solche Dinge haben sie mir immer zugefügt. Das kommt jetzt auch immer genau raus (beim Karten- oder Coca-Lesen). Wenn wir zu den Weisen gehen (um die Karten, das Coca lesen zu lassen), dann ist es immer nur das, was rauskommt. Das ist es, heißt es dann.

Diese Dinge (hätten wir sie vorher gewußt) hätten wir schon lange (an die Verursacher) zurückgegeben, wir hätten sie geheilt. Vielleicht hätte sie gesund bleiben können. Schließlich ist sie ja von einem Tage auf den anderen krank geworden. Es war nicht lange. Acht Tage ungefähr war sie krank. Nachdem sie krank geworden war, ging es ihr immer arg schlecht.

Federico (über die Mutter von Marthas Vater – die Irene als Hexe bezeichnete): Also ihren Mann, ihren eigenen Mann, hat sie sogar mit purer Hexerei belegt, das hat sie gemacht. Er ist gestorben. Das Auto hat sich überschlagen, als er von Coro Coro nach La Paz kam. Dort ist er gestorben.

Apolinar: Dann müssen die wissen, wie man die Dinge entsprechend zusammentreffen läßt.

Federico: Die wissen das, die wissen das.

Irene: Das hat man uns auch immer gesagt: Vielleicht ist statt deiner das Kind gestorben, sagt man uns. Die müssen den Tod des Kindes immer gewollt haben. Das deshalb, weil er das Unterhaltsgeld nicht zahlen wollte.

Wenn von »mir etwas angetan« die Rede ist, von »Blödheiten, die mir angetan wurden«, davon, daß seine Mutter »etwas gemacht« hat – so ist mit diesem Tun und Machen *(ruay)* immer die Hexerei gemeint. Woher ist Irene so sicher, daß Hexerei im Spiel ist? Immer wieder, und ganz besonders in Krisen, geht man zu »Weisen« (*sabikuna*, wie Irene sie nennt), um sich aus dem Coca oder aus den Karten herauslesen zu lassen, was los ist, was war, was sein wird. Und das hat Irene auch gemacht. Und die befragten Weisen lasen aus Coca oder Karten: Hexerei ist im Spiel. Und wenn Irene sagt: »Wir hätten das ›zurückgegeben‹«, so ist eine spezielle mesa, die *kuti* mesa, gemeint, bei der das Unheil an den Verursacher zurückgegeben wird, das heißt, ihm selbst genau das an den Leib gewünscht wird, was er seinem »Opfer« angetan hat (*kuti* = zurück). Und Irene meint: »Wir hätten sie geheilt«; sie weiß: wenn das Unheil an den Verursacher zurückverwiesen worden wäre, dann wäre das Kind gesund geworden. Aber sie haben es nicht rechtzeitig gewußt. Daß das Kind so schnell gestorben ist – und so »verrückt« –, das wird auch als Hinweis darauf gewertet, daß Hexerei im Spiel ist. Und unterstützt von Informationen, die Federico beizutragen weiß (die Mutter des Kindsvaters hat ihren eigenen Mann durch Hexerei umgebracht), wird das Netz der »Sinngebung« ganz konkret: wir wissen, wer es getan hat (die Mutter), und wir wissen auch, in wessen Auftrag (dem des Kindsvaters – das hatte er ja schließlich auch angedroht – »dann werde ich etwas arrangieren« – das heißt: eine schwarze mesa), und wir wissen auch, warum der Hexenauftrag vergeben wurde: er wollte das Unterhaltsgeld nicht zahlen. Interessenkonflikte, Besitzkonflikte, Erbstreitigkeiten, Schuldenzahlungsfragen – das sind ganz häufig vorkommende soziale Konfliktpunkte, und da soziale Konfliktpunkte auf der dunklen Bühne hinter jeder juristischen Auseinandersetzung mit bestimmten Mitteln zum eigenen Guten gewendet werden können und dies durch die Macht gewisser »schwarzer Rituale« möglich ist, sind es auch die sozialen Konflikte, welche die Klientel zur Hexe führen (vgl. f. S.).

2. HEILER UND HEILUNGSKONTEXT

Irene, die junge Mutter der kleinen Martha, hatte ich bei Apolinar kennengelernt. Irene ist die Nichte Apolinars, die Tochter seines verstorbenen älteren Bruders. Irene hat mich dann öfter in meiner Hütte in Charazani besucht. Sie brachte immer etwas Gemüse mit. Einmal hatte sie ein paar Bohnen, ein anderes Mal Mais in ihrem Webtuch. Nein, verkaufen wollte sie das nicht, auf keinen Fall, sie wollte es mir schenken. Also schenkte mir Irene Bohnen und Mais, und ich schenkte ihr ein bißchen Geld. Einmal kam sie und hatte nichts mit. »Doctorita«, sagte sie, »kannst du mir nicht ein paar deiner Nelken schenken? Meine Kleine ist dermaßen krank. Ich will eine Heilung für sie machen lassen. Nur ein paar Nelken brauche ich. Und vielleicht ein ganz klein bißchen Geld für den Alkohol...« Ich habe im Hof meiner Hütte Nelken gepflanzt. Die Nelke ist eine Blume, die in keiner weißen mesa fehlen darf. Sonntags werden Nelken auf dem Markt angeboten, aber sonst ist es nicht immer leicht, Nelken aufzutreiben, und so konnte ich schon oft aushelfen. Aber ich habe Irene nicht geglaubt, daß das Kind krank ist. Ich dachte, sie braucht halt ein bißchen Geld im Augenblick. Und da wir uns schließlich gut kennen, gab ich ihr ein bißchen Geld, und wir pflückten auch ein paar Nelken. Aber wenige Tage später hörte ich, daß das Kind von Irene gestorben ist. Es war kein Vorwand. In ihrem Bericht sagt Irene ja auch, daß sie eine kleine mesa hat bereiten lassen. Aber es hat nichts mehr geholfen. *Pierdekopun,* sagt Irene, »sie hat sich verloren«. Das kleine Mädchen ist dort begraben, wo auch Pastora liegt: auf dem verwilderten Friedhof von Lunlaya, auf einer Terrasse des steilen Abhangs zum Fluß, unter einem Haufen Steine.

Es ist Montag. Federico ist aus seinem Dorf, Telinhuaya, gekommen. Mindestens drei Stunden braucht er, um über die Berge und durch die beiden Schluchten, über die beiden Flüsse, nach Charazani zu kommen. Er hatte in Charazani zu tun, sonst gibt es auch noch einen direkten Weg nach Lunlaya, dem Dorf, in dem Irene wohnt. Apolinar traf sich tags mit Federico, um in Erfahrung zu bringen, welche Ingredienzen Federico möglicherweise noch für die llaki wij'chuna braucht. Auf diese Weise wollte Apolinar seiner Nichte Irene helfen: er würde besorgen, was noch fehlen sollte. In der Tat brauchte Federico einige Ingredienzen, die zu beschaffen nicht leicht war: den Krallenfuß eines Huhns, einen Hühnerfötus, einen Schweinefötus, Rosenblätter... Apolinar machte sich auf die Suche, und für den Abend war alles dann zusammen.

Federico, der Medizinmann, ist über sechzig. Ich kannte ihn schon aus einem anderen Heilungsritual (Heilung 67), wo ich ihn als sehr zugewandten, fast väterlich-zärtlich zugewandten Heiler kennengelernt hatte. Viel Wärme strahlt er aus. Ein eisernes Kruzifix spielt in seinen Heilungsritualen eine große Rolle. Seine Gebete sind lang und reich an Anrufungen – Anrufungen der Heiligen, Anrufung der Orte der Kraft. Unter den Heiligen und den Orten der Kraft kommen peruanische Schutzpatrone und peruanische Orte der Kraft vor. Denn Federico war viel in Peru. Als Sechzehnjähriger ist er von zuhause ausgerückt (ein andermal sagt er, als 12- oder 14-jähriger – das ist alles nicht so genau dort). Sein Vater hatte sich überlegt, der Junge könnte vielleicht doch noch Schreiben lernen, und hat ihn in die Schule geschickt. »Aber in dem Alter in die Schule, ich bitte dich, doctorita«, meint Federico, »das war nicht auszuhalten.« Zu sechst haben sie sich aus dem Dorf abgesetzt, drei sind nach Argentinien gegangen – zu Fuß –, drei nach Peru. Nur zwei davon leben noch, betont Federico oft. Er ist nach Peru gegangen, über die Berge bis Sicuani, dann hat er einen Bus nach Cuzco genommen. Seinen Vater, der auch Medizinmann war und in Peru auf Heilungsreisen ging, hat er um ein wenig peruanisches Geld erleichtert; das ermöglichte ihm durchzukommen. Drei Jahre war er in Peru, ehe er das erste Mal wieder nach Hause zurückkehrte. Die Kunst des Heilens mit Kräutern und mit Ritual, das hat er von seinem Vater gelernt. Und er ist dann selbst oft auf Heilungsreise nach Peru gegangen. Doch jetzt kann er nicht mehr reisen. Vor zwölf Jahren starb seine Frau. Er hat vier Kinder. Die Jüngste ist 14. Sie kocht für Federico, hütet die Hütte und den blinden Bruder. Zwei Kinder

Abbildung 1: Federico Llaves, mit liebevoller Geduld meine dummen Fragen beantwortend

sind verheiratet. Der älteste Sohn ist auch Medizinmann geworden.

Die verheirateten Kinder leben in ihren eigenen Familien; so ist Federico mit der Tochter und dem blinden Sohn allein. Wer sollte die Tiere hüten, die Äcker versorgen, wenn Federico auf Heilungsreise ginge? Das geht nicht mehr. Federico sieht auch schlecht, das belästigt ihn sehr. Sein größter Wunsch ist – »wie heißen diese Dinger noch, diese Dinger, die man vor die Augen setzt?« – eine Brille. Gelegentlich kommt Federico mit dem Gesetz ein wenig in Konflikt; einmal mußte er sich auch länger verstecken, darüber laufen allerlei Gerüchte um, *runaj simin* – Geschwätz der Leute, sagt Federico; und wir lassen das Kapitel. Ich habe mehrere lange Gespräche mit Federico geführt (I–13), und er hat mir vieles beigebracht. Das wichtigste war vielleicht, daß er mich die Absurdität meiner Fragen lehrte, Fragen, geprägt von westlicher Logik und westlichem Sprachverständnis – nur mühsam in die Struktur des Quechua gepreßt – Warum-Fragen, Chronologie-Fragen, Definitions-Fragen, Klassifikations-Fragen, Abstraktions-Fragen, Generalisations-Fragen . . . Er hat sich mit der ihm eigenen unendlichen Geduld und väterlich-zärtlichen Zuwendung alle meine Fragen angehört und wunderbar unbeirrbar in *seiner* Weise – nicht geantwortet, sondern erzählt. Und daraus habe ich viel gelernt.

An diesem Montagabend gingen wir bei Einbruch der Dunkelheit zusammen von Charazani aus nach Lunlaya. Apolinar zeigte uns den Weg zu Irenes Hütte. Jeder von uns hatte einige der notwendigen Ingredienzen aufgetrieben. Ich trug einen Schweinefötus zum Heilungsritual bei (in La Paz auf dem Zaubermarkt gekauft), den reinen Alkohol, die Zigaretten. Statt eines Hühner-Fötus' konnte es auch ein totes Küken sein; das hatte Ginés beigesteuert. Apolinar besorgte die Hühnerkralle, die Rosen. Irene und Maria hatten ein paar Dornenpflanzen gesammelt, stellten die Alpacawolle. So haben wir alle etwas beigetragen, wie es üblich ist. Irene und Maria erwarten uns in der Hütte. Die Hütte liegt am Steilhang auf einer kleinen Terrasse oberhalb des Flusses, angekuschelt an den Berg, mit einem wunderbaren Blick in die Schlucht und auf die Berge gegenüber. Das Rauschen des Wildflusses hört man bei Tag und bei Nacht. Die Hütte ist sichtbar aufgeräumt, der Erdboden ist gekehrt, eine Kerze brennt. Maria sitzt vor der Kochhütte – eigentlich nur ein winziges Schlupfloch unter schrägem Dach – und schält Kartoffeln. Wir würden auch ein Mahl zusammen teilen.

Wir richten uns in der Hütte ein. Sie ist fensterlos. Drei Reisiglager sind an den Wänden aufgebaut, vor einem steht ein kleiner Tisch. Irene bittet Federico, hinter dem Tisch auf dem Reisiglager Platz zu nehmen. Alles, was sonst noch in der Hütte ist – Körbe, Kleider, Webstoffe, Holz, Vorräte – ist an den Sparren des Hüttendachs untergebracht.

Mit Irene, Maria und Federico, mit Apolinar, meinem compadre, mit Ginés, meinem Mitarbeiter, und mir sind wir sechs, die an diesem Heilungsritual teilnehmen. Maria ist voll einbezogen, sie ist von der *llaki-desgracia* als Mitbewohnerin der Hütte, als Mutter von Irene, als Großmutter und Betreuerin der kleinen Martha, ebenso betroffen wie Irene.

Federico setzt sich hinter den Tisch, nimmt den Hut ab. Die meisten Indianer – Männer und Frauen – tragen draußen und drinnen einen Hut. Den Hut abnehmen ist für die meisten Heilunsgsrituale obligatorisch; es ist ein Zeichen der Ehererbietung an die anzurufenden Wesenheiten; nur bei einer bestimmten schwarzen mesa kann man den Hut aufbehalten. »Setz dich hier zu mir«, fordert Federico Irene auf, die sich dann neben ihn auf das Reisiglager setzt, »und erzähl alles, was dir zugestoßen ist« (vgl. o.). Das Coca wird ausgepackt, und wir alle kauen Coca, tauschen kleine Cocablatt-Sträuße aus. Ich finde es liebevoll, wie Federico mit Irene umgeht, sich zu ihr wendet, mit Ausdrücken des Mit-Leidens ihren Bericht begleitet, nach ihrem Leben fragt oder ihr Trost zuspricht und Glauben vermittelt:

Pero kunanqa chay desgracia, chay atrazoyki, q'ala sufrimientoyki kunanqa llojsipunqa. Sumajta ruapusqayki ari! Pero con fé y voluntad ruana; asi tambien ayudallasunkitaj suertepas. Fé valen tukuy imapaj. Iskaychakuspa manachujina kay walejchu kanqa. Mana provechanchu. Iskaychakuspaqa, mana.

ÜBERTRAGUNG

Aber jetzt wird dies Unheil, all deine Rückschläge, all dein Leid, das wird jetzt vergehen. Etwas ganz Gutes werde ich für dich bereiten. Aber mit Glaube und Wille muß man das machen, dann hilft dir auch das Schicksal. Glaube ist für alles gut. Wenn wir schwankend sind, dann kann auch nichts Gutes daraus werden. Dann hat's keinen Sinn. Wenn wir schwanken – nein, dann nicht.

»Der Glaube«, sagte mir Federico einmal, »ist wichtiger als alles, was ich tun kann.« – Dieser Appell an den guten Willen, den festen Glauben, das Handeln aus dem Herzen, ist eine Aufforderung Federicos, die im Verlauf eines Heilungsrituals viele Male wiederholt wird, auch in den Gebeten (so auch in Heilung 67): Glaube, Herz und Wille, ohne das geht es nicht, sonst ist alles umsonst.

Und er tröstet Irene mit dem, was er von der Familie des Kindsvaters weiß. »Das sind keine guten Menschen!« Man kennt sich in der Region, natürlich, man weiß ziemlich genau, wie einer lebt, insbesondere, wenn das Leben nicht genau innerhalb der Bahnen katholischer Moral (und heidnischen Brauchtums) verläuft. Und der Vater des Kindsvaters, so wußte Federico zu berichten, der hat es genauso gemacht, der hat sich auch zwei Frauen genommen und hat die Kinder im Stich gelassen... Und wie uns schon aus den vorangehenden Heilungen vertraut ist, zieht dann das Gespräch auch weitere Kreise. Während in Muße Coca gekaut wird, ist davon die Rede, was es doch alles für Menschen auf dieser Erde gibt *(Imaymana runaqa kanchis)*, daß Armut doch das geringere Übel sei gegenüber dem Unheil, das uns Menschen zustoßen kann *(Suerte kajtenqa imaymana pobre allinta tiakunku)*, welches Unheil anderen zugestoßen ist und woher es wohl kam... Apolinar erwähnt auch mehrmals, daß der Tod der kleinen Martha nicht der einzige Tod war: drei Tage vor Marthas Tod ist ein Junge von Antonio gestorben, dem Bruder von Apolinar, ein paar Schritte von Irenes Hütte entfernt – nur drei Tage vorher!

Kommt hinzu: die kleine Mercedes, das Enkelkind von Antonio – die soll auch fast gestorben sein! War erst von einer möglichen, ganz gezielten Hexerei die Rede, so vermutet man jetzt noch viel umfassendere schwarze Handlungen...

3. ABLAUF DES HEILUNGSRITUALS

Während so die Zeit dahinfließt und wir, Ahnungen, Ereignisse, Erfahrungen austauschend und Coca kauend, plaudern, hat Federico schon begonnen, gute Cocablätter auszusuchen. Und wir alle haben unsere mitgebrachten und besorgten Ingredienzen auf dem Tisch bei Federico abgelegt. Da liegt das Hühnerbein neben dem Schweine-Fötus, den Zigaretten, den Rosenblättern. Es kommen schwarze Alpacawolle dazu, Schweinetalg, Dornenpflanzen etc. – aber Federico braucht auch weiße Alpacawolle und fragt nach Weihrauch und Lama-Talg! Denn Federico würde gleich zwei verschiedene mesas bereiten, erst eine yuraj mesa, eine weiße mesa, dann die llaki mesa, die schwarze mesa.

Ingredienzen für llaki wij'chuna III

A. *Yuraj mesa (weiße mesa)*
1. Weiße Alpacawolle
2. Coca
3. Lamatalg
4. Nelkenblüten (nicht vorhanden)
5. Reiner Alkohol.

B. *Llaki mesa (Trauer-mesa)*
1. Schwarze Alpacawolle
2. Reiner Alkohol
3. Coca
4. Zigaretten

5. Yana-mesa-Gemisch
6. Dornenpflanzen
7. Schweinetalg
8. Rindertalg
9. Schweinefötus
10. totes Küken (statt Hühner-Fötus)
11. Krallenfuß vom Huhn
12. Zwei verschiedene Arten Rosen
13. Schwarzes und weißes Garn (nicht verwendet)
14. Zwei Kerzen
15. Weihrauch

Die llaki wij'chuna, die Federico für Irene und Maria bereitet, unterscheidet sich nachhaltig von den vorangehenden Heilungsritualen, die wir kennengelernt haben, und entsprechend unterscheiden sich auch die Handlungsschwerpunkte im Heilungsablauf:

3.1 Bereitung der weißen mesa
3.2 Bereitung der llaki mesa
3.3 Verbrennung der yuraj mesa am cabildo der Hütte
3.4 Anlegen des schwarzen q'into und Reinigungsritual in der Hütte
3.5 Beseitigung der llaki mesa.

3.1 *Bereitung der yuraj mesa (weißen mesa)*

Übersicht Handlungsablauf

(1) Coca-Weihung mit Kreuz
(2) Formung des yuraj q'into.
(3) Eingangs-ch'alla des q'into
(4) Einlegen von Coca.
(5) Einlegen von Lama-Talg.
(6) Abschluß-ch'alla des q'into.
(7) Anlegen des q'into an den Leib.

Abbildung 2: Einige Ingredienzen der llaki wij'chuna III (von l. n. r.): Copa hampe in Papier, Hühnerkralle, Schweinefötus (auf Zigarettenpackung), zwei Farben von Rosen

Dies ist Federicos Auftakt für eine llaki wij'chuna: *Primerota sumaj cosasmanta, jinaspa kaycajta wawa cosasmanta kanqa,* erklärt Federico: zuerst kümmern wir uns um die guten Dinge und danach, das andere, wird dann die Sache mit dem Kind betreffen.

Bei allen seinen Heilungen begleitet Federico sein wichtigstes Requisit: sein 10–12 cm großes Eisenkreuz mit der gekreuzigten Christus-Gestalt. »Ich bin der einzige, der sowas hat«, sagt Federico nicht ohne Stolz. (Aber er irrt; ich habe noch bei anderen Medizinmännern ein großes Kreuz als Requisit erlebt – vgl. z. B. H–43; dieser Medizinmann lehnte es einmal ab, einen Patienten zu heilen, weil er sein Kreuz nicht bei sich hatte. Ein großes Silberkreuz gehörte, zumindest früher, offensichtlich als Erkennungszeichen zur Ausstattung jedes reisenden Callawaya – wie von Beobachtern und Reisenden beschrieben wird; vgl. z. B. den Bericht bei Weddel 1858; Basadre 1884.) Federicos Kreuz dient der Weihung der mesa, der Weihung der Ingredienzen, der Segnung der »Patienten« oder Mitbetroffenen:

Ñoqa el úniqo cruz. Chaywan ñoqa santiguani.
Chay cruz tukuy namanta defiendewanchis.
Wañunchis chiqa, chay cruzwanpas entierrakunchis.

Ich als einziger habe ein Kreuz. Mit dem segne ich.
Das Kreuz beschützt uns vor allem. Wenn wir sterben,
lassen wir uns sogar mit dem Kreuz begraben.

Das *santiguani* ist – wie es für die Sprache von Federico und oft auch anderen vielgereisten, z. T. zweisprachigen Medizinmännern der Fall ist – direkt aus dem Spanischen übernommen, nur in die grammatikalische Form des Quechua gefügt; das spanische *santiguar* heißt: ein Kreuz schlagen, segnen. Es ist also eine christliche Geste.

Federico verfügt noch über ein anderes, für ihn bedeutendes Requisit: (mindestens) zwei verschiedene, reich bestickte Schulterumhänge aus den Requisiten(Kleider)-Schränken der Katholischen Kirche. Dieser Umhang wird dem Betroffenen im Heilungsritual um die Schultern gelegt: ein Symbol von Segen wird ihm angelegt – auch eine christliche Gestik. Sie spielt eine große Rolle in Federicos Heilungs-»Stil«:

So wird mit dem Kreuz zu Beginn der yuraj mesa auch das Coca geweiht. Für eine yuraj mesa ist das Coca absolut unverzichtbare Beigabe; auch wenn alles andere fehlt, kann man immer noch eine kleine yuraj mesa, ein kleines yuraj q'into, bereiten (eine *wij'churipuna* nennt sich das) – aber wenn Coca fehlt, dann sind auch die anderen wichtigsten und üblichsten Ingredienzen wirkungslos. In der Weihung durch Federico findet diese Bedeutung des Coca seinen Ausdruck: er sammelt einige gute Cocablätter in seine offene Hand, legt das Eisenkreuz darauf, zeichnet ein dreifaches Kreuzzeichen darüber und läßt dann Irene dreimal auf das Coca-Kreuz hauchen. Damit ist das Coca geweiht, und Irene hat ihre eigene innere Seele – *samaykuspa almanchista samaykunchis* (mit dem Hauchen hauchen wir unsere Seele darauf) – ebenfalls zu seiner Weihung gegeben.

Die yuraj mesa von Federico besteht aus einem pampelmusengroßen q'into aus weißer Alpacawolle, das er lange und sorgfältig formt und dann mit reinem Alkohol und einem langen Gebet weiht. Sein Kreuz hat er oberhalb des q'into abgelegt. Normalerweise wird in der ch'alla für eine yuraj mesa die ch'alla-Flüssigkeit mit einer Nelkenblüte versprüht; mit dem Stengel taucht man die Nelkenblüte in das ch'alla-Gläschen. Federico aber benutzt dafür ein Blatt der Rosen, die später in die schwarze mesa eingelegt werden.

Das weiße q'into wird mit Cocablättern (mit der guten Seite nach oben, im Kreis angeordnet) und mit Lamatalg belegt. Das Lama ist ein verehrtes Tier, Lama-Talg ist grundsätzlich der weißen mesa vorbehalten, ist Nahrung und Angebot für die *Pachamama,* für *Gloria* und *lugarnioj* – für die Mutter Erde, die Ehrung des christlichen Pantheons und für die Orte der Kraft. Federico bittet um ein paar Nelken, aber Nelken sind keine da, nicht einmal ein paar vertrocknete, die Irene meint, noch aufbewahrt zu haben und die in der Zeit, in der es kaum frische Nelken gibt, in die yuraj mesa eingelegt werden können. So bleibt es bei Coca und Lamatalg für das weiße q'into – das ist auch das Wichtigste. Bevor das so bereitete weiße q'into nochmals mit einer ch'alla geweiht wird, läßt Federico Irene dreimal auf das ch'alla-Glas hauchen: wieder wird sie einbezogen, damit sie das, was für sie bewirkt werden soll, mit ihrer eigenen »Seele« bestärke.

Die Eingangs-ch'alla des noch unbelegten weißen q'into, das Einlegen der Cocablätter, das Einlegen des Lamatalgs, die Abschluß-ch'alla des weißen q'into – all diese Handlungen sind von Gebeten begleitet, nur unterbrochen durch einige Anweisungen (bitte ein wenig Alkohol nachschütten, hier dreimal draufhauchen etc.) und Nachfragen. Die Nachfragen betreffen den Geburtsort von Irene, ihren Nachnamen, den Namen ihrer Mutter und Schwester, den Namen des cabildos der Hütte. Diese Nachfragen umreißen das kleine Universum, das in diese Gebete eingeschlossen wird: natürlich ist es die ganze Familie, also auch die abwesende jüngere Schwester, und natürlich ist es das cabildo der Hütte, das über das Wohlergehen seiner Bewohner wacht; und es ist die Hütte selbst, es ist der Hof, es sind die Tiere:

FEDERICOS GEBETE BEI DER BEREITUNG DES YURAJ Q'INTO[1]

1 (3) *Kaypi nacidopaj*
2 *sumajta kay Irene Ramos Vilapaj,*
3 *kunan tukuy voluntad kanqa kay fé,*
4 *saludninpaj,*
5 *vidanpaj,*
6 *trabajonpaj,*
7 *negocionpaj,*
8 *llankayninpaj,*
9 *ama ima desgracia, jaqay desgracia*
10 *kunanri kanqachu.*
11 *Jinallataj kayri tukuy voluntad,*
12 *pachajinpaj kunanqa,*
13 *kay cerro de Akamani,*
14 *machu Akamani, wayna Akamani,*

[1] Die Zahlen im Gebetstext beziehen sich auf die Handlungsabfolgen: (3) Eingangs-ch'alla; (4) Coca-Einlegen; (5) *Untu*-Einlegen; (6) Abschluß-ch'alla.

15 *kunanri kay sumaj saludta,*
16 *sumaj vidata qonki*
17 *kunan kay Irenepaj.*
18 *Asi también chay mala suerten,*
19 *chay desgracian pasasqanpas,*
20 *kay componekupuchun!*
21 *Kaymanta wichay*
22 *astawan mejor buena suerte,*
23 *bueno kunanraj kanqataj ari.*
24 *Sumajta chay preparasqata recibirichun kunanqa.*
– *Imataj kay derechoj sutinri?*
– *Kachiaqa Mayllakunayoj.*
25 (4) *Mayllakunayoj*
26 *kachia Pachamama, santa tierra,*
27 *virgen mayllakuna*
28 *uj encantayojpaj kanman,*
29 *tukuy sonqo,*
30 *tukuy voluntad,*
31 *tukuy fé,*
32 *amaña puni ni ima desgracia*
33 *ni jaqay desgracia kayllapipas kanqachu.*
34 *Chaywan – buena suerte,*
35 *buena estrella kanqa ari.*
36 *Sumaj suerte, sumaj estrella,*
37 *kay maman Mariapaj,*
38 *sullkan Sofiapaj,*
39 *tukuy wasi, wasi canchapaj,*
40 *kunan kanqa suerte.*
41 (5) *Wasiyoj Ankari*
42 *sumajta ari recibiriy,*
43 *kay Irenemanta, kay mamanmanta,*
44 *kay wasi, wasi canchamanta,*
45 *tukuy ima animalcitopas,*
46 *sumajta suludpaj kunan kanqa.*
47 *Kunanri kayqa wasi cancha Pachamama,*
48 *kunanri sumaj servicion,*
49 *kunanri cuatro esquinas cabildo,*

50 *sumajta ari kunanqa,*
51 *tukuy sonqo, tukuy voluntad*
52 *despacharinki, despacho Ankari,*
53 *sumajta kunanqa riponqa tukuy ima mal,*
54 *tukuy uj llakiy, phutiy, atrazo,*
55 *ama kaypi kapunqañachu.*
56 *Chayta kunan apakapuy,*
57 *kaytukuy santo comunidadpaj makinwan.*
58 (6) *Tukuy sonqo, tukuy voluntad*
59 *kay Irenemanta,*
60 *chay llaki, desgracia, atrazo,*
61 *sumajta kunan – servicio Ankari –*
62 *despacho Ankari, Pachamama,*
63 *wasi cancha Ankari,*
64 *despacharipunki kunan*
65 *tukuy Ankariman aparparichipunki*
66 *ama ni imapas jaqaypas kachunchu kaypi.*
67 *Tukuy k'ajya cosaspas,*
68 *tukuy fé . . .*
69 *Ima wawamantapas*
70 *desde tiempomantapas,*
71 *ima mancharisqapas*
72 *ima jap'ekasqapas kanman:*
73 *kunanqa perdón*
74 *chunca waranqa perdón kunanqa;*
75 *tukuy féwan,*
76 *tukuy voluntadwan,*
77 *tukuy cariñowan,*
78 *pacokunaj makinmanta,*
79 *tukuy kay santo comunidadpaj makinmanta,*
80 *buena suertepaj,*
81 *buena fortunapaj kachun ari!*

ÜBERTRAGUNG

1 (3) Für die hier Geborene,
2 für Irene Ramos Vila,

3 sei guter Wille gegeben und Glaube.
4 Für ihre Gesundheit,
5 für ihr Leben,
6 für ihre Arbeit
7 ihren Handel,
8 ihre Verpflichtungen:
9 weder dies noch jenes Unheil
10 komme mehr vor.
11 Desgleichen aller gute Wille
12 vereinige sich jetzt für ihr Glück.
13 Du Gipfel Akamani,
14 alter Akamani, junger Akamani,
15 beste Gesundheit nunmehr
16 und bestes Leben wirst du ihr geben,
17 jetzt, für Irene.
18 Es weiche desgleichen ihr Pech,
19 es weiche ihr Unheil hinweg.
20 Neu komponiert soll es nun sein.
21 Von jetzt an in die Zukunft
22 regiere das Glück,
23 alsbald wird alles gut,
24 die hier bereitete mesa: empfange sie jetzt!
– Wie heißt das cabildo dieser Hütte?
– Das cabildo hier heißt *Mayllakunayoj*.
25 (4) *Mayllakunayoj,*
26 Mutter Erde von hier, heilige Erde,
27 jungfräuliches *Mayllakuna,*
28 ein Ort der Verzauberung vielleicht,
29 von ganzem Herzen,
30 ganzem Willen,
31 ganzem Glauben (erbitten wir jetzt):
32 weder dies Unheil nunmehr,
33 noch jenes hause mehr an diesem Ort.
34 Mit dem hier Bereiteten – wird Glück einkehren,
35 ein guter Stern jetzt leuchten.
36 Viel Glück, ein guter Stern,
37 für ihre Mutter Maria,

38 ihre jüngere Schwester Sofia,
39 für die ganze Hütte, den Hof der Hütte:
40 Glück kehre jetzt ein.
41 (5) Ankari, Inhaber der Hütte,
42 wohlwollend wirst du die Gabe empfangen,
43 von Irene, von ihrer Mutter,
44 von dieser Hütte, diesem Hof,
45 auch allen Tieren hier,
46 gib gute Gesundheit.
47 Du Mutter Erde vom Hof dieser Hütte,
48 du sein guter Diener,
49 Vier-Ecken-cabildo,
50 gut soll es jetzt weitergehen,
51 aus ganzem Herzen, mit bestem Willen,
52 wirst du's auf den Weg jetzt bringen, Überbringer-Ankari,
53 alles Übel vergehe,
54 Trauer, Leid und Hindernis,
55 das alles verweile nicht mehr,
56 trag es davon
57 im Geist der Hände der heiligen Dorfgemeinschaft.
58 (6) Von ganzem Herzen, bestem Willen,
59 von Irene kehre sich ab
60 das Unheil, die Trauer, das Hindernis,
61 zum Guten nunmehr, du Diener Ankari,
62 Überbringer-Ankari, Mutter Erde,
63 Ankari vom Hof dieser Hütte,
64 du wirst auf den Weg es jetzt bringen,
65 zu allen Ankaris hin wirst du's tragen,
66 nicht dies und nicht das soll hier jetzt mehr sein.
67 Was die Wirkung des Blitzes betrifft,
68 voller Glauben...
69 aus Zeiten der Kindheit,
70 lange vergangenen Zeiten,
71 gab es ein Erschrecken vielleicht,
72 ein Festkrallen der Erde –
73 Vergebung dafür,

zehntausendfache Vergebung jetzt.
Voller Glaube,
voll guten Willens,
mit aller Zuneigung und Zärtlichkeit,
im Geist der Hände der Weisen,
im Geist der Hände der heiligen Gemeinschaft,
auf gutes Glück jetzt,
auf gutes Geschick!

In vielfältiger Weise wird in diesen langen, schönen Gebeten das Gute beschworen; nicht nur für Irene, sondern für alles, was auch von Unheil-Trauer betroffen ist: für Mutter, Schwester, Hütte, Hof und Tiere. Glück und ein guter Stern, Gesundheit und ertragreiche Arbeit werden herbeigewünscht; Unheil und Pech, Trauer, Leid und Hindernis sollen stattdessen weichen. Der Ankari, der Wind, soll sie davontragen, ebenso wie er die guten Wünsche auf den Weg bringen soll. Überbringer, Diener, ist er. Wem aber dient er, wer sind die guten, die mächtigen Wesenheiten? Die Mutter Erde, das cabildo der Hütte und vor allem der höchste Gipfel der Apolobamba-Kordillere, der Akamani – mit seinen beiden inneren Aspekten, jung und alt. Der Akamani ist einer der verehrtesten aller Orte der Kraft und darüber hinaus der Ort der Kraft, der dem Herkunftsdorf Federicos zugeordnet ist, weil es am Fuße des Akamani liegt. Vermittelnd, die Erfüllung stärkend, gehen die Kräfte des Inneren, der gute Wille, der Glaube, das Handeln mit Hingabe *(cariño)* und Herz, in die Anrufung ein, und ebenso werden die Kräfte des Äußeren, Kräfte von Instanzen und Wesenheiten, angerufen, welche die Erfüllung zu stärken vermögen: der Geist der Hände der Weisen, der Geist der Hände derjenigen, die in alter Zeit die *santo comunidad* bildeten, die heilige Dorfgemeinschaft[1], die Autoritäten der Dörfer, die an je einer Ecke des

[1] In alten Zeiten, vor der Agrarrevolution, als noch die traditionelle Hierarchie von Dorfautoritäten galt, versammelten sich die nachgeordneten Autoritäten jeden Sonntag im Haus des *corregidor*, der höchsten Autorität, und bereiteten eine mesa:
Chaypitaj kan mesa tawantin esquinapi cocitata docenatakama churanchis, autoridad sumaj sonqoyoj, sumaj genioyoj kananpaj, oficiokuna ama estropenapaj, chaypi pichakunchis; comun pichakun, cocata churakun: chay santo comunidadpaj makinmanta, so erklärt Federico: Dort gibt

Platzes von Charazani an den cabildos ihre Gaben darbrachten. Was an Unheil in Irenes Leben und was an gutem Stern möglich ist, das alles soll in eine »neue Komposition« gebracht werden. Andeutungsweise wird umschrieben, daß alles Unheil auch aus weit vergangenen Zeiten rühren kann – Zeiten der Kindheit, fernen Zeiten: vielleicht wirkte damals der *k'ajya* – der Donner und Blitz (beides ist mit dem Wort gemeint); und was er bewirkt, das ist Erschrecken *(mancharisqa)*, ein Erschrecken, das zu einer schweren Krankheit führt, zum Verlust der Seele *(susto)* und viel nachfolgendem Unheil; oder die Erde hat sich den Menschen festgehalten – was dort zu einer anderen, ebenfalls schweren Krankheit führt. Wenn Donner und Blitz mir die Seele rauben, wenn die Erde mich festhält – dann habe ich auch etwas falsch gemacht, es gebührt Strafe, und die Befreiung von den krankmachenden Kräften von Donner, Blitz und Erde verlangt Vergebung – »zehntausenfache« Vergebung sogar.

So werden auch in diesen Gebeten – yuraj mesa-Gebeten – Ahnungen über die Herkunft von Trauer und Unheil angedeutet, aber es sind nicht Hexen und Zauberer und böse Menschen, Neider und Schwätzer, die möglicherweise daran schuld sind. Weder schwarze Menschen noch schwarze Wesenheiten oder schwarze Handlungen sind im Spiel – und so wird in diesen Gebeten auch keine negative Wesenheit angerufen, die der Erfüllung dienen soll; es sind vielmehr vor allem auch die kosmischen Kräfte, die Kräfte der Mutter Erde, die Gipfel der Berge und die Wesenheit Wind, die Erfüllung bewirken sollen, im Einklang (im Geist der Hände) und mit der Macht derjenigen Weisen, die um die rituelle Verehrung dieser kosmischen Kräfte wissen.

Nachdem in Anrufungen dieser kosmischen Welt das weiße q'into bereitet wurde, wird es mit einem weißen Tuch zu einem Bündel verpackt. Mit diesem Bündel tritt Federico vor Irene, zeichnet das Kreuz vor ihr und spricht, im Rhythmus mit der

es eine Opferbereitung, und an ihre vier Ecken legen wir Coca, im Dutzend, damit die Autoritäten gütig und klug seien, damit die Träger der Autoritäten nicht straucheln; dort bereiten wir eine mesa, im Namen der Dorfgemeinschaft, wir legen Coca ein: das ist das Handeln im Geist der Hände der heiligen Gemeinschaft. (I–13)

Handlung, ein dreifaches Im Namen des Vaters (Berührung ihrer Stirn), des Sohnes (Berührung des Leibs) und des Heiligen (Berührung der einen Schulter) Geistes (Berührung der anderen Schulter); dreimal, dann – Amen. Federico gibt das Bündel an Irene, es wird ihr mit Hilfe der Mutter unter die Kleider an den Leib geschnürt. Federico schenkt sich ein Schlückchen reinen Alkohol nach, spricht eine kleine Gebets-ch'alla und trinkt auf Irenes Wohl *(suerteykipaj kachun!)*. Dann wird die llaki mesa bereitet.

3.2 *Bereitung der llaki mesa*

Überblick Handlungsablauf

(1) Formung des yana q'into
(2) Eingangs-ch'alla des q'into
(3) Einlegen von Cocablättern
(4) Schweine- und Rindertalgkrümel
(5) Yana-mesa-Gemisch
(6) dreifach behauchtes totes Küken
(7) dreifach behauchter Schweine-Fötus
(8) Kralle des Huhns
(9) Dornenpflanzen und Rosenblätter
(10) Abschluß-ch'alla der bereiteten mesa
(11) Verschnüren des q'into in graues Tuch

Mehr als tellergroß ist das q'into, das Federico nun in Muße und mit viel sorgfältigem Nachzupfen aus schwarzer Alpacawolle formt. Wie bei dem weißen q'into wird das Bereitete – noch vor Einlegen aller Ingredienzen – mit einer Alkohol-ch'alla besprüht. Das Gebet, das diese Handlung begleitet, läßt nun schon deutlich andere Akzente erkennen als die der weißen Gebete:

FEDERICOS GEBET BEI DER EINGANGS-CH'ALLA DER LLAKI MESA

1 *Kay Irene Ramos Vilapaj kunanri,*
2 *kay llakiy, kay desgracia, kay atrazo,*
3 *kay uj wañuy, kay uj castigo,*
4 *enemigo castigopas kachun,*
5 *uj jakay gloria castigopas kachun,*
6 *o culaquier mal, tatanmanta, mamanmanta,*
7 *ima uj desgracipas kanman,*
8 *kay wasi kunanri, kay wasi canchapi,*
9 *kay pachamama, virgen santa tierra,*
10 *tukuy llojsipunqa – kunanqa kay llaki desgracia.*

ÜBERTRAGUNG

1 Von Irene Ramos Vila hinweg,
2 all dies an Trauer, an Unheil, an Hindernis,
3 dies Sterben, diese Bestrafung,
4 Strafe des Feindes ist es vielleicht,
5 vielleicht Strafe des Himmels,
6 ein Übel vielleicht von ihrem Vater, ihrer Mutter her,
7 irgendein Unheil geht vielleicht um,
8 von dieser Hütte nunmehr, vom Hof dieser Hütte
9 – Mutter Erde, Jungfrau heilige Erde –
10 weiche jetzt alles hinweg – Trauer und Unheil: hinweg.

Was in diesem Gebet deutlicher als zuvor anklingt, ist der Aspekt der möglichen Schuld – denn von Strafe ist allenthalben die Rede, von Strafe des Himmels und Strafe des Feindes, einer Strafe sogar, die vielleicht von Generation zu Generation sich trägt. Leid, Trauer, Unheil, Tod und Strafe stehen dicht nebeneinander. Und es ist die Mutter Erde – mit den Attributen der Jungfrau Maria, jungfräulich und heilig – welche angerufen wird, damit Trauer und Unheil, damit mögliche Strafe weiche.

Nach dieser Weihung wird das q'into belegt: Zuerst mit 60 bis 100 guten Cocablättern, mit der Rückseite nach oben; das ganze q'into wird flächendeckend belegt. So groß auch plötzlich der Aufruhr unter den 20–30 Meerschweinchen wird, die auf dem Boden der Hütte zwischen unseren Beinen herumjagen und quieken, so läßt sich Federico in seinem langen Gebet, das das Coca-Einlegen begleitet, in keiner Weise beirren. Es ist ein Gebet, in dem nicht nur auch die Mutter von Irene und ihre jüngere Schwester namentlich einbezogen sind, sondern auch das gestorbene Kind, die kleine Martha – und dies ist die einzige llaki wj'chuna, die ich kennen gelernt habe, in der in den Gebeten auch des Toten namentlich gedacht wird:

FEDERICOS GEBET BEIM BELEGEN DES SCHWARZEN Q'INTO MIT COCA

1 *Kunan Irene Ramos Vilamanta*
2 *uj kay llakiynin, phutiynin, kay uj atrazon,*
3 *kayqa ripuchun,*
5 *uj apo chunchoman, añawiriman,*
6 *kay uj Inca calleman, Inca mayuman,*
7 *kunanri ripunqa, tukuy llaki desgracia;*
8 *amaña kunan ima atrazo, jaqay atrazo,*
9 *ni ima llakipas quedanqañachu;*
10 *kay wasi, kay canchamanta,*
11 *kay señora Mariamanta, kay Sofiamanta,*
12 *tukuy uj desgracia, tukuy llaki –*
13 *onkoyjina – chaykuna kunan*
14 *jampirejpaj makinmana*
15 *– chaykunaj makinmanta kallaykurisaj,*
16 *chaykunaj makinmanta prepararisaj –*
17 *kunanqa llojsipunqa,*
18 *kay apo chuncho, añawiri, Inca calleman,*
19 *Inca canchaman, Inca mayuman,*
20 *llajta mayuman*
21 *llojsipuchun ari;*
22 *ama ni ima desgraciapas kachunchu;*
23 *tukuy sonqowan, tukuy fé, tukuy voluntad,*
24 *kunan kayqa ripunqa;*
25 *kunan kay apo chuncho – uyariy!*
26 *Inca calle, Inca mayuman apapusunki qantaqa!*
27 *Tukuy kay llaki desgracia,*

28 cambiaj makinmanta,
29 kay santo comunidadpaj makinmanta,
30 tukuy provechaj makinmanta,
31 kay kuraj makinmanta,
32 tukuy uj pacha mamamanta
33 amaña imapas jakaypas kanqañachu.
34 Izkay uya – adelante kunanqa!
35 Kachiapi lugarnin, derechon,
36 tukuy ima angelito wawa,
37 kay wañujman, wañuymantapas,
38 animitonpas imapas penakunman,
39 kay angelito Marthamantapas,
40 mana ni imapas quedakuchun,
41 tukuy desgracia ripuchun;
42 kay animalcitopas,
43 kay wasi canchaman – chaykunamanpas
44 uj enfermedad contagiosojina chayakunman,
45 chaykunamantapas apakuchun
46 Inca calleman depachoponqa, riponqa;
47 amaña ima llakipas, jakay llakipas cayenqachu;
48 tukuy sonqo, tukuy voluntad,
49 tukuy santo comunidad makinmanta,
50 qan yana mesa wakichisqata
51 qan aparqomuy
52 pusarqomuy tukuy llakita.

ÜBERTRAGUNG

1 Von Irene Ramos Vila
2 alle Trauer, alles Leid, alles Hindernis,
3 das weiche jetzt hinweg,
4 das gehe fort,
5 zum Apo Chuncho[1], dem Añawiri[2],

[1] Apo Chuncho = apu ch'unchu. »Apu« ist ein Würdenträger; auch Heeresführer werden apu genannt. Es sind im weitesten Sinn hochgestellte und/oder verehrenswerte Personen. (*apu-chay:* verehren). In der Quechua-Übersetzung des Katechismus von Pater Nivardo (1959) vom Zisterzienserorden (Apolo) wird auch Gott mit apu umschrieben (*»Dios Apuyku«*, S. 4).

Die Ch'unchus waren ein kämpferischer Stamm, die von den Inkas besiegt wurden. Ch'unchu ist im Quechua gleichbedeutend mit wild/unzivilisiert.

[2] *Añawiri:* mir (bisher) unbekannt.

6 zur Straße der Inca, dem Fluß der Inca,
7 alle Trauer, alles Unheil weiche hinweg;
8 nicht dieses Hindernis und nicht jenes,
9 keine Trauer mehr bleibe jetzt hier;
10 von dieser Hütte hinweg, von dem Hof dieser Hütte,
11 hinweg von Frau Maria, von Sofia,
12 alles Unheil, alle Trauer –
13 einer Krankheit gleich – all dies jetzt –
14 im Geist der Hände der Heiler –
15 im Geist ihrer Hände beginne ich dies„
16 im Geist dieser Hände bereite ich dies –
17 und so weiche es jetzt auch hinweg,
18 weg zum Apo Chuncho, Añawiri, zur Straße der Inca,
19 dem Hof der Inca, dem Fluß der Inca,
20 zum Fluß des Dorfes
21 weiche es hinweg;
22 keinerlei Unheil bleibe mehr hier;
23 von ganzem Herzen, ganzem Glauben, ganzem Willen:
24 hinweg damit jetzt.
25 Du – Apu Chuncho – hör mal her jetzt:
26 zur Straße, zum Fluß der Inca, tragen sie dich weg,
27 alle Trauer, alles Unheil,
28 im Geiste der Hände derer, die Wandel erwirken können,
29 im Geiste der Hände der heiligen Dorfgemeinschaft,
30 im Geiste der Hände derer, die Glück zu bringen vermögen,
31 derer, die durch Alter weise sind,
32 im Sinn der Mutter Erde
33 bleibe nicht dies und bleibe nicht das zurück.
34 Zwei Gesichter, vorwärts nun.
35 Ort der Kraft von hier, Ort der Kraft,
36 alles, was unsere Kleinen, die Kinder, betrifft,
37 auch das gestorbene,
38 vom Sterben ist sein Seelchen vielleicht in Leid –
39 von dem Kindchen Martha
40 bleibe nichts mehr an Leid,
41 weiche alles Unheil hinweg;

42 die Tiere,
43 der Hof dieser Hütte – ihnen kann
44 – einer ansteckenden Krankheit gleich – etwas widerfahren;
45 doch von ihnen allen weiche es weg,
46 zur Straße der Inca wird es befördert, geht es hinweg;
47 nichts an Trauer stürze mehr auf sie ein,
48 von ganzem Herzen, mit bestem Willen,
49 im Geiste der Hände der heiligen Dorfgemeinschaft,
50 wirst du diese bereitete schwarze mesa
51 wegtragen jetzt,
52 und mitnehmen alle Trauer!

Und noch einmal lernen wir neue Orte oder Instanzen kennen, zu denen hin alle Trauer, alles Unheil – einer ansteckenden Krankheit sei dies gleich, heißt es hier – hinweggenommen werden soll. Nicht nur »zum Fluß dieses Dorfes«, wohin die mesa am Morgen getragen und wo das schwarze Gut beseitigt werden wird – sondern weiter noch: zu den Straßen, den Höfen, den Flüssen der Incas. Die Incas, die das Land vor der spanischen Eroberung Südamerikas beherrschten, stehen hier für etwas Fernes und auch Vergängliches (wie Federico mir erklärt), und so fern und vergänglich sollen wohl auch Trauer und Unheil sein. Und dies wird in immer neuen Formulierungen, immer neuen Bedeutungskreisen, immer neuen Kontexten immer wieder beschworen: Das »Zweigesichtige« des Unheils verwandle sich in die eindeutige Richtung: nach vorn![1]

Auf die große Fläche der grünen Cocablätter im kohlschwarzen Alpacawoll-q'into streut Federico jetzt weiße Krümel – Schweinetalg, Rindertalg, dann Ingredienzen des yana-mesa-Gemischs, erst einige ausgewählte Stücke, wie ein Bündel Fuchshaar, die scharz-rote *wayruru*-Bohne, die nußartige *chasqa margarita* – mehr kann ich nicht erkennen –, und dann wird das ganze yana-mesa-Gemisch noch darübergeschüttet. Schweigend geschieht dies. Das tote Küken – Ersatz für ein Hühner-

[1] Ein *izkay uya runa* (zweigesichtiger Mensch) oder auch *izkay siki runa* – einer mit zwei Hintern – ist ein Mensch, der »vorne so und hinten so« redet, handelt.

Abbildung 3: Federico bei der ch'alla auf das schwarze q'into

fötus, ein halbausgebrütetes Hühnchen – wird zuerst behaucht. Dreimal soll Irene auf das Tier in Federicos Hand hauchen – aber mit geschlossenen Augen; es repräsentiert *uj cambio de muerte* (Umwandlung des Todes)[1], man schaut nicht darauf *(kaypi kimsata samaykunki ch'irmirqorispa)*. So behaucht legt es Federico ein; in gleicher Weise verfährt er mit dem Schweinefötus. Die Kralle des Huhns aber legt er unbehaucht in das q'into ein. In und um die Kralle werden einige wenige Dornenpflanzen gelegt, darüber weiße und rote Rosenblätter gestreut – ein sonderbar schönes q'into, ein ganz seltsames q'into, meinte Apolinar später dazu, und er bekennt, er kenne diese Tradition nicht, vielleicht sei es Federicos Art, vielleicht auch die *de los de arriba* (der Leute seines Dorfes), vielleicht habe er es aus Peru mitgebracht...

Damit ist die llaki mesa bereitet – und wie bei der yuraj mesa wird das Bereitete abschließend mit Alkohol besprüht. Und weil der Trauer, dem jetzigen Unheil, später noch mehr Unheil folgen kann (wenn es nicht beseitigt wird), weil es auch den anderen Familienmitgliedern auf den Fersen folgen kann, der Mutter, der jüngeren Schwester, auch der Hütte, ja allen häuslichen Gegenständen der Hütte – deshalb wird es noch einmal weit weg gewünscht, weg zu den Incas, deshalb muß eine *Reinigung* sein:

FEDERICOS GEBET BEI DER ABSCHLUß-CH'ALLA DER LLAKI MESA
(Auszug)

1 *... kay qhepamantapas*
2 *ima desgraciapas qhatinman,*
3 *jaqay desgraciapas qhatinman*
4 *aunque mamantapas, hermanamantapas qhatinman,*
5 *haber kay familiamantapacha, kay enteromantapacha,*

[1] Ein paar kaum verständliche Gebete begleiten das Handhaben des toten Kükens. Darin kommt vor: *uj cambio de muerte kachun* (Umwandlung des Todes); an anderer Stelle – im Kontext weißer Gebete vgl. z. B. Federicos Gebet mit yuraj q'into über Irene (Abschnitt 3.3) – ist von *salvacion de vida* (Rettung »für« das Leben) die Rede: Tod und Leben im Kontext von yana und yuraj mesa.

6 jakaychus kay wasipi tiakunku,
7 hasta animalesmanta, asi kausayninmanta:
8 tukuy limpieza kunanqa
9 apu chuncho añawiriman, Inca calleman
10 Inca mayuman, Inca canchaman riponqa...

11 kunan kayqa tukuy sonqo, tukuy voluntad
12 – tukuypi con fé, con voluntad, y
13 – fé valenqa tukuy imapaj!
14 santo comunidadpaj makinmanta,
15 tukuy watapurichejpaj makinmanta,
16 tukuy ruasqa
17 imachus pensamunkuman, deseapunkuman,
18 concubinonpas, o pay makinwanchu,
19 algo warmimanchus qarimanchus,
20 imatachus nachiamunku,
21 ima castigochimunku,
22 chaypaj kunanqa: perdón,
23 chunca waranqa perdón kaponqa;
24 lo mismo paykunallapaj piensaqankupas
25 pobre wawapaj
26 ama ni ima ni jayqa kanqachu;
27 más bien adelante!

ÜBERTRAGUNG

1 ... und dann später
2 folgt vielleicht erst ein Unheil nach,
3 oder dann ein anderes,
4 ihre Mutter, ihre Schwester verfolgt es gar,
5 die ganze Familie vielleicht, alles hier,
6 alle, die diese Hütte bewohnen,
7 die Tiere sogar, die Gegenstände des Haushalts –
8 deshalb umfassende Reinigung jetzt,
9 zum Apu Chuncho, Añawiri, der Straße der Inca,
10 zum Fluß der Inca, dem Hof der Inca hinweg.

11 Dies jetzt von ganzem Herzen, ganzem Willen –
12 – alles mit Glaube und mit Wille – nicht?

13 – Für alles ist der Glaube wichtig!
14 im Geist der Hände der heiligen Dorfgemeinschaft,
15 im Geist der Hände aller watapurichej,
16 alles Geschehene,
17 was immer sie gedacht, gewünscht haben mögen,
18 auch seine Konkubine, mit ihrer Hand vielleicht
19 haben sie – einer Frau, einem Mann –
20 irgend etwas angetan,
21 irgendeine Bestrafung erwirkt,
22 – Vergebung sei jetzt dafür,
23 zehntausendfache Vergebung!
24 Desgleichen für die, die da (Schlechtes) denken;
25 und für das arme Kind,
26 doch jetzt bleibe nichts mehr zurück
27 – vorwärts vielmehr!

Zwei Gedankengänge dieses Gebets von Federico möchte ich besonders hervorheben. Einmal wird gerade hier eine Vorstellung sehr deutlich, die jeder llaki wij'chuna zugrunde liegt; Trauer und Unheil gehören zusammen, das wissen wir schon; aber was so »gefährlich« ist, wenn Trauer und Unheil an und in den Menschen bleiben, ist mehr: das Unheil ist ansteckend, das Unheil wirkt in die Zukunft, das Unheil kann alle Mitglieder der Familie verfolgen, das Unheil ist in allem in und um die Hütte – einer ansteckenden Krankheit gleich, die nicht nur alles Lebendige, sondern auch alles Gegenständliche befallen kann. Trifft es das Messer, mit dem die Kartoffeln geschält werden, so wird das Messer mich schneiden. Trifft es den Korb, der an den Dachsparren der Hütte hängt, so wird er durchbrechen, und die eingesammelten Früchte werden davonrollen. Das trauerbedingte Unheil ist sehr mächtig im Alltag. Und da es mächtig ist, da die Menschen so gefährdet sind, werden vielfältige Instanzen, katholische und heidnische, aufgerufen, es zu bannen.

Der zweite Gedankengang, den ich an diesem Gebet Federicos hervorheben möchte, kennzeichnet den Werte-Horizont von Federico. Wenn Federico von dem »Geschehenen« spricht, von »etwas antun«, von »was immer gedacht und gewünscht wurde«, von der »Konkubine« (die Frau des Kindsvaters), und dem, was vielleicht ihre Hände taten – dann ist in diesen Umschreibungen immer die Möglichkeit der Hexerei gemeint. Bei anderen llaki wij'chuna-Ritualen aber gerät die Erwähnung von möglicher Hexerei alsbald in den Umkreis von »Rückgabe«, von Vergeltung (vgl. f. S.): Den Feinden wünschen wir Unheil an den Hals, wir trinken ihr Blut... Bei Federico steht es im Umkreis von *Vergebung* – Vergebung auch für diejenigen, die dieses Unheil möglicherweise gestiftet haben; für sie betet Federico ebenso wie für die Seele des toten Kindes (*wañuj angelito* – wörtlich: das gestorbene Engelchen) – dem er wünscht: *cielo chekanman ripuchun* – auf dem direktesten Weg möge es in den Himmel gelangen.

Und damit ist die llaki mesa zunächst abgeschlossen. Federico wickelt das voluminöse q'into in einen grauen Lumpen, verschnürt diesen, und legt das weiße und schwarze Nähgarn oben auf das Bündel drauf. Dann trinkt er einen kleinen Schluck zu Irene hin: *kunanqa sumajta, buena suerte, buena estrelle, buena fortuna kachun* (und jetzt alles Gute, auf dein Glück, auf einen guten Stern, ein gutes Geschick für dich!)

3.3. *Verbrennung der yuraj mesa am cabildo der Hütte*

Überblick Handlungsablauf

(1) Weihung von Kreuz und Umhang
(2) Yuraj-q'into-Gebet über Irene und Maria
(3) Verbrennung des yuraj q'into am cabildo
(4) Kreuz- und Umhang-Gebete über Irene und Maria

Nachdem das graue Bündel fertig bereitet vor Federico auf dem Tisch liegt, wendet sich das Geschehen zurück zu dem weißen Bündel, das Irene am Leib trägt. Freundlich und zugewandt erklärt er Irene immer wieder, was jetzt geschieht und wofür es geschieht, mit welcher inneren Haltung (Glaube und

Wille ...) es zu geschehen habe und was Irene, oder die anderen, tun sollen, z. B.:

Kunanqa sumajta santiguarqospa orqospa ruparqochisun. Qanpuni, Apolinar, uj comisionadojina puriy pasachinapaj. (Zu Irene:) *Qan kunan rezayta yachanki, y? Rezarikunki sumajta kay santuyojkunakama. Santo Cristo, Jesus, Maria y José ninki. Persignarikunki. Kunan sumaj salvakunaykipaj.*

ÜBERTRAGUNG

Wenn wir es (das weiße q'into) dann gesegnet und herausgenommen haben (unter deinen Kleidern), dann werden wir es verbrennen. Du, Apolinar, geh du bitte – so wie ein Gesandter von mir – raus, um (das weiße Bündel) dann zu verbrennen. *Zu Irene:* Und du, du kannst doch beten, nicht? Schön wirst du beten, auch zu den Heiligen hin, Heiliger Christus, Jesus, Maria, Josef wirst du sagen. Bekreuzigen wirst du dich. Das ist für deine Erlösung.

Zu dieser Erlösung von Schuld, zu dieser Rettung von Unheil, braucht Federico nun sein zweites wichtiges Requisit, einen seiner reich bestickten Schulterumhänge. Vorsichtig, ja ehrfürchtig, holt er den Umhang aus seiner Tasche, tritt vor Irene und legt ihr den Umhang über den Kopf. In dem ihm eigenen Stakkato zeichnet er mit dem dreifchen *Dios Padre, Dios Hijo, Dios Espiritu Santo* (Gott Vater, Gott Sohn, Gott Heiliger Geist) das Kreuzzeichen auf Irenes Stirn, Leib, Schultern. Sodann wird Irenes Kopf mit dem Umhang bedeckt, und noch einmal folgt vor ihrer Stirn die dreifache Anrufung der Dreifaltigkeit. Dann bekommt Irene den mit Eisenkreuz, Bekreuzigung und mit Anrufung der Dreifaltigkeit geweihten Umhang um die Schultern gelegt und soll Federico das weiße Bündel übergeben, das sie bisher um den Leib gebunden trug. Auf dieses Bündel legt Federico sein Eisenkreuz und vollzieht noch einmal die dreifache Bekreuzigung vor Irene mit Gott Vater, Gott Sohn und Gott Heiliger Geist. Es folgt ein langes Gebet, während Federico das weiße Bündel mit Kreuz über Irenes gesenkten Kopf hält – und deutlich wechselt der Inhalt wieder zum weißen Gebet:

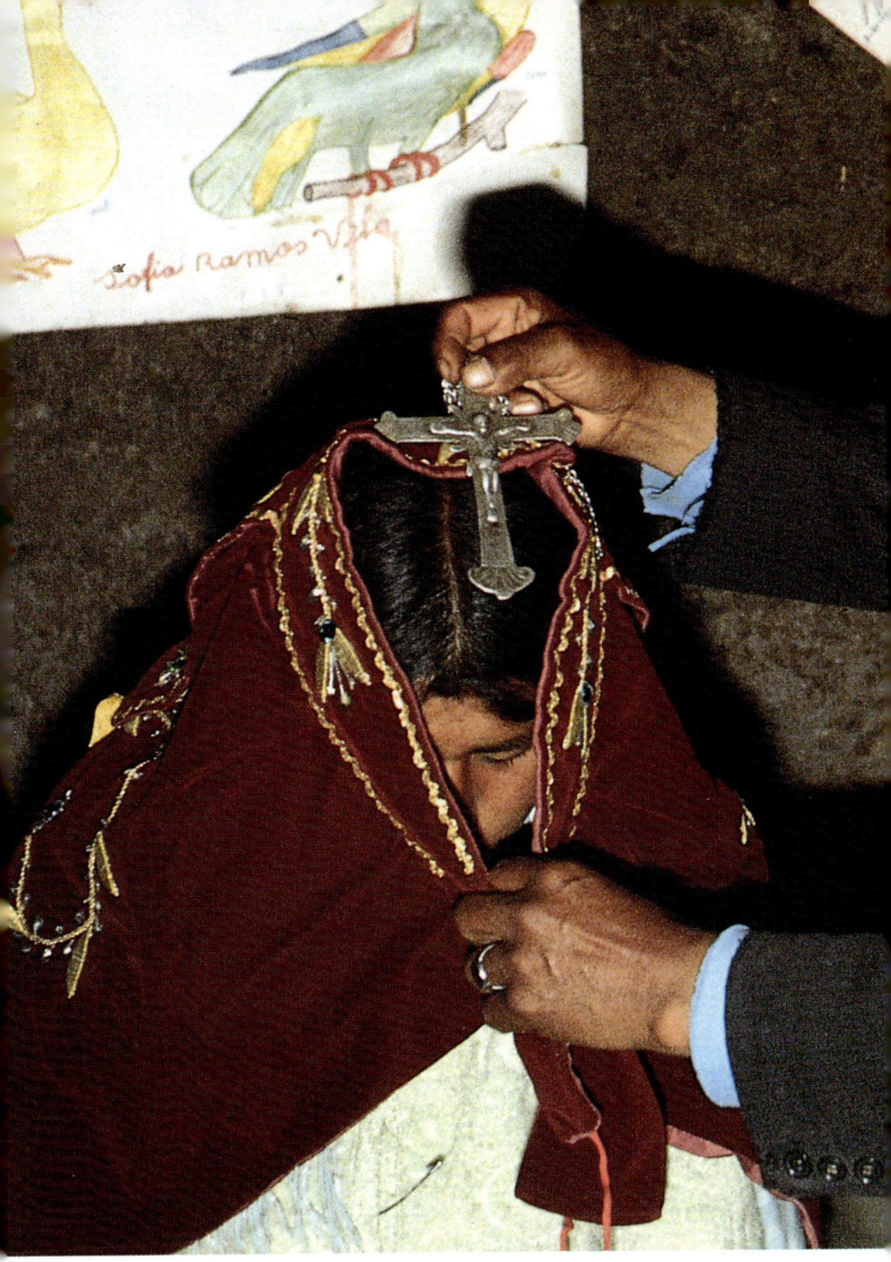

Abbildung 4: Weihung von Umhang und Kreuz: dreifache Anrufung der Dreifaltigkeit

FEDERICOS GEBETE MIT YURAJ Q'INTO ÜBER IRENES KOPF

1 *Kayqa uj saludninpaj,*
2 *kayqa uj vidanpaj,*
3 *kayqa uj porvenir, uj trabajon,*
4 *uj labranzanpipas, agriculturapipas,*
5 *buena suerte, buena estrella kunanqa richun;*
6 *amaña kunanqa ni ima desgracia ni jaqay desgracia kachunchu;*
7 *kunan salvación de vida kauchun kay Irenemanta.*
8 *Kaymanta wichayqa – lloqenchasqapas – suerte cambiachun,*
9 *sumajta cambiakupuchunpas suertenpas,*
10 *ima sumajta kunanri kachuntaj;*
11 *cerros poderosos,*
12 *qoriyoj qolqeyoj,*
13 *cerro Akamani, machu Akamani, wayna Akamani,*
14 *cerro del Apurasawaya, del Apunkati,*
15 *Puerto Salcantaya –*
16 *qankuna sumaj suerteta, sumaj saludta qonkichis,*
17 *lo mismo kunan kay trabajonpi, kay vidanpi*
18 *mejor suerteyoj kunanqa kapuchun,*
19 *buena estrella, buena suerte kunanri,*
20 *paykunapaj kanqa.*
21 *Cerro de Potosi, qoriyoj qolqeyoj,*
22 *sumajta ari Silliaca perdón,*
23 *chunca waranqata perdón kachun,*
24 *tukuy familiamantapacha*
25 *kunan hermanitanmanta*
26 *kay aunque wañuj wawanmantapas*
27 *– kunanraj penakunman –*
28 *kunan Señor Santiago tata,*
29 *tata Santiago tata,*
30 *mama Santa Barbara, mana Santa Ana,*
31 *kunanri perdón kapuchun,*
32 *chunca waranqata perdonapuychis!*

33 Amaña kunanqa ni ima onkochiychischu,
34 ni ima desgraciapas pasachunchu,
35 ni ima atrazopas kachunchu,
36 ni ima onkonapas imapas kachunchu;
37 kunanqa hastawan buena suerte kapunqa,
38 kay Irenepaj.
39 Dios Padre, Dios Hijo, Dios Espiritu Santo.
40 Dios Padre, Dios Hijo, Dios Espiritu Santo.
41 Dios Padre, Dios Hijo, Dios Espiritu Santo.
42 Amen.

ÜBERTRAGUNG

1 Das hier, das ist jetzt für ihre Gesundheit,
2 für ihr Leben,
3 für ihre Zukunft, ihre Arbeit,
4 für ihre Feldarbeit, die Arbeit am Land,
5 Glück herrsche jetzt und ein guter Stern,
6 nichts mehr an Unheil verbleibe mehr hier;
7 Erlösung des Lebens sei Irene gegeben.
8 Von jetzt an in Zukunft, und sei es das Linke, es wandle jetzt sich zu Glück,
9 zum Besten hin wende sich jetzt ihr Geschick,
10 Gutes nur sei ihr gegeben;
11 ihr machtvollen Berge,
12 mit Gold und Silber,
13 Gipfel des Akamani, alter Akamani, junger Akamani,
14 Gipfel des Apurasawaya, des Apunkati,
15 Puerto Salcantaya –
16 gebt ihr jetzt Glück und Gesundheit,
17 in ihrer Arbeit auch, in ihrem Leben
18 kehre mehr Glück jetzt ein,
19 Glück und ein guter Stern,
20 das sei für sie jetzt bereit.
21 Der Gipfel des Postosi, mit Gold und Silber
22 auf das Beste jetzt, Sillaca, Vergebung,
23 zehntausendfache Vergebung sei
24 für die ganze Familie,

25 auch für ihr Schwesterchen,
26 und für ihr Kind, obwohl schon tot
27 – noch jetzt mag es leiden –
28 du Herr Santiago Vater,
29 Vater Santiago Vater,
30 Mutter Heilige Barbara, Mutter Heilige Anna,
31 Vergebung sei jetzt,
32 zehntausendfach werdet ihr verzeihn!
33 Jetzt werdet ihr keine Krankheit mehr schicken,
34 kein Unheil geschehe mehr,
35 kein Hindernis tauche auf,
36 nicht Krankheit, nicht sonstiges Übel verweile noch hier,
37 Glück vielmehr herrsche jetzt vor
38 für Irene.
39 Gott Vater, Gott Sohn, Gott Heiliger Geist.
40 Gott Vater, Gott Sohn, Gott Heiliger Geist.
41 Gott Vater, Gott Sohn, Gott Heiliger Geist.
42 Amen.

Und dann soll Irene Tuch und Kreuz dreimal küssen *(muchaykuy kimsata!)*, und Federico spricht ihr noch einmal vor, was sie selbst dabei zu beten hat:

Perdonway kunanqa ninki,
kay mamitaymantapas, hermanaymantapas, perdonaway,
kay wasi kausaykunamantapas, ima animalesmantapas,
chunqa waranqata perdón kapuchun,
Tata Santiago, patrón, tata, nispa.

ÜBERTRAGUNG

Sag: verzeih mir jetzt,
auch meiner Mutter, meiner Schwester, verzeih,
für alle Gegenstände der Hütte, alle Tiere,
zehntausendfache Vergebung sei,
Vater Santiago, Schutzherr, Vater – so sprich!

Und Irene spricht nach und flüstert: *perdonaway, tata, perdonaway* (verzeih, Vater, verzeih). Dann betet Federico mit Kreuz und yuraj q'into über Marias gesenktem Kopf – eingerahmt

Abbildung 5: Gebet mit Kreuz und weißem q'into über Irenes Kopf

wieder zu Beginn und am Schluß von der dreifachen Bekreuzigung, und auch für Maria werden ebenso die Heiligen der Katholischen Kirche wie die Orte der Kraft aufgerufen, damit Vergebung sei und das Schicksal sich wandle. Dieses Gebet über Maria geht noch einmal eine kleine Schleife in die Frage der Herkunft der Bestrafung, um deren Vergebung es geht:

FEDERICOS GEBET MIT YURAJ Q'INTO
ÜBER MARIAS KOPF
(Auszug)

1 *...perdonay kunanqa,*
2 *aunque tukuy maldicionpas,*
3 *enemigo castogopas kan chari,*
4 *ima gloria castigopaj, santo castigopaj,*
5 *pachamama castigopas imapas*
6 *perdonaychis...*

ÜBERTRAGUNG

1 ...verzeihe jetzt,
2 auch wenn Verwünschung im Spiel ist,
3 Feindes-Strafe ist es vielleicht,
4 eine Strafe des Himmels, eine heilige Strafe,
5 oder Strafe der Mutter Erde oder was immer:
6 vergebt ihr jetzt...

Und auch Maria flüstert »Vergebung« und küßt Kreuz und yuraj q'into dreimal. In der Welt der Callawayas, aber insbesondere auch in der Welt von Federico, gibt es eine große Zahl verschiedener Strafen; von Himmel und Erde und Menschen kann sie kommen. »Wofür strafen sie alle?« fragte ich einmal Federico. Der Himmel straft für versprochene und dann nicht gelesene Messen; die Mutter Erde straft für Vernachlässigung des cabildo, für Bearbeitung jungfräulicher Erde mit der Hacke ohne Ehrbezeugung, für das Geizen mit kleinen Coca-Gaben – und die Menschen, die strafen aus Neid.

Apolinar – als »Gesandter Federicos« – hat inzwischen mit Reisig ein Feuer am cabildo vor der Hütte bereitet. Er trägt das

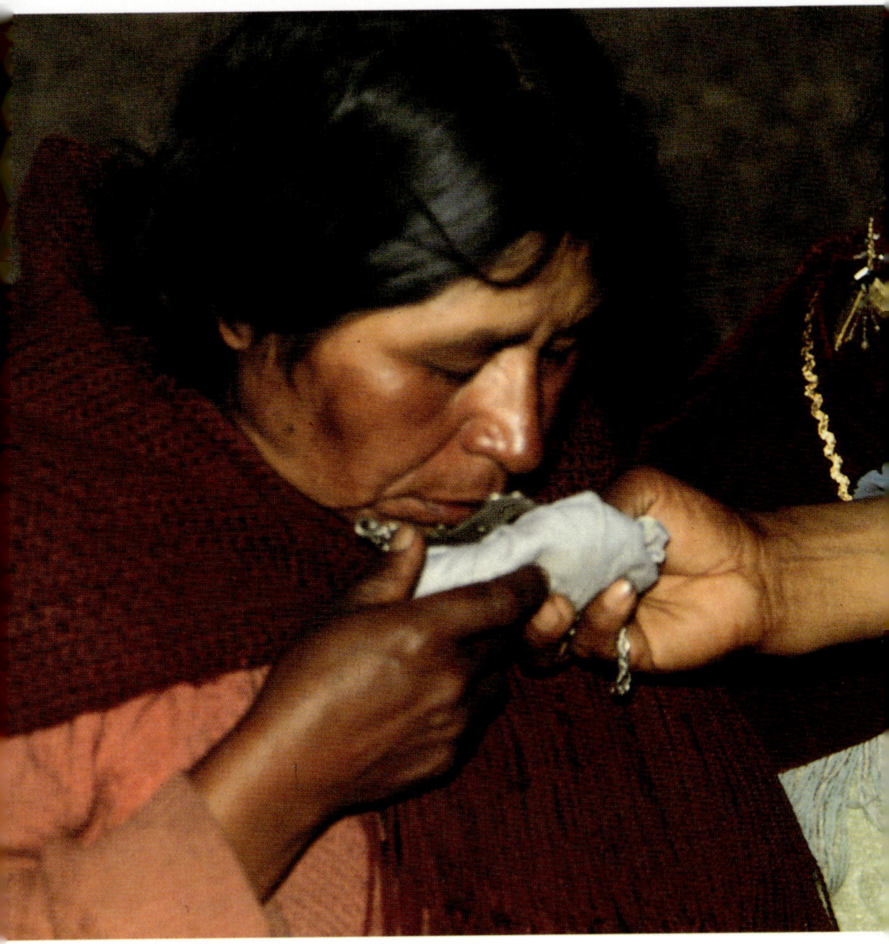

Abbildung 6: Maria flüstert »Vergebung« und küßt Kreuz und weißes q'into dreimal

weiße q'into-Bündel hinaus, öffnet das Tuch, nimmt das weiße q'into vorsichtig heraus, hebt es einen Augenblick betend zum nächtlichen Himmel und legt es dann in das Feuer ein. Er schürt das Feuer und achtet darauf, daß kein kleinster Rest mehr sichtbar bleibt. Alles muß zu Asche werden – sonst kann neues Unheil die Hütte bedrohen.

In der Hütte nimmt Federico mit sachter Geste und erklärenden Worten nun den Umhang des Señor de Burgos, wie er ihn nennt, von Irenes Schultern, betet mit Umhang und Kreuz noch einmal über ihr und über Maria, auf daß der Schutzpatron Señor de Burgos den rechten Weg weise *(chekan ñanman churasunki)*, bekreuzigt beide nochmals dreifach, läßt beide dreifach Kreuz und Umhang küssen und wendet sich dann dem schwarzen q'into wieder zu. Dies zeigt deutlich – neben der Heilungsritualistik – noch eine sehr ausgeprägte eigene Ritualistik Federicos in der Handhabung seiner wichtigsten christlichen Requisiten.

3.4 *Anlegen des schwarzen q'intos und Reinigungsritual in der Hütte*

Überblick Handlungsablauf

(1) Ch'alla des schwarzen q'into
(2) Anlegen des q'into an Irenes Leib
(3) Wirkenlassen, Pause, gemeinsames Mahl
(4) Reinigung von Irene und Maria
(5) Reinigung der Hütte
(6) Weihrauchweihung aller Anwesenden
(7) Abschluß-ch'alla vor der Hütte unter freiem Himmel

Mit dem vertrauten *Inca calleman, Inca canchaman, Inca mayuman . . .*, mit solchen für die »schwarzen« Gebete vertrauten und von den weißen deutlich unterscheidbaren Worten, besprüht Federico das in das dunkle Tuch gewickelte q'into mit Alkohol, ehe es sich Irene, mit Marias Hilfe, unter die Kleider an den

Leib schnüren läßt. Und wieder erklärt Federico, was geschieht, wozu es gut ist:

Kayta kunanqa pechoykipi wataykusqayki.
Despuestaj mari apakapusqaykitaj mari kaywan lloqerparikuspa.
Chayta chonkonapaj.
Jinaspataj chaycajqa riponqa mayuman.

ÜBERTRAGUNG

Das hier werd ich dir jetzt am Leib festmachen.
Und dann werde ich dir (die Trauer) abnehmen, indem ich (das q'into) mit dem (Faden hier) einwickle.
Das ist, damit es (das Schlechte aus deinem Leib) abgesaugt wird.
Danach geht das dann weg zum Fluß.

Das Absaugen von Trauer-Unheil, das braucht seine Zeit. Und diese Zeit nimmt man sich – alle Zeit der Welt, alles geschieht in Muße. Es wird geplaudert, Coca gekaut, es ist von Leuten die Rede, von den Feldern, der Ernte, vom Zustand der Wege und der Flüsse, von guten und bösen Menschen ... Maria hat ein Abendbrot bereitet und bringt es aus dem Küchenschuppen in die Hütte: ein Teller mit dampfenden Kartoffeln, ein Teller mit dampfendem Mais, ein großer, bauchiger, irdener Topf mit einer heißen Suppe, die wir aus Tellern trinken. Ich habe Brote mitgebracht. Irene sucht ein weißes Tuch heraus und legt die Brote mit großer Sorgfalt auf dieses Tuch. Auf dem Tisch, zwischen Kartoffel- und Maisteller, zwischen Kerze und Brot, liegen noch einige rote und weiße Rosen. Federico fügt hier und da – bevor er trinkt – eine kleine Gebets-ch'alla ein, Gebete für *Pachamama, santa tierra* (Mutter Erde, heilige Erde) und für das Glück, die Schicksalswende, die Gesundheit, die Zukunft von Irene und Maria. Mit der heißen Suppe wärmt sich auch die Hütte auf, viele liebe Worte werden ausgetauscht. Dank der Frauen an Federico, daß er gekommen ist, Versicherung Federicos, wie gern er kam um zu helfen, Dank an die *doctorita*, daß sie an allem so teilnimmt, und Staunen Federicos, wie lange man »unsere *doctorita*« doch schon kennt, freundliche

Worte für Ginés, der zu ihnen sei wie ein Vater, und Versicherung Apolinars an mich über die unerschütterlichen Bande unserer patenschaftlichen Verwandtschaft ... In diesem Klima von Wärme geht auch Maria, die bisher so gut wie kein Wort gesagt hatte, ein wenig aus sich heraus und hat auch ihre Trauer Platz: sie hat doch auch nur zwei Kinder gehabt – Irene und Sofia –, und ihr Mann ist gestorben, *jinapi wakanamanta wakana kachiayku* – und so kommen wir von einem Weinen ins andere ... Federico reagiert teilnehmend: ja, es ist schlimm, was einem alles passieren kann ...

So vergeht eine Stunde. Nach dem Mahl rauchen wir, kauen wieder Coca, tauschen Coca-Sträußchen aus. Und dann meint Federico: *Bueno kunanqa ruasun, y?* (Gut, jetzt machen wir vielleicht weiter, ja?) Es ist ein ganz präzises Arrangement, das Federico nun wünscht und sanft dirigiert: Irene und Maria sollen aufstehen, Maria soll ihren Hut abnehmen (den sie zum Essen wieder aufgesetzt hatte), sie sollen die Augen schließen, sie sollen sich bekreuzigen und in der rechten Hand eine Kerze halten.[1] Irene hat Federico das graue Bündel übergeben, und damit reinigt er nun zuerst Irene, dann Maria, und das mit großer Sorgfalt, leicht, den Körper kaum berührend, vom Kopf bis zur Sohle, von vorn und hinten, begleitet von ständigem Gebet: Trauer, Unheil, alles weiche hinweg, hinweg zum Fluß, zur Straße der Inka, dem Hof der Inka, dem Fluß der Inka, nichts an Unheil bleibe mehr hier ... Und zum Abschluß dieser sorgfältigen Reinigung haucht Irene – noch immer mit geschlossenen Augen – dreimal auf das graue Bündel. Und ebenso sorgfältig vollzieht Federico dann die Reinigung von Maria. »Ihr auch«, sagt er, »betet ihr auch«, so fordert er die beiden Frauen auf; er sagt ihnen vor, was sie beten sollen, und sie sprechen einige Sätze nach:

Tukuy voluntad, tukuy fewan
kunanqa quedapusajku limpio, ch'ua – ninkichis

[1] *Kunanqa sayaykumuy kaymanqa ... Kunanqa ch'irmiykunki, ama qawakunkichu ... Cruzta frenteykipi churaykukuy ... Qan sombreroykita jorqokuy ... Kay velata jap'iykuy ...* (hauch jetzt hierauf ... Und jetzt mach die Augen zu ... mach ein Kreuz auf deine Stirn ... nimm deinen Hut ab ... halte diese Kerze ...)

limpio quedapusajku
kayqa despachapusajku llakita – nispa:
Maria: *Despachpusajku sumajta llakita.*
Irene: *Despachpusajku ima sumajta chay llakita ...*

ÜBERTRAGUNG

Mit bestem Willen und Glauben
werden wir rein jetzt sein, klar wie Kristall – so werdet ihr sagen,
rein werden wir sein,
diese Trauer wird von uns gehen – so müßt ihr sprechen.
Maria: Vollständig werden wir die Trauer verbannen.
Irene: Aufs allerbeste verbannen werden wir sie jetzt ...

Während die Frauen so mit geschlossenen Augen verweilen – ihre Gebete mit leiser Stimme fortsetzend und jede mit einer Kerze in der rechten Hand –, geht Federico mit der symbolischen Bewegung der Reinigung – der leisen Berührung mit dem grauen Bündel – durch den Raum, geht die Wände entlang, langt in diese Ecke und in jene, fährt um die Sparren des Hüttendaches und den Rahmen der Tür und betet: *Kay wasi punkumantapas llojsipunqa* (von der Tür dieser Hütte wird es jetzt weichen). Und das Bündel, das all dies Unheil nun aufgenommen hat – erst abgesaugt *(chonkay)* von Irenes Körper, dann abgestreift von Irene, Maria und Hütte – darf nun auch nicht mehr in der Hütte bleiben: Federico bittet Apolinar, es hinauszutragen und in einem Winkel draußen aufzubewahren *(kayta jawa kuchuman churarparimuy!)*. Erst dann dürfen Irene und Maria die Augen wieder öffnen. Dieser Vollzug mit geschlossenen Augen erinnert an das Verbot des alten Don Valentin, nach seinem Reinigungsritual für Apolinar und Justina am Fluß in der Schlucht, zum Ort des nächtlichen Geschehens zurückzuschauen. Und wie in Don Valentins llaki wij'chuna die Mutter Apolinars uns dann oben in der Hütte mit einer rauchenden Weihrauchschale empfing, so bereitet jetzt auch hier Federico die Weihrauchschale, fordert Irene und Maria auf, sich zu bekreuzigen, und hält die Schale uns allen eine Weile über Kopf und Hände:

Abbildung 7: Reinigung von Irene mit dem grauen Bündel, welches das schwarze q'into enthält

FEDERICOS WEIHRAUCHGEBET

1 *San Salvador, salvay tukuymanta,*
2 *tukuy sonqo, tukuy voluntad kunan limpiasqa kanqa,*
3 *tata Santiago tata,*
4 *kunan sumaj bendicionta churapuy,*
5 *sumaj bendicionwan kay señorapas, wawanpas kanqaku,*
6 *amaña ni ima desgracia ni jayka desgracia qhatichuntajchu,*
7 *Dioswan kayqa tukuywan…*
8 *Cerros poderosos, cerros munaynioj,*
9 *sumajta ayudaychis,*
10 *sumaj bendicionpaj, sumaj saludpaj,*
11 (bei Ginés:) *uj patron, tatay,kunan chayta ayuday;*
12 (bei mir:) *doctoratapas tukuy kay trabajonpi,*
13 *tukuy uj puriyninpi, viajenpi,*
14 *tukuy uj sumaj memoria,*
15 *sumaj fé, sumaj saludta doctoraman qonkichis,*
16 *kunanri Apurasaya, Puerto Salcantaya,*
17 *kunanri sumajta kachuntaj ari;*
18 (bei Apolinar:) *asi también kay compañamiento*
19 *buena suerte, buena fortuna, buena estrella kachun,*
20 *kay trabajonpipas, familianpipas!*
21 *Tukuy ayudankichis kunanri,*
22 *Apurasaya, Apuzankati, Puerto Salcantay,*
23 *kunanri Señor del Inti Raymi, Señor de San Salvador:*
24 *salvanki kunanri!*

ÜBERTRAGUNG

1 Heiliger Salvador – erlöse sie von allem,
2 von ganzem Herzen, ganzem Willen, gelte diese Reinigung jetzt,
3 Vater Santiago, Vater,
4 gib deinen besten Segen jetzt,
5 mit diesem Segen mögen sie leben, diese Frau und dieses ihr Kind,
6 und keinerlei Unheil verfolge sie mehr,
7 dies alles mit Gott…

Abbildung 8: Federico, mit der Weihrauchschale
über Marias Kopf betend

8 Ihr mächtigen Gipfel, ihr Gipfel mit Macht,
9 vorzüglich helfen werdet ihr jetzt,
10 für besten Segen, gute Gesundheit.
11 *(bei Ginés:)* Patron, mein Vater, hilf ihm jetzt;
12 *(bei mir:)* und auch der Doctora in all ihrer Arbeit,
13 auf allen ihren Wegen und Reisen,
14 gutes Gedächtnis,
15 festen Glauben, gute Gesundheit werdet ihr der Doctora geben,
16 Apurasaya, Puerto Salvantaya,
17 alles werde nun gut;
18 *(bei Apolinar:)* desgleichen dieser Begleiter,
19 viel Glück, ein gutes Geschick, ein guter Stern leuchte ihm jetzt,
20 für all seine Arbeit und seine Familie auch.
21 Alle werdet ihr dazu beitragen jetzt,
22 Apurasaya, Apuzankati, Puerto Salcantaya,
23 Herr Inti Raymi[1], Herr Heiliger Salvador:
24 erlöse sie jetzt!

Und mit diesem Gebet, das jeden einzelnen von uns einschließt, ist das Heilungsritual in der Hütte abgeschlossen. Wir umarmen uns – Dank und gute Wünsche werden ausgetauscht, viele Stimmen: *buena hora kachun, gracias allipuni, allipuni gracias, que sea buena estrella* (alles Gute jetzt, vielen Dank, danke vielmals, auf einen guten Stern). Wir sitzen noch zusammen, rauchen und kauen Coca. Federico geht, bevor er einen Schluck Alkohol trinkt, mit dem Gläschen noch vor die Tür der Hütte in die Nacht, und ich höre ihn bei seiner ch'alla flüstern: *Pachamama, santa tierra... cerros poderosos...* (Mutter Erde, heilige Erde.. machtvolle Berge der Kraft...).

[1] Nicht nur in der Nennung der Orte der Kraft – Berge und andere Orte in Peru – wird Federicos peruanische Verbundenheit deutlich, sondern auch in der Nennung von Heiligen und Schutzpatronen, so z. B. Inti Raymi, der Gott der Sonne der Inka; für Federico ist es »der Schutzpatron von Cuzco« in Peru.

3.5 *Beseitigung der llaki mesa*

Es ist nach Mitternacht, als wir aufbrechen – zu viert, nur Irene und Maria bleiben in ihrer Hütte. Federico nimmt das graue Bündel draußen vor der Tür mit. Apolinar begleitet Federico und uns zurück in unser Dorf. Es ist eine gute Stunde Weg in der Nacht. Morgen in der Frühe, noch vor 4 Uhr, wird Federico aufstehen. Auf dem Rückweg in sein Dorf müssen zwei Flüsse überquert werden, auch der Fluß in der Schlucht zu Füßen von Irenes Hütte. Apolinar würde Federico begleiten – das war Federicos ausdrücklicher Wunsch, er sieht so schlecht in der Nacht... »Und was«, frage ich später Apolinar, »ist dann kurz nach 4 Uhr morgens, an einem Dienstag, am Fluß geschehen?« Federico habe das Bündel aus seiner Tasche geholt, habe es hoch gehalten und gebetet und dann in den Fluß geworfen. Was ist eigentlich mit dem weißen und schwarzen Garn geschehen, das Federico auf das verschnürte graue Bündel legte? Auch Apolinar erinnert sich nicht. »Ich denke, Federico wollte das graue Bündel linksherum damit verschnüren«, meint Apolinar, und das hatte Federico in der Tat vor (vgl. 3.4). Vielleicht geriet es in Vergessenheit, nachdem das schwarze q'into mit all seinen Gaben – totes Küken, Schweinefötus, Hühnerkralle, Rosenblätter – bereits fest in das dunkle Tuch verschnürt war.

4. BESONDERHEITEN UND WIRKUNG DES HEILUNGSRITUALS

Irene kommt wieder vorbei und bringt Bohnen. »Irene, wie geht es dir denn jetzt?« frage ich sie. *Limpieza sumaj karqan, valen, pero wakana puni kan* (Die Reinigung war gut, war wichtig. Das Weinen aber hält an). Will Irene sagen, daß die *Verbindung* von Unheil – Trauer gelöst ist? Das Unheil ist verbannt (die Reinigung war gut und wichtig), die Trauer aber hält an. Ist es das, was die llaki wij'chuna bewirken soll – dieses ansteckende, in alle Winkel und Ritzen aller Dinge und Lebewesen dringende Unheil zu verbannen?[1] Dann wäre auch die Trauer – eine gereinigte Trauer, *reine* Trauer.

Es ist gewiß in der Darstellung dieser llaki wij'chuna deutlich geworden, wie anders sie noch einmal gestaltet wurde gegenüber den vorangehenden, die wir kennengelernt haben. Federicos llaki wij' chuna steht in einem Raum von Schuld auf der einen, Gnade, Vergebung, Erlösung auf der anderen Seite – Grundwerte katholischen Glaubens. Doch Federico – so bedeutsam ihm auch sein Handeln mit den christlichen Requisiten, Kreuz und Umhang, ist, ist nicht einfach eine Art katholischer Priester (wenn überhaupt, so ist er ein Medizinmann-Priester), denn seine Gebete rufen die *pachamama,* die Mutter Erde, ebenso an wie Gott Vater, den Sohn und den Heiligen Geist sowie die Heiligen der Katholischen Kirche. Für Federico ist es der Glaube, das Handeln aus dem Herzen und aus gutem Willen, was beides verbindet. Und so kommt bei Federico dieses Handeln aus dem Herzen und dieser gute Wille auch noch dem Feind zugute: auch ihm sei zehntausendfach verziehn!

[1] Federico erklärt: *Llaki quedanpuni wasipeqa. Chaypaj uj limpiezata nankupuni manaña ima desgracia qhatinawanchispaj:* (Nach einem Tod) bleibt die Trauer immer im Haus. Dafür macht man immer eine Reinigung, damit das Unheil uns nicht mehr verfolgt.

KAPITEL 5

Die »kleine« und die »große« llaki wij'chuna: Aus den Lehren der Medizinmänner Don Ramón und Apolinar Ramos

Übersicht:

1. EINLEITUNG

Drei llaki wij'chuna-Heilungsrituale haben wir bisher kennengelernt: die llaki wij'chuna des Don Valentin für die sechsköpfige, mutter-verwaiste Familie; die llaki wij'chuna der vier Medizinmänner für die siebenköpfige, vater-verwaiste Familie und das Ritual Federicos für die junge Irene nach Verlust ihres ersten Kindes.

Aus diesen drei Heilungsritualen läßt sich bereits erkennen: es scheint etwas wie einen unverzichtbaren »Kern« der llaki wij'chuna zu geben, der diese überhaupt erst zu einer solchen macht; der Kern scheint nicht unbedingt identischer Handlungsvollzug oder identische Beigabe zu sein – es kann sich auch um »Äquivalenzen« handeln. Aber um dieses Zentrum äquivalenter Kernstücke können sich vielfältige Varianten gruppieren – Varianten in Zeit und Ort, in Ingredienzen und Handlungsablauf, in Inhalt und Gebet.

Diese Identifikation von rituellem Zentrum oder Kern und rituellen Varianten – die ich in Kapital 7 dann herausarbeiten werde – wird uns erleichtert durch weitere Informationsquellen zur llaki wij'chuna: die Ergebnisse meiner *Lehren* bei Callawaya-Medizinmännern. Sie liefern einen weiteren Baustein der »Validierung« von Kern und Varianten. Mein Lehrmeister Don Ramón beschreibt, wie *er* eine llaki wij'chuna gestaltet (Abschnitt 2), und mein Lehrmeister und compadre Apolinar Ramos eröffnet uns den Blick auf eine kollektive llaki wij'chuna, wie sie heute fast vergessen ist und kaum mehr praktiziert wird (Abschnitt 3).

Abbildung 1: Mein Callawaya-Lehrmeister Ramón Álvarez demonstriert die Bereitung eines q'into

2. EINE »KLEINE« LLAKI WIJ'CHUNA IN DER FAMILIE: BERICHT MEINES LEHRMEISTERS DON RAMÓN

Mein Lehrmeister Ramón Álvarez aus Chajaya hat mir dargestellt, wie er selbst eine llaki wij'chuna gestaltet (L–I: 176). Eine llaki wij'chuna bereitet man nach Don Ramón nicht nur im Todesfall, sondern »auch nach anderen schweren Verlusten und schwerwiegenden Widrigkeiten *(contratiempos graves)* – überhaupt in allen Fällen tiefen Schmerzes *(pena profunda)*«. An einem Dienstag oder Freitag müsse man diese llaki wij'chuna bereiten. In der Callawaya-Sprache werde sie *iti itka* genannt (*iti* heißt das Schlechte, auch Pech, Unglück; und *itka:* Zorn, Wut, Unheil – man beachte die Emotionen, die hier zusammengestellt werden).

Folgende Ingredienzen braucht Don Ramón für seine llaki wij'chuna:

Ingredienzen für llaki wij'chuna nach Ramón Alvarez:

1 Einen neuen irdenen Krug,
2 eine neue irdene Schüssel,
3 Schafswolle in schwarz und weiß,
4 linksgesponnener Schafswollfaden – schwarz und weiß zusammen,
5 Coca-Blätter,
6 reinen Alkohol (nicht für ch'alla der mesa),
7 Blüten des Ginster *(retama),*
8 Dornen der *hierba de lloqe,*
9 die Pflanze *q'oa,*
10 Schafstalg,
11 *llimpi negro,*
12 *jaqi masa,*
13 Kleider zum Wechseln,
14 Weihrauch (nach der Heilung).

In dieser Liste finden wir einige vertraute Ingredienzen – Linksfaden, Ginster, Dornen, Schafstalg usw. –, aber wir entdecken auch einige neue:

(1) Für die Pflanze *lloqe* notiert Oblitas Poblete (1969, 228) nur einen »medizinischen«, Girault (1984, 265) einen »medizinischen« und rituellen Gebrauch; zu letzterem: man badet Kinder in *lloqe*-Wasser, wenn sie anfangen, laufen zu lernen. Don Ramón kennt diesen rituellen Gebrauch nicht, kann ihn auch nicht erklären. In anderem Zusammenhang (L–I: 164) gab Don Ramón mir noch einige zusätzliche Erläuterungen zu der Bedeutung von *lloqe;* die wichtigste sei, daß die Pflanze helfe, das Schlechte an den zurückzuverweisen, der Schlechtes denkt (*kutichin chayqa:* die gibt's zurück). Übel und Unheil an den Verursacher zurückgeben – das kennen wir schon als ein wichtiges Ziel verschiedener ritueller Handlungen. Ich taste mich an die Warum-Frage heran:
»Die Pflanze X ist nicht gut für solche Rückgabe, oder? *(mana kutichinapaj sirvinchu y?)*«
»Nein«, sagt Don Ramón mit Nachdruck.
»Und die Pflanze Y?«
»Auch nicht, auf keinen Fall.«
»Aber *lloqe* ist gut dafür, X und Y sind nicht gut; wie macht es *lloqe,* um dafür gut zu sein?«
Don Ramón: »Das *ist* so. Das war schon immer so.«
Mein Warum-Tasten endet oft in dieser Aussage von Don Ramón. Jedenfalls, so erläutert er weiter, ist *lloqe* eine wichtige Heilpflanze:
»Aber nur für bestimmte Krankheiten – Krankheiten, die durch Verwünschung oder Hexerei *(maldición, brujería)* verursacht sind. Dann badet man mit *lloqe*-Wasser und trinkt *lloqe*-Tee.«
Lloqe ist auch wichtig als Beigabe bei der Bereitung einer ganzen Reihe von Amuletten – zum Beispiel für das Amulett zum Schutz des Hofes (L–I: 149, 174, 205); für ein Amulett, welches das Regieren und die Ausübung von Autorität unterstützt (L–I: 161, 183, 212), und für das Amulett gegen

Hexerei (L–I: 155, 170, 209). *Lloqe* ordnet sich also überwiegend in den Bereich der Schwarzen Heilung, der Abwehr von Verwünschung und Hexerei, ein.
Lloqerparichinapajchu chayqa? frage ich. (Die ist also gut, um die Dinge links herum zu wenden?) – Dieses Linksherumwenden *(lloqerparichiy)* ist uns in den vorangehenden Heilungsritualen ja vielfach begegnet. – Don Ramón: *Ari pues, chaymanta sutin, chaymanta munaynioj.* (Na klar, deshalb heißt sie ja so, deshalb hat sie Macht).
Die Pflanze *lloqe* (*lloqe* heißt links) scheint also links zu wirken, weil sie Links heißt. Dies ist ein Wirkungsprinzip, das uns auch bei der Verwendung von magischen Formeln noch vielfach begegnen wird.
(2) Und was ist *q'oa*, die Don Ramón für eine llaki wij'chuna braucht? *Q'oa* ist nur ein anderer Name für *muña (aya muña).* Oblitas Poblete (1969, 292) und Girault (1984, 589) führen nur wieder einen »medizinischen« Gebrauch für *q'oa* auf. Aber von der Bereitung der yana mesa (vgl. f. S.) wissen wir, daß diese Pflanze neben ihrem medizinischen Gebrauch eine rituelle und magische Bedeutung hat; da ist von »Zeugenschaft der *muña*« die Rede, eine der negativen »Wesenheiten«, die man anruft; und *muña* in der yana mesa – diese ordinäre, immer und überall wachsende *muña* steht für Abfall, denn sie dient im Alltag auch zur Beseitigung von Abfall: als Kehrbesen.
Wir können nicht sicher sein, ob in die vorangehend behandelten llaki wij'chunas diese beiden speziellen Pflanzen eingingen oder nicht, denn in der Dunkelheit der Hütten konnte ich bei den Heilungen die meisten Pflanzen nicht erkennen; – aber es gehört zu den Merkmalen aller dieser Heilungsrituale, daß bei der Bereitung der mesa Pflanzen in die q'intos eingelegt werden. Neu dagegen ist bei Don Ramón – gegenüber den vorangehenden llaki-Heilungsritualen – ein anderer Typ von »Material«: Mineralien, Steine. Zwei nennt Don Ramón: *llinpi* und *jaki masa.*
(3) Das schwarze *llinpi* (Glimmer) gehört ebenso wie *jaki masa* (Tuffstein) und die oben genannten Pflanzen stets zu dem *qopa jampe,* dem yana-mesa-Gemisch, das auch Federico

in seiner llaki wij'chuna (unausgewählt) benutzt. *Llinpi* hat rein rituelle Bedeutung (vgl. auch GIRAULT 1984, C–12). Es gehört auch zur Bereitung einiger Amulette, so dem Amulett zum Schutz von Herd und Hütte (L–I: 148, 165, 204), dem Amulett zum Schutz der Gesundheit (L–I: 151, 166), dem Amulett, das Handel und Geschäfte fördert (L–I: 153, 176) und die Fruchtbarkeit der Tiere (L–I, 158, 180, 184). Es bedeutet *»allin kachun«* – auf daß die Dinge sich zum Guten wenden – so Don Ramóns Erklärung (und ebenso vage die von GIRAULT).

(4) *Jaqi masa,* auch *haki masa* geschrieben, ist der Aymara-Name für *waripa tullu* (Quechua), einen Tuffstein, der sowohl »medizinische« als auch rituelle Bedeutung hat. Pulverisiert wird es zum Blutstillen benutzt, man streut ihn auf offene Wunden, um den Heilungsprozeß zu fördern, und gibt ihn, als Pulver, mit heißem Wasser überbrüht, den Frauen im Kindbett zu trinken, um die Blutungen zu stillen (GIRAULT 1984, C-22, der nur diesen und anderen »medizinischen« Gebrauch anführt). Nach Don Ramón wird dieser schwarze oder weiße Stein in Pulverform auch gegen *susto* eingenommen. Auch bei der Amulettbereitung spielt er eine wichtige Rolle: Er gehört zum Schutzamulett gegen *susto* (L–I: 160, 182, 211), zum Amulett für die *achachilas* (L–I: 154, 177, 207, 210) und zu einem speziellen Amulett, das hilft, in körperlichen Auseinandersetzungen Oberhand zu gewinnen (L–I: 162, 185). Die generelle Bedeutung von *jaki masa* umschreibt Don Ramón so: *Para tener el poder de defenderse* – um die Macht zu haben, sich (selbst) zu verteidigen. »Wie geschieht dies?« Don Ramón lächelt mich an und sagt mit Bestimmtheit: *Doctorita, asi es pues!* (Doctorita, so ist es eben!)

Soweit die Liste der »neuen« Ingredienzen, die nach Don Ramón in die llaki wij'chuna eingehen. Sehr genau schildert Don Ramón dann den Ablauf der llaki wij'chuna. Zur Orientierung für den Leser möchte ich diesen Ablauf – nach Handlungsschwerpunkt und Handlungsort – wieder in Phasen unterteilen, acht Phasen in diesem Fall:

1. Vorbereitende Handlungen.
2. Bereitung der mesa.
3. Anlegen von q'intos an den Leib der Trauernden.
4. Bereitung eines weiteren q'into für Hütte und Corral.
5. Reinigungs-Ritual in Hütte, Hof und Corral.
6. Reinigungs-Ritual am Fluß.
7. Weihrauch-Ritual in der Hütte.
8. Vernichtung (und Waschung) des llaki-Gutes durch den Medizinmann.

Mit diesen Phasen als Orientierung möchte ich nun Don Ramón zu Wort kommen lassen. Natürlich hat mir Don Ramón den Handlungsablauf nicht so »herunterdiktiert«, wie es im folgenden erscheinen mag. Ich habe vielmehr seine Aussagen und seine Antworten auf meine vielen Fragen zu einem lesbaren Ablauf gruppiert:

(1) »Vor der Heilung, schon etwa ab vier Uhr, beginnt der *médico*[1] mit der Vorbereitung. Er spinnt einen langen Linksfaden aus Schafswolle, wobei er schwarze und weiße Schafswolle zusammenspinnt.«

(2) »Wenn er in der Hütte ankommt, bereitet er dann zuerst die q'intos – jeweils ein Paar für jeden der Trauernden. Er belegt die schwarz-weißen Schafswoll-q'intos mit je sechs Coca-Blättern, d. h. je drei Paaren, und gibt dann die anderen Ingredienzen dazu: Schafstalg, Stein, Mineral, Pflanzen und Dornen. Nein, eine ch'alla mit reinem Alkohol gibt es in dieser Heilung nicht. Nur der médico darf sich etwas einschenken, um sich Mut zu machen *(para tener coraje)*«.

(3) »Die q'intos werden ohne ch'alla dann mit dem Linksfaden zusammengeschnürt. Jeder Trauernde bekommt ein Paar solcher zusammengeschnürter q'intos und wird sie auf seiner linken Seite – am Herzen – unter den Kleidern anlegen. Mit Linksfaden umschnüre ich dann ihren Hals, ihre beiden Hand- und ihre beiden Fußgelenke. Die Patienten müssen die q'intos und Linksschnüre bis Mitternacht tragen. Wenn ein Kranker in

[1] Don Ramón verwendet für den Callawaya-Medizinmann meist das Wort *médico* = Arzt. Ich möchte es in der Zitierung der Lehren von Don Ramón unübersetzt lassen.

der Familie ist, werden auch die Beine seines Reisiglagers mit Linksfäden umschnürt. Auch an den Türen der Hütten und am Eingang zum Corral müssen Linksschnüre angebracht werden.«

(4) »Nun wird noch ein q'into bereitet – dieses muß groß sein wie ein Teller. Es werden die gleichen Ingredienzen eingelegt wie bei den kleinen q'intos, aber reichlich, sehr reichlich! Das q'into wird mit einem großen, dichten Kranz von Coca ausgelegt. Dieses q'into ist für Hütte und Corral bestimmt – es wird auch nicht mit reinem Alkohol besprüht. Zur gleichen Zeit wird der Pflanzensud bereitet: Ginster wird in das Wasser gegeben, reichlich, auch *q'oa* und *lloqe*. Das wird auf den Herd gesetzt. Und dann ruht man sich aus. Wir rauchen und kauen Coca. Die Asche und das ausgekaute Coca darf nicht fallen gelassen oder verstreut werden. Wir sammeln es in der Mitte.«

(5) »Inzwischen ist es Mitternacht geworden. Der *médico* reinigt nun mit den q'intos den Kranken – oder wer immer später nicht mit zum Fluß gehen kann, zerreißt seine Linksfäden und betet dabei: *Tukuy llaki, tukuy desgracia llojsichun kunanqa, tukuy mal, tukuy chiki riponqa* ... (Alle Trauer, alles Unheil weiche jetzt hinaus, alles Schlechte, aller Kummer: hinweg.) Er reißt auch die Linksfäden mit Gebeten von den Beinen des Reisiglagers. Mit dem großen q'into werden dann die Türen zu jeder Hütte und der Eingang zum Corral gereinigt und die dort angebrachten Linksfäden zerrissen. Auch vor den Tieren im Corral. Dabei muß man immer beten, daß alle Trauer, alles Unheil weiche. Der *médico* sammelt dies alles zusammen – Coca-Reste, q'intos, Linksfäden.«

(6) »Schließlich brechen wir zum Fluß auf. Wir nehmen das Eingesammelte mit und auch den Krug mit Pflanzenwasser und die neue irdene Waschschale. Die Patienten nehmen sich noch einen Satz neuer Kleider mit. Wichtig ist: Der *médico* nimmt auch einiges mit zum Fluß, was dem Verstorbenen gehörte, vielleicht sein Coca-Täschchen *(chuspa)* oder seine Mütze oder ein Taschentuch – und vor allem die Kleider, die er zuletzt trug. Das alles muß mit zum Fluß. – Am Fluß angekommen, setzen wir uns im Kreis, wir beten das Glaubensbekenntnis und das Gebet des Heiligen Ciprian. Wir kauen Coca und rauchen und

sammeln die Reste in der Mitte. Dort liegt auch das Reinigungs-q'into von Hütte und Corral, die q'intos der in der Hütte zurückgebliebenen Patienten und alle schon zerrissenen Links-fäden. Dann tritt der *médico* vor jeden der Betroffenen, läßt sich das q'into-Paar geben und reinigt ihn damit; er zerreißt die Linksschnüre und läßt den Betroffenen dreimal auf die q'intos und Linksschnüre hauchen und betet dabei: *T'ipichun q'alata, tukuy llaki, tukuy desgracia* (zerrissen sei alle Trauer, alles Unheil). Während der *médico* die Linksschnüre zerreißt, müssen die Betroffenen fest die Augen schließen und ein Vaterunser beten. Auch der *médico* betet. Er spricht wiederholt das Glaubensbekenntnis und das Gebet des Heiligen Ciprian. Der *médico* sammelt die q'intos und Linksfäden in der Mitte, und alle spucken noch einmal darauf und sagen: hinweg, hinaus, alle Trauer, alles Unheil! Dann wird der Pflanzensud in die irdene Waschschale geschüttet. Die Patienten legen ihre Kleider ab oder streifen sie hoch und waschen sich gründlich ab, Gesicht, Hände, Füße. Sie spucken in die Schale mit gebrauchtem Wasser, und dann werden gebrauchtes Wasser, Tonkrug und Waschschale in den Fluß geworfen. Die Patienten kleiden sich neu. Die abgelegten Kleider bleiben liegen.«

(7) »Die Patienten kehren dann in die Hütte zurück – aber ohne sich umzuschauen. Der *médico* darf nicht in die Hütte zurückkehren. Er hat sie von der Trauer, dem Unheil befreit, deshalb darf er nicht mit zurück. Nur sein Gehilfe darf sie in die Hütte begleiten. Denn dort wird nun eine Weihrauchschale bereitet und jeder der Betroffenen unter Gebeten mit Weihrauch eingehüllt. Jetzt soll auch eine ch'alla mit reinem Alkohol gemacht werden, in der Hütte – als letzte Reinigung und als Dank für *Pachamama*. Es wird ein Mahl geteilt, die Familie trinkt und feiert. Eine ch'alla in der Hütte wird auch am nächsten Tag noch einmal wiederholt, an dem die Patienten den Hof aber nicht verlassen dürfen.«

(8) »Der *médico* ist am Fluß geblieben. Er verbrennt jetzt alles llaki-Gut, die Gegenstände und Kleider des Verstorbenen, alle q'intos und Linksfäden. Die Asche streut er in den Fluß. Wenn es in der Gegend keinen Fluß gibt, wird die Reinigung im Freien

an einer Wege-Kreuzung durchgeführt und das llaki-Gut dort weggeworfen.« »Was geschieht mit den Kleidern, die die Trauernden vor der Waschung im Dornensud abgelegt haben?« frage ich. »Das hängt«, so sagt Don Ramón, »von den Patienten ab. Wenn sie die Kleider nicht verlieren wollen, dann muß sie der *médico* mitnehmen und sie alle waschen oder waschen lassen und sie nach einer Woche zurückbringen. Aber vielleicht will der Patient sich auch ganz von all diesen behafteten Kleidern trennen.« – »Und was macht denn der *médico* dann damit?«, frage ich weiter. Don Ramón – zögernd: *»El médico yachanña.«* (Das weiß der Arzt dann schon) – und fügt nach einer Pause hinzu: »Er wird sie in den Fluß werfen. Oder er verkauft sie. Oder er behält sie auch.«

3. DIE »EIGENTLICHE GROSSE« KOLLEKTIVE LLAKI WIJ'CHUNA: WISSEN UND ERINNERUNG MEINES LEHRMEISTERS APOLINAR RAMOS

Die llaki wij'chuna für Apolinars Familie, nach dem Tod Pastoras, ist schon lange her. Auch die llaki wij'chuna nach dem Tod der kleinen Martha, erstes Kind von Irene, Apolinars Nichte – auch sie liegt schon lange zurück. Apolinar ist heute zu unserer täglichen »Lehrstunde« gekommen. Ich hab wie immer Tee und Brot, Block und Bleistift, Tonband und Photoapparat bereit. »Der kleine Antonio von weiter oben«, erzählt Apolinar, »der ist gestern gestorben. Die werden sicher eine kleine llaki wij'chuna machen«, sagt er. »Was meinst du mit kleiner llaki wij'chuna?« – »Na, so wie sie Valentin gemacht hat.« – »Das ist eine *kleine* llaki wij'chuna?« frage ich verblüfft. »Natürlich«, erwidert Apolinar, »die eigentliche große llaki wij'chuna, das ist noch etwas ganz anderes!« Und so hörte ich zum ersten Mal von der »großen« llaki wij'chuna, die man nach Apolinar heute kaum noch begeht. Er hat sie noch erlebt, gewiß, aber es ist lange her.« »Wie kommt es, daß es sie kaum noch gibt?« Apolinar: »Es ändert sich alles. Die alten Dinge gehen verloren. Wir haben auch keine Mittel, kein Geld, für solche großen llakis.« Und dann berichtet Apolinar – und dies hat er von seinem Medizinmann-Vater und von Don Valentin gelernt –, wie man eine große llaki wij'chuna bereitet, und er erzählt, was er alles von der letzten, die er erlebt hat, noch erinnert. Und Apolinar ist so sehr dabei, daß er alsbald aufsteht und an den Türen und Fenstern meiner Hütte das Zerreißen der Fäden demonstriert – und dabei betet –, zum imaginären Corral (Einfriedung des Viehs) schreitet und »mein Vieh« (das es nicht gibt) mit q'intos reinigt, dann die Frau ist, welche den Linksfaden spinnt und sich danach selbst vom Unheil befreien muß, oder am imaginären Fluß steht und den Haupttrauernden mit Wasser besprüht... Es ist eine sehr lebendige Lehre (und es ist eine mit wenig Chronologie), und wenn Apolinar niederkniet, kann ich seinen Gebeten lauschen (L–III: 19, 20, 73, 78).

Nun besteht der Hauptunterschied zwischen der kleinen (*juchuy, pequeño* = klein) und der großen (*la verdadera, gran* = eigentlich, groß) llaki wij'chuna nicht in den Ingredienzen, auch nicht in den Hauptschritten des Handlungsablaufs, sondern vor allem in der Beteiligung. Es ist eine kollektive llaki wij'chuna, es sind »zwanzig, dreißig, vielleicht vierzig« Menschen. – »Das letzte Mal, als ich es erlebte«, sagt Apolinar, »hat das ganze Dorf teilgenommen.« Der Unterschied in der Beteiligung ist jedoch nicht nur ein quantitativer. Bedeutsamer ist der qualitative Unterschied in der Beteiligung – vor allem der größere Aufwand, die größere Vorsicht im Umgang mit dem ansteckenden, alles durchdringenden, an allem haftenden Unheil.

Abbildung 2: Apolinar Ramos bei der Lehre

Neben dem Medizinmann und einem oder mehreren Gehilfen werden für die große llaki wij'chuna noch drei Rollen verteilt, gefährliche Rollen; Frauen sind es, die diese übernehmen. Die gefährlichste aller vorbereitenden Aufgaben ist die Herstellung des *lloqe q'aytu* – des linksgesponnenen Fadens. Da reicht nicht *ein* Knäuel. Es werden, wie gesagt, zwanzig, dreißig, vielleicht vierzig Menschen an der llaki wij'chuna teilnehmen und alle –

Abbildung 2: Apolinar Ramos bei der Lehre

alle ausnahmslos – werden Linksschnüre um Hals, um Hände und Füße gelegt bekommen; und nicht nur sie, auch die Türen zu allen Hütten, die Pfosten am Eingang zum patio, dem Hof der Hütte, die Pfosten des Corrals werden verschnürt. Es wird also viel Linksfaden gebraucht. Es sei sehr schwierig, eine Frau zu finden, die diese Aufgabe übernimmt. Es müsse eine Witwe sein, möglichst eine ohne weitere Familie, oder eine ganz arme Frau. Warum ist es so schwierig, sie zu finden, warum muß sie einsam oder arm sein? Weil die Aufgabe des Spinnens so gefährlich ist. Durch die Herstellung des Linksfadens kann diese Frau sich mit der Trauer, die damit »abgerissen« wird, anstekken, sie kann Trauer und Unheil auf sich ziehen, ja den eigenen Tod. Und deshalb sollte diese Frau wenigstens keine Familie haben, sonst würde das Unheil auch die Familie anstecken. Oder sie sollte arm sein – »denn sowas übernimmt man nur aus Not – und die Bezahlung für diese Frau ist hoch«: Sie bekommt ein neues Kleidungsstück oder sogar ein Schaf – auch ein Alpaca sei schon für diese Aufgabe gezahlt worden. Die Frau darf natürlich auch nicht im entferntesten mit der Trauerfamilie verwandt sein, sonst würde man das Unheil auf der einen Seite hinzufügen (Herstellung des Fadens zieht Unheil an) und auf der anderen »zerreißen« (Zerreißen der Fäden zieht Unheil ab).

Lloqe q'aytu ruajqa sinchi llakipi. Pay puchkachian lloqe q'aytuta, payman kutinman. Payman quedanman llakiy. Lloqe puchkanaqa desgracia mink'akun!

ÜBERTRAGUNG

Wer den Linksfaden herstellt, gerät gefährlich in die Trauer. Wer den Linksfaden spinnt, auf den kann es zurückfallen. Die Trauer kann an ihr haften bleiben. Das Linksspinnen zieht das Unheil an!

Wir müssen uns verdeutlichen, daß hier ein Material, die Schafswolle, das bisher in keiner Weise mit den Trauernden in Berührung war – das erst künftig mit ihnen in Berührung kommen wird –, bereits Gefährlichkeit besitzt: aus der Zukunft wirkt, ohne Berührung und Kontakt, die Gefahr in die Gegenwart hinein.[1] Was Zukunft mit Gegenwart verbindet, ist die Drehung des Fadens nach links. Und es ist nicht nur der unmittelbare körperliche Kontakt der spinnenden Hände, über welche die Ansteckung aus der Zukunft in die Gegenwart kommt, sondern sie wirkt – als Trauer-Unheil – auf Hütte und Hof, Familie und Vieh, auch auf die Pflanzen des Ackers, die noch nicht gewachsen sind und auf das Junge der Kuh, das noch nicht gezeugt wurde (L–III, 20).

Es ist verständlich, daß man keine so umfassend negative Wirkung auf sich nimmt – es sei denn aus der Not heraus. »Und gibt es keine Möglichkeit, das drohende Unheil abzuwenden?« frage ich besorgt. – »Ja«, sagt Apolinar, »natürlich gibt es sie, wir wissen nur nicht immer, wie gut sie wirkt.« Vielleicht hat sie ein Amulett, das sie bei der Aufgabe des Linksspinnens beschützt. Gewiß wird sie nach Vollendung der Aufgabe selbst ein kleines q'into bereiten: Sie wird dafür Schafswolle verwenden, sie wird die Coca-Blätter falsch herum einlegen, sie wird Schafs- oder Schweine- oder Rindertalg verwenden und statt der Nelke der weißen mesa die *machula t'ika* nehmen, welche man auch in die q'intos für die eher bösen *awichas* einlegt (vgl. f. S.). Sie wird dieses q'into verschnüren und anlegen, und sie wird sich mit dem q'into dann reinigen, sie wird knien und dabei beten. Und Apolinar demonstriert, kniet sich in meinem patio nieder, nimmt das imaginäre q'into in die linke Hand, streift damit über seinen Körper und betet – im Sinne jener Frau:

GEBET DER LLOQE Q'AYTU – FRAU
(gesprochen von Apolinar Ramos)

1 *Llakikuna,*
2 *kay ruasqaymanta llaki-desgracia*
3 *urakapuway, urakapuway, urakapuway!*
4 *Chiki chiki llaki urakapuy cuerpoymanta,*
5 *p'achaykunamanta,*
6 *makiykunamanta, chakiykunamanta,*
7 *umaymanta,*

[1] Wir müssen umdenken: Sprachlich ist im Quechua die Zukunft HINTER mir, die Vergangenheit ist VOR mir lokalisiert (vgl. Earls und Silverblatt 1976).

8 *ama ima desgraciapas kachunchu,*
9 *ama ima desgraciapas mink'atakusajchu,*
10 *tukuy llakikuna apakapuway!*
11 *lloqe lloqe lloqe ripuway!*

ÜBERTRAGUNG

1 Trauer –
2 Unheilvolle Trauer, die kommt aus dem, was ich hier tat,
3 fall ab, fall ab, fall ab von mir!
4 Kummer, Kummer, Trauer fall ab von meinem Leib,
5 von meinen Kleidern,
6 von meinen Händen, meinen Füßen,
7 von meinem Kopf fall ab!
8 Keinerlei Unheil bleibe zurück.
9 Kein Unheil werde ich mehr auf mich ziehen.
10 Alle Trauer, fall ab von mir.
11 Links, links, links hinweg!

»Ja, so reinigt sie sich«, sagt Apolinar und steht aus der knienden Haltung auf. Der gefährlichen Wirkung der Handhabung der Richtung »links« begegnet sie durch Anrufung und Verbannung des Unheils in eben diese gleiche Richtung – nach links.

Neben dieser Frau zum Spinnen der Linksfäden werden noch zwei weitere Frauen gebraucht – zwar kann einmal eine Frau beide Rollen übernehmen, aber es sei besser, die Rollen sind getrennt. Einmal muß eine Frau gesucht werden, die Hütte und Hof säubert und kehrt – in allen Winkeln putzt, wenn alle Trauernden hinaus zu einem weit entfernten Fluß gegangen sind. Auch das ist, wie wir uns jetzt denken können, eine sehr gefährliche Aufgabe, darf also nicht von einem Familienmitglied übernommen werden, muß gut bezahlt sein und führt zu Selbstschutz- oder Selbstreinigungsmaßnahmen. Die dritte Frau schließlich – auch nicht aus der Familie – wird das große ausgiebige Mahl für alle Trauergäste bereiten. Es heißt das *t'ipira*-Essen, das »Zerreiß-Essen«, das Mahl, das es gibt, wenn Linksfäden und damit Trauer-Unheil zerrissen werden. Das

Mahl wird erst eingenommen, wenn die Trauergäste vom Fluß zurück gekommen sind, wenn also alle vielfach gereinigt sind. Sie nehmen das Mahl *gereinigt* ein. Warum ist es dennoch gefährlich, das Mahl zu kochen? Hören wir Apolinar zu, was er zu diesen beiden Rollen sagt:

Chay t'ipira mikuy waykoj warmeqa wañupaj kausayninkunata apaykachian. Chaymanta llaki, ninku.

Chay wasinpi kajkuna, wasi ukupi kajkuna, jawapi kausaykuna onkojpaj llankshasqan. Jinata ñoqanchis llankhasun joqarisun chikaqa ñoqanchisman jap'iwasuan chay onkoynin o chay llakikunapas. Ñoqanchiswan kanman.

Waj warmi kanan wasi pichaj, mikuy waykoj.
Mana chayri familiamantaqa mana kananchu.
Llaki kasqanpi quedakunman. Chay q'opakunaqa llakiyoj.
Chay llaki mana allinchu ñoqanchispaj kanman.

ÜBERTRAGUNG

Diese Frau, die das *t'ipira*-Essen bereitet, geht mit den Dingen um, die dem Gestorbenen gehörten. Dadurch kommt die Trauer auf sie, sagt man.

Alles was zur Hütte gehört, was in der Hütte ist und außerhalb der Hütte ist, das hat der Kranke angefaßt. Und wenn wir das dann anfassen und aufnehmen, dann kann seine Krankheit oder auch diese Trauer uns ergreifen. Und dann kann sie an uns haften bleiben.

Die Frau, die die Hütte kehrt, und die, die kocht, soll jeweils eine andere Frau sein. Die dürfen nicht aus der Familie der Trauernden sein. Deren Trauer bleibt sonst in der Hütte drin. Sogar der Dreck ist mit Trauer getränkt. Und diese Trauer ist nicht gut für uns.

Da alles von der Krankheit zum Tod, vom Tod, von der Trauer, dem Unheil durchtränkt ist – alle Gegenstände der Hütte, ja selbst der Dreck in der Hütte und auf dem Hof – deshalb müssen auch diese Frauen, die mit dem Gefährlichen umgehen, zu Maßnahmen von Selbstschutz und/oder Selbstreinigung greifen. »Ja«, sagt Apolinar, »sie können auch einen Medizinmann damit beauftragen, das Unheil von ihnen zu nehmen« – aber meist sind es ja gerade Frauen, die sehr arm sind und einen Medizinmann gar nicht in Gütern bezahlen können, es sei denn sie verlören einen Teil dessen wieder, was sie mit der Übernahme der gefährlichen Aufgabe gewonnen haben. Aber da Heilung und Alltag so dicht ineinander verwoben sind (vgl. f. S.), brauchen sie auch nicht unbedingt einen Medizinmann; es gibt niemanden, der sich dort nicht ein q'into selbst bereiten könnte und unzählige Male in seinem Leben in vielen verschiedenen Lagen eines bereitet hätte ...

Für die weiteren Besonderheiten der großen llaki wij'chuna möchte ich Apolinar selbst mit seiner Schilderung des Heilungsablaufs zu Wort kommen lassen; es sind alles seine Aussagen, ich habe sie nur »geordnet«:

»Für die große llaki wij'chuna brauchen wir alles, was auch Valentin für unsere llaki wij'chuna gebraucht hat. Aber einen Dornensud bereiten wir nicht; wir legen die Dornen nur in die q'intos ein. Wir brauchen zwei Meerschweinchen. Sie werden nicht für die Reinigung (Absaugen des Unheils) gebraucht, sondern um aus ihren Eingeweiden zu lesen. Dadurch wissen wir, ob noch mehr Unheil auf die Familie zukommt oder ob die Heilung Gutes bringen wird.«

»Wenn es möglich ist, bereiten wir die llaki wij'chuna acht Tage nach dem Tod. So lange dürfen die Hauptbetroffenen die Trauerkleidung nicht ablegen, sie dürfen die Kleider nicht wechseln. Wir beginnen am Tag. Alle versammeln sich, die Familie, die Leute vom Dorf und vor allem auch diejenigen, die mit dem Kranken und Toten zu tun hatten: die ihn als Kranken gepflegt haben, die die Leiche gewaschen haben und dem Toten Kleider anlegten, der Mann, der den Sarg hergestellt hat. Früher geschah das alles umsonst – sie waren dafür zu der llaki wij'chuna eingeladen, wurden besonders reichlich mit Essen bedacht und waren natürlich auch die wichtigsten Gäste bei den drei folgenden Allerheiligen-Festen (vgl. dazu Kapitel 6), wenn wir Brot und Früchte aufbauen und sie zu uns kommen, um am Tisch des Verstorbenen zu beten. Heute ist das anders. Heute muß der Sarg bezahlt werden, mit Mais oder mit Geld, heute muß der Leichenwäscher bezahlt werden. Das ist alles anders geworden.«

»Es wird ein q'into bereitet für jeden einzelnen, der an der llaki wij'chuna teilnimmt. Auch für jede Hütte, auch für die *pirúa* (die Vorratsstelle, wo Mais und Kartoffeln lagern), für den Corral, für den Hof, für die Tiere muß ein q'into bereitet werden. Bei der Bereitung der mesa betet der Medizinmann« – und Apolinar beginnt zu beten:

GEBETE BEI DER BEREITUNG DER MESA

1 Kay llakikuna, kay phutikuna,
2 amaña kaypi kachunchu.
3 Amaña ima llakipas kachunchu.
4 Tukuy sonqowan pagapuchiayki, despachapuchiayki.
5 Urakapuy tukuy llaki, tukuy desgracia, urakapuy,
6 tukuy imamanta, wasimanta, animalkunamanta,
7 runakunamanta wawakunamanta,
8 urakapuy, urakapuy!
9 Amaña llaki kachunchu.

ÜBERTRAGUNG

1 Diese Trauer, dieses Leid,
2 die sollen hier nicht mehr sein.
3 Keinerlei Trauer verweile mehr hier.
4 Von ganzem Herzen opfere ich dir, bring ich's zu dir.
5 Fall ab, alle Trauer, alles Unheil, fall ab,
6 von allem fall ab, vom Haus, von den Tieren,
7 von den Menschen, von den Kindern,
8 fall ab, fall ab!
9 Keine Trauer mehr bleibe zurück.

Und Apolinar fährt fort:

»Der *médico* hat sehr viel Arbeit in dieser Heilung. Er muß alle q'intos bereiten. Vielleicht hat er einen, der ihm hilft. Er muß allen Beteiligten das q'into anlegen. Er muß allen Beteiligten Linksschnüre um Hals, Handgelenke und Fußgelenke binden. Er legt q'intos an die Hütten und den Eingang des Corrals. Er umschnürt Pfosten von Hütten, Corral und Hofeingang mit Linksfäden. Er muß auch sehr gut bezahlt werden für diese viele Arbeit. Er muß dann auch alle Kleider waschen. Und er zieht sich das Unheil selbst an und wird sich selbst davon reinigen... Wenn überall die q'intos angelegt sind, wenn überall die Linksfäden verschnürt sind, dann machen wir eine Pause. Wir rauchen und kauen Coca und servieren uns ein Schlückchen (Alkohol). Die Asche der Zigaretten, das gekaute Coca, sammeln wir in der Mitte auf einem schwarzen Tuch. Wir brauchen die Pause, damit die q'intos ihre Wirkung tun.«

»Dann werden Hütte, Hof und Corrall, dann werden die Tiere und die Kinder, die zu Hause bleiben, mit dem q'into gereinigt. Die Linksfäden werden zerrissen, und der *médico* betet beim Zerreißen« – wobei Apolinar in Gesten die Bewegung des Zerreißen demonstriert und dabei betet:

GEBETE BEIM ZERREISSEN VON LINKSFÄDEN

1 Urakapuy, llaki chiki, urakapuy kunanqa.
2 T'ipi, t'ipi, t'ipi, t'ipi,
3 llaki urakapuy,
4 chay chakinmanta, kay makinmanta, chay konkanmanta,
5 lloqe chaki, paña chaki, lloqe maki, paña maki,
6 t'ipikasqa kanki kunanqa.
7 Kay wasimanta,
8 kay punkumanta,
9 kay runamanta, wawakunamanta,
10 wasi canchamanta, corralmanta,
11 uywakunamantapas,
12 wasi kausaykunamantapas,
13 p'achakunamanta,
14 q'ala q'alamanta: apakachiayki!

ÜBERTRAGUNG

1 Fall ab, Trauer und Kummer, fall jetzt ab!
2 T'ipi, t'ipi, t'ipi, t'ipi[1]
3 Trauer, fall ab,
4 von seinem Fuß, seiner Hand, seiner Kehle, fall ab,
5 dem linken Fuß, dem rechten Fuß, der linken Hand, der rechten Hand – fall ab,
6 zerrissen sei die Trauer jetzt für dich.
7 Von dieser Hütte,
8 von dieser Tür,
9 von den Leuten, den Kindern,
10 vom Hof der Hütte und vom Corral,
11 von den Tieren auch,
12 und den Gegenständen der Hütte,
13 von den Kleidern,
14 von allem, absolut allem, reiß ich dich jetzt ab!

»Dann brechen wir alle auf zum Fluß. Wir nehmen die Meerschweinchen mit, noch lebend. Wir nehmen Coca mit und Zigaretten. Wir nehmen Alkohol mit und etwas zu essen *(uj fiambritata)*. Weit weg muß der Fluß sein, nicht der Fluß vor der Hütte, wie wir es bei Valentin gemacht haben. Ein längerer Weg muß es sein. Am Fluß werden die Meerschweinchen ›gelesen‹. Am Fluß nimmt der *médico* das q'into ab, reinigt damit den ganzen Körper, zerreißt die Linksfäden und betet dabei. Alle q'intos und alle Linksfäden werden auf dem schwarzen Tuch gesammelt.«

»Dann müssen wir uns im Fluß waschen. Die Hauptbetroffenen werden von den anderen ausgezogen. Sie müssen splitternackt sein. Ein Familienmitglied kann sie ausziehen, oder auch der *médico*, oder sein Gehilfe. Andere legen nur ein paar Kleider ab. Diejenigen, die mit dem Kranken oder Toten zu tun hatten – der Sargbauer, der Leichenwäscher, die müssen sich auch splitternackt ausziehen – dringlichst. Wir gehen in den Fluß und waschen und bespritzen uns gegenseitig kräftig – das ist fast

[1] von *t'ipiy* – abreißen, zerreißen. »Reiß – reiß – reiß – reiß!«

wie ein Spiel. Alle waschen sich wenigstens ein bißchen im Fluß, und wenn es nur das Gesicht und die Hände sind. Manche nehmen auch *muña* und reiben sich damit ab. Die Trauernden werden dann, wenn sie aus dem Fluß kommen, vom *médico* mit Steinen abgerieben, sie spucken auf die Steine und werfen sie in den Fluß. Dann werden sie neu gekleidet. Die meisten ziehen sich selbst an – andere Kleider müssen es natürlich sein –, aber die Hauptbetroffenen werden angekleidet. Zum Beispiel ein Mann, der seine Frau verloren hat: Es muß ein junger Mann sein, der ihm die neuen Kleider anlegt. Es muß ein Unverheirateter sein, ein Junggeselle, wenn es eine Witwe ist; eine Junggesellin, wenn es ein Witwer ist. Es kann auch der médico tun, oder ein Freund, eine Freundin, das kann auch jemand aus der Familie sein. Aber es soll ein junger unverheirateter Mensch sein, das zeigt den neuen Zustand des Trauernden an. Das Neukleiden ist nicht gefährlich, denn jetzt sind wir ja schon vom Unheil befreit. Alle alten Kleider bleiben am Fluß.«

»Wir wärmen uns mit einem Schluck auf und wir verlassen den Fluß. Unterwegs stärken wir uns. Wir müssen einen neuen Weg nehmen, einen Weg, der rechts herum geht:

Waj ñanpi kutimuna. Lloqenta purina. Pañanta kutimuna.
Lloqe ñan llaki ñan. Paña ñan sumaj ñan.
Kunanqa sumaj mosoj ñanta kutipusaj nispa,
chayapusaj wasiyta mosoj runajina nispa ninaqa.

ÜBERTRAGUNG

Auf einem anderen Weg muß man zurückkehren.
Linksrum muß man hingehen. Rechts zurückkehren.
Der linke Weg ist der Weg der Trauer.
Der rechte Weg ist der gute Weg.
Den guten neuen Weg kehre ich jetzt zurück,
wie ein neuer Mensch werde ich in meiner Hütte ankommen
– so muß man dabei sprechen.

»Und zurückschauen darf man nicht dabei. Der *médico* bleibt am Fluß; auch alle Gehilfen, die bei der Bereitung der mesa dabei waren oder auch Linksfäden zerrissen haben. Mindestens eine Stunde bleibt der *médico* noch am Fluß zurück. Er muß die q'intos und Linksfäden in den Fluß werfen. Und er muß die ganzen Kleider waschen! Das ist sehr gefährlich. Deshalb hat er auch für sich selbst ein q'into bereitet. Das holt er jetzt heraus und reinigt sich damit.« – Apolinar kniet nun nieder – und mit einem imaginären q'into in der Hand fährt er über seinen Körper und betet – in der Stimme des *médico*:

GEBETE DES MEDIZINMANNES BEI DER SELBSTREINIGUNG AM FLUSS

1 *Kunan kay llaki mast'asqay, apakasqay,*
2 *urakapuchun, kay mayuman ripuchun,*
3 *kay mayupi quedaponqa;*
4 *q'ala ruasqaykukuna, kay mesa mast'asqaykukuna,*
5 *kay runa lloqekasqaykukuna*
6 *ama ñoqapi quedanqachu!*

ÜBERTRAGUNG

1 Die Trauer-mesa, die ich bereitet, die Trauer, die ich beseitigt,
2 falle nun ab von mir, zum Fluß hin weiche sie hinweg;
3 und bleibe im Fluß!
4 Alles, was wir bereitet, die mesa, die wir ausgebreitet,
5 die Abwendung der Leute Unheil nach links
6 das alles hafte jetzt nicht mehr an mir!

Apolinar steht auf, wirft das imaginäre q'into in einen imaginären Fluß und fährt fort: »Dann kehrt der *médico* zu seiner Hütte zurück. Die Kleider breitet er in der Hütte zum Trocknen aus. Nach einer Woche erst darf er sie den Leuten zurückbringen. Er betritt seine Hütte nicht mit den Kleidern. Erst wenn sie ausgebreitet sind, geht er in die Hütte. Dort bereitet er sich noch einmal ein q'into, damit keine *llaki-desgracia* an ihm haften bleibt.«

»Inzwischen hat die *pichaj warmi*, die Kehrfrau, Hütten und Hof der Trauernden gereinigt. Ein Gehilfe des Medizinmannes hat die Weihrauchschale vorbereitet und empfängt uns mit Weihrauch. Er hält die Weihrauchschale über unseren Kopf und unter unsere Hände und betet dabei.« – Apolinar hebt eine Weihrauchschale hoch und spricht:

GEBETE MIT WEIHRAUCHSCHALE

1 *Kunanqa mosoj runa kapuychis!*
2 *Ama ima llakipas kaponqachu,*
3 *kunan kay incensiowan, kay braserowan samaykachiaykichis*
4 *sumaj mosoj runa kapunankichispaj;*
5 *ama ima llakipas kaponqachu;*
6 *tata Santiago tata, Diosmanta mañanki,*
7 *mama Carmenmanta, mama Anamanta,*
8 *tata Geroniomanta, tata Pedromanta . . .*
9 *chaykunamanta mañanki*
10 *kay mosoj runakuna kaponqa,*
11 *amaña puni ima llakipas kanqachu.*

ÜBERTRAGUNG

1 Neue Menschen sollt ihr jetzt sein,
2 keinerlei Trauer bleibe zurück,
3 mit diesem Weihrauch jetzt, mit dieser Schale für Weihrauch, hülle ich euch ein in Rauch,
4 auf daß ihr gute, neue Menschen werdet,
5 und keine Trauer mehr bleibe zurück;
6 Vater Santiago, Vater, von Gott wirst du erbitten,
7 von der Mutter Carmen, der Mutter Anna,
8 vom Vater Geronimo, dem Vater Pedro,
9 von ihnen allen wirst du erbitten:
10 neue Menschen sollen sie sein,
11 keine Trauer bleibe mehr zurück.

»Inzwischen hat die fremde Frau das Essen bereitet. Es heißt *t'ipira mikuy*. Es wird eine große Mahlzeit für den Toten ausgebreitet. Nicht für ihn zum Essen, sondern für uns. Aber in seinem Namen. Brot und Fleisch und Früchte sind ausgebreitet

– ganz reichlich –, so wie wir das auch an Allerheiligen machen; es gibt auch heiße Suppe und Kartoffeln und heißes Fleisch. Wir müssen jetzt viel Tee und Alkohol trinken, um uns aufzuwärmen. Wir haben rechts und links neben dem Mahl eine Kerze aufgestellt. Jetzt kommen noch mehr Leute. Sie treten ein und sprechen ein Gebet und bekommen etwas von dem Essen. Sie bekommen auch Suppe und Alkohol. Sie können sich Brot nach Hause mitnehmen. Besonders reichlich werden der Sargbauer und der Leichenwäscher bedacht. Sie haben Gefährliches getan. Wir feiern die ganze Nacht.«

»Wenn wir danach den Verdacht haben, daß noch Unheil zurückgeblieben ist, wenn wir meinen, es sei böses Gerede unter den Leuten, dann machen wir noch eine kleine llaki wij'chuna in der Familie – so wie bei Valentin. Es ist auch gut, nach einem halben Jahr oder nach einem Jahr noch einmal den *médico* zu holen und eine kleine llaki wij'chuna zu machen. Denn das Unheil ist manchmal zäh.«

Das ist Apolinars Bericht von der llaki wij'chuna. Ich habe, wie gesagt, nur die Chronologie geordnet, sie ist oft nicht – in unserem Sinn – linear, sondern in seinem Sinn »gruppiert«: Alles, zum Beispiel, was mit Coca zu tun hat, gehört zusammen und wird dann auch zusammen berichtet: Einlegen in die q'intos, Kauen in der Hütte; Sammeln gekauten Cocas am Fluß, Coca-Bezahlung für den *médico* usw. – aber auch nicht unbedingt in der Chronologie des faktischen Ablaufs. Ich glaube, daß ich aus den Lehren Apolinars erst lernen konnte, nachdem ich schon vieles vorher gelernt hatte.

An Apolinars Schilderung erkennen wir, daß in der großen llaki wij'chuna die Wasser-Reinigung vielleicht noch aufwendiger ist – man muß ganz in den Fluß steigen. Man erkennt auch, daß der *médico* sich – der Gefahr bewußt – selbst schützt, selbst reinigt, und dies gleich zweimal. Ob Valentin dies auch nach unserer llaki wij'chuna gemacht habe, will ich wissen. »Am Fluß nicht. Er hat kein q'into für sich bereitet. Aber vielleicht zu Hause. Vielleicht auch nicht. Ich weiß es nicht«, sagt Apolinar. »Aber bei der großen llaki wij'chuna *muß* das geschehen – *urgenteta!* – dringend!«

Und immer wieder hat Apolinar die großen Kosten betont, die eine solche llaki wij'chuna verursacht: »Der Medizinmann nimmt auch mehr als sonst, er hat Gefährliches zu tun, das bedeutet mehr Entgelt. Die drei Frauen müssen sehr gut entlohnt werden. Und dann muß das halbe – oder das ganze – Dorf reichlich mit Alkohol und mit Coca und mit Zigaretten und mit einem sehr reichlichen Mahl versorgt werden. Wer kann sich das heute noch leisten? Nein, im Fall eines kleinen Kindes – die kleine Martha zum Beispiel – da hat man eine solche große llaki wij'chuna nicht bereitet. Aber wenn man seinen Ehepartner verliert, dann muß das sein. Auch wenn einer sehr angesehen im Dorf ist, viel getan hat, ein wichtiger Mensch ist.« »Vielleicht machen sie eine große llaki wij'chuna, wenn Valentin stirbt?« »Aber wir haben ja kein Geld...« Ob es nur die Armut sei? »Nein«, meint Apolinar, »man macht es weniger. Es gerät ins Vergessen. Damals, als der – wie hieß er noch? – starb, das war das letzte Mal, daß ich eine solche llaki wij'chuna erlebt habe; da war auch kein Geld da, das war ein ganz armer Mann; und da hat das ganze Dorf etwas beigetragen, und alle haben etwas gegeben. Heute ist das anders... Manchmal sind wir heute auch achtloser und vergessen die Regeln; natürlich hätte Maria (die Mutter von Irene, die Großmutter der kleinen gestorbenen Martha, Bewohnerin der gleichen Hütte, Versorgerin des Kindes, also unmittelbar Betroffene) uns nicht selbst das Mahl bereiten dürfen, das wir mit Federico geteilt haben. Aber wir vergessen das Alte.«

4. ANMERKUNGEN ZUR ÖKONOMIE DER LLAKI WIJ'CHUNA

Eine systematische Analyse aller hier dargestellten llaki wij'chuna-Rituale werde ich in Kapitel 7 vornehmen. Hier möchte ich abschließend nur auf einen Aspekt hinweisen, der in der folgenden Auswertung der Rituale nicht zur Sprache kommt.

In der Schilderung einer »kleinen« llaki wij'chuna durch meinen Lehrmeister Don Ramón und in der Darstellung einer »großen« llaki wij'chuna durch meinen Lehrmeister Apolinar Ramos begegnen wir – bis in die Formulierungen der Gebete hinein – sehr vielen den vorangehend dargestellten Ritualen identischen oder ähnlichen Vollzügen. Man kann deshalb – wenn man diese beiden unterschiedlichen Informationsquellen (Beobachtung und Lehre) zur llaki wij'chuna zusammennimmt – von einem Bereich »gesicherter« Tradition sprechen. Andererseits fällt an den dargestellten llaki wij'chuna-Ritualen – insbesondere natürlich bei der »großen« llaki wij'chuna – ein erheblich erweiterter ritueller Aufwand auf: Nach Don Ramón sind die Gegenstände und Kleider des Verstorbenen zu vernichten. Nach Apolinar Ramos fallen in der »großen« llaki wij'chuna mindestens zwei oder auch drei Aufgaben außerhalb des unmittelbaren rituellen Vollzugs an – Aufgaben, die teuer zu stehen kommen. Der Medizinmann braucht in der »großen« llaki wij'chuna auch mehrere Gehilfen – auch sie müssen entlohnt werden. Der Aufwand ist deshalb ein gewiß nicht zu vernachlässigender *ökonomischer Faktor* in der llaki wij'chuna. – Apolinar Ramos hat bei der Frage, warum die große llaki wij'chuna kaum noch praktiziert wird, auch auf diesen Aspekt hingewiesen: es ist die (wie es auch die Indianer dort erleben) *zunehmende* Armut – wenn auch nicht nur diese –, welche der Durchführung dieser Rituale Barrieren setzt. Wir erinnern uns, daß auch die Familie von Mariano (vgl. Kapitel 3), die noch zu den eher wohlhabenderen gehört, die Kosten der llaki wij'chuna-Ingredienzen (Alkohol, Coca) scheute, daß die junge Irene (vgl. Kapitel 4) – noch vor dem Tod der kleinen Martha – mich um ein wenig Geld bat, um für das kranke Kind ein Heilungsritual durchführen zu können. Die Medizinmänner müssen auch entlohnt werden, durch Güter oder Geld. Ihr Honorar für eine Heilung in der *Region,* soweit ich beobachten konnte, beträgt etwa bis zu der Höhe der Kosten eines einfachen Billets für den Transport-Lastwagen nach La Paz. (Die reisenden Callawaya-*médicos* und die in La Paz und anderen Städten praktizierenden können noch ganz andere Honorare nehmen!)

In allen *beobachteten* Ritualen aber – im Unterschied zu den *dargestellten* – verlieren die Trauernden – außer vielleicht einem schwarzen Lumpen und einem Krug (und auch das sind wertvolle Dinge dort!) – keine Güter; Güter, wie die gegenständlichen Besitztümer des Verstorbenen oder seine Kleider, die nach Don Ramón verbrannt werden sollten, bleiben unangetastet. »Die Kleider in den Fluß werfen? Ausgeschlossen«, sagt Apolinar, »das kann sich heute keiner leisten.«

Die »Ökonomie des Rituals« hat auch die andere Seite – nicht nur Verlust und Kosten für die Betroffenen, sondern auch Gewinn für die Ritualisten. Wenn wir hellhörig der Darstellung Don Ramóns folgen, was mit den Kleidern des Verstorbenen geschieht, so hören wir zumindest die Möglichkeit heraus, daß der Medizinmann sich daran bereichern kann. Gewiß wird er die llaki-desgracia-Kleidung nicht tragen, nicht einmal gewaschen, aber er kann sie verkaufen, er kann sie eintauschen, er kann sie über eine Honorar- oder Güterzahlung hinaus in einen Gewinn umsetzen – wenn er es möchte. Geheimnisvoll jedenfalls läßt Don Ramón uns wissen, der *médico* wisse schon, was er mit den Kleidern mache...

Neben dem potentiellen ökonomischen Opfer für die Trauer-Familie und neben dem potentiellen Gewinn für die Trauer-Ritualisten ist ein dritter ökonomischer Aspekt zu erwähnen: der ökonomische Aspekt meiner Forschung. Ich kann mich nicht aus der Tatsache herauswinden, daß die Armut der dortigen Menschen meiner Forschung hilft. (Diese und andere ethische Probleme meiner Forschung werde ich gesondert behandeln.) Apolinar Ramos bat mich, das Honorar für Don Valentins llaki wij'chuna zu übernehmen – er hat keinen Mais, hat keine Kartoffeln, er hat kein Vieh übrig; er braucht das bißchen, was er von seinem winzigen Äckerchen erwirtschaftet, für sich und seine fünf Kinder; er hat erst recht kein Bargeld. Bei Irene und Carlota trage ich auch Alkohol und Coca bei – das sind die teuersten Posten einer llaki wij'chuna. Meine Teilnahme ist damit nicht einfach »erkauft«. Es mag jeder probieren: ein solcher Forschungsansatz würde dort scheitern. Denn das Vertrauen von Medizinmännern und Betroffenen, das nur durch Beziehung wächst – und ich hatte diese Beziehungen – ist nicht käuflich. Dennoch trägt – in Honorar, Alkohol, Coca – mein »Reichtum« und die Armut der Menschen dort zu meiner Forschung bei.

Die Armut der Indianer und die Kosten der Ritualistik sind Tatsachen. Solche Tatsachen allein aber bestimmen nicht, ob und wie ausgiebig ein Ritual zelebriert wird. Hier stellt sich auch die Frage des *Wertes*, der Verankerung im Glauben, der »Achtsamkeit«. Und Apolinar Ramos deutet in seiner Darstellung an, daß nicht nur die Armut in den letzten Jahrzehnten zugenommen hat, sondern auch die Einstellungen zur Tradition sich wandeln: »Manchmal sind wir heute auch achtloser und vergessen die Regeln...« Es ist verfrüht, aufgrund der Ergebnisse dieses Bandes Aussagen darüber zu machen, welche relative Rolle Armut und welche Traditionsverlust im Wandel der Rituale spielen – das muß weiteren Studien vorbehalten bleiben. Die Heilungen werden – soweit ich es nach den über hundert nächtlichen Ritualen, die ich erlebt habe, sagen kann – meist mit tiefster Inbrunst vollzogen – doch auch Hinweise und »Symptome« von »Achtlosigkeit« lassen sich sammeln. Beides werde ich in den folgenden Studien weiterverfolgen: den möglichen Traditionswandel und Glaubensverlust in der Callawaya-Ritualistik und die Auswirkungen der Armut auf die rituelle Tradition.

KAPITEL 6

Die dreimalige Rückkehr der Neuen Seelen: Todos Santos in der Callawaya-Region

Übersicht:

1. EINLEITUNG

Neben der llaki wij'chuna wird in der Region der Callawayas nach dem Tod eines Menschen noch eine andere Ritualistik befolgt, die im weiteren Sinn zur Trauerritualistik gerechnet werden muß und deshalb im Rahmen dieses Bandes auch dargestellt werden soll: Todos Santos, Allerheiligen. – Ein rein katholischer Brauch? – Mitnichten. Aber ein Brauch, der von fast ausnahmslos allen Menschen dort praktiziert wird, die einen Angehörigen verloren haben. Die Allerheiligen-Bräuche sind nahezu obligat. Hinter diesen Bräuchen stehen nicht nur die Dogmen der Katholischen Kirche, sondern auch vor-christliche Vorstellungen über die Wanderung der Toten zwischen den Welten.

2. BEGRÜSSUNG UND VERABSCHIEDUNG DER NEUEN SEELEN: AUS DEN LEHREN VON APOLINAR RAMOS

An Allerheiligen kehren die *almas nuevas* – die »Neuen Seelen«, zu ihren Hütten zurück. Drei Jahre nach dem Tod, für drei Allerheiligen-Feste, ist der Verstorbene eine *alma nueva*, eine Neue Seele, und besucht zu diesem Tag seine Hütte, seine Familie, den Hof, das Vieh. Ein reich gedeckter Tisch mit Brot und Früchten, mit Zuckerrohr und Blumen wird für die Ankunft der Neuen Seele aufgebaut. Aber nicht nur ein solcher Tisch, sondern auch eine kleine mesa (Opfergabe) wird für die Ankunft der Neuen Seele bereitet. Denn (L-III: 108, 113): »In dieser unserer Welt ist die Seele geboren, in dieser unserer Welt ist die Seele gestorben, und so geben wir, was diese Welt uns lehrt.« Diese Welt – das ist die kulturelle Tradition; und sie lehrt, daß man eine kleine mesa bereitet für besondere Gelegenheiten, und die Ankunft der Neuen Seele ist eine besondere Gelegenheit. Dafür wird nicht gleich ein Medizinmann bemüht – man selbst bereitet die Gabe. Es ist eine kleine Gabe, eine *wij'churipuna* heißt sie, ein q'into in weiß, ein paar Coca-Blätter und Lamatalg-Krümel, ein paar rote Nelken vielleicht. Mit dieser kleinen Opfergabe werden Bitten formuliert: daß die Seele gut ankomme, daß ihr auf der Reise kein Unheil begegne, daß sie bei ihrer Ankunft nicht schimpfe und kritisiere, daß sie alles im Guten vorfinde, in Gesundheit und Heilsein. Die Neuen Seelen sind offensichtlich wertend und richtend, und man bittet sie deshalb um Wohlwollen und Nachsicht. Apolinar zeigt mir, wie man eine *wij'churipuna* für die Neue Seele bereitet (L-III: 108), und legt sie vor sich nieder, faltet die Hände zum Gebet und spricht:

GEBET FÜR DIE ANKUNFT DER SEELE AN ALLERHEILIGEN

1 *Kunanqa, alma, chayamunankipaj*
2 *joqaririkusunchis ñoqanchiskamalla*
3 *sumajta chayamunankipaj,*
4 *kay Todos Santos sumaj pasananpaj.*
5 *Churarikusun qanpaj kunanri.*
6 *Alma – chayamunki, chayamunki!*
7 *Ama ima novedadtapas ruankichu!*
8 *Ama makanakaykunkichu*
9 *ni ima renegaykunkichu,*
10 *ama animalkunatapas tankaykachankichu.*
11 *Qaway, sumajta ñoqayku suyayki,*
12 *tukuy sonqo suyayki,*
13 *ima pobresaykutapas chayta aptapikuyku.*

ÜBERTRAGUNG

1 Auf daß du, Seele, zu uns kommest,
2 bereiten wir dies, unter uns allein,
3 damit du gut hier ankommen magst
4 und du Allerheiligen gut verbringst.
5 Für dich, Seele, bereiten wir dies;

Abbildung 1: Brotbacken vor Todos Santos

Seele – komm, komm an!
Und laß nichts Unvorhergesehenes geschehen,
und streite nicht mit uns,
nörgle nicht herum,
stoße auch die Tiere nicht.
Schau, wir erwarten dich aufs beste,
mit ganzem Herzen erwarten wir dich,
so arm wir auch sind – dies hier bieten wir dir an!

Diese mit einer *wij'churipuna*, einer kleinen Opfergabe, verbundene Rufung und Anrufung der Neuen Seele ist eingebettet in das Allerheiligen-Fest. Schon Tage vor dem Termin wirft es seine Schatten voraus: die ganze Familie ist eingespannt, um Reisig zu suchen, um Mehl zu mahlen und die Brotschalen vorzubereiten. An den letzten beiden Oktobertagen wird Brot gebacken, Brot in Form von Menschenfiguren, Leitern, Lamas. »Für diese beiden Tage«, sagt Apolinar, »brauchst du niemand fragen, was er macht. Alle backen Brot. Wenn einer keine Neue Seele hat, dann hilft er anderen Brot backen. An diesen Tagen wird nur Brot gebacken.«

Der 1. November, der Allerheiligen-Tag, beginnt mit einer Messe in der katholischen Kirche des Hauptdorfes oder einer Messe in den einzelnen Dörfern durch die Indianer-Katecheten, die vom Padre, dem Priester, ausgebildet wurden. »Nach der Messe und dann nach dem Mittagessen bereiten wir«, so schildert es Apolinar, »die kleine *wij'churipuna* für die Neue Seele; wir geben ihr einen kleinen Empfang. Und dann bauen wir den Tisch auf mit Brot und Früchten und Blumen. *Churjatana* heißt dieser Tisch.[1] Dann kommen die Leute und beten vor dem Tisch. Alle bekommen Brot und Getränk. Am nächsten Tag – dann sind wir schon alle ziemlich betrunken – ziehen wir hinaus auf den Friedhof. Und wenn das vorbei ist, wenn wir in die Hütte zurückkehren, dann bereiten wir noch eine *wij'churipuna*; das ist ein Gruß an die Seele, die vom Friedhof in ihre Welt zurückgekehrt ist. Wir legen einige Coca-Blätter in Alkohol ein und beten dabei«:

[1] von *churay* – hinlegen, aufbauen.

ABSCHIEDSGEBET FÜR DIE NEUEN SEELEN

1 *Sumajta ripunki, almita,*
2 *ama ima llakiwan jaqewankichis,*
3 *wawakunapas ama onkonqachu,*
4 *ñoqapas ama onkosajchu,*
5 *ama ima desgraciawanpas chayachiwankichu,*
6 *tukuy wata muyurejta*
7 *Diosmanta chaymanta mañanki;*
8 *cabildonchispajpas,*
9 *machunchiskunamantapas*
10 *sumajta mañankillataj.*

ÜBERTRAGUNG

1 Kehr zurück, du Seelchen,
2 laß uns nicht mit Trauer zurück,
3 und die Kinder sollen nicht krank werden,
4 und ich auch nicht,
5 laß kein Unheil zu uns kommen.
6 Im Verlauf des ganzen Jahres
7 wirst du das für uns von Gott erbitten,
8 auch für unser cabildo,
9 von unseren *machus* wirst du dies mit Nachdruck
erflehn.

Dieses kleine Abschiedsgebet für die Neue Seele – oder besser gesagt, der Gruß, der ihr nachgeschickt wird –, denn sie hat sich schon vorher, auf dem Friedhof, auf und davongemacht – verbindet auf eine ganz selbstverständliche Weise die christliche (katholische) und die nicht-christliche Welt. Die Neue Seele wird nicht nur beauftragt, sich bei Gott für die Familie einzusetzen, um Krankheit und Unheil abzuwenden; sie wird auch angerufen, sich an jene Orte der Kraft zu wenden – die *machus* –, die jedem von uns persönlich zugeordnet sind: die *machus* können Gutes für das cabildo erwirken; und das cabildo, die Opferstätte der Hütte, vermittelt das Gute dann an Mensch, Haus, Hof und Tier. Durch das cabildo wenden sich die Orte

Abbildung 2: Die churjatana (tumbula) für Max Chumasero

der Kraft an uns (L-III: 177). – Soweit der Ablauf von *Todos Santos* – die Verbindung von Gott und *machu* – wie sie Apolinar schildert.

3. TEILNEHMENDE BEOBACHTUNGEN AN TODOS SANTOS

Ich möchte die Schilderung Apolinars noch ergänzen durch einige eigene Beobachtungen an *Todos Santos*. Am Vorabend von *Todos Santos* bin ich bei einer Familie in Charazani, die eine Neue Seele hat: Vor zwei Jahren war – noch keine sechs Monate alt – das Kind der jungen Frau gestorben. Diese junge Frau, Isidora, wohnt in der Hütte bei den Eltern ihres Mannes und dessen jüngeren Geschwistern. Alle sind in der Küche. In großen Trögen wird Teig geknetet, auf dem Boden und allen belegbaren Flächen sind die Brotformen ausgelegt. Schon lange ist der große runde Backofen draußen vor der Hütte angeheizt. Jetzt ist es soweit; das glühende Reisiggut wird zur Seite, an den Rand des Backofens, geschoben und die Brote kommen in den Ofen. Jetzt muß sehr gut aufgepaßt werden, es muß schnell gehen, und Isidora läuft hin und her und holt neue Teigware. Die Körbe füllen sich mit duftendem Brot. Die Familie bittet mich, auch am nächsten Tag zu kommen.

Der nächste Tag ist der 1. November. Es ist Messe. Dann formieren sich die Musikgruppen. Es ist eine ganz spezielle Musik, die für Allerheiligen gespielt wird – mit Flöten und Trommel – und es ist eine Musik, die man nun ununterbrochen 30 oder 40 Stunden lang hören wird, immer die gleiche Melodie, Tag und Nacht. Wenn eine Gruppe pausiert, spielt eine andere; sie ziehen von Haus zu Haus, wo es Neue Seelen gibt.

Ich habe einen guten Freund in einem Dorf weiter oben. Bei Abendlicht breche ich auf, um »seine« Neue Seele zu begrüßen. Ich trete in das Halbdunkel der Hütte. In der Mitte ist ein prachtvoller Tisch aufgebaut, überwölbt von oben zusammengebundenen Zuckerrohrstangen, die eine Kuppel bilden. Tisch und Gewölbe sind über und über mit Blumen geschmückt. Zwischen den Stangen hängen Schnüre mit Brot und Girlanden mit Popcorn. Der Tisch ist vollgepackt mit Brot und Früchten, mit Blumenvasen und Kränzen. Zwei Kerzen brennen. Es ist die *churjatana* einer wohlhabenden Familie, einer Mestizenfamilie, das erkennt man sogleich. Auf dem Boden kauern einige Indianerfrauen. Als Neuankömmling tritt man an den Türrahmen der Hütte, bekreuzigt sich, tritt ein, spricht vor dem Gabentisch der Neuen Seele ein Gebet – das Vaterunser, das Glaubensbekenntnis, sonst ein Gebet aus dem Katechismus oder einen Psalm (jedenfalls ein christliches Gebet), bekreuzigt sich wieder, begrüßt die Menschen in der Hütte und setzt sich dazu. Man bekommt ein alkoholisches Getränk angeboten, reinen Alkohol mit Wasser, oder Tee mit Schnaps – jeder, der betend die Neue Seele besucht, bekommt seinen Trunk. Auch hier herrscht keine erstarrte Feierlichkeit. Es wird geplaudert – meist leise –, aber je nach Anzahl der Gläschen, die schon verteilt wurden, auch einmal lauter. Nur wenn ein neuer Besucher eintritt, der sich bekreuzigt und betet, dann schweigt man. Und nimmt dann das Gespräch wieder auf; Gespräch über alles, über Weiden und Vieh, gute und schlechte Menschen, über das Wetter, die Felder, den Priester ... so wie auch in den Heilungen, die ich dargestellt habe.

Viele der Besucher bleiben nicht die ganze Nacht – denn es gilt auch noch, andere Neue Seelen zu besuchen. Ich breche auch auf, gehe durch Nieselregen und Nacht in mein Dorf zurück. Im vergangenen Jahr ist Max Chumasero gestorben – ein sehr bekannter und geachteter Medizinmann. Ich habe ihn nicht mehr kennengelernt, aber ich kenne einige aus seiner Familie, und ich besuche deshalb das Haus von Max Chumasero. Es ist ein großes Haus im Hauptdorf, Charazani; es ist ein großer Raum, in den ich trete, fast ein Saal. An den Wänden sind Bänke aufgestellt – dort sitzen aufgereiht zehn, fünfzehn Männer. Viele von ihnen kenne ich, viele von ihnen sind Medizinmänner, »Kollegen« des verstorbenen Max Chumasero. In der Ecke sitzen die Frauen auf dem Boden, ihr *tari* (das Coca-Tuch mit Coca-Blättern) in der Mitte ihres Kreises. Wenn jemand eintritt, nehmen alle Männer und Frauen die Hüte ab, alle schweigen. Ich trete ein, ich bete vor dem Tisch der Neuen Seele – noch reicher, noch bunter, noch blumengeschmückter als der Tisch oben im Dorf. Danach kann ich auch einige meiner Bekannten mit einem leisen Nicken begrüßen; ich setze mich mit auf die Bank, ich bekomme – wie jeder Besucher – einen heißen Tee mit *Singane* und eine Zigarette. Draußen spielt die Musik. Mehr Leute kommen herein, beten und setzen sich dazu, bekommen Tee mit *Singane* und eine Zigarette. Hier bei Max Chumasero geht es leise zu, es ist nur Flüstern oder schweigsames Coca-Kauen.

Aber ich wollte noch zu Isidoras Hütte. Es ist das dritte Jahr, und es war ein kleines Kind, das starb. Und so kommen kaum Besucher und Betende vorbei. Der Mann Isidoras und dessen Vater wachen nicht mit am Gabentisch der kleinen Neuen Seele – sie gehören zu den Musikgruppen, sie sind die ganze Nacht von Haus zu Haus unterwegs. Nur Isidora mit ihrem zweiten Kind und die Schwiegermutter sitzen in der kleinen Hütte. Ein bescheidener Tisch ist aufgebaut mit aufrecht stehenden Brotfiguren und – anders als bei den anderen – einer Schale mit Kuchen und einem Teller mit Kartoffeln und Trockenfleisch. Ich bete, ich setze mich dazu. Isidora bringt mir einen Teller voller Reichtümer: Brot, Kuchen, ein Stück Zuckerrohr, Plätzchen und Apfelsinen. Einen solchen Teller sieht man hier das ganze Jahr nicht! Und dann klopft es wieder an die Tür. Zwei Kinder kehren ein. Es sind Bet-Kinder; sie ziehen von Haus zu Haus zu den Neuen Seelen, sie haben einige Gebete auswendig gelernt, und sie sammeln Brot und Früchte ein. Mehrere solcher Bet-Kindergruppen sind unterwegs und mehr noch werden morgen auf den Beinen sein. – Die Kinder sprechen das Vaterunser, einen Psalm, oder auch nur Bruchstücke daraus, und bekommen dann Brot in den kleinen Plastiksack, den sie tragen. – Ich breche gegen Mitternacht auf. Von drei Seiten höre ich die Allerheiligen-Musik. In meiner Hütte höre ich dann nur noch die dumpfe Trommel. Nachts wache ich auf, gegen 3 Uhr – ich

Abbildung 3: Churjatana für die dritte Rückkehr der Neuen Seele eines mit sechs Monaten gestorbenen Kindes

höre die dumpfe Trommel. Ich stehe um 6 Uhr morgens auf – ich höre die dumpfe Trommel. Heute ist der 2. November, der Tag nach Allerheiligen, noch einmal ein wichtiger Tag: Mit Musik und Schnaps werden am frühen Vormittag die Gabentische der Neuen Seelen zum Friedhof gebracht. Die für alle, außer den ganz armen Tischen, verwendeten Zuckerrohrstangen sind über und über behängt mit Broten und Früchten, und diese Last wird auf der Schulter getragen. Andere der Familie tragen Bündel von Blumen, Körbe mit Brot und Tücher voll Obst. Alle Gruppen haben auch eine Flasche mit einem alkoholischen Getränk dabei. Manche Gruppen, die so zum Friedhof am Rand des Dorfes ziehen, gehen schon ein wenig torkelig. Unablässig spielen die Musikgruppen.

Der Friedhof von Charazani ist das Jahr über ein Ort der Verwilderung und des Zerfalls. Die kleinen Totenhäuschen aus Mauerwerk zerbröckeln – aus einem ragen Knochen heraus, raunte man sich zu –, die Gräber sind von Pflanzen überwuchert. Aber heute sieht der Friedhof ganz anders aus. Verwildert noch immer, aber nicht grau – sondern von vielfältigem Bunt: das Bunt der Kleider, das Bunt der reichen Gaben. Der Gabentisch der Neuen Seele wird nun an ihrem Grab aufgebaut, die Zuckerrohrstangen werden als Kuppel über das Grab gewölbt. Das Grab ist mit Tüchern belegt und oft so vollständig mit Brot, Früchten und Blumenbergen bepackt, daß man es nicht erkennt. Aber es gibt auch die armen Gräber: eine rostige Konserve mit Blumen, ein kleines weißes Tuch auf dem Boden mit einigen wenigen Broten, eine alte, zusammengekauerte Indianerin daneben.

Das Grab ist umstanden von den Familienmitgliedern. Fernere Angehörige, Freunde, Nachbarn und Fremde kommen zum Grab der Neuen Seele und beten. Alle Familienangehörigen nehmen dafür den Hut ab. Nach dem Gebet bekommt der Betende eine Gabe und oft auch einen Schnaps. Die Größe der Gabe richtet sich nach dem Gebet und dem Status des Betenden. Status leitet sich ab von seiner Stellung im Dorf – vielleicht ist er z. B. Mitglied des Syndikats, der Bauernvereinigung des Dorfes. Verwandtschaftliche Nähe zum Verstorbenen – wozu

Abbildung 4: Aufbruch zum Friedhof mit Musik und Totengaben

auch die hier so bedeutsamen Patenschaften gehören – ist ein weiteres Kriterium von Status, ebenso der Bezug zum Toten (Sargbauer, Leichenwäscher); auch die ökonomische Stellung im Dorf: ein wohlhabender Mestize, der zum Gebet an ein Grab tritt, bekommt mehr als ein armes Indianerweiblein. Und schließlich vermag auch das Gebet Status zu vermitteln: lange, intensive, vollständige, verständlich gesprochene Gebete werden belohnt – und es gibt einige Indianer, die sich auf diese Aufgabe ebenso spezialisiert haben wie die Bet-Kinder. Manchmal fragen sie die Betroffenen erst, welche Gebete erwünscht werden, und dann knien sie nieder und beten.

Zwar wird also jedes Gebet belohnt – aber unterschiedlich, je nach Intensität des Gebets und nach Verwandtschaftsstatus, Sozialstatus und Klassenzugehörigkeit des Betenden. Das reichste Geschenk ist eine ganze Zuckerrohrstange mit Grün und Blumen, behängt mit Brot und Früchten – und einige Schnäpse. Das kleinste ist eine Frucht, ein Brötchen. Und niemand darf unbelohnt nach einem Gebet vom Grab weggehen. Und deshalb kann heute – einmal vielleicht im ganzen Jahr – eigentlich jeder satt werden, der die Hände zur Geste des Gebets zusammenlegen und seine Lippen bewegen kann. Die Bet-Kinder holen Brot und Früchte für die ganze Familie, und alle sind auf den Beinen mit einem Tuch oder einem Sack, womit sie Brot und Früchte sammeln können.

Mag man in diesem Geschehen als Beobachter herumstehen? Ich kenne doch viele hier! Und so bin ich auch an die Gräber getreten und habe gebetet. Es sind unterschiedliche Erfahrungen, die ich dabei gemacht habe. Je reicher das Grab – der Gabenaufbau am Grab –, desto unsicherer wurde mein Status eingeschätzt. Je ärmer das Grab, desto einheitlicher war mein »Status«. An den reichen Gräbern herrschte manchmal ein wenig Verwirrung, vor allem bei den Mestizen; sollte man mir etwas geben? Sollte man nicht? Und was? Und wieviel? An den armen Gräbern war keinerlei Verwirrung. Ich betete und ich bekam eine Gabe, die für mich ebenso groß war wie für den »professionellen« Beter Manuel (der schon fünf Zuckerrohrstangen trug), den Medizinmann Paulino und den Mestizen von der Plaza.

Abbildung 5: Der Weg zum Friedhof

Abbildung 6: Schwer wiegen die Gaben für die Neuen Seelen

Gegen Mittag dann wird alles zusammengerafft, was noch an Brot und Früchten übrig ist, und alles zieht nach und nach wieder vom Friedhof ab. Die zurückgebliebenen bunten Blumen werden bald in das übliche Grau des Friedhofes verfallen.

Aber ich blieb nicht so lange. Ich bin noch zum Friedhof eines anderen Dorfes gegangen, nach Niñokorin, dessen Friedhof oben auf Kalla Kallán liegt, einer Bergzunge mit Kapelle und einem atemberaubend schönen Ausblick in alle Richtungen, und besonders hin zum heiligen Berg Akamani. Hier, weit ab vom Hauptdorf, weit weg von allem Mestizentum, war ich stärker »einbezogen«. Als sich herumsprach, daß ich das *Yayayku* kann, das *Iñini*[1] und andere Gebete aus dem Quechua-Katechismus, kommt eine junge Frau zu mir gelaufen und sagt: »Bitte, bitte bet auch für mein Kind!« Und dann holt mich noch eine andere Familie und ein Mann, und meine Tasche faßt gar nicht alles Brot und alle Früchte. Ich bin berührt von dem Beten um mich, berührt auch von dem Tausch von Gebet und Brot, und während ich in mein Dorf zurückwandere, grüble ich über der Frage, was es bei uns hierzulande an Trauersitten gibt...

Inzwischen sind die Musikgruppen in dem Hauptdorf alle auf der Plaza, dem zentralen Platz des Dorfes. Lange, torkelnde Tänzerschlangen bewegen sich über den Platz. Und das Trommeln hält noch an bis zur Nacht.

Heute – da ich an diesem Kapitel schreibe – ist gerade Allerseelen, der 2. November 1985. Ich bin auf einen Friedhof gegangen. Hunderte von Gräbern, schnurgerade Wege, sauber eingefaßte Grabstätten, geschnittene Büsche, gepflegte Rasenflächen dazwischen, blanke Steine ohne Moos, Blumen in Plastikvasen, in gerader Reihe. An einigen Gräbern stehen Menschen, manchmal nur einer, manchmal zwei, höchstens drei. Der Priester tritt hinzu, sprüht Weihwasser auf das Grab. Alles ist sehr leise und sehr schnell. Nach zwanzig Minuten ist der Friedhof wieder leer.

[1] Vaterunser; Glaubensbekenntnis.

Abbildung 7: Der Friedhof von Charazani an Allerheiligen

4. DIE POSITION DER KATHOLISCHEN KIRCHE ZUR »RUECKKEHR UND BEWIRTUNG DER NEUEN SEELEN«

»Am Fest Allerheiligen gedenkt die Kirche aller Heiligen ... und lobt und ehrt mit ihnen Gott den Herrn ... Am Allerseelentag (2. November) gedenken wir der Toten und bitten Gott, er möge sie vollenden in seinem Reich« – so lehrt es die Katholische Kirche in unseren Schulen (Arbeitsbuch zur Glaubensunterweisung 1969, S. 223). Geschichte, Bedeutung und Verständnis dieser beiden katholischen Festtage können wir ausführlicher nachlesen im »Schott-Meßbuch der Heiligen Kirche«:

1. November: Fest Allerheiligen

Die Kirche feiert dieses echt christliche Familienfest, das uns im Geiste so innig mit unseren beseligten Brüdern im Himmel verbindet, aus mannigfachen Gedanken heraus. Dieses Hochfest gegen Ende des gottesdienstlichen Jahres ist ein feierlicher Dank *an Gott den Heiligmacher für die Fülle der Gnaden und Tugendfrüchte aller Heiligen; denn jedem einzelnen ein eigenes Fest zu widmen, ist unmöglich. Wir bezeugen ferner unsere* Mitfreude *an der ewigen Freude aller Heiligen und werden zugleich angespornt zur Nachahmung der Heiligen und zur Sehnsucht, Anteil an ihrem Himmelsglück zu bekommen. Dabei ermutigt uns das Fest zum* Vertrauen *im Ringen nach den Verheißungen Christi. »Diese konnten es und jene, warum nicht auch ich?« (Augustinus) Damit wir das leichter erreichen, rufen wir, durchdrungen vom Glauben an die Gemeinschaft der Heiligen, diese heute besonders um ihre vereinte Fürbitte an. Wir sind Kinder der Heiligen (Tob. 2, 18).*

Im Morgenland feierte man schon im 4. Jahrhundert am Sonntag nach Pfingsten ein eigenes Fest zu Ehren aller Heiligen. Als Papst Bonifatius IV am 13. Mai 610 das im Andenken an Kaiser Augustus erbaute Pantheon zu einer Kirche zu Ehren der Mutter Gottes und aller heiligen Martyrer weihte, kam das Allerheiligenfest auch im Abendlande auf. Gregor IV. verlegte es auf den 1. November und führte es auf Bitten Ludwigs des Frommen 835 im Frankenreiche ein.

Abbildung 8: Ein reiches Grab an Allerheiligen

Heilige Festesfreude hat uns zum gemeinsamen Gottesdienste zusammengeführt (Intr.). In der Lesung dürfen wir einen Blick werfen in das selige Reich der Auserwählten. Sie mahnen uns im Graduale, daß auch wir in Gottesfurcht unser Leben Gott weihen sollen. Ihr Leben war zwar reich besät mit Leiden und Prüfungen aller Art (Offert.). Aber gerade dadurch haben sie es verdient, daß an ihnen die Seligpreisungen des Heilands in Erfüllung gehen (Evang.). In der Kraft des Heiligen Opfers und der heiligen Kommunion können auch wir schon hier auf Erden ›selig‹ werden (Comm.). (S. 976)

2. November: Allerseelen

»Heute ist das feierliche Gedächtnis aller abgeschiedenen Gläubigen. Soeben noch hat die Kirche als gemeinsame und zartfühlende Mutter sich Mühe gegeben, alle ihre Kinder in der Himmelsfreude mit gebührenden Preisgesängen zu verherrlichen. Unverweilt will sie heute in Muttersorge allen ihren Kindern, die im Reinigungsorte seufzen, durch machtvollen Beistand bei Christus, dem Herrn und Bräutigam, zur baldmöglichen Aufnahme in die Gemeinschaft der Himmelsbürger verhelfen.« So kündet die römische Liturgie im Martyrologium des kirchlichen Morgengebetes der Prim diesen einzigartigen Tag an. Dieser »machtvolle Beistand« ist vor allem in der Darbietung des heiligen Meßopfers und in der Teilnahme daran enthalten.

Der heilige Abt Odilo von Cluny (†1048) schrieb für seine Klöster vor, daß am 2. November Messen für alle Verstorbenen gelesen würden. Dieser fromme Gebrauch fand weite Verbreitung; in Rom finden wir ihn im 14. Jahrhundert. 1915 bestimmte Papst Benedikt XV., daß jeder Priester an diesem Tag wie an Weihnachten dreimal das heilige Meßopfer feiern darf. Dies war in Spanien schon im Anfang des 16. Jahrhunderts Brauch.

Wir beten für die armen Seelen in ihrem Namen um die ewige Ruhe (Intr., Grad., Comm.). Gestützt auf Christi und des Apostels Wort erwarten wir mit ihnen und für sie die baldige Auferstehung der Seele zur seligen Gottanschauung und die schließliche Auferstehung des Leibes zum Leben der Glorie (Lesung, Evang.). Wir erleiden mit ihnen im Geiste die Ängste des Gerichtes (Sequ.) und flehen um ein gnädiges Urteil (Offert.). Mit diesen Bitten gehen wir dem Heiland entgegen, der in der heiligen Wandlung unsre Opfergabe wird. Die heilige Kommunion empfangen wir als Unterpfand der ewigen Gottesgemeinschaft im Himmel, die wir auch für die armen Seelen erflehen (Comm.). (S. 127–128)

Wie vermittelt die Katholische Kirche diese Lehren nun an die indianische Bevölkerung der Anden? Hier gibt ein Quechua-Katechismus höchst aufschlußreiche Informationen. Die Beziehung von (teils) heidnischer Ritualistik und Katholischer Kirche wird uns auch in den folgenden Studien immer wieder beschäftigen, so daß es sinnvoll ist, auch hier schon, am Beispiel von *Todos Santos*, den behutsamen Gratwanderungen der Kirche im Blick auf die indianischen Glaubens- und Ritual-Traditionen zu folgen.

In dem weitverbreiteten Quechua-Katechismus von Cochabamba (1975) – der im Unterschied zum Apolo-Katechismus (1959) des Pater Nirvado – mehr Kommentare und Lehrtexte enthält, heißt es gleich auf der ersten Seite:

Bolivia llajtanchejpi tian raqaykuna Tiwanakupi, Inkallajtapi, wajkunapipis. Chaypi ñawpa runas mañakoj kanku pachamamamanta, intimanta, killamanta ima. Tukuy chaykunata diuskunajinata adorakoj kanku. Chay ñawpa runasqa manaraj rejserqankuchu allinta cheqa Diusninchejta . . . (S. 5–6)

ÜBERTRAGUNG

In unserem Land Bolivien gibt es die Ruinen von Tiahuanaco, von Incallajta und andere mehr. Dort pflegten die damaligen Menschen die Mutter Erde, die Sonne, den Mond usw. anzubeten. All diese verehrten sie wie Götter. Unseren wahren Gott kannten diese Vorfahren noch nicht recht . . .

Der Leser dieses Absatzes spürt sogleich, daß das, was die »damaligen Menschen« und »Vorfahren« taten, nicht im Sinne der Katholischen Kirche ist: ihnen fehlten die »rechten« Kenntnisse des »wahren« Gottes. Der Leser weiß jedoch auch, daß die Verehrung und Opfer-Anbetung von *Pachamama*, der Mutter Erde, nicht nur den »Vorfahren« von großer Bedeutung war. Ein Ausweg ist die Frage, ob Mutter Erde »Gott-gleich« oder

»Göttinnen-gleich« verehrt wird... Wir lesen im Quechua-Katechismus weiter, um mehr von der Einstellung der Katholischen Kirche zu diesen und anderen indianischen Traditionen zu erfahren.

Im Kommentar zum Ersten Gebot hören wir, welche Taten – u. a. – dieses Gebot verletzen:

> *Mana kay mandamientota junt'ankuchu: Pikunachus adoranku Diuspa ruasqasninta: intita, killata, orqosta, espiritusta, santusta, runasta ima, yachasaspa uj sapallan cheqa Dius kasqanta; chaykunatataj yupaychanku Diuspis kankumanjina.* (S. 18)

> ÜBERTRAGUNG:

> Nicht erfüllt wird dieses Gebot von denjenigen, die Gottes Schöpfungen verehren: die Sonne, den Mond, *die Berge, die Geister, die Heiligen* oder irgendwelche anderen Menschen; denn sie wissen, daß es nur einen einzigen wahren Gott gibt. Diese (Schöpfungen) lobpreisen sie, als wären sie Gott. (Hervorhebung: IR)

Wir haben in den Gebeten der llaki wij'chuna die Anrufung vor allem der Berge – der Orte der Kraft – kennengelernt. Die Frage ist wiederum: ist es Gottes-gleiche Verehrung? Dann wurde das erste Gebot gebrochen: »Ich bin der Herr, Dein Gott, Du sollst keine anderen Götter haben neben mir«. Oder wurden sie nicht angerufen »als wären sie Gott«?

In den Texten über das »Christliche Leben« geht der Katechismus auf diese schwierigen Fragen nach den indianischen Traditionen und Glaubensinhalten genauer ein. Ich werde die Texte ausführlich zitieren, denn es sind die Formulierungen selbst, ihre Behutsamkeit, aber auch ihre Zerflossenheit, welche die Position der Kirche kennzeichnen. Zunächst sei zitiert, was der Katechismus allgemein zu dem sagt, was mit *»costumbres«* – »Bräuchen« – umschrieben wird – einer der Bräuche, an dem dann die Position der Kirche exemplifiziert wird, ist *Todos Santos*.

Abbildung 9: Brot und Früchte im Tausch gegen Fürbitte und Gebet

Costumbresqa imachus comunidad ukhupi ruakun may tiemposmantapacha. – Costrumbresqa kayjina: fiestasta pasay, velasta t'ikastawan santusman apay, alma misata churachiy, jallp'aman paguta qoy, layqachiy . . . todosantuspaj fiestata ruay, layqapi creey, almas rikhurimunankuta creey . . . moskoykunapi creey . . .

Costumbresmantaqa wakin allin, wakintaj mana. Mana allin costumbrestaqa chinkachinanchej tian, chaypaj cuentankupi allin custumbresman yachakunanchey tian. Diusninchej wajyawarqanchej libertadniyoj runas kananchejpaj, mana sajra costumbreswan watasqas. Tukuy sonqo mask'ananchej tian runa masisninchej cheqamanta libertadniyoj runas kanankupaj, kacharisqas juchamanta, millaykunamanta, pantakuymanta, injusticiasmanta, abusuta ruajkunamanta, mana allin costumbresmanta ima; Cristullapi tarisunchej cheqan kaj libertadta (Juan 8, 31–36).

Costumbresmanta librasqas kananchej tian. – Ashkha runas watasqasjina kanku costumbreswanqa. Imallatapis ruanku »costumbrenchej« nispalla. Imatachá runas nenqanku, nispa purinku. Pantasqaspis kachunku chay costumbresqa, siguillankupuni. Dirigentesta partiduspa yuyayninkutapis qhatillanku mana qhawarispa costumbrenchej nispalla . . .

Imaynamanta yachasunman ima costumbrepis allinchus mana allinchus kasqanta? Cristiano runaqa yuyayninpi kaspa, sonqonpi kaj Espiritu Santoj yanapayninwantaj, maeqen costumbremantaqa allinta unanchanan tian. San Pabloqa kayjinata nerqa: »Tukuy imata pruebaman churaychej, sumaj kajllatataj jap'iychej. Ima laya sajramantataj karunchakuychej« (1 Tesalonicenses 5, 21–22). Uj costumbreqa allinmin ima razonllapis kajtin chayta ruanapaj. Allintaj uj costumbre sichus tukuy ruasqasninchej chay costumbre ukhupi allinllataj. Kayta allinta entiendenanchejpajqa iskay costumbresmanta parlasunchej. (S. 130–131).

ÜBERTRAGUNG

Bräuche sind, was man im Dorf seit alters her macht. Solche Bräuche sind folgende: Feste feiern, den Heiligen Kerzen und Blumen bringen, für die Seele (der Verstorbenen) eine Messe

Abbildung 10: Ein bescheideneres Grab an Allerheiligen

Abbildung 10: Ein noch bescheideneres Grab

lesen lassen, der Erde ein Opfer bringen, Hexerei betreiben ... Allerheiligen ein Fest feiern, an Hexerei glauben, an die Wiederkehr der Seelen glauben ... an Träume glauben ...

Von den Bräuchen sind einige gut, einige sind nicht gut. Die nicht guten Bräuche müssen wir ablegen: an ihrer Stelle müssen wir neue Bräuche lernen. Unser Gott hat uns erwählt, damit wir freie Menschen sind, nicht gebunden an schlechte Bräuche. Von ganzem Herzen müssen wir danach streben, daß unsere Mitmenschen wahrhaft freie Menschen werden, befreit von Schuld, von dem Bösen, den Irrtümern, den Ungerechtigkeiten, den Mißbrauch Treibenden, allen möglichen unguten Bräuchen. Nur in Christus finden wir die wahrhaftige Freiheit (Johannes 8, 31–36).

Wir müssen von den Bräuchen frei werden. Viele Leute sind noch gleichermaßen angekettet an die Bräuche. »Das sind unsere Bräuche«, sagen sie, was immer sie tun. »Was werden denn (sonst) die Leute sagen« – so gehen sie durch's Leben. Auch wenn diese Bräuche von Irrtum behaftet sind, folgen sie ihnen immer weiter. Sie folgen – ohne sich umzuschauen – den führenden Leuten und den Älteren der Parteien mit den Worten »das sind unsere Bräuche« auf den Lippen.

Wie können wir aber jetzt wissen, welche Bräuche gut sind und welche nicht? Der erwachsene Christ hat in seinem Herzen die Hilfe des Heiligen Geistes. Wenn es in einer Dorfgemeinschaft einen Brauch gibt, dann muß er sich gut über diesen Brauch informieren. Der Heilige Paulus hat das folgendermaßen ausgedrückt: »Prüfet aber alles und das Gute behaltet. Meidet allen bösen Schein« (1. Tessaloniker 5, 21–22). Ein Brauch ist gut, wenn es irgendeinen (sinnvollen) Grund gibt, ihn zu begehen. Ein Brauch ist auch gut, wenn alles, was wir im Rahmen dieses Brauches tun, auch gut ist. Damit wir dies gut verstehen, werden wir von zwei Bräuchen sprechen ...

Bevor wir zu dem einen der beiden Bräuche kommen (Messe für die Toten), mit denen diese dargestellte Position der Kirche nun verständlich gemacht werden soll, sei noch einen Augenblick innegehalten. In den obigen Texten werden »Bräuche« als Traditionen definiert – das, was man von alters her macht. Und es werden die verschiedensten Beispiele aufgezählt – das reicht von der guten Christenpflicht, eine Messe lesen zu lassen, bis zur Hexerei. Der gute Katholik weiß: an *Todos Santos* ein Fest feiern (gemeint ist Schlemmen und Saufen, vgl. u.), an Hexerei glauben, an Träume glauben – das alles gehört zu den »unguten« Bräuchen. Und zu den unguten Bräuchen gehört auch, so weiß er, »an die Wiederkehr der Seelen glauben«: die Seelen kommen, wie dargestellt, dreimal nach dem Tod des Menschen zurück in ihre einstige Hütte, und sie werden mit einem kleinen Coca-Opfer und mit Gebet begrüßt und verabschiedet. Das gehört sich nicht, das weiß also der gute Katholik. Weiß er es nicht, so wird der Leser sehr behutsam weitergeleitet. Vage heißt es erst einmal: »Von diesen Bräuchen sind einige gut, einige nicht gut«, und »wir sind nicht wahrhaft in Gott frei, wenn wir den schlechten Bräuchen folgen«. Und nochmals werden diese einigermaßen vage umschrieben: Irrtümer, Ungerechtigkeiten und Mißbrauch. Hier müssen wir aufhorchen. Die »Mißbrauch Treibenden« heißt hier im Quechua *abusuta ruajkuna*. Ich hatte mich lange gefragt, warum einige der Medizinmänner ihre Heilungsrituale – in allem Ernst und ganz im Sinn einer wertfreien Bezeichnung – *abusión*, »Mißbrauch«, nennen. Es scheint, als wenn hier – völlig wert- und konfliktfrei – ein negatives Etikett der Kirche zum Beschreibungsetikett ihres Tuns geworden wäre. Die *abusuta ruajkuna* – von denen der Gläubige sich lossagen soll – wären dann niemand anderes als z. B. die Callawaya-Ritualisten. Die Texte sprechen auch von den Schwierigkeiten, die der Kirche offensichtlich in ihrem Bemühen begegnen, die Menschen von diesen Bindungen zu befreien (vgl. 3. Absatz oben): es scheint, die Leute wehren sich, sagen: »Das sind doch unsere Bräuche«, und folgen den Autoritäten des Dorfes darin ... Nun haben aber die Texte uns schon mehrfach wissen lassen, daß Bräuche nicht unbedingt schlecht sein müssen; den Heiligen Blumen und Kerzen bringen, eine Messe lesen lassen etc., das wird ja auch als »Brauch« aufgezählt. Und es ist deshalb in der Tat die Frage, wie man wissen soll, welcher Brauch denn nun gut und welcher schlecht ist. Der Text gibt uns vier Hilfen – doch sie sind so allgemein formuliert, daß sie im konkreten Fall ohne weitere Unterweisung nur wenig Orientierung geben: Erstens werden wir auf die Hilfe des Heiligen Geistes in unserem Herzen verwiesen; zweitens auf unsere Pflicht der genauen Prüfung jeden Brauchs; drittens auf die Frage, ob der Brauch aus einem »sinnvollen Grund« existiert, und viertens, ob das, was wir im Rahmen des Brauchs tun, seinerseits gut oder schlecht ist. Bis an diese Stelle des Textes kann der Leser mit bestem Willen nicht leicht wissen, was guter und schlechter Brauch ist. Und deshalb werden uns im Text auch zwei Beispiele gegeben. Ich greife hier das zweite Beispiel auf. Hilft es uns weiter? Es handelt von der Messe für die Seelen:

Alma misas: Almaspaj misata churachiy, allinmin. Jina kajtinpis sumaj costumbreswanqa chajrukun mana allin costumbres. Sumaj kajtaqa waqaychana, mana sumaj kajtari chinkachina. Almaspaj misata churachiy allinmin, imaraykuchus bibliapi lleenchej, sumajtaj walejtaj kasqanta wañusqaspaj sacrificiuta jayway . . .

Ashkha kuti runasqa machakunku mikhunaman qokunkutaj alma misata churachejtinku. allinchu machakuy mikhunamantaj qokuy? Manapuni (Gálatas 5, 21). Chayrayku, chay costumbrestaqa chinkachina . . .

Chaymantaqa, alma misa kajtin, wañuspaj ayllusnin Iglesiaman yaykunanku tian tukuy juchasninkumanta llakikuspa, Señorta jap'inankupaj comunionpi. Kayta ruaspaqa, mana allin costumbresta chinkachinchej . . . (S. 133–134)

ÜBERTRAGUNG

Für die Seelen eine Messe lesen zu lassen ist gut. Dem ist so, jedoch mischen wir die guten Bräuche mit den unguten Bräuchen. Das Gute müssen wir bewahren, das Ungute ablegen. Den Seelen eine Messe lesen zu lassen ist gut, denn in der Bibel lesen wir, daß es gut und wichtig ist, den Verstorbenen ein Opfer darzubringen.[1]

[1] Die Messe kostet Geld!

Abbildung 12: Ein Allerheiligen-Beter von hohem Status

> In vielen Fällen betrinken sich die Leute dann und essen sich übermäßig voll, nachdem sie eine Messe lesen ließen. Ist es gut, sich zu betrinken und sich so mit Essen vollzustopfen? In keinem Fall (Galater 5, 21). Aus diesem Grund müssen wir diese Bräuche ablegen ...
>
> Hingegen sollten wir, wenn es eine Seelenmesse gibt, im Dorf des Verstorbenen in die Kirche gehen, voll Reue für alle unsere Sünden, und sollten den Herrn in der Kommunion empfangen.

Hier gehen die Formulierungen ein wenig über die erste Behutsamkeit hinaus, und es wird deutlich gesagt: gut ist es, an Allerheiligen oder zu anderen Gelegenheiten Seelenmessen lesen zu lassen – doch das übliche Feiern, das sich dem anschließt, mit Besäufnis und Eßgelagen, das ist nicht im Sinn der Kirche. Das bestärkt auch noch einmal ausdrücklich der Kommentar zum Fünften Gebot (Du sollst nicht töten). Dieses Gebot, welches das Gebot des sorgfältigen Umgangs mit dem eigenen Körper und der eigenen Gesundheit einschließe, werde u. a. gebrochen von

> *Pikunachus machaykunku yuyayninkuta chinkachinankukuma. Pikunachus sajsasqaña kaspa mikhullankupuni dañuchikunankukuma (Gálatas 5, 21).* (S. 94)

ÜBERTRAGUNG

> ... denjenigen, die sich bis zur Bewußtlosigkeit betrinken und sich, nachdem sie schon satt sind, zu ihrem eigenen Schaden mit Essen vollschlagen (Galater 5, 21).

In der Tat sind Feste und deren Verlauf – auch das Fest von *Todos Santos* und dessen Verlauf – mit Trunkenheit und Tanz ein Problem für die Kirche, und der Katechismus widmet deshalb den Festen mehrere Abschnitte.

Ich möchte im Zusammenhang dieses Kapitels aber nur dem Fest von *Todos Santos* im Katechismus nachgehen. In dem

Abschnitt »Von den Verstorbenen« lesen wir von den »Bräuchen« bei Sterben und Tod, und wir lernen in diesem Abschnitt – neben der behutsamen Andeutung und dem Verweis auf das persönliche Gespräch mit dem Pater[1] etc. – noch eine andere Art der Katholischen Kirche in ihrem Umgang mit den traditionellen Glaubensritualen und Glaubensinhalten kennen: die Hervorhebung dessen, was dem alten und dem katholischen Glauben äquivalent ist:

> *Wakin lugarespi pillapis wañojtin costumbre tian ayata mayllanapaj, sumaj p'achawan, p'achallinapaj ima. Aya p'ampanapajqa parientenkuna churay yachanku cajón ukhuman t'antata, mikhuykunata, cocata ima. Todosantos diapitaj runa cementerioman kachaykukunku difuntusninkuta watukoj. Astawanpis alma misata churachinku, reponsotapis rezachillankutaj ...*
>
> *Ashkha costumbres kanku lugaresmanjina. Kaykunamanta wakillanta, allin kajkunata, quedachiy atinchej. Wakintataj, mana allin kajkunata, saqepunanchej tian. Kay costumbres ukhupi uj creencia kan may importante ñoqanchejpay: Runaj kawsayninqa mana wiñaypaj tukukapunchu wañuywan. Costumbresmanjina creenchej wañusqaqa kawsakusqankuta uj-jina kawsaywan; runataj rukuchiy munanku wañusqankukunata anchata munakusqankuta.*
>
> *Bibliapis chayjinallatataj parlawanchej. Cheqan kawsayqa wañusqanchejpa qhepataraj qallarenqa, imaraykuchus chaypiraj tantukusunchej Diusninchejwan: (Tata, Churi, Espiritu Santo), angeleswan, tukuy*

[1] Ob die Opfergaben für *Pachamama* nun guter oder schlechter Brauch sind, das ist aus dem Katechismus nicht schlüssig zu herauszulesen. Die Position der Kirche bleibt – angesichts der unfraglichen Verbreitung und Verankerung in der indianischen Bevölkerung – äußerst vorsichtig; die Entscheidung ist im Grunde dem einzelnen Priester überlassen:

> *Waj costumbres kallantaj, pachamamaman qarachiyjina. Yachanapajqa allinchus mana allinchus chaykuna kasqanta, padrewan catequistawan chaymanta parlachunku. Ajinamanta yachakonqa allinchus manachus chay costumbre quedakunan cristianoj kawsayninpi.* (S. 134)

Es gibt auch noch andere Bräuche, so etwa, der Mutter Erde etwas anzubieten. Um zu erfahren, ob diese Bräuche gut sind oder nicht, sollte man mit dem Pater oder Katechisten darüber sprechen. So wird man wissen, ob dieser Brauch gut oder schlecht ist und im Leben des Christen bleiben kann.

Abbildung 13: Bet-Kinder an Allerheiligen an einem Grab in Niñokorin

santuswan, Diuspa munakuyninpi wañojkunawan ima. Chaymin cieloqa. Bibliaqa ujta parlallawanchejta: Castigota tarenqanku pikunachus manapuni Diusman kutirinkuchu . . .

Mana falta ruanchu almapaj misata churachiypuni. Maeqen misallapipis almapaj Diusmanta manakuy atillanchej. Aswan allin kanman misaman rispaqa tukuy familia parteyoj kanan misapeqa, rezakuspa, takispa, comulgakuspa, Diusmantaj ofrecespa llakiyninkuta . . . Jinallataj mana falta ruanchu jatun invitacionta pasachiy alma misa churachispaqa. Kaypichus runa machaykun chaeqa, Diusta phinachin, almatataj ni imapi yanapanchu. (S. 145–147)

ÜBERTRAGUNG

Wenn ein Mensch stirbt, gibt es in verschiedenen Gegenden den Brauch, die Leiche zu waschen, den Toten in gute Kleider zu kleiden usw. Bei der Beerdigung des Toten pflegen die Angehörigen Blumen, Eßbares, Coca usw. einzulegen. Sie tragen Blumen, Kerzen und Kränze auf den Friedhof. Am Tag von *Todos Santos* strömen sie zum Friedhof, um ihre Verstorbenen zu besuchen, lassen eine Seelen-Messe lesen und beten die Respons (kath. Gebet für die Verstorbenen, IR).

Je nach Gegend gibt es viele (verschiedene) Bräuche. Von diesen können einige, die guten, erhalten bleiben. Von anderen aber, den unguten, müssen wir ablassen. Hinter diesen Bräuchen steht ein Glaube, der für uns von größter Bedeutung ist: Mit dem Tode endet das Leben der Menschen nicht für immer. Den (jeweiligen) Bräuchen entsprechend glauben wir, daß die Toten wieder auferstehen werden zu einer Art (?) (anderem) Leben. Die Menschen wollen zeigen, daß sie ihren Verstorbenen intensiv zugeneigt sind.

In der Bibel wird uns auch dementsprechend verkündet: das wahre Leben beginnt nach unserem Tod, denn dann werden wir uns mit unserem Gott (Vater, Sohn und Heiliger Geist), mit den Engeln, mit allen Heiligen und mit allen, die in Gottes Liebe gestorben sind, zusammenfinden. Das ist der

Himmel. Die Bibel kündet uns auch von etwas anderem: Strafe werden diejenigen finden, die sich nicht zu Gott bekehrt haben...

Wir machen keinen Fehler damit, für die Seele eine Messe lesen zu lassen. In jeder beliebigen Messe können wir auch vor Gott für die Seele beten. Noch besser ist es, wenn wir zur Messe gehen, daß dann die ganze Familie in der Messe ist, um zu beten, zu singen, das Abendmahl zu empfangen und Gott unsere Sorgen darzubringen...

Wir machen auch keinen Fehler, wenn wir im Zusammenhang mit der Messe eine große Einladung ausrichten. Wenn sich (aber dabei) die Leute betrinken, dann verärgern sie Gott, und der Seele des Toten helfen sie in keiner Weise.

Wieder werden die Bräuche ohne weiteren Kommentar aufgezählt: Blumen, Kerzen, Essen und Coca für den Toten usw., und bedeutungsvoll heißt es, daß einige von ihnen gut, andere nicht gut seien... Ohne dies im einzelnen festzulegen, wird stattdessen hervorgehoben, was vielen dieser Bräuche, und das heißt vor allem auch der katholische, *gemein* ist: der Glaube, daß es ein Leben nach dem Tode gibt. Die Katholische Kirche lehnt die Vorstellung des Wiederbesuchs der Seelen ab; doch das wird hier nur sehr indirekt ausgedrückt: es gibt einen Himmel, heißt es, und es gibt offensichtlich einen Ort der Strafe – dort sind (und bleiben) unsere Toten. Die Kirche kommt den Traditionen auch entgegen, indem sie versichert, daß ein großes Fest nach der Messe an sich noch kein »Irrtum« sei – nur vor dem Besäufnis wird mit leisen Hinweisen auf die Konsequenzen – Gott wird verärgert sein, und den Toten hilft es nichts – gewarnt.

Insgesamt kann man aufgrund dieser Texte sagen, daß die Kirche ihre Interessen – mit einigen Ausnahmen – behutsam bis umständlich, leise bis unklar und meist eher konstruktiv formuliert. Sehr viel aber ist der Vermittlung des Priesters überlassen. Der Katechismus allein genommen beläßt, wie aus den zitierten Texten deutlich hervorgeht, so viele Unklarheiten und stellt

Abbildung 14: »Verhandlungen« über Gebet gegen Brot

gleichzeitig stets so viele Wertungen in den Raum (es gibt Gutes und es gibt Schlechtes) ...), daß er dem *campesino* (könnte er ihn lesen) keine ausreichende Orientierung gibt. Doch viel grundsätzlicher ist zu fragen, wieweit er sie »braucht«; denn der vorliegende Band und auch die folgenden Studien zeigen in den rituellen Heilungen und im rituellen Alltag ein konfliktfreies Nebeneinander von Gott und heidnischen Wesenheiten, von Heiligen und Orten der Kraft, von Jungfrau Maria und der »*Virgen Pachamama*« – der Jungfrau Mutter Erde.

5. ZUSAMMENFASSUNG UND AUSBLICK

Mit diesem Kapitel habe ich versucht, das Spektrum der in der Callawaya-Region praktizierten Trauerrituale um das katholisch-heidnische Fest von Allerheiligen zu erweitern. Ich habe gezeigt, wie stark sich heidnische Elemente (z. B. Coca-Gebet an die Neuen Seelen) und katholische Elemente (z. B. Messe) verbinden. Ich habe diese Verbindung zum Anlaß genommen, anhand ihrer eigenen Aussagen zu prüfen, welche Position die Katholische Kirche zu dieser heidnisch-christlichen Verschmelzung einnimmt.

Damit ist der Daten-Teil dieses Bandes abgeschlossen. In dem Daten-Teil ging es um eine sorgfältige *Dokumentation* der praktizierten Ritualistik. Das habe ich in den Kapiteln 2 bis 6 versucht; zuerst mit der eingehenden Nachzeichnung von drei llaki wij'chuna-Heilungsritualen; dabei sind die Umstände des Sterbens und die Situation der Familie ebenso zur Sprache gekommen, wie der Ablauf des Rituals, die Interaktion von Medizinmann und Trauernden und die Gebete der Heilung. Dies sind Ergebnisse aus der teilnehmenden Beobachtung. Diese Beobachtungsergebnisse habe ich dann ergänzt mit den Ergebnissen aus zweien meiner drei Haupt-Lehren bei Calla-

Abbildung 15: Junger Allerheiligen-Beter an einem Grab

waya-Medizinmännern: der Lehre von Don Ramón (L-I) und den Lehren von Apolinar Ramos (L-III). Diese Berichte beleuchten die Aufzeichnungen der Heilungsrituale, an denen ich teilnahm, ebenso, wie diese die Berichte ergänzen. Schließlich habe ich, unter Verwendung auch von Lehre III, aus einer dritten Quelle von Information (»Dabeisein«, »Mitleben«) geschöpft und einige der Bräuche kurz geschildert, die im Zusammenhang mit Allerheiligen stehen und die man im weiteren Sinn zur Trauerritualistik zählen muß.

Die Daten aus diesen drei Quellen der Information ermöglichen nun auch eine vorsichtige *Analyse*. Sie wird in dem folgenden zweiten Hauptteil des Bandes (»Analyse«) vorgenommen. Bei den beiden ersten folgenden Kapiteln geht es um eine *intrakulturelle* Analyse, d. h. um ein Verständnis der llaki wij'chuna innerhalb ihres eigenen kulturellen Kontexts (Kapitel 7 und 8). Im letzten Analyse-Kapitel (Kapitel 9) werde ich den kulturellen Raum der Callawayas bzw. der Anden-Welt überschreiten und die llaki wij'chuna als Trauerritual *trans-kulturell* kommentieren: ich werde Bezüge zu anderen Kulturen skizzieren, soweit sie in der ethnologischen Forschung zugänglich sind, und ich werde insbesondere Bezüge zu unserer eigenen Kultur skizzieren, wie sie sich aus der Thanatologie, speziell der »westlichen« Trauerforschung, ergeben.

TEIL II

BEITRAG ZUR ANALYSE

Kapitel 7
Intra-kulturelle Analyse I: Ritueller Kern und rituelle Varianten der llaki wij'chuna und ihr Ort im Spektrum ritueller Callawaya-Heilungen

Kapitel 8
Intra-kulturelle Analyse II: Die llaki wij'-chuna in Zeit und Raum: Inkaische Wurzeln und Anden-Kultur

Kapitel 9
Trans-kulturelle Anmerkungen zur llaki wij'chuna. Trauer und Ritual in anderen Kulturen

KAPITEL 7

Intra-kulturelle Analyse I: Ritueller Kern und rituelle Varianten der llaki wij'chuna und ihr Ort im Spektrum ritueller Callawaya-Heilungen

Übersicht:

1. EINLEITUNG

Die vorangehend dokumentierten Heilungsrituale sollen im vorliegenden Kapitel im Kontext ihrer eigenen Kultur, aus der sie erwachsen sind, analysiert werden. Der Versuch der Analyse besteht in zwei Schritten: Zunächst geht es darum, in dem reichhaltigen, komplexen und unterschiedlichen Ablauf der dokumentierten Heilungsrituale die gewissermaßen unverzichtbaren Kernelemente des Rituals von ihren Varianten zu unterscheiden und damit zumindestens einige Linien der Grundstruktur einer Callawaya-llaki wij'chuna zu identifizieren.

Die Identifikation von Grundstruktur und Varianten erleichtert es dann im zweiten Schritt der Analyse, die llaki wij'chuna mit anderen Weisen symbolischer Heilung in der Callawaya-Kultur zu vergleichen – und dieser Vergleich ermöglicht dann auch eine »Lokalisation« der llaki wij'chuna auf dem Kontinuum der Callawaya-Heilungsweisen zwischen yuraj mesa (Weißer Heilung) und yana mesa (Schwarzer Heilung).

2. DIE LLAKI WIJ'CHUNA: RITUELLER KERN UND RITUELLE VARIANTEN

Der alte Don Valentin führt uns zum Fluß, das Viererteam der *médicos* führt uns zur Kreuzung der Wege. Valentin braucht ein Meerschweinchen, Don Federico eine Hühnerkralle, Don Ramón braucht Steine und Mineral, Don Federico Rosenblätter. Die einen betropfen die Erde mit dem Blut des Gegeners, die anderen beten um die Vergebung ihrer bösen Taten ... Das sind nur einige der Unterschiede, die wir in den vorangehend aufgrund von Beobachtung und aufgrund von Berichten dokumentierten llaki wij'chunas kennen gelernt haben. Es sind Unterschiede in der Zielsetzung und im Inhalt der Heilung, es sind Unterschiede in den Beilagen der Opfergaben und im Handlungsvollzug. In dieser Vielfalt und Unterschiedlichkeit lassen sich aber auch identische oder äquivalente Elemente identifizieren. Die folgenden Übersichtstafeln erleichtern diese Identifikation.

Übersicht 1
Llaki wij'chuna I bis III: Heiler, Heilungsanlaß und Setting

	Llaki wij'chuna I	Llaki wij'chuna II	Llaki wij'chuna III
Informations-quelle	Teilnehmende Beobachtung	Teilnehmende Beobachtung	Teilnehmende Beobachtung
Heiler	Valentin Quispe, ca. 92 J.	Severo Ticona, ca. 64 J. Enrique Ticona, ca. 60 J. Marcelino Pinto, ca. 55 J. Severo-Sohn Porfideo, ca. 35 J.	Federico Llaves, ca. 64 J.
Herkunftsort	Lunlaya	Chajaya	Telinhuaya
Gehilfe	Valentin-Sohn Iqnacio Quispe, ca. 57 J.	Porfideo Ticona (s. o.)	Apolinar Ramos, 37 J.
Herkunftsort	Lunlaya	Chajaya	Lunlaya
»Patienten«	Familie Apolinar Ramos, Vater, 5 Kinder	Familie Mariano Cerdán, Witwe Carlota, 6 Kinder	Irene Ramos, 19 J. Maria Vila viuda de Ramos, (ca. 45 J.)
Herkunftsort	Lunlaya	Inca	Lunlaya
Verstorbener	Familienmutter Pastora, 32 J.	Familienvater Mariano (ca. 42–44 J.)	Tochter von Irene (1 Jahr)
Angesprochene Todesursache	Tuberkulose	In Trunkenheit erkältet? Fieber? Neid der Leute? Alte Spritze bekommen? Verwünschung?	Kropf? Durchfall, Erbrechen? *watayojmanta?* *kajyamanta* (Blitz)? Hexerei Kindsvater? Federico: Schuld?
Teilnehmer insges.	9	13	5
Zeit:	Montagabend	Dienstagabend	Montagabend
Settings	1. Wohn-Kochhütte 2. Fluß in der Schlucht 3. Wohn-Kochhütte	1. Wohnhütte 2. Corral 3. Wegkreuzung	1. Wohnhütte 2. Fluß

Übersicht 2
Zielformulierungen von Heilern (H) und Trauernden (T) aus drei llaki wij'chuna-Ritualen (I–III)

T H	*llakita apakariway* *sumajta mayllakariway* *chiki desgracia urakapuy mayuman* *urakaponga urayman* *waj laduman mayunejman purinqa* *llaki desgracia mayuman riponqa* *q'alata apapuchun mayuqa* *t'ipisqayki llijuta* *apakasqayki* *troka troka* *Santa Cruz kunanmanta qespichiwayku*	I	Nimm mir die Trauer ab, wasch mich ganz rein (davon), Leid und Unheil trag zum Fluß hinab, es wird nach unten hinabsteigen, auf eine andere Seite, zum Fluß hin, wird es gehen, Trauer, Unheil, wird weggehen zum Fluß, alles wird der Fluß davontragen, alles werde ich dir »abreißen«, ich werde dir's hinwegnehmen, Wandel, Wandel, Heiliges Kreuz, von jetzt ab erlöse uns.
T H	*Apakapullawaychis* *tukuy desgracia, tukuy llaki llojsinqa* *apacheta pataman ripuchun llakikuna* *tukuy desgracia, llaki, mala gana pasachun* *karupachamanpuni kay llakita despacharqosun* *tukuy llakiyniyki, rabiayki, tukuy onkoy ripuchun* *ima sumajta mayllakupuchun* *uma nanaynioj avecenqa kachianku, ñan cruceroman limpiapuchun* *amaña sufrichunchu* *pensamiento cambiakuchun* *allin pensamiento kachun* *llaki, desgracia, mala suerte cambiakuchun* *pura troka* *gente envidioso: waj laduman* *pichus maychus tataykita malta ruan: ajayun, espiritun chay laduman llojsinqa* *mal pensasqanku payman kama kutichun*	II	Nimm es uns ab alles Unheil, alle Trauer, weiche hinaus, hoch zum Paß der Berge weiche alle Trauer hinweg, alles Unheil, alle Trauer, Lustlosigkeit, vergehe, weit hinweg werden wir die Trauer befördern, all deine Trauer, dein Zorn, alle Krankheit, gehe hinweg, auf das allerbeste sei es rein gewachsen, wir haben manchen Schmerz im Kopf: zur Kreuzung des Weges hin soll er beseitigt sein, kein Leid sei mehr, Die Gedanken mögen sich wandeln, gute Gedanken seien gegeben, Trauer, Unheil, Unbill – es ändere sich, reiner Wandel, die Neider: zur anderen Seite hinweg, wer wo immer deinem Vater Übles getan hat, seine Seele, sein Geist, weiche zu jener Seite hinweg, die Schlechtes denken: auf sie selbst falle es zurück,

	tukuy envidia tukuy mala fé chaypaj animalninman purinqa . . .		aller Neid, aller schlechte Glaube: auf (des Neiders) Vieh falle es zurück . . .
	kaymanta mejor t'ikajina t'ikariponqa		von jetzt an blühe es der schönsten Blume gleich,
	tukuy animalkunapas achiata kunan mirarinqa		alle Tiere ab jetzt werden reichlich sich vermehren.
H	*Chay llaki, desgracia llojsipunqa*	III	Diese Trauer, das Unheil, weiche hinaus,
	chay atrazoyki, q'ala sufrimientoyki riponqa		dein Mißgeschick, all dein Leiden, gehe hinweg,
	sumajta apakapusqayki		auf's beste werde ich es dir abnehmen,
	kay uj wañoj, kay uj castigo Inca calleman . . . riponqa		was an Tod ist, an Strafe, zur Straße der Inca . . . hinweg,
	tukuy limpieza kunanqa!		volle Reinheit sei jetzt,
	Quedapusajku limipo, ch'ua		rein, kristallin werden wir sein.
	San Salvador: sumaj bendicionta churapuy		Heiliger Salvador; gib besten Segen,
	sumajta kay Irene kanqa		gut soll es Irene jetzt gehen
	kunan tukuy voluntad kanqa, kay fé		guter Wille, Glaube sei gegeben,
	saludninpaj, vidanpaj, llankayninpaj, negocionpaj ama ima desgraciapas kanqachu		ihre Gesundheit, ihr Leben, ihre Arbeit, ihr Handel: kein Unheil treffe es mehr,
	kay componekupuchun		auf diese Weise sei es nun gefügt,
	kaymanta wichay astawan mejor buena suerte		von jetzt in die Zukunft: Glück,
	buena estrella kanqa		ein guter Stern sei gegeben,
	chunca waranqata perdòn kachun		zehntausendfache Vergebung sei,
	chaypaj kunanqa perdòn, chunca waranqata perdòn.		hier für jetzt: Vergebung, zehntausendfach: Vergebung.
	salvanaykipaj		für deine Erlösung.

In der Übersicht 1 sind zunächst noch einmal die *Haupt-Informationen* über die drei llaki wij'chuna-Rituale aufgeführt, die ich hier in ihrem Ablauf aufgezeichnet habe. An dieser Übersicht fallen gewiß eher die Unterschiede auf als die Ähnlichkeiten – Unterschiede, was die Heiler betrifft, Unterschiede in bezug auf Alter, Status, Familienstand und ökonomische Situation der Hauptbetroffenen, Unterschiede auch in ihrem Versuch, den Tod eines Angehörigen, der sie betroffen hat, zu deuten, ihn zu erklären, ihm Sinn zu geben. Was diesen Heiler/Patienten-Unterschieden dann auf der Seite des Heilungsgeschehens am meisten korrespondiert, sind die Unterschiede in der Zielsetzung der Heilungsrituale und entsprechend auch der Anrufung der positiven und negativen Wesenheiten in den Heilungs-Gebeten. Die Übersicht 2 stellt die *Zielsetzungen*, soweit sie sich aus den Gebeten und den Gesprächen von Heilern und Trauernden ergeben, noch einmal zusammen. Die unterschiedlichen Zielsetzungen für diese drei Heilungen sind vielleicht in den Stichworten

- Hinweg,
- Hinweg und Zurück
- Hinweg und Dafür

zu umschreiben. Bei Don Valentin, der llaki wij'chuna für die mutterverwaiste Familie, geht es »nur« um das Hinweg aller Trauer, allen Unheils – hinweg zu einem »unpersönlichen« Ort – dem Fluß. Bei der llaki wij'chuna für die vaterverwaiste Familie, welche die vier Medizinmänner bereiten (llaki wij'-chuna II), geht es – entsprechend auch den »subjektiven Todes-Theorien« – jener Gedanken zum Warum von Marianos Tod – nicht nur um das Hinweg (auch ein Hinweg zu einem unpersönlichen Ort, den Pässen der Berge, der Kreuzung des Weges), sondern es geht auch um ein Zurück – ein Zurückgeben erlittenen Unheils an die vermeintlichen Schuldigen, die Verursacher des Bösen. In der dritten llaki wij'chuna, der von Don Federico für die junge Irene, geht es im Unterschied dazu um Hinweg und Dafür: gewiß, Unheil und Trauer sollen hinweg – hinweg zu einem unpersönlichen Ort. Aber neben diesem Hinweg dominiert bei Federico – sowohl in der weißen als auch in der schwarzen mesa, die er bereitete – das Dafür. Positives wird also beschworen, Positives nicht nur für Irene, sondern Positives auch für die Feinde; Erlösung, Vergebung, das ist der Bedeutungshorizont, in dem Federicos Gebete stehen.

Aber wenn auch die Akzente der Zielsetzung verschieden sind in diesen Heilungsritualen – eine Unterschiedlichkeit, die weniger den »objektiven« Tatsachen (*wer* gestorben ist und dessen Stellung und Bedeutung für die Familie und die ökonomische Situation der Betroffenen) als der »subjektiven« Sinngebung, den Gedanken über die Ursachen von Sterben und Tod, korrespondiert –, so zeigt sich in diesen verschiedenen Akzenten doch ganz deutlich eine dominante Richtung; die llaki wij'chuna-Rituale, wie wir sie aus den Berichten meiner Lehrmeister Don Ramón und Apolinar Ramos kennengelernt haben, bestätigen dies auch: der Kern aller Zielsetzung einer llaki wij'chuna ist die Bewegung des Hinweg, ein Hinweg mit dieser ansteckenden Einheit von Trauer – Unheil, zu einem fernen, unpersönlichen Ort. Was als Variante zu diesem Kern hinzukommt, ist die Richtung oder Bewegung in bezug auf die »persönlichen« Orte (Menschen, Feinde): sie erhalten das Unheil *zurück*, wir beten vielleicht gar *gegen* sie oder auch *für* ihr Wohl.

Diese Bewegung des Hinweg als Kern der llaki wij'chuna – jenseits aller Varianten – spiegelt sich auch in den Ingredienzen bzw. deren symbolischer Bedeutung und in den symbolischen Bedeutungen der Handlungsabläufe wider. Dieses zentrale Ziel der llaki wij'chuna wird also in den Gebeten ausgesprochen und in Ingredienzen und Handlungsvollzug *ausagiert* und *sichtbar* gemacht.

Übersicht 3 stellt die für die llaki wij'chuna-Rituale verwendeten *Ingredienzen* zusammen – unter Einbeziehung auch der llaki wij'chuna-Rituale, wie sie meine Lehrmeister schildern. Die nur in einem der fünf Rituale vorkommenden Ingredienzen sind in der Übersicht mit »A« gekennzeichnet; wir sehen auf den ersten Blick, daß sich dabei die llaki wij'chuna von Don Federico (III) am deutlichsten hervorhebt, da Don Federico nicht nur der einzige ist, der auch ein weißes q'into bereitet und dafür entsprechende Ingredienzen braucht, sondern auch, weil er für seine llaki mesa »Ungewöhnliches« verwendet. In allen anderen llaki wij'chuna-Ritualen ist jeweils nur eine Besonderheit zu verzeichnen – das heißt, nur je einmal ein Ingredienz verwendet, das nur hier und in keinem anderen Ritual vorkommt. Für Don Valentin und die große llaki wij'chuna, wie sie Apolinar schildert, ist es das Meerschweinchen; für die llaki wij'chuna von Don Ramón ist es die *prenda* – ein stellvertretendes Gut des Toten, ein Kleidungsstück oder ein kleiner Besitz, den es mit zu verbrennen gilt.

Übersicht 3
Ingedienzen von fünf llaki wij'chuna-Ritualen
Dabei bedeutet:
A: nur einmal vertreten
B: bei allen vertreten
C: mindestens viermal vertreten
Lalki I–III: Beobachtete llaki wij'chuna-Rituale
IV (A): Die llaki wij'chuna aus der Lehre von Apolinar Ramos
V (R): Die llaki wij'chuna aus der Lehre von Ramón Álvarez

		Llaki I und IV (A)	Llaki II	Llaki III	Llaki V (R)
mesa-Tuch	(C)	ja	ja	a) hell, b) dunkel	?
Irdener Krug	(C)	ja	ja	–	ja
Waschschale	(C)	ja	ja	–	ja
Kleider zum Wechseln		ja	–	–	ja
Besitz des Toten	(A)	–	–	–	ja
Papier/Tuch für Abfall	(C)	ja	ja	ja	?
Coca	(B)	ja	ja	ja	ja
Reiner Alkohol	(C)	ja	ja	ja	(erst nach Heilung)
Zigaretten (rituell)	(C)	ja	ja	–	–
Kerzen (rituell)		ja (ausblasen)	–	ja (halten)	–
Wolle	(B)	grau, Schaf	schwarz, Alpaca	a) weiß Alpaca b) schwarz Alpaca	schwarz und weiß, Schaf
Linksfaden	(B)	ja	ja	(Zwirn, weiß, schwarz)	ja
Tier-Talg	(B)	Schaf, Schwein	Schaf, Schwein, Rind	a) Lama b) Schwein, Rind	Schaf
Retama		ja	ja	?	–
Dornen/Pflanzen*	(B)	ja	ja	ja	ja (*q'oa, lloqe*)
Nüsse, Körner*	(B)	ja	ja	–	–
Steine, Mineral*	(B)	–	–	–	*llinpi, jaqe mesa*
Yana mesa Gemisch	(B)	–	–	ja (streuend)	–

		Llaki I und IV (A)	Llaki II	Llaki III	Llaki V (R)
Nelken	(A)	–	–	ja (nicht da)	–
Rosenblüten	(A)	–	–	ja	–
Weihrauch	(C)	ja	–	ja	ja
Meerschweinchen	(A)	ja	–	–	–
Schweinefötus	(A)	–	–	ja	–
Hühnerfötus	(A)	–	–	ja (totes Küken)	–
Hühnerkralle	(A)	–	–	ja	–
Kreuz und Umhang	(A)	–	–	ja	–

Neben diesen Besonderheiten verdeutlicht die Übersicht jedoch auch einen Ingredienzen-Kern, wobei die einzelnen Beilagen nicht unbedingt identisch, sondern nur äquivalent sein müssen. Identisch in allen sechs Ritualen ist ausschließlich das Coca; Cocablätter gehören, wie gesagt, zu jeder Heilung; es gibt keine rituelle Callawaya-Heilung ohne Coca, und dies gilt ebenso für Weiße wie für Schwarze Heilungen und alle anderen Varianten, die wir noch kennen lernen werden. Coca wird gekaut, Coca wird eingelegt, Coca ist das Alltäglichste und Coca ist das Bedeutsamste, das Heiligste jeden Heilungsrituals; es ist das Medium der Kommunikation zu den höchsten Instanzen der Anrufung in der Callawaya-Welt, der *Pachamama* und den Orten der Kraft. Das Alltägliche drücken Carlota und Severo (llaki wij'chuna II) so aus:

> *Cocawanpuni imapas seriota ruakun. Tukuy imapaj kay coca puni. Chay puni, llakikuypajpas, kusikuypajpas. Mana cocawan, mana.*

> Wann immer etwas Ernsthaftes geschieht, ist Coca dabei. Für alles ist immer Coca dabei. Immer Coca, sei es in Situationen der Trauer, sei es für Situationen der Freude. Ohne Coca läuft nichts.

Neben dem allen untersuchten Heilungsritualen identischen Coca gibt es eine Reihe äquivalenter Ingredienzen, die wir auch zum Kern der Heilung rechnen müssen. Identische und äquivalente Ingredienzen sind in der Übersicht 3 mit »B« gekennzeichnet. Dazu gehören: (1) das Material, aus dem die q'intos geformt werden und denen in allen diesen Heilungen die Aufgabe der Reinigung zukommt: das Material symbolisiert die Bewegung des Hinweg entweder durch seine Zugehörigkeit zu »niederen« Tieren (die das Wegwerfen symbolisieren) – Schafswolle –, oder durch seine Farbe, schwarz, welche ebenfalls das Hinweg symbolisiert; (2) alle dargestellten Heilungsrituale verwenden Fäden – wenn im Fall der Heilung von Don Federico auch »vergessen« – Fäden, die entweder durch ihre Drehung (links herum) das Hinweg symbolisieren und/oder durch ihre Farbe; (3) Tier-Talg gehört ebenfalls zu jeder llaki wij'chuna – Talg eines nicht heiligen, eines »niedrigeren« Tieres, sei es nun Schwein, Schaf oder Rind – oder auch Talg aller drei Tiere; (4) in jedes q'into werden auch Pflanzen eingelegt – Pflanzen, die auf verschiedene Weise das Hinweg ausdrücken: durch ihren Namen (*lloqe*), durch ihren Wegwerf-Charakter (*q'oa*) oder durch die Dornen, die uns das Hinweg signalisieren; (5) als letzte äquivalente Ingredienzen müssen die in der Übersicht 3 mit Sternchen markierten »Nüsse, Steine, Mineralien, das yana mesa-Gemisch« angesehen werden. Was immer an Nuß oder Stein eingelegt wird – es gehört allemal zu dem festliegenden Bestand der *q'opa hampe* – jener Zusammenstellung von Pflanzen, Tier-Resten und mineralischen »Abfällen«, von Früchten, Körnern und Nüssen, die für »Hinweg«-Heilungsrituale (llaki mesa, yana mesa) bereitet wird. Durch Herkunft (Schaf), Farbe (schwarz), Herstellungsart (links) oder abweisenden Charakter (Dornen) werden damit äquivalente Ingredienzen definiert, die jeder llaki wij'chuna angehören und die das Kern-Ziel dieser Heilung – die Bewegung des Hinweg – visualisieren und symbolisieren (L-III).

Neben besonderen, identischen und äquivalenten Ingredienzen sei als letzte Gruppe die der häufigen Beigaben genannt (in der Übersicht 3 mit »C« bezeichnet), die in mindestens mehr als der Hälfte der dargestellten llaki wij'chuna-Rituale vorkommen; dazu gehört das dunkle Tuch, auf dem die mesa bereitet wird, und ein Stück Papier/Plastik/Stoff, um Coca-Reste, Zigarettenasche, Kippen und andere Abfälle zu sammeln; beides wird später vernichtet. Auch der irdene Krug, die Waschschale zum Abwaschen von Trauer – Unheil im Dornensud, gehören zu den häufigen Beigaben der llaki wij'chuna, ebenso wie der reine Alkohol und die rituell zu rauchende Zigarette. Auch Weihrauch als Teil der »Erneuerung« kommt häufig vor. Die folgende Abbildung faßt das Ergebnis dieser Ingredienzen-Analyse noch einmal graphisch zusammen.

Graphik 1
Ingredienzen-Hierarchie: Identische, äquivalente und häufige Ingredienzen in 5 llaki wij'chuna-Ritualen

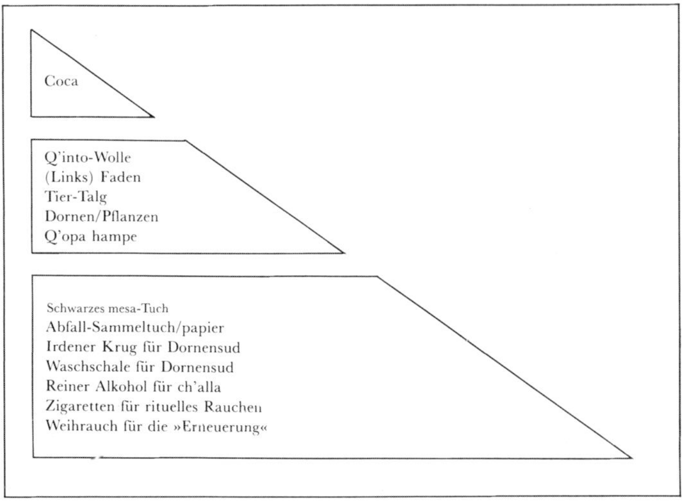

Die Übersicht 4 erleichtert es, auch einen Kern in bezug auf den *rituellen Handlungsvollzug* zu definieren. Hier sind fünf zentrale rituelle Handlungen zu nennen, die in jeder der dargesteellten llaki wij'chuna-Rituale vorkommen:

1. die Bereitung der llaki mesa, der q'intos;
2. das Anlegen der q'intos (und meist auch Linksfäden) an den Leib der Trauernden und oft auch an Hütte/Corral;

Übersicht 4
Chronologie des Handlungsablaufs von drei beobachteten (I bis III) und zwei berichteten llaki wij'chuna-Heilungsritualen
(IV/R = Lehre Don Ramón; V/A = Lehre Apolinar Ramos)
Dabei bedeutet:
X: Handlungsschritt fehlt in dieser Heilung
A: Handlungsschritt kommt nur in dieser einen Heilung vor
B: Handlungsschritt kommt in allen Heilungen vor
C: Handlungsschritt kommt in mehreren Heilungen vor

	Haupthandlungsphasen		Llaki I	Llaki II	Llaki III	Llaki IV (R)	Llaki V (A)
	Bereitung eines yuraj q'into	A	X	X	A	X	X
1.	Bereitung der llaki mesa	B	B	B	B	B	B
	Verbrennung des yuraj q'into	A	X	X	A	X	X
2.	Anlegen von q'intos (und Links-schnüren)	B	B	B	B	B	B
	Bereitung eines tellergroßen q'into	A	X	X	X	A	X
3.	Q'into-Reinigung (und Linksfäden-Zerreißen) an Trauernden	B	B	B	B	B	B
4.	Q'into- (und Links-Faden)Reinigung in und an der Hütte	B	C	X	C	C	C
	Q'into- (und Linksfaden)Reinigung am Corral (und an den Tieren)	B	X	C	X	C	C
5.	Reinigungsrituale am Fluß/an der Kreuzung der Wege	B	C	C	X	C	C
	Beseitigung des llaki-Gutes	B	B	B	B	B	B
	Kehren der Trauer-Hütte	A	X	X	X	X	A
	Rückkehr mit Erneuerung (Weihrauch und/oder Mahl)	C	C	X	C	C	C
	Selbstreinigung von médico und Gehilfen	A	X	X	X	X	A

3. die nach einer Wirkungspause vollzogene Reinigung der Trauernden (q'into-Reinigung und evtl. Linksfäden zerreißen);
4. Reinigung von Hütte und Hof und evtl. auch Tieren und Corral;
5. und schließlich (meist nach nochmals vollzogenen Reinigungs-Ritualen außerhalb der Hütte, am Fluß, an der Kreuzung des Weges) die Vernichtung dieses durch Reinigung mit Trauer-Unheil getränkten llaki-Gutes (durch Verbrennen, dem Fluß Übergeben, durch Wegwerfen an der Kreuzung des Weges) und evtl. Waschen der Kleider.

Innerhalb jeder dieser Kern-Schritte rituellen Vollzugs können vielfältige Zusätze und äquivalente Varianten vorkommen, wie die detaillierten Übersichten (Übersicht 5 bis 8) für diese Haupt-Schritte zeigen. Bei der Bereitung der mesa, zum Beispiel, variieren Anzahl und Bestimmung der q'intos: Don Valentin bereitet ein q'into für jeden anwesenden Trauernden und ein q'into für jede Wohnhütte. Die Viterermannschaft der Medizinmänner bereitet je ein q'into für jeden Trauernden. Don Federico bereitet ein tellergroßes schwarzes q'into für Mensch und Wohnstatt. Don Ramón schließlich bereitet ein Paar für die Menschen und ein tellergroßes q'into für Wohnstatt und Corral. Und in der großen llaki wij'chuna wird für jeden Teilnehmer des Rituals und für jede Hütte, den Corral, die Eingänge, ein q'into bereitet.
Auch die Linksschnüre werden unterschiedlich verwandt – einmal werden sie um Hals, beide Hand- und Fußgelenke gewunden (Valentin), einmal um Hals und linkes Hand- und Fußgelenk oder zusätzlich als Ganzkörpernetz um die Trauernden geschlungen (Enrique). Dies mag als Beispiele von Varianten innerhalb dieser Kern-Vollzüge genügen; weitere lassen die Detail-Übersichten erkennen.

Übersicht 5
Bereitung einer llaki mesa

Llaki wij'chuna I (Valentin) *und evtl. V* (Apolinar): Erste Handlungsphase	1. Formung von q'intos 2. Einlegen von Coca, *tijrasqa* 3. Retama und Dornenpflanzen 4. *Kuti kuti, sajsa kuti* 5. Kreuzweihung mesa 6. Herstellung Nelkenkreuze 7. Schweine- und Schafstalg 8. Kreuzweihung der mesa 9. Siebenfaches Kerzenlöschen 10. Abschlußweihung mesa 11. Ch'alla Alkohol
Llaki wij'chuna II (vier médicos): Erste Handlungsphase	1. Formen der q'intos (sieben) 2. Einlegen von Coca 3. Schafs-, Schweine- und Rindertalg 4. Dornenpflanzen 5. Nüsse und Kerne 6. Weihung durch Kreuz und ch'alla (entfiel)
Llaki wij'chuna III (Federico): Zweite Handlungsphase	1. Formung des yana q'into 2. Eingangs-ch'alla des q'into 3. Einlegen Coca-Blätter 4. Schweine- und Rindertalg 5. Yana-mesa-Gemisch 6. dreifach behauchtes totes Küken 7. dreifach behauchter Schweinefötus 8. Kralle des Huhns 9. Dornenpflanzen, Rosenblätter 10. Abschluß-ch'alla 11. Verschnüren des q'into im Tuch
Llaki wij'chuna IV (Don Ramón): Erste Handlungsphase	1. Formen der q'intos (ein Paar pro Trauerndem) 2. Einlegen Coca-Blätter 3. Schafstalg 4. Stein, Mineral 5. Retama, *q'oa*, *lloqe*-Dornen

Übersicht 6

Anlegen der q'intos an den Leib der Patienten (und Linksverschnürung)

Llaki wij'chuna I (Valentin) *und evtl. V* (Apolinar): Zweite Handlungsphase	1. Linksverschnürung der q'intos 2. Zusammenschnüren q'intos/Kreuze 3. Ch'alla auf verschnürtes Gut 4. Anlegen von q'intos und Nelkenkreuzen 5. Linksverschnürung der Trauernden 6. Wirkungspause, Berauchen der q'intos
Llaki wij'chuna II (vier médicos): Zweite Handlungsphase	1. Linksfach-Verschnürung der q'intos 2. Anlegen der q'intos 3. Umlegen von Linksschnüren 4. Wirkungspause 5. Umfüllen Dornensud
Llaki wij'chuna III (Federico): Vierte Handlungsphase	1. Ch'alla des schwarzen q'into 2. Anlegen an Irenes Leib 3. Wirkungspause, gemeinsames Mahl
Llaki wij'chuna IV (Lehre Don Ramón): Zweite Handlungsphase	1. Umschnüren der q'intos mit Linksfäden 2. Anlegen der q'intos 3. Anlegen Linksfäden an Trauernde 4. Anlegen von Linksfäden in und an der Hütte, Corral 5. (Nach Bereitung eines tellergroßen q'into für Hütte und Corral): Wirkungspause

Übersicht 7
Reinigungsrituale an Trauernden, die in der Hütte bleiben; in und an Hütte, Hof, Corral, Tieren

Llaki wij'chuna I (Valentin) *und evtl. V.* (Apolinar): Dritte Handlungsphase	1. Q'into-Reinigung der Kinder, Zerreißen Linksfäden Dreifaches Behauchen 2. Q'into-Reinigung in der Hütte Q'into-Reinigung Tür zweier Hütten Zerreißen Linksfäden
Llaki wij'chuna II (vier médicos): Dritte und vierte Handlungsphase	1. Reinigungsritual für die Tiere im Corral 2. Q'into-Reinigung der Jüngsten, Behauchen 3. Linksfäden-Zerreißen an den Jüngsten 4. Dornensudwaschung der Jüngsten
Llaki wij'chuna III (Federico): Vierte Handlungsphase	1. Q'into-Reinigung Irene und Maria (Kerze, Behauchung, Selbstgebete) 2. Innenreinigung der Hütte
Llaki wij'chuna IV (Lehre Don Ramón): Vierte Handlungsphase (nach 3: Bereitung eines tellergroßen q'into für Hütte und Corral)	1. Q'into-Reinigung Trauernder Linksfäden-Zerreißen 2. Q'into-Reinigung Hütte, Hof, Corral Linksfäden-Zerreißen

Übersicht 8
Reinigungsrituale außerhalb der Hütte: am Fluß, an der Kreuzung des Weges (5.)

Llaki wij'chuna I (Valentin) am Fluß in der Schlucht: Vorletzte Handlungsphase	1. Rauchen, Coca, Trink-ch'alla 2. Meerscheinchen: Absaugen, Behauchen, Prognose 3. Q'into-Reinigung Trauernde, Linksfäden-Zerreißen, Behauchen 4. Desgl. an restlichen Teilnehmern 5. Waschung im Dornensud, Spucken 6. Stein-Trocknen, Spucken 7. Neukleiden Wegwerfen allen llaki-Gutes
Llaki wij'chuna II (vier médicos): Kreuzung der Wege: Letzte Handlungsphase	1. Linksfäden-Veschnürung der Trauernden 2. Q'into-Reinigung der Trauernden mit Selbstgebet 3. Zerreißen der Linksfäden 4. Waschung im Dornensud 5. Wegwerfen des llaki-Gutes
Llaki wij'chuna III (Federico): am Fluß in der Schlucht: Letzte Handlungsphase	1. Wegwerfen des llaki-Gutes in den Fluß
Llaki wij'chuna IV (Don Ramón): am Fluß oder der Kreuzung von Wegen: Vorletzte Handlungsphase	1. Gemeinsame Gebete am Fluß 2. Q'into-Reinigung und Linksfäden-Zerreißen mit Selbstgebet (Vaterunser, Augen geschlossen) 3. Bespucken des llaki-Gutes 4. Waschung im Dornensud, Spucken 5. Anlegen neuer Kleider 6. Verbrennen von q'intos, Linksfäden, Besitz des Toten. Asche in den Fluß 7. Waschen der Patienten-Kleider, oder in den Fluß werfen
Llaki wij'chuna V (Apolinar Ramos) am Fluß: Vorletzte Handlungsphase	1. Rauchen, Cocakauen, Trink-ch'alla 2. Meerschweinchen-Diagnose 3. Q'into-Reinigung der Trauernden Linksfäden-Zerreißen, Behauchen 4. Entkleidung: Haupttrauernde werden entkleidet, die andern machen es selbst, Eintauchen in den Fluß, Bespritzen 5. Abreiben mit Stein, Spucken 6. Anlegen neuer Kleider (Haupttrauernde werden gekleidet) 7. Wegwerfen des llaki-Gutes, Waschen der Kleider, Selbstreinigung des médico

Neben Ziel, Ingredienz und Handlungsvollzug sind es – wie die detaillierten Berichte gezeigt haben – noch eine Vielzahl anderer Merkmale, welche allen Ritualen gleich sind. Ich möchte nur noch einige Beispiele hervorheben:

In allen dargestellten Ritualen sind mindestens zwei *Handlungsorte* (settings) gegeben. Einmal die alltägliche Umgebung der Betroffenen, die Wohn- oder Kochhütte, ihr Zuhause. Und zum anderen ein Ort, der weitab liegt und wo das llaki-Gut beseitigt wird – am Fluß oder der Kreuzung des Weges. Ebenfalls allen llaki wij'chuna-Ritualen eigen ist die *aktive Einbeziehung der »Patienten«* – dies habe ich im Zusammenhang der Kommentierung der Valentin-Heilung (llaki wij'chuna I) bereits besonders hervorgehoben; es gilt aber für alle llaki wij'-chuna-Rituale. Zwar ist die Einbeziehung unterschiedlich vielfältig oder nachdrücklich – aber sie ist immer gegeben. Bei Federico ist es das Behauchen, Beten, Küssen, Bekreuzigen, mit dem er die Hauptbetroffenen immer und immer wieder handelnd einbezieht. Die Betroffenen aus der Gruppenheilung der vier Medizinmänner müssern Coca kauen (selbst das Kleinste), rauchen, hauchen, sich waschen (die Kleinsten: waschen lassen). Und in der Heilung von Valentin und der großen llaki wij'chuna nach Apolinar Ramos wird ebenfalls Coca gekaut, Coca-Gekautes gesammelt, die mesa beraucht, die q'intos und das Meerschweinchen behaucht, der Körper gewaschen, Wasser und Stein bespuckt und der Stein evtl. auch selbst (Apolinar) weggeworfen...

Das Merkmal »Einbeziehung« bei der llaki wij'chuna hat über die handelnde Einbeziehung der Hauptbetroffenen hinaus aber noch zwei weitere wichtige Aspekte. Einmal die *Einbeziehung von zu Reinigendem*; es sind nicht nur die Trauernden, die gereinigt werden; in allen Fällen – sei es im Gebet oder sei es im Handlungsvollzug – wird die Familie einbezogen, selbst Abwesende (die Schwester von Irene), werden Hütte und Hof einbezogen, Tiere und Corral, ja die Gegenstände der Hütte (*kausaykuna*). Der andere Aspekt der Einbeziehung betrifft die *weiteren Anwesenden*, auch wenn sie nicht die Hauptbetroffenen sind. Ich habe im Kommentar zur Don Valentin-Heilung schon aufgezählt, auf welche vielfältige Weise ich zum Beispiel einbezogen war in seine Heilung. Auch bei der llaki wij'chuna II werde ich angehalten, mindestens Coca zu kauen und zu rauchen. Bei Don Federico bin ich durch Coca-Kauen, im Gebet und in der Weihrauch-Weihung einbezogen.

Diese Merkmale zusammengenommen – das Setting und die verschiedenen Weisen der Einbeziehung –, zeigen in aller Deutlichkeit ein zentrales Merkmal aller rituellen Callawaya-Heilung: das Eingebettetsein – ich komme im Kapitel 9 noch einmal darauf zurück.

Nachdem wir einen Kern, eine Reihe von Äquivalenzen und von Varianten in bezug auf Ziel, Inhalt, Ingredienz, Handlungsvollzug, Setting und dreifachem Einbezug identifiziert haben, stellt sich die Frage nach den »Ursachen« der Varianz. Worauf sind die Unterschiede zurückzuführen? Auf den »Fall«, die Situation der Betroffenen, den Gestorbenen? Oder sollten es Unterschiede im Herkunftsdorf der Heiler sein, in ihrem Alter (Tradition und Wandel), ihrer Nähe zur Katholischen Kirche oder ihre Biographie? – Es ist natürlich ausgeschlossen, bei einer Dokumentation von bisher fünf llaki-Heilungen die Vielfalt der Varianz vollständig aufzuschlüsseln. Wir sind vielmehr auf Vermutungen angewiesen, welche die Daten nahelegen. Sie sind anhand weiterer Daten (vgl. dazu die folgenden Studien) immer wieder neu zu überprüfen. Im Rahmen der bisher dargestellten Heilungsrituale möchte ich die Frage nach der Bedingtheit von Kern und Varianz in Form von fünf *Hypothesen* formulieren:

(1) Der Kern der llaki wij'chuna (zu dem auch die Äquivalenzen gehören) ist definiert durch das *übergeordnete Heilungsziel*, das im Fall der llaki wij'chuna die Beseitigung (durch Reinigung und Verwerfung) von Trauer-Unheil ist.

(2) Ein Teil der Unterschiede – insbesondere diejenigen, die sich im Zweitziel (Zurück/Dagegen/Dafür) manifestieren und sich vor allem im Inhalt der Gebete widerspiegeln, ist weniger auf die »objektiven« Umstände des Sterbens oder die »objektive« Situation der Trauernden zurückzuführen als auf deren

subjektive Sinngebung des Geschehens – ein ganz zentraler und wesentlicher Aspekt.

(3) Ein Teil der Varianz der Heilungen ist auf die *Heiler* zurückzuführen, wobei wir Verankerung in der alten Tradition (Valentin), Kontakt zu anderen Traditionen (z. B. die Anrufungen bei Don Federico von Orten der Kraft in Peru, wo er lange lebte und wohin er für seine Heilungsreisen vielfach zurückkehrte) und ganz gewiß auch biographisch bedingte, individuelle Stilvarianten berücksichtigen müssen; auch in der Heilung des Viererteams finden wir Heiler-bestimmte Varianten, die diese Heilung von anderen unterscheiden (insbesondere in den Gebeten) und die familiäre Zusammengehörigkeit (Severo/Enrique) oder auch häufige kollegiale Zusammenarbeit, d. h. gemeinsame Heilungsreisen (Enrique/Marcelino) widerspiegeln.

(4) *Dorf-Unterschiede*, obwohl nicht eben selten in vielen Gesprächen von vor allem Außenstehenden (z. B. ehemaligen oder »Teilzeit«-Dorfangehörigen) betont, spielen in den rituellen Heilungen nur eine geringe Rolle.

(5) Eine der wichtigsten Quellen der Varianz – so muß angenommen werden – liegt *nicht* in der Dimension des Raumes (verschiedene Dorf-Traditionen, verschiedene Ziele der Heilungsreisen dieser Dörfer etc.), sondern in der Dimension der Zeit: im Bereich von *Tradition und Wandel*. Die älteste llaki wij'chuna – jenes große, fast vergessene kollektive llaki wij'chuna-Ritual, das Apolinar Ramos schildert, und die llaki wij'chuna, die von dem ältesten, mit alten Traditionen damit noch am meisten verbundenen Medizinmann, dem alten Don Valentin, bereitet wird, zeichnen sich gegenüber allen anderen durch ihre vielfältigere Ritualistik, auch ihre vielfältigeren Regeln, aus. Die Richtung des Wandels von den alten Traditionen zu den jüngeren Varianten ist Vereinfachung, Verzicht, Kompromiß. Dieser Wandel ist kein geringer! Heute wird zugelassen, was nach dem Verständnis der alten Tradition *tödliche* Gefahr mit sich bringt – und das auch bei der llaki wij'chuna des alten Don Valentin: es bekocht uns ein Familienmitglied, die Mutter Apolinars; zwar wohnt sie nicht mit in der Hütte der Trauerfamilie, sondern in einem anderen Dorf; zwar nimmt sie

außer an einem Wochenendtag am Leben der Familie nicht teil – aber Familienmitglied ist sie dennoch; und Justina, die ihr hilft, ist nicht nur Familienmitglied, sondern direktest Betroffene. In der llaki wij'chuna von Don Federico ist es auch eine unmittelbar Mitbetroffene, die das Mahl bereitet: Maria, die Mutter von Irene. Und in beiden Fällen wird in der *llakiyoj wasi*, der Trauerhütte, gekocht, und es werden Gegenstände und Dinge benutzt, die der Gestorbene – die Mutter Pastora, das herumkrabbelnde Kind Martha – berührt haben könnte. Nach den alten Lehren kann dies tödliches Unheil bringen. Nach den alten Lehren nehmen wir, die Teilnehmer der dargestellten Rituale, im Kontext der Unheilsbeseitigung auch potentielles Unheil wieder in uns auf. – Es ist der *Kern der Tradition* (ohne diese hier aufschlüsseln zu wollen und zu können), und es sind die *Varianten aus dem Wandel von Tradition*, die wohl die wesentlichen Bestimmungsfaktoren der llaki wij'chuna sind.
Fassen wir die Hypothesen noch einmal kurz zusammen: Der Kern der llaki wij'chuna ist traditionsbestimmt und von dem übergeordneten Ziel des Heilungsrituals definiert. Die Varianten der llaki wij'chuna sind vor allem bestimmt vom Wandel der Traditionen, der subjektiven Sinngebung des Geschehenen (Todesfall) durch Betroffene und Heiler, sowie durch individuelle, familiär und biographisch bedingte, »stilistische« Unterschiede der Heiler; sie sind weniger bedingt durch die objektive Patientensituation oder die »räumliche« Situation der Heiler.

Es sei noch einmal betont, daß mit diesem Gerüst einiger Varianzfaktoren einer Callawaya-llaki wij'chuna weder der Anspruch auf Vollständigkeit noch auf Erwiesenheit erhoben wird. Das Gerüst hat den Status von vorläufigen Annahmen, für die wir – wie zum Beispiel für die Bedeutung der subjektiven Sinngebung für den Verlauf der Heilung – einige Evidenz haben, deren Status aber erst nach der Darstellung auch anderer Heilungstypen – für die sich ja immer wieder diese gleichen Fragen stellen – mit mehr Sicherheit geklärt werden kann.

3. VERWANDTE HEILUNGSRITUALE UND DIE STELLUNG DER LLAKI WIJ'CHUNA ZUR YURAJ UND YANA MESA (DER WEISSEN UND SCHWARZEN HEILUNG)

Die Identifikation von Kern und Varianten in bezug auf Ziele, Inhalte, Ingredienzen und Handlungsabläufe der llaki wij'chuna erleichtert nun die Aufgabe, dieses spezielle Heilungsritual in ein weiteres Spektrum der Callawaya-Heilungsritualistik einzuordnen.

Zunächst möchte ich einige Krankheitsbehandlungen darstellen, an denen wir eine Reihe von Ähnlichkeiten zur llaki wij'chuna erkennen können. Dieser »Kontext« hilft uns, den Ort der llaki wij'chuna zu bestimmen. Dabei soll an erster Stelle mein Callawaya-Lehrmeister Don Ramón (L-I) zur Sprache kommen, aber auch Manuel Cáceres (L-II) und Apolinar Ramos (L-III) sowie ein von mir – als Patientin – selbst erfahrenes Heilungsritual. Bei der Darstellung von Krankheitsbehandlungen aus den Lehren lasse ich meine Lehrmeister in ihren eigenen Worten sprechen. Ich habe in diesen Berichten nur die Chronologie beigetragen, d. h. das Material durch viele Nachfragen ergänzt und vervollständigt und dann das Verstreute, Ungeordnete, chronologisch geordnet.

Aus den Lehren von Don Ramón ergeben sich Bezüge zwischen der llaki wij'chuna und mindestens drei anderen Heilungsanlässen: Heilung von schweren Sorgen; Heilung von »schlechtem Lebenswandel oder Charakter« und Heilungen von Hexerei-bedingten Erkrankungen.

Zunächst stellt Don Ramón die Behandlung der llaki wij'chuna in den größeren Kontext der Behandlungen schwerwiegender Sorgen (*preocupaciones graves*). Darauf kommt er im Zusammenhang mit der Darstellung von Heilungsmöglichkeiten für Wahnsinn zu sprechen. Wahnsinn könne auch aus schwerwiegenden Sorgen und großem Kummer resultieren – »z. B.

wenn uns ein Kind stirbt oder wenn wir tief besorgt sind, weil uns große Ungerechtigkeit widerfahren ist und wir einfach kein Geld haben, um einen Prozeß anzustrengen und uns Recht zu verschaffen – das schlägt dann auf das Gehirn, und es entsteht hohe Temperatur im Gehirn, und das ist der Wahnsinn« (*locura*) (L I:8). Wie geht der Medizinmann damit um?

Behandlung schwerwiegender Sorgen (L-I:8)

»In diesem Fall bereitet der médico Callawaya einen großen Topf Wasser, sechs Liter oder mehr, und zwar mit Malven[1] und *andrés wailla* (hediondilla)[2] und ein wenig Salz. Das Wasser muß man kochen, draußen – es ist wichtig, daß es draußen ist – und dann abstehen lassen, und zwar die ganze Nacht. Morgens, sehr frühzeitig, vor Aufgang der Sonne, bereitet der médico Callawaya dem Patienten, der vor Sorgen verrückt geworden ist und nicht mehr schlafen kann, einen Trog mit diesem Wasser – das kann draußen sein oder auch in der Hütte – und wäscht ihm unter Gebeten den ganzen Körper mit diesem kalten Wasser ab. Der Patient bleibt fünf oder zehn Minuten in dem Trog sitzen. In schweren Fällen macht der médico auch den Kopf des Patienten naß, in leichteren Fällen wäscht er ihm nur den Körper. Dann muß der Patient sich hinlegen. Und das muß man jeden Morgen machen, vor Sonnenaufgang, bis der Patient sich besser fühlt.«

Charakterwandel durch Ausspucken am Baum (L-I:32)

»Es gibt Menschen, die haben einen schlechten Lebenswandel, sie trinken viel, sind verletzend und provokant, sind eine Last für ihre Familie und können verrückt werden vom Alkohol. Wir heilen diesen Menschen, damit er durch seinen schlechten Lebenswandel nicht zum Wahnsinn kommt.

[1] Malva, 4 Arten, vgl. Oblitas Poblete 1969, 233–4; Semta 1984, 48–9; Girault 1984, 358, 429, 430, 436, 439.

[2] Hediondilla (in Quechua *andrés wailla*) vgl. Oblitas Poblete 1969, 190; Girault 1984, 627.

Abbildung 1: Mein Lehrmeister Ramón Álvarez bei der Lehre (Demonstration einer Seelen-Rufung)

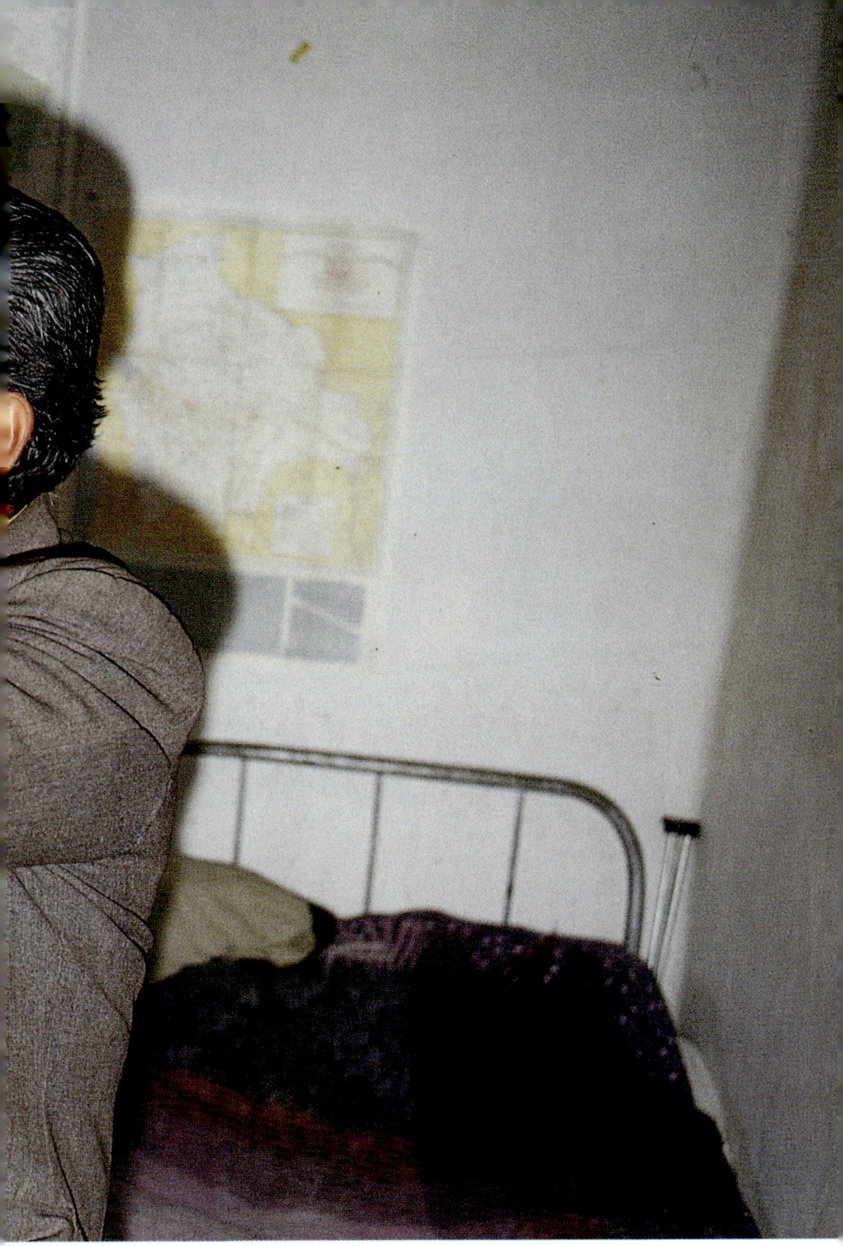

Sechs Mal muß man diese Heilung vollziehen, dreimal an einem Dienstag, dreimal an einem Freitag. Nachts muß das sein, oder in aller Frühe, um vier oder halb fünf morgens. Zu dieser Stunde geht der médico Callawaya mit dem Patienten an einen einsamen Ort, einen Ort, wo es einen Baum gibt – einen jungen Baum von nicht mehr als zwei oder drei Jahren.
Der Patient muß den Baum umarmen und auf ihn ausspucken und dabei immer wieder sagen: »Raus, hinweg mit meinem schlechten Leben! Alles schlechte Leben: raus aus mir! Schluß mit diesem üblen Leben, das ich führe!« Man muß das mit sehr viel Glauben und gutem Willen tun, um etwas zu ändern. Der médico betet das Gebet des Heiligen Cyprian und anempfiehlt den Patienten den *achachilas* der Berge. Der Charakter des Menschen ändert sich, wenn er so den Baum umarmt und das Schlechte auf den Baum ausspuckt. Auf diese Weise geht sein Charakter in den Baum ein – und wächst mit ihm.«

Hier wird die Reinigung nicht durch Waschung vollzogen, sondern dadurch, daß man sich von dem inneren Schlechten durch Ausspucken befreit und sich mit einem pflanzlichen Lebewesen verbündet, das dieses unbeschadet aufnimmt und dem Patienten seine eigene Fähigkeit vermittelt – übertragen durch die Umarmung, durch die Gebete, durch den Glauben des Patienten: die Fähigkeit zu wachsen und immer wieder frisches, »reines« Laub – so erklärt Don Ramón – gedeihen zu lassen.
Aufwendiger, kostspieliger und durch erweiterte Zeugenschaft vielleicht noch »verbindlicher« ist das »Wandlungsritual zur Stunde Null«:

Wandlungsritual zur Stunde Null zwischen den Jahren (L-I:33)

»Dies ist eine weitere Behandlung, die den Charakter eines Menschen ändern soll. Diese Behandlung führt man bevorzugt um Mitternacht zwischen den Jahren durch. Man beginnt um 11 Uhr abends am letzten Tag des Jahres, und der wichtigste Teil der Behandlung wird zur Stunde Null vollzogen. Man kann diese Behandlung auch zu anderen Daten durchführen (am 1., 15. oder 31. August ist es auch gut), aber zwischen den Jahren ist es am besten ...

Für diese Behandlung instruiert der médico Callawaya den Patienten, daß er sich zwei Freunde besorgt – Freunde, denen er das größte Vertrauen schenkt. Wenn es sich um eine Frau handelt, dann müssen es zwei Freundinnen sein.

Außerdem muß der Patient sich einen kompletten Satz neuer Kleider besorgen oder wenn nötig kaufen, von den Sandalen über die Socken und Hosen bis zum Hemd, der Mütze und dem Taschentuch.

Der médico geht mit dem Patienten und seinen beiden Freunden zu einer Flußbrücke – und wenn es nirgendwo eine Brücke gibt, dann an das Ufer des Flusses, an eine Stelle, wo die Leute den Fluß überschreiten. Es muß ein einsamer, etwas versteckter Ort sein. Niemand darf von der Sache wissen.

Einer der Freunde trägt die neuen Kleider, der andere einen Krug mit Wasser. Es ist ein Sud, der mit Ginster (*retama*) und mit drei verschiedenen Arten von Dornenpflanzen gekocht wurde. Welche Dornenpflanzen – das ist nicht wichtig. Er nimmt auch eine irdene Waschschale mit ... Den Krug muß man in Tücher einwickeln, damit das Wasser wenigstens ein bißchen lauwarm bleibt. – Der médico hat auch gemahlenen Weihrauch bei sich. Vielleicht nehmen sie auch ein bißchen Konfetti mit und eine Flasche Singane, um sich dann zum Neuen Jahr zuzuprosten. Außerdem nimmt der médico die *amancaya*[1] mit oder, wenn es die nicht gibt, dann die *allwaca*[2] oder irgendeine andere weiße Blume, weiße Rosen, weiße Nelken oder weiße *amapola*[3].

[1] *Amancaya* (Aymará-Name); in Quechua – nach GIRAULT *jankko munkkaya*, in Spanisch *azucena* = Lilie. Zum medizinischen Gebrauch vgl. OBLITAS POBLETE 1961, 61; GIRAULT 1984, 101.

[2] *Allwaca* (*albahaca, calamento*) = Bergminze. Sie hat auch eine vielfältige medizinische Bedeutung in der Callawaya Pharmacopea (vgl. OBLITAS POBLETE 1969, 49; GIRAULT 1984, 602).

[3] *Amapola* (OBLITAS POBLETE 1969, 62; GIRAULT 1984, 244). *Amapola* ist der rote Klatschmohn – Don Ramón hat sich hier vielleicht geirrt.

Also, der médico, der Patient und die beiden Freunde kommen des Nachts an der Brücke an, so gegen 11 Uhr. Der médico zieht jetzt den Patienten aus und wäscht ihn am ganzen Körper mit dem Dornenwasser, auch die Haare, sogar den Mund läßt er ausspülen. Dabei betet der médico das Gebet des San Cyprian und bittet die *achachilas*[1], daß der Patient sich ändern möge, daß alles an Krankheit und Übel aus seinem Körper weiche, daß er von nun an Glück finde in seinem Leben. Gegen Mitternacht kleidet der médico den Patienten dann in die neuen Kleider. Wenn der Patient eine Frau ist, dann instruiert der médico eine der Freundinnen, die Patientin auszuziehen, zu waschen und neu zu kleiden.
Wenn der Patient neu gekleidet ist, dann betet der médico dreimal das Glaubensbekenntnis und dreimal das Vaterunser. Er steht dabei hinter dem Patienten, die beiden Freunde rechts und links neben ihm.
Das Wasser schüttet der médico in den Fluß und betet wieder das Vaterunser und das Glaubensbekenntnis. Er steckt weiße Blumen an die Kleider und hinter die Ohren des Patienten, und alle beten noch einmal zusammen. Der médico bereitet die Weihrauchschale und hält sie betend über den Kopf des Patienten. Dann umarmen sie sich und wünschen sich Glück und begrüßen das Neue Jahr.
Die abgelegten Kleider bleiben am Ufer des Flusses liegen, oder auf der Brücke. Es werden Leute kommen, und die nehmen sie dann mit. Und so tragen sie alles hinweg. Man kann auch ein wenig Wein zurücklassen. Vorher haucht der Patient auf den Wein, alles Schlechte haucht er aus, und dann läßt er die Flasche dort stehen. Die Leute, die da vorbeikommen, z. B. so ein kleiner Trunkener (*borachito*) vom Neujahrstrunk, der wird erfreut ausrufen und sagen: »Ach, der Herr hat uns noch ein Gläschen vorbeigeschickt!« – und er wird es mitnehmen und trinken.
Dann kehren alle zur Hütte zurück. Sie dürfen sich nicht mehr umschauen. Das ist wichtig. Nachher in der Hütte nimmt man vielleicht eine Mahlzeit ein, man feiert und trinkt und lacht.

[1] *achachila*, Geistwesen, Bewohner der Orte der Kraft.

Diese Behandlung ist auch gut für Leute, die viel Mißgeschick haben, von Unheil verfolgt werden oder kein Glück haben in der Liebe. In Tarija (wo Ramón lange geheilt hat) hatte ich einen jungen Patienten, einen Junggesellen, der hatte dauernd Mißgeschick in der Liebe. Und den habe ich so behandelt. Danach hat er sich geändert und hat sich sogar verheiratet!

Auch wenn ein Ehepaar sich viel streitet, kann man diese Behandlung anwenden. In dem Fall nehmen beide je zwei gute Freunde mit. Auch bei Kindern kann man das anwenden, sogar für die ganze Familie. Dann waschen die Freundinnen die Mutter und die Mädchen, der médico Callawaya wäscht den Vater und die Jungens, die Freunde helfen. In Tarija hatte ich einmal eine ganze Familie: zwei Jungen waren es und zwei Mädchen. Das Problem, das sie hatten, war: der Vater hatte Schwierigkeiten in seiner Arbeit, Rückschläge im Geschäft, die Eheleute stritten sich dauernd, die Kinder hatten Probleme in der Schule – jedenfalls, es ging ihnen nicht gut, und sie wollten ihr Schicksal ändern, das Unglück im alten Jahr lassen und das neue Glück vom neuen Jahr einfangen. Ich habe das Dornenwasser bereitet, Weihrauch und weiße Blumen mitgenommen – und das mit gutem Ergebnis!

Was in dieser Behandlung wichtig ist: daß die Freunde oder Freundinnen wirklich gute Freunde sind, vertrauenswürdige Freunde – denn man darf über diese Heilung nicht sprechen, zu absolut niemandem; sonst hat sie keine Wirkung. Der médico muß alle entsprechend instruieren, damit alles absolut geheim bleibt.«

Es zeigt sich: eine solche Behandlung erfordert erhebliche persönliche Opfer (die neuen Kleider). Der Wandel wird vollzogen unter der Autorität des médico, mit seinem Bezug zu Gott, den Heiligen und den Orten der Kraft (Glaubensbekenntnis, Vaterunser, Gebet des Heiligen Cyprian und Gebet zu den *achachilas*) und unter der Zeugenschaft engster Freunde. Zwar muß ich als Patient Opfer bringen, aber in der Handlung wird auch ausgedrückt: bei der Änderung, die ich anstrebe, helfen mir andere:

der médico entkleidet, wäscht, kleidet neu (oder die Freundin), und alle tun sich zusammen zum gleichen Ziel in den gemeinsamen Gebeten. Neben der vielfachen Symbolik des Hintersichlassens (Kleider, Wein mit schlechtem Hauch, Nicht-zurückschauen) und des Abwaschens und der Neuwerdung (weiße Blumen, neue Kleider, Weihrauch, Glückwünsche und gemeinsames Mahl), ist auch die Körperlichkeit dieser Behandlung hervorzuheben: hier wird nicht nur etwas über den »Kopf« vollzogen, sondern sehr konkret spürbar an der eigenen Haut.

Schließlich sei noch ein drittes Heilungsritual zur »Änderung des Charakters« dargestellt, bei dem nicht ein pflanzliches Lebewesen, sondern ein tierisches Lebewesen zum Verbündeten der Reinigung wird:

Änderung des Charakters mit Hilfe eines kleinen Vogels (L-I:34)

»Dann gibt es noch eine Heilung, mit der man Unheil und schlechten Charakter, Probleme bei der Arbeit oder in der Familie behandelt. Dafür fängt sich der médico Callawaya einen kleinen Vogel, egal welche Art, vielleicht eine Drossel oder eine Schwalbe. Für einen Mittwoch hat er den Vogel bereit.

Der médico bereitet ein q'into (mit *miski misa* und *qori libro, qolqe libro*)[1] für den Patienten und betet dabei das Glaubensbekenntnis. Das q'into legt er dem Patienten an. Er legt ihm auch den kleinen Vogel an den Leib, in einem Tuch, auf die Höhe des Herzens. So muß der Patient ruhen und zwei Stunden liegen bleiben bis etwa 11 Uhr nachts. Außerdem umschnürt der médico den Hals und die beiden Hand- und Fußgelenke des Patienten mit Fäden in drei verschiedenen Farben.

Sodann bringt der médico und sein Gehilfe den Patienten zu einer Bergspitze, noch nachts oder am frühen Morgen des Donnerstag. Erst ruhen sie sich dort ein bißchen aus. Der médico betet das Gebet des Heiligen Cyprian, das Gebet der

[1] Dies sind Ingredienzen der yuraj mesa, der Weißen Heilung, vgl. f. S.

Heiligen Barbara – und zusammen mit Patient und Gehilfe beten sie dreimal das Glaubensbekenntnis und das Vaterunser. Dann reinigt der médico den Patienten mit dem q'into und zerreißt die Fäden – *kach!* – und ruft dabei aus:

alles Unheil weiche – *kach!*
alle Krankheit geh hinaus – *kach!*
aller Wahnsinn – *kach*, weg!
aller schlechte Charakter hinweg – *kach!*

Der Gehilfe des médico verbrennt dann das q'into und die Fäden. Dann reinigt der médico den Patienten mit dem lebenden Vögelchen, reinigt ihm den ganzen Körper und hält das Vögelchen etwa fünf Minuten über seinen Kopf. Und er betet dabei und bittet das Tier, daß es alles Schlechte mit sich wegnehme, alles Unheil und alles Mißgeschick und alle Unbilden. Dann muß der Patient sechsmal auf den Schnabel des Vogels hauchen – und schließlich wird der Vogel freigelassen. Der Vogel fliegt weg und nimmt alles Schlechte und alles Unheil mit davon, und der Patient wird sich ändern. Dann kehren alle zur Hütte zurück – ohne zurückzuschauen. Zum Abschluß wird die Weihrauchschale bereitet.
Man kann auch eine ganze Familie so behandeln. Dann wird nur dem meist betroffenen Familienmitglied das Vögelchen angelegt, aber der médico reinigt dann alle damit und läßt alle sechsmal auf seinen Schnabel hauchen, und für jeden wird ein q'into bereitet.«

Neben der Behandlung schwerwiegender Sorgen und den drei geschilderten Ritualen zur Wandlung von Charakter und Lebensführung möchte ich schließlich noch eine dritte Verbindung zwischen llaki wij'chuna und anderen Heilungen zur Sprache kommen lassen – die Verbindung zur Behandlung von Krankheit im Kontext der Hexerei. Jeder meiner drei Lehrmeister, Don Ramón, Don Manuel und Apolinar Ramos haben etwas dazu beigetragen.

Ein Mensch ist durch Verhexung krank geworden; der Medizinmann hat dies eindeutig diagnostiziert, und er wird dieses Übel nun mit Hilfe von Dornensud von dem Betroffenen abwaschen (wobei dies nur eine von vielen weiteren Umgangsweisen mit Hexerei ist):

Behandlung von Verhexungs-Krankheiten
(L-I:144, Ausschnitte)

»Wenn der médico mit dem Coca oder den Karten[1] definitiv festgestellt hat, daß es sich bei einer Krankheit um die Folge einer Verhexung handelt, dann sammelt der médico große Mengen von verschiedenen Pflanzendornen und kocht sie in einem Krug mit Wasser.
Für die Behandlung muß der Patient sich ganz ausziehen, und er wird in ein Tuch gehüllt. Mit der linken Hand holt der médico gekochte Dornenpflanzen aus dem Krug, und mit diesen gekochten, feuchten Dornen reibt er dem Patienten den ganzen Körper ab. Wenn das ein bißchen weh tut – das macht nichts. Dann tut er die Dornen wieder zurück in den Krug. Das gleiche kann der médico auch für den Ehegatten oder andere Familienmitglieder machen – je nach Schweregrad der Hexerei.
Dann nimmt der médico den Krug mit Dornen und Dornenwasser und bringt ihn zu einem Fluß. Dort schüttet er das Wasser und die Dornen in den Fluß. Auch den Krug muß er in den Fluß werfen. Wenn kein Fluß in der Gegend ist, dann muß man den Krug mit Inhalt zu einer etwas abseits, weiter weg gelegenen Wegkreuzung bringen und dort wegwerfen. Das macht man alles möglichst mit der linken Hand.
Dann kehrt der médico in die Hütte zurück, bereitet die Weihrauchschale, betet die Gebete des Heiligen Cyprian, der Heiligen Barbara, das Glaubensbekenntnis und das Vaterunser und läßt auch die Patienten beten.
Oder der médico besorgt sich 40–50 oder mehr wilde Pflanzen, auch Ginster muß dabei sein, und Dornenpflanzen, und

[1] Zur Coca- und *naipes*(Karten-)Diagnose sowie zu anderen diagnostischen Methoden der Callawayas vgl. f. S.

kocht das ganze in vier oder fünf Litern Wasser und wäscht damit den Patienten ab (L-I:41). Das Wasser schüttet er dann an einer Kreuzung des Weges aus.
In ganz schweren Fällen muß man eine große Heilung gegen Hexerei vollziehen (L-I:48). Auch dafür braucht man Dornenpflanzen. Der médico bereitet ein q'into, in das auch ein Hühnerfötus und ein Schweinefötus eingelegt wird... Der Patient wird an Hals, Hand- und Fußgelenken mit Schnüren umwickelt und muß diese eine Woche lang tragen, bevor der médico das Unheil von ihm abreißt...«

Ohne weitere Details und Ausschmückung bestätigt Don Manuel diesen Umgang mit Hexerei-bedingter Krankheit:

Behandlung einer Verhexungs-Krankheit (L-II:17)

»Wenn das Unheil einer Familie von Verhexung herrührt, dann muß man sechs q'intos bereiten... Man muß außerdem Dornenpflanzen sammeln und sie in einem Krug kochen, die Betroffenen damit abwaschen und das Wasser dann zur Kreuzung eines Weges bringen und ausschütten.«

Es geht bei diesen Heilungen, die mit der llaki wij'chuna u. a. die Verwendung des Dornensuds, der Reinigungs-q'intos, der Fädenverschnürung und Fäden-Zerreißung, der Vernichtung der Reinigungsmittel an Fluß oder Kreuzung des Weges teilte (und im Fall der »großen Heilung gegen Hexerei« sogar auch Hühner- und Schweinefötus, die wir aus Federicos llaki wij'chuna kennen), um Abwendung von Unheil, es geht also wie bei der llaki wij'chuna primär um die Bewegung des Hinweg. Wir haben aber auch bereits bei der llaki wij'chuna die Zusatzziele – z. B. das Zurück – kennengelernt: das erlittene Unheil soll an den vermeintlichen Verursacher zurückgegeben werden, ihn ebenso treffen wie mich. Wenn eine llaki mesa auch das Zurück rituell, inhaltlich und symbolisch in Gebet und Handlung ausdrückt, dann steht die llaki wij'chuna in der Nähe von Ritualen, die *kuti mesa, kutichi mesa* oder *kutichina* genannt werden. *Kutichiy* heißt zurückgeben lassen – es ist also eine mesa, bei der ich das Unheil durch den Medizinmann an den Verursacher zurückgeben lasse. Für die *kutichina* werden z.T. Ingredienzen verwendet, die auch in die llaki mesa eingehen; insbesondere der Dornensud. Die Waschung des Patienten mit diesem Dornensud reinigt ihn zunächst von dem Unheil, das ihm durch Hexerei an den Leib gewünscht wurde. Über dieses Ziel ›Hinweg‹ kann das Heilungsritual aber auch noch ein Stück hinausgehen:

Dornenwasser-kutichina (L-III:29)

»Wenn der Übeltäter, die Hexe oder der Hexer, namentlich bekannt ist, dann kann man, so habe ich gehört, auch noch etwas anderes machen. Der Patient hat sich mit Dornenwasser gewaschen, das Unheil ist ins Dornenwasser aufgenommen. Der médico füllt sich von diesem gebrauchten Dornenwasser etwas ab. Unter irgendeinem Vorwand muß er sich jetzt in die Hütte des Feindes begeben – unter dem Vorwand, etwas zu bringen oder etwas zu holen oder etwas tauschen zu wollen. Und er muß dort eine Weile bleiben; am besten über Nacht. Er hat das gebrauchte Dornenwasser bei sich. In einem unbeobachteten Augenblick wird er das gebrauchte Dornenwasser in der Hütte, im Hof und möglichst auch im Corral der Tiere verspritzen. Und damit kehrt das Unheil zum Ursprung zurück.«

Diese Handlung – von der Apolinar »gehört« hat – zählt schon selbst zur Schaden intendierenden Heilung oder zur Hexerei: durch (magische) Handlung wird Unheil gestiftet – es ist sogar nach Don Ramón neben der »spirituellen« Hexerei (Schadenstiftung durch Gebet und Wort) die schwererwiegende Form der Hexerei: die »materielle« Hexerei. Daß der Dornensud zum Abwaschen von Trauer, von Unheil, von Sorgen, von schlechtem Charakter, von Krankheit durch Hexerei, gefährlich ist, weil er das Unheil in sich aufgenommen hat – das haben sowohl die llaki wij'chuna-Rituale gezeigt (deshalb muß der Dornensud in den Fluß oder auf die Kreuzung des Weges geschüttet werden) als auch diese seine gezielte, Schadenstiftung bezwekkende Verwendung.

Ich möchte meinen kurzen Überblick über einige der llaki wij'chuna verwandten oder ähnlichen Heilungsweisen abschließen mit der Darstellung eines Heilungsrituals in der Großstadt La Paz. Es ist ein Heilungsritual, bei dem ich selbst »Patientin« war.

Ich kannte den bekannten und anerkannten Callawaya-Heiler Victor Cóndori über seinen Vater, bei dem ich bereits zwei Heilungen in der Callawaya-Region erlebt hatte (H-28, H-40), und seinen jüngsten Bruder, mit dem ich einige Gespräche geführt und Brot und Coca-Tee geteilt hatte. Victor Cóndori stammt aus dem Dorf Inca, aus der Callawaya-Region. Er hat sich für sein ärztliches Tun aber dauerhaft in La Paz niedergelassen. Er wohnt in El Alto, am oberen Rand des Kessels von La Paz. Er hat nicht, wie manche andere in der Stadt praktizierende Callawaya-Heiler, eine »Praxis« in seinem Haus, sondern wird überwiegend zu den Patienten gerufen.

Eines Tages war ich im Haus von Victor Cóndori und ließ mir auch einmal die *naipes* (Karten) lesen. Ich hatte eigentlich nur die Frage, ob es meinem Mann im fernen Deutschland gut gehe. Aber Don Victor las – sehr besorgt – noch anderes aus den Karten: »Du hast eine Feindin. Sie will Dir Schlechtes. Nein, nicht hier in Bolivien; dort ist sie. Unweigerlich wirst Du krank werden.« Aber Victor Cóndori wußte auch Gegenmittel. Ich notierte eine Liste von Ingredienzen, die ich würde besorgen müssen. Er würde Dornenpflanzen mitbringen und ein Meerschweinchen.

Eine Heilung für Abwehr von Hexerei in La Paz (LP-39)

Victor Cóndori kommt mit seiner Frau Rosa, die ihn in Heilungen als Gehilfin unterstützt, in mein Zimmer, das ich in La Paz gemietet habe. Zurerst bereitet Victor Cóndori – so wie Federico es auch für Irene getan hatte – eine yuraj mesa, eine weiße mesa. Dann wird Dornenwasser mit Ginster gekocht,

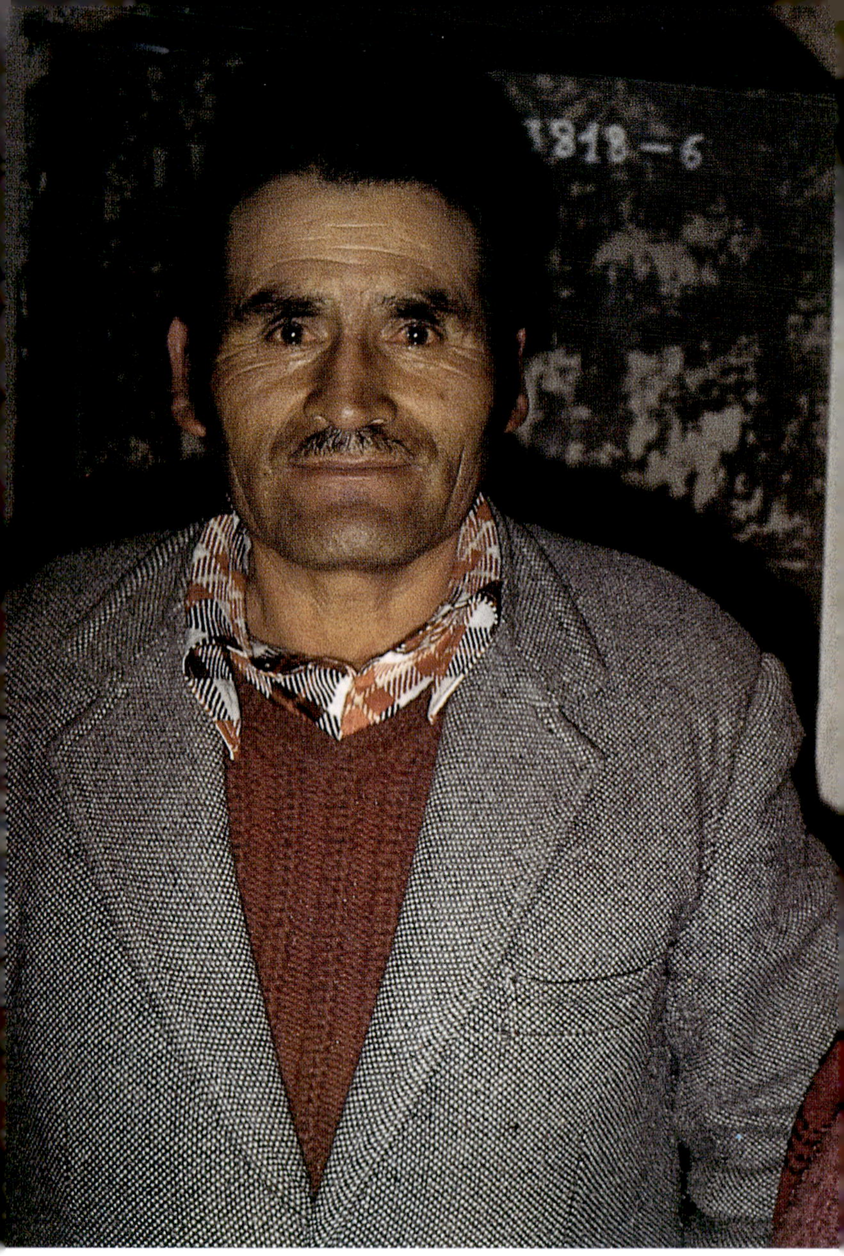

Abbildung 2: Der Callawaya-Heiler Victor Cóndori (La Paz)
und seine Frau Doña Rosa

und Rosa wäscht mir mit dem Dornensud die Füße und Unterschenkel. Ich werde in Decken gepackt und soll mich hinlegen. Rosa holt ein schwarzes Meerschweinchen aus einem Tuch, geht damit betend durch den Raum (das Meerschweinchen quiekt) und preßt mir dann die Schnauze des Meerschweinchens auf den nackten Bauch, nachdem sie ein wenig tastend die richtige Stelle gesucht hat: auf der Höhe des Solarplexus. Dann wird das Meerschweinchen aufgeschlitzt, das Blut wird herausgepreßt und in der Dornensud-Schale gesammelt, und das Eingeweide mit Copal bestreut. Das aufgeklappte Meerschweinchen bekomme ich dann auf den nackten Leib und werde mit Zeitungspapier und Tüchern umwickelt. Das Tier ist noch warm. 40 Minuten muß ich so bleiben. Inzwischen räumen Rosa und Victor ein wenig auf, wischen die Blutstropfen vom Boden, sammeln alle Reste in einem Stück Papier, beraten, in welchem Gefäß das gebrauchte Dornenwasser, vermischt mit dem Meerschweinchen-Blut, und die Tierleiche weggetragen wird... Danach werde ich mit den weißen q'intos und dann mit der geschickt von meinem Bauch abgenommenen Meerschweinchenleiche (jetzt in Zeitungspapier gewickelt) von Don Victor unter langen Gebeten und leichtes über meinen Körper Hinwegstreichen gereinigt.
Tierleiche und Dornenwasser, Blut und Coca- sowie Aschenreste wird Don Victor in einen Fluß oben in El Alto werfen – oberhalb La Paz, nicht unweit seines Hauses. Er beschreibt ganz genau die Stelle.[1]

Mit den dargestellten Heilungsritualen
- der Behandlung schwerwiegender Sorgen,
- dem Charakterwandel durch Ausspucken am Baum,
- dem Wandlungsritual zur Stunde Null zwischen den Jahren,

[1] Ich sollte nach dieser Behandlung ruhen und an diesem Tag auf keinen Fall das Haus verlassen, sonst würde die Heilung nicht helfen. Ich hatte aber schrecklichen Hunger und gar nichts da. Ich stand auf und ging, etwas zu essen zu kaufen. (Übrigens wurde ich danach ziemlich krank, und ein anderer Medizinmann diagnostizierte Verhexung durch eine Feindin, die in Deutschland sitzt.)

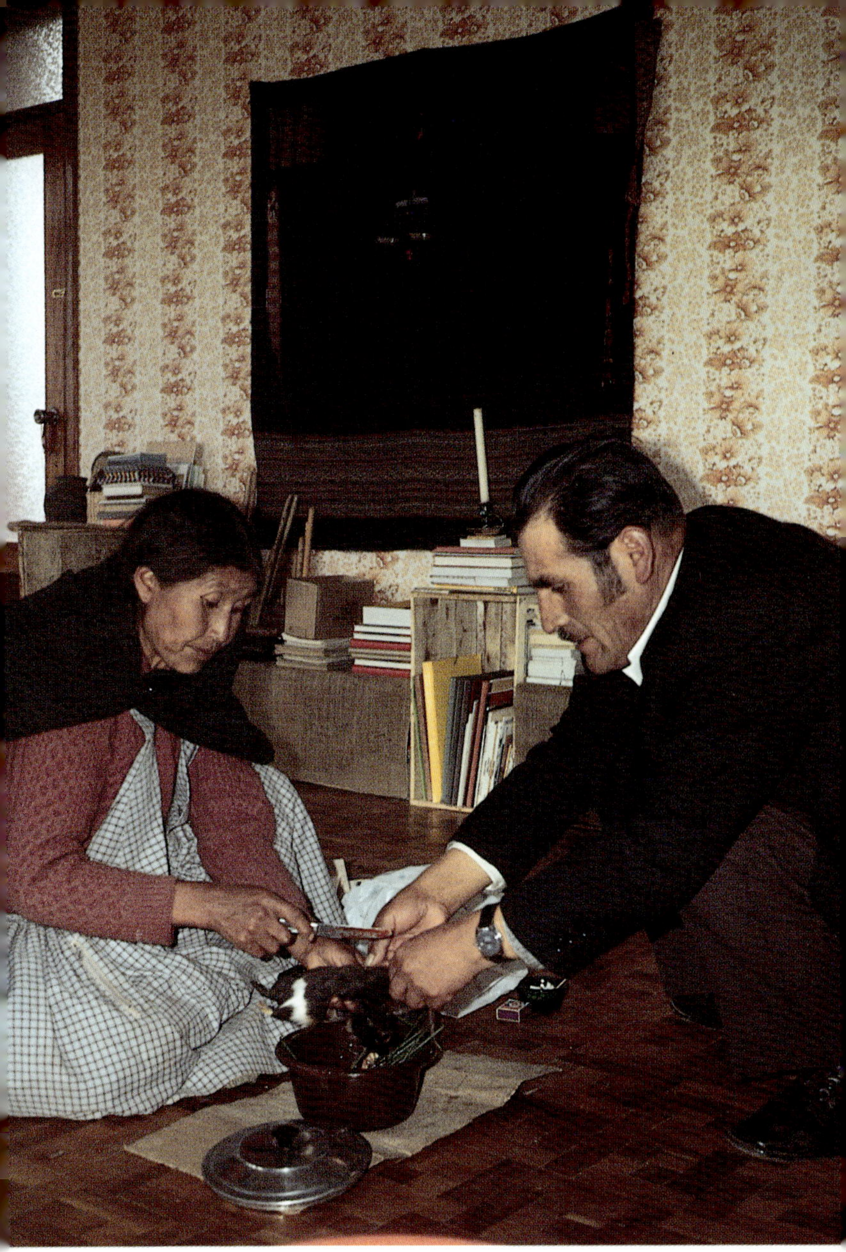

Abbildung 3: Victor Cóndori (mit seiner Frau Doña Rosa) bei der Heilung für mich in meinem Zimmer in La Paz: Das Meerschweinchen wird aufgeschlitzt

– der Änderung des Charakters mit Hilfe eines kleinen Vogels,
– der Behandlung von Verhexungskrankheiten,
– der Dornenwasser-*kutichina*
– und der Heilung gegen mögliche Hexerei in La Paz

ist eine Art Netz von Assoziationen für die llaki wij'chuna deutlich geworden. Es sind überwiegend Reinigungsrituale, und Reinigung soll Wandel ermöglichen. In allen Heilungsritualen – außer der *kutichina* – dominiert die Zielrichtung des »Hinweg«. Es ist wichtig festzuhalten, was hier als zu Verbannendes zueinander in eine rituelle Nähe gerückt wird: es reicht von der Trauer über den Tod eines nahestehenden Menschen über »schlechten Charakter und Lebenswandel«, Suff und Streitsucht, Mißgeschick und Unbilden bis zur Feindschaft und Hexerei. Für uns mag das auf verschiedenen Koordinaten von Sinn liegen – aber im Callawaya-Verständnis liegen sie wohl – wenn man dies aus den rituellen Umgangsweisen mit diesem Phänomen schließen darf – beieinander. Es ist alles Unheil. Wir möchten gerne unterscheiden: zugestoßenes, unverschuldetes Unheil (Tuberkulose?), unvermeidliches Unheil (z. B. Alterstod?), hergestelltes Unheil (Trunksucht?), absichtlich von anderen herbeigeführtes Unheil (Hexerei?) – aber die Heilungsrituale lehren uns, daß all diese Formen von Unheil auch Gemeinsames haben. Das Gemeinsame liegt in der »belebten« Sinnwelt, in der nichts »einfach so« geschieht, sondern alles bedingt ist, bedingt durch lebendige Wesenheiten – seien es Menschen (Feinde und Hexen), seien es die menschenähnlichen kosmischen Kräfte der Natur (vgl. Blitz, der *machu*, Ursache für den Tod der kleinen Martha), die beleidigt sind, sich erzürnen, strafen und rächen, aber auch heilen, beschützen und retten können.

In dem Assoziationsnetz der dargestellten Heilungen läßt sich nur die llaki wij'chuna eindeutig orten. Die yana und yuraj mesa müssen wir auf einem Kontinuum überlappender Areale sehen. Die folgende Skizze versucht, dieses Kontinuum graphisch darzustellen.

Die Pole des Kontinuums sind auf der »weißen« Seite durch die gloria mesa, auf der »schwarzen« Seite durch die »materielle

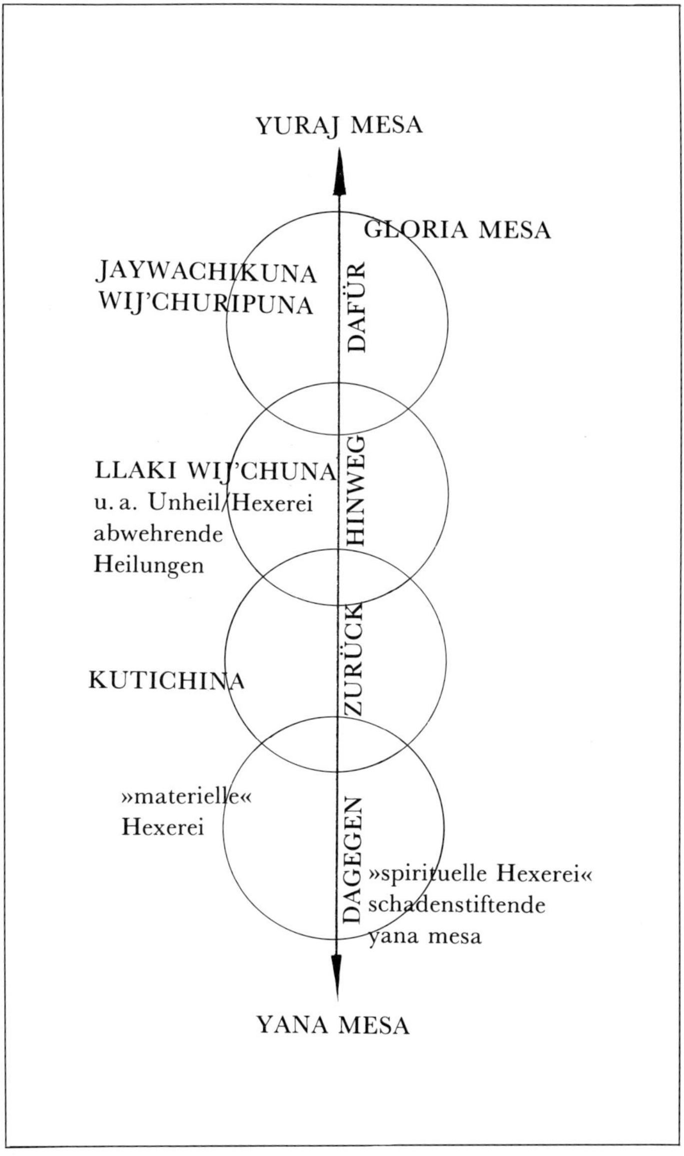
YURAJ MESA
GLORIA MESA
JAYWACHIKUNA
WIJ'CHURIPUNA
DAFÜR
LLAKI WIJ'CHUNA
u. a. Unheil/Hexerei
abwehrende
Heilungen
HINWEG
KUTICHINA
ZURÜCK
»materielle«
Hexerei
DAGEGEN
»spirituelle Hexerei«
schadenstiftende
yana mesa
YANA MESA

Hexerei« zu kennzeichnen. Die gloria mesa (was nur eine von vielen Bezeichnungen ist) ist eine Art der weißen mesa, bei der es vor allem auch um das pure Lob der Gottheit und Gottheiten geht. Die davon unterscheidbare »allgemeine« yuraj mesa – mit ihren vielfältigen, nach Anlaß und Vollzug verschiedenen Varianten wie *jaywachikuna, wij'churipuna* usw. – holt das Gute heran; es ist eine »Dafür«-Heilung; herangeholt werden Gesundheit, Glück, Liebe, Reichtum, der Schutz der Orte der Kraft und das Wohlwollen des cabildo, die Gnade von Gott Vater, Gott Sohn und Heiligem Geist, die Gnade der Heiligen der Katholischen Kirche, die Fruchtbarkeit von Äckern und Vieh. Viele Anlässe gibt es für eine yuraj mesa – und ich werde in den folgenden Studien zeigen, daß ihnen ein viel umfassenderes Konzept von Kranksein, Heilsein und Heilung zugrunde liegt als bei uns.

Im breiten Mittelfeld des Kontinuums sind die llaki wij'chuna, aber auch die *kutichina* anzusiedeln – und wie nah diese beiden sein können, haben uns mehrere der dargestellten llaki wij'chuna-Rituale vermittelt. Beide sind – wenn man von Ingredienzen (schwarze Wolle ...), Zielrichtung und rituellem Vollzug ausgeht, Typen der schwarzen mesa. Eine yana mesa ist also nicht einfach ein Schadens-Ritual. Das Spektrum der Arten der yana mesa ist besser mit ihrem dominanten Ziel zu kennzeichnen – ist es Hinweg (llaki wij'chuna) – ist es Zurück (*kutichina*) – oder ist es Dagegen (Hexerei)? Wie fließend jedoch die Übergänge sind, kann man an Juans Bericht ersehen: Juan hat eine Alpaca-Herde. Er will eine kuti mesa bereiten lassen. Daß ihm ein Stück Vieh nach dem anderen stirbt, das kommt eindeutig von Hexerei – das hat Juan sich nun von verschiedenen Medizinmännern aus Coca und Karten lesen lassen. In der kuti mesa soll es, sagt er, um bloße Gerechtigkeit gehen: was du meinen Tieren angetan hast, das soll auf deine jetzt zurückfallen. Und folglich wird eine kuti mesa bereitet, in der die Tiere des Feindes symbolisch getötet werden. Intendierte Schadensstiftung? – Nein – *kutichina* – Rückgabe, Herstellung von »Recht«.

Aber es gibt auch einen Bereich auf diesem Kontinuum, in

dem die dominante »Richtung« des rituellen Handelns eindeutig Dagegen ist: Maria ist beklaut worden. Eine Hexe verhilft ihr zu dem Wissen, wer die Schuldige, die Diebin, ist. Und sie bereitet eine yana mesa vor, in der die Diebin erstochen (nicht ihrerseits beklaut!) wird..., eine Form der »materiellen Hexerei« (vgl. f. S.).

Wenn man dieses Kontinuum überlappender Heilungsweisen vereinfachend gliedern will, dann wird man es jedenfalls nicht nach den benennbaren Arten von Heilungen tun können, sondern eher von der dominanten Zielrichtung des rituellen Tuns her. So vereinfacht kann man drei Heilungsareale unterscheiden DAFÜR (yaraj mesa), HINWEG (das Zurück ist nur eine Variante des Hinweg und spezifiziert nur den Ort der Unheils-Verwerfung) und DAGEGEN. Die llaki wij'chuna ist ein Hinweg-Ritual, ein Reinigungsritual; es kann aber, wie wir an der llaki wij'chuna von Federico und von den vier Callawaya-*médicos* gesehen haben, auch Schattierungen des Dafür, des Zurück und des Dagegen geben. Das zeigt nur noch einmal die fließenden Übergänge.

4. ZUSAMMENFASSUNG

In diesem ersten Kapitel meiner intra-kulturellen Analyse habe ich alle bisher in diesem Band dargestellten Informationen über die llaki wij'chuna (drei nächtliche Rituale, zwei Lehr-Texte) systematisch nach folgenden Gesichtspunkten verglichen:

- Zielsetzungen (in den Worten von Heiler u./o. Trauernden);
- verwendete Ingredienzen;
- Schritte des rituellen Handlungsvollzugs;
- Handlungsorte (Settings);
- aktive Einbeziehung der Trauernden;
- Einbezug der zu reinigenden Lebewesen und Objekte;
- rituelle Einbeziehung der anwesenden Nicht-Trauernden.

Auf diese Weise habe ich Elemente, die in allen Ritualen gleich oder »äquivalent« sind, von »häufigen« und »einmaligen« Elementen unterscheiden können und in der *Hierarchie* dieser Elemente den Kern und die Varianten der llaki wij'chuna gekennzeichnet. Auf das Einfachste zusammengefaßt, ist demnach die llaki wij'chuna ein Ritual mit dem übergeordneten, dominanten (wenn auch nicht einzigen) Ziel des »Hinweg« von Trauer-Unheil; um dieses Ziel zu realisieren, werden Ingredienzen verwendet, die das Hinweg symbolisieren und symbolisch bewirken, und es werden Handlungsvollzüge gebraucht, die auf vielfältige symbolische Weise Trauer-Unheil beseitigen: abwaschen, abreißen, wegschwemmen...

Ich habe dann gefragt, was Kern und Varianz bedingt, und dazu – aufgrund der ausgewerteten Heilungen und Texte – fünf Hypothesen entwickelt. Die wichtigsten, die in folgenden Studien noch weiterhin zu prüfen sein werden, sind zwei:

Die Varianz der llaki wij'chuna-Heilungsrituale ist mehr von der subjektiven Sinngebung des Geschehens (Tod) durch die Anwesenden als durch die objektiven Umstände des Geschehens bestimmt.

Der wichtigste Faktor, der Kern und Varianz bestimmt, ist nicht in der Dimension des Raumes (Dorfunterschiede etc.), sondern der Zeit zu suchen: in der Tradition, *die den Kern definiert, und im* Wandel der Traditionen, *welcher die Varianten bedingt.*

Dabei ist, wie ich gezeigt habe, der Wandel kein geringer – es wird Wandel zugelassen, der im Kontext der Tradition als todesgefährlich angesehen wurde.

Im zweiten Teil des Kapitels habe ich dann durch die Darstellung von insgesamt sieben weiteren der llaki wij'chuna verwandten Heilungsritualen ein Assoziationsnetz aufgezeigt, das mir ermöglicht hat, die llaki wij'chuna auf dem Spektrum der Callawaya-Heilungsweisen zwischen yuraj und yana mesa (Weißer und Schwarzer Heilung) zu orten. Dies Spektrum von Callawaya-Heilunsweisen muß dabei – dies ist wichtig – als ein Kontinuum überlappender Heilungs-»Areale« verstanden werden, die weniger durch Namen und Etiketten denn durch die dominante Richtung der intendierten Wirkung (Dafür, Zurück, Dagegen) zu kennzeichnen sind.

KAPITEL 8

Intra-kulturelle Analyse II: Die llaki wij'chuna in Zeit und Raum: Inkaische Wurzeln und Anden-Kultur

Übersicht:

1. EINLEITUNG

Mit diesem zweiten Teil einer intra-kulturellen Analyse und Einordnung der llaki wij'chuna möchte ich einen kurzen Blick werfen auf die Heilungspraxis der Anden-Regionen, soweit sie in ethnologischen oder ethnomedizinischen Untersuchungen vorliegen. Dies kann zunächst – bis mit den folgenden Studien die weiteren Haupttypen der symbolischen Callawaya-Heilung behandelt worden sind – nur ein vorläufiger Vergleich sein; aber auch schon auf diesem Stand meiner ethno-medizinischen Studien vermittelt er uns die Vielfalt der Bezüge der Callawaya-Heilkunst zur umgebenden kulturellen Welt der Anden.

Die Callawaya-Heiler sind durch eine ganze Reihe von Merkmalen abgrenzbar – durch ihre Region, ihre »Geheimsprache«, ihre Geschichte, ihre professionellen Besonderheiten als reisende Medizinmänner usw. –, aber sie sind gleichzeitig auch Teil einer Kultur, die weiter reicht als jene ein, zwei, oder auch zehn bis zwölf Dörfer, die man üblicherweise dazu zählt. Welches Dorf als Callawaya-Dorf gilt – das ist ein Ausdruck politischen und sozialen Status-Interesses oder vereinfachter Forscher-Sicht: Es gibt Heiler, die lassen als »Callawaya-Dorf« ausschließlich ihr eigenes gelten (solche Meinungen kommen nur aus Curva oder aus Chajaya) – die sog. Heiler aller anderen Dörfer sind *farcantes* – Dilettanten, Quacksalber, Betrüger. Forscher wie BASTIEN (1982b), wenn sie fast ausschließlich die Kräuter-Seite der Callawaya-Medizin und nicht die rituelle Seite im Auge haben, heben ebenfalls Curva und Chajaya hervor und betonen eine professionelle Spezialisierung in *herbolarios* (Kräuter-Ärzte) auf der einen und *adivinos* (Wahrsager und Ritualisten) auf der anderen, die nach meinen Forschungsergebnissen, nach historischen Belegen (ROWE 1946, 299, 312) und Ergebnissen der Anden-Ethnographie (MISHKIN 1946, 469; TSCHOPIK 1946, 557–8) nicht der andinen ganzheitlichen Heilungspraxis entspricht.[1] In den politisch motivierten Initiativen

[1]TSCHOPIK (1946) schreibt mit Recht:
It is difficult to discuss the »religion«, »magic«, »witchcraft« and »medicine« of the Aymara as discrete entities, since these arbitrary categories are all closely related

zur Institutionalisierung, mit denen man sich mehr und mehr der Callawaya-Tradition zuwendet (vgl. a.a.O.), geht man im allgemeinen von acht Callawaya-Dörfern aus – so zum Beispiel in der von Dr. Walter Álvarez, einem aus Chajaya gebürtigen, in Cuba ausgebildeten Arzt und Parlamentsabgeordneten, geleitete Sociedad Boliviana de Medicina Tradicional (SoBoMeTra). Sobometra – wie alle Institutionalisierungsansätze – lassen die rituelle Callawaya-Heilung weitgehend außer acht – und nur so kommen sie zu abgegrenzten kleineren oder größeren Arealen »legitimer« Callawaya-Medizin. Es mag nützlich sein, für bestimmte Zielsetzungen auf diese Weise Aspekte der Gesamt-Medizin der Callawayas zu selektieren und zum Abgrenzungskriterium zu machen. Einige grundlegende Merkmale der Callawaya-Heilkunst und einige ihrer wichtigsten Verbindungen werden damit allerdings ausgeblendet. So ist es gerade der rituelle Teil des Callawaya-Heilungswissens, welcher die Callawayas nicht nur mit weiteren Dörfern ihrer Region, sondern auch mit der umgebenden Andenkultur verbindet – in den Dimensionen Zeit und Raum.

2. EIN BLICK AUF DIE ZEIT DER INKA

Die Ethnographie der Inka, der Herrscher der Anden-Region vor der spanischen Eroberung im 16. Jahrhundert, die in einigen Aspekten aus den Berichten der Chronisten mit hinlänglicher Präzision rekonstruierbar ist, läßt unzweifelhaft viele Kon-

aspects of one central subject: the Aymaras' conceptualization of and ways of dealing with the supernatural. Nor are the spheres of activity of the practitioners of magic clearly defined; the powers to cure disease, divine the future, and manipulate the spiritual world are shared by several classes of specialists (S. 557). This sharing of power among different categories of magical practitioners has led to a certain terminological confusion on the part of the Aymara themselves ... In general their approach to the supernatural Aymara practitioners of magic belong rather to a »priestly« than to a »shamanistic« tradition. (S. 558)

Es ist schwierig, »Religion«, »Magie«, »Hexerei« und »Medizin« der Aymara als voneinander abgegrenzte Gegebenheiten zu diskutieren, weil diese willkürlichen Kategorien alle eng miteinander verbundene Aspekte eines zentralen Themas sind: der Konzepte und der Umgangsweisen der Aymara mit dem Übernatürlichen. So sind auch die Betätigungsfelder der Praktizierenden der Magie nicht klar definiert; verschiedene Kategorien von Spezialisten verfügen gleichermaßen über die Fähigkeiten, tinuitäten in bezug auf Religion und Ritus zwischen den Inkas und den heutigen Anden-Bewohnern (Quechua- und Aymara-Indianern) erkennen. Dazu gehören sowohl Aspekte des Verständnisses von Krankheit und Heilung, das Reziprozitäts-Prinzip in der Beziehung zu überirdischen Wesenheiten (Opferung für Geister und Orte der Kraft; Gegenleistung der Geister und Orte der Kraft), die Verehrung u. a. von Mutter Erde, von Bergen, Flüssen, Seen, Quellen als von Wesenheiten bewohnten Orten der Kraft – als auch Konzepte von Tod und Seele, von Schuld und Reinigung (vgl. z. B. Dietschy 1957; Kubler 1946; Lastres 1953; Lastres 1956; Millones 1982; Mishkin 1940; Naranjo 1979; Rowe 1946; Trimborn 1961, 1967).

Wie wir in den vorangehenden Darstellungen von Trauerritualen gesehen haben, werden, *wie damals*, Krankheit und Tod immer auch als Ausdruck nicht-natürlicher Kräfte angesehen, werden in den Gebeten Götter und Geister mit dem Hinweis auf das q'into-Opfer zur Gegenleistung aufgerufen, werden *Pachamama* (Mutter Erde) und die Orte der Kraft (ebenso wie das Katholische Pantheon) zur Hilfe bei der Beseitigung von Trauer und Unheil angerufen und spielen Konzepte von Schuld und Reinigung, als Kernelement der llaki wij'chuna, eine zentrale Rolle. Ebenso wie die Reinigung ein auch bei den Inkas praktizierter Brauch war (Rowe 1946, 304, 313; Lastres 1956), so geht auch die Darbietung von Speise und Trank für die zurückkehrenden Seelen der Toten auf vor-koloniale Zeit zurück (La Barre 1948, 136; Rowe 1946, 286, 298; Métraux 1934, 85). Der uns aus den llaki wij'chuna-Ritualen vertraute Links-Faden ist ebenso ein bei den Inkas zu findendes rituelles Element (Rowe 1946, 314)[1] wie auch die »schwarze« Bedeutung von Dienstag und Freitag (vgl. Valcarcel 1946, 475).[2]

Krankheiten zu heilen, die Zukunft vorauszusagen und die spirituelle Welt zu beeinflussen. Diese Überschneidung der Fähigkeiten bei verschiedenen Gruppen von Praktizierenden der Magie hat selbst unter den Aymara zu einer gewissen terminologischen Verwirrung geführt ... In ihrem Zugang zum Übernatürlichen gehören die Aymara-Magier eher zur »priesterlichen« denn zur »schamanistischen« Tradition.

[1] Er zitiert es für die Inka allerdings nur als rituelles Element der Hexerei – aber wir haben ja gesehen, daß llaki wij'chuna, kuti mesa und andere schwarze Heilungen nicht weit voneinander entfernt liegen.

[2] Sie haben freilich auch ihr katholisches Äquivalent: vgl. die Rosenkranz-Gebete

Noch immer ist Rowe's (1946) Ethnographie der Inka eine der besten Zusammenfassungen der Evidenz, die uns das Studium der Chronisten über das Leben der Inka liefert, welche die Verankerung religiöser und ritueller Gegenwart in der vorspanischen Zeit deutlich macht. Der Grund für diese Kontinuität ist in dem »Mißerfolg« der Christianisierung oder Katholizierung der Indianer zu finden. Seit Mitte des 17. Jahrhunderts gilt der Andenraum als definitiv katholiziert (Kubler 1946). Die brutalen und dennoch offensichtlich nicht erfolgreichen Methoden der Auslöschung der indigenen Religion, wie sie zu Beginn des 17. Jahrhunderts praktiziert wurde, sind auch innerhalb der Katholischen Kirche einer Haltung gewichen, in der alte religiöse Elemente als kirchen-ungefährlicher »Aberglaube« überleben konnten (Duviols 1971, 1977). Wie die Indianer ihre religiösen Vorstellungen in die katholischen Dogmen und Praktiken eingefügt haben, ist als genial zu bezeichnen[1], und wie die Katholische Kirche nach anfänglich puristischer Strenge jene fremden Elemente über die großzügige Etikettierung von heidnischen und religiösen Glaubensvorstellungen als »Aberglauben« mit kirchlichen Inhalten und kirchlicher Praxis kombiniert hat, ist im Rahmen ihrer Missions- und Machtinteressen nur als »klug« zu bezeichnen. Das Ergebnis ist ein religiöser Synchretismus, eine Vermischung, in der die Indianer ohne sichtbaren Konflikt zwischen Katholischem und Heidnischem religiös fühlen und denken und rituell und/oder kirchlich handeln (Aguiló 1981; Garr 1972; Sallnow 1982). Im Rahmen der Katholischen Kirche jedoch – wenn sie sich das Ergebnis ihrer jahrhundertelangen Bemühungen genauer betrachtet – erheben sich immer wieder Stimmen der Entrüstung über die definitiv undogmatische Verschmelzung von Katholizismus und heidnisch belebter Welt. Geradezu empört äußert sich z. B. Monast

für Dienstag und Freitag, und die Verteilung der Menschen zur Rechten und Linken Gottes am Tag des Gerichts.

[1] So schreibt auch Rowe (1946): »Das rituelle und zeremonielle Leben der Anden-Indianer war außerordentlich reich, und die Indianer zeigten solche Genialität, solchen Erfindungsreichtum, bei der Durchführung ihrer alten Riten unter dem Deckmantel christlicher Formen, daß einige Aspekte der alten Religion fast unverändert bis heute überlebt haben.« (S. 293) – Vgl. Trimborn 1961, 1967; Karsten 1939.

(1972) in bezug auf die Trauer-Rituale von Aymara-Indianern in der Region südlich des Titicaca-Sees:

... Die (katholische) Messe ... feiert man neun Tage nach dem Tod, wenn der Körper des Toten schon auf dem Friedhof ruht... Warum am neunten Tag? Weil die Seele nach dem Tod nicht sofort zum Himmel aufsteigt, sondern erst acht oder neun Tage später. Acht Tage lang irrt sie um den Leichnam herum. Am achten Tag vollziehen die Angehörigen die Waschung: sie waschen alle Kleider des Verstorbenen – ohne Zweifel nach einem bestimmten Ritual, das ich nicht habe beobachten können... Acht Tage Warten, um der Seele eines Verstorbenen ein christliches Gebet darzubringen! *(*MONAST *1972, S. 41; Hervorhebung I. R.).*

Wir dürfen vermuten, daß die speziellen Rituale, die MONAST hier andeutet und die er als Kirchenmann nicht hat beobachten können, eben jene Trauerrituale sind, denen das vorliegende Buch gewidmet ist. Andererseits habe ich in Kapitel 6 anhand der Katechismus-Analyse gezeigt, daß es auch heute in der Katholischen Kirche in Bolivien noch eine vorsichtig zurückhaltende Umgangsweise mit »dem Heidnischen« gibt.

3. BEZIEHUNG DER CALLAWAYA-KULTUR ZUR ANDEN-KULTUR: EXKLUSIVITÄT ODER EINBETTUNG? RITUALWASCHUNG UND LINKSFADEN

Bei der großen Verbreitung der Inka-Kultur, von der viele religiöse und rituelle Elemente, wie ich skizziert habe, bis zum heutigen Tag überleben, nimmt es nicht wunder, daß das Besiedlungsgebiet der Inka – wozu die gesamte Andenregion und somit auch die Region der Callawayas gehört – eine Vielzahl kultureller Traditionen teilt. Ein Vergleich der Callawaya-Kultur mit Ethnographien u. a. Informationen über die Aymara- und Quechua-Indianer (FORBES 1870; CASTRO POZO 1924; MÉTRAUX 1934; BENNETT 1946; MISHKIN 1946; TSCHOPIK

1946; La Barre 1948; Tschopik 1951; vgl. auch Girault 1958; Cuentas Gamarra 1966; Nuñez del Prado 1970; Tamayo Herrera 1970; Heyduk 1971; Monast 1972; und an jüngeren Untersuchungen Gow und Cóndori 1976; Buechler und Buechler 1978; Isbell 1978; Mariscotti de Görlitz 1978) erweist die Callawaya-Kultur – einschließlich ihrer Medizin – als Teil der weiteren Anden-Kultur. Und wieder betrifft dies u. a. Krankheitskonzepte und Heilungsmethoden, die Bedeutung von *Pachamama* und Orten der Kraft, d. h. in weitestem Sinne Religion und Ritual.

Im Rahmen dieses Buches möchte ich auf diese Verbindungen nur insoweit eingehen, als sie das Thema des Bandes – die llaki wij'chuna, die Rituale zur Verbannung der Trauer – betreffen und damit vor allem Konzepte von Tod, Seele und Reinigung. Diese zeigen sich nicht nur in der llaki wij'chuna – einem im wesentlichen »heidnischen« Ritual – sondern auch an Todos Santos, an Allerheiligen, einem – so könnte man meinen – im wesentlichen katholischen Ritual.

Zunächst gehe ich dabei auf die anden-weite Bedeutung der rituellen Waschungen, vor allem im Trauerfall, ein und dann – im Abschnitt 4 – auf die anden-weite Bedeutung der Bewirtung der Toten an Allerheiligen. In beiden Abschnitten werde ich an erster Stelle das wenige anführen, was andere ethnographisch Interessierte oder andere Ethnologen im Rahmen der Callawaya-Kultur dazu zu sagen haben; dann werde ich die weitere Andenkultur in die Betrachtung einbeziehen.

Schauen wir zunächst, was wir – über das in diesem Band Berichtete hinaus – bisher aus der Literatur über die llaki wij'chuna und andere rituelle Waschungen der *Callawayas* erfahren können.

Eine detaillierte ethnographische Dokumentation über die llaki wij'chuna liegt bisher noch nirgendwo vor. Mit ganz wenigen Ausnahmen gilt dies auch für andere Callawaya-Heilungsrituale, in denen die rituelle Reinigung eine große Rolle spielt und deren Kenntnis wichtig ist für das Verständnis und die Einordnung auch der llaki wij'chuna. Oblitas Poblete (zu seinen Beiträgen vgl. Kapitel 1), der selbst aus der Callawaya-

Region stammt, hat zwar ein eindrucksvolles kompilatorisches Werk über die Kultur der Callawayas hinterlassen; detaillierte Ritualbeschreibungen fehlen aber weitgehend. Immerhin finden wir in diesen Werken auch einige Anmerkungen zur llaki wij-'chuna:

Transcurridos los ocho días del fallecimiento de un Callawaya, la viuda sale acompañada de sus familiares con dirección al riachuelo denominado 'llaki wijchchuna' *(despedida de duelo); alli los parientes la desvisten o la despojan de su ropa, la bañan, la peinan, lá visten con otras prendas y queman las del difunto, regresando a la casa por otro camino y sin mirar para atrás. Mientras tanto otros familiares barren la casa y hacen quemar la basura y esperan a los dolientes con las habitaciones aseadas y bien ordenadas.* (Oblitas Poblete 1963a, 2. Ausgabe 1978, S. 50 und 53)

ÜBERTRAGUNG

Acht Tage nach dem Tod eines Callawaya geht die Witwe mit ihren Angehörigen hinaus in Richtung eines kleinen Flusses, genannt 'llaki wijchchuna' (Verabschiedung der Trauer). Dort ziehen die Angehörigen sie aus oder nehmen ihr die Kleider ab, baden sie, kämmen sie und legen ihr andere Kleider an, sie verbrennen die Kleider des Toten und kehren zum Haus zurück, auf einem anderen Weg und ohne sich umzuschauen. Derweil kehren andere Familienangehörige das Haus und erwarten die Trauernden mit gut gesäuberten und aufgeräumten Räumen.

Und an späterer Stelle ergänzt Oblitas Poblete zunächst noch einmal die Waschung nach acht Tagen, dann die Waschung nach einem Jahr:

A la medianoche la desvisten a la viuda y la someten a un baño con agua de retama, luego la visten con otra ropa, y la usada, con la más del difunto, llevan al cementerio donde la queman para que el duelo se convierta en ceniza. Después de bañar a la viuda (el baño se hace general, no sólamente a los deudos sino también a los acompañantes), el agua de la ablusión llevan al campo donde lo arrojan con más el cántaro.

El lluto lleva la viuda durante un año, a cuyo fenecimiento se procede al llaki wijchchuna *o* llaki majcheqana, *consistente en que los parientes y amistades de la viuda van en su busca y la llevan al riachuelo de la purificación, donde la desnudan de toda su ropa, la enjabonan bien, la lavan los cabellos con orin podrido y después de una limpieza minuciosa la visten con ropa nueva de color, la ropa de luto la queman sobre el riachuelo y regresan a la casa por camino desviado ... En la casa ofrece la viuda un banquete abundante y bastante chicha para beber; el* llaki wijchchuna *termina en fiesta ...*
El baño de ocho dias de la viuda no es práctica obligatoria, pero si el lavado de cabo de año. (1963a, 2. Auflage 1978, S. 206)

ÜBERTRAGUNG

Um Mitternacht entkleiden sie die Witwe und unterziehen sie einem Bad in Ginster-Wasser. Dann kleiden sie sie mit anderen Kleidern, und die gebrauchten Kleider sowie die des Verstorbenen tragen sie zum Friedhof, wo sie sie verbrennen, damit der Schmerz sich zu Asche verwandle. Nach der Waschung der Witwe (die Waschung geschieht für alle, nicht nur für die Trauernden, sondern auch für die Begleiter) wird das gebrauchte Wasser hinaus zum Feld getragen, wo es, samt Gefäß, weggeworfen wird.
Die Witwe trägt die Trauerkleidung für ein Jahr, zu dessen Abschluß man zur llaki wijchchuna oder llaki majcheqana schreitet; die besteht darin, daß Verwandte und Freunde der Witwe sie aufsuchen und sie für die Waschung (purificación) zu einem kleinen Fluß bringen, wo sie sie aller Kleider entledigen, sie gut einseifen, ihr das Haar mit faulem Urin waschen und sie nach einer minutiösen Waschung neu in farbige Kleider einkleiden; die Trauerkleidung verbrennen sie am Ufer des Flüßchens und kehren auf einem Umweg zum Haus zurück ... Im Haus bietet die Witwe ein reichliches Mahl an und viel chicha zum Trinken, und die llaki wijchchuna endet als Fest ...
Die Waschung der Witwe nach acht Tagen ist keine obligatorische Praxis, wohl aber die Waschung nach einem Jahr.

Diese kurzen Anmerkungen von Oblitas Poblete zur llaki wij'chuna enthalten in sich einige Unklarheiten. Wird die Witwe nach acht Tagen in Ginsterwasser gewaschen oder im Fluß? Sie wird in beiden Fällen neu gekleidet – doch was geschieht mit ihren alten Kleidern am Fluß? In der ersten zitierten Passage heißt es nur, die Kleider des *Toten* werden verbrannt; in der zweiten Notiz zum Ritual nach acht Tagen ist dagegen davon die Rede, daß sowohl die Kleider der Witwe als auch die des Toten auf dem Friedhof verbrannt werden. Das gebrauchte Wasser wird »al campo«, hinaus ins Feld, getragen und ausgeschüttet; irgendwo?

Doch diese Schilderung, was nach acht Tagen und dann noch einmal nach einem Jahr geschieht, läßt auch einige bekannte Elemente erkennen: Reinigung am Fluß, Rückkehr auf anderem Weg, ohne sich umzuschauen; Reinigung der Hütte; gemeinsames Mahl. Die Unterschiede zwischen diesen kurzen Berichten und meinen detaillierten Dokumentationen mögen rituelle Varianten sein oder auch Fehlinformation der Informanten von Oblitas Poblete. Die Verbrennung der Toten- und der Trauerkleidung ist wohl als eine rituelle Variante anzusehen, die uns nach Don Ramóns Darstellung der llaki wij'chuna (vgl. Kapitel 6, Abschnitt 2) nicht ganz unbekannt ist. Unvollständig oder unrichtig erscheint mir dagegen Oblitas Poblete's Version, daß die Trauernde(n) von Familienangehörigen gewaschen und neu gekleidet werden und daß es Verwandte und Familienangehörige sind, welche die Hütte kehren. Das Konzept von Trauer, wie es in allen Gebeten, die ich dargestellt habe, so deutlich wird – der Zusammenhang von Trauer-Unheil und der anstekkende, klebende, alles invadierende Charakter dieses gefährlichen Gemischs sowie die Callawaya-Auffassung magischer Wirkungen, wie sie in der llaki wij'chuna und in den anderen aufgeführten Heilungsritualen sehr deutlich zum Ausdruck kommt (kontagiöse und sympathetische Magie), lassen die Schilderung der großen llaki wij'chuna meines Lehrmeisters Apolinar Ramos mit all seinen äußersten Vorsichtsmaßnahmen, kein Familienmitglied in das Trauer-Unheil hineinzuziehen, wesentlich angemessener erscheinen: Hier darf, wie Apolinar uns schilderte, kein Familienmitglied an bestimmten Handlungen der Heilungsritualistik teilnehmen – nicht einmal dem Linksfaden-Spinnen, und das entspricht dem Callawaya-Verständnis von Trauer-Unheil, von Ritual und Wirkung (vgl. auch Forbes 1870; Buechler 1980).

Über diese ein wenig unschlüssigen und vielleicht auch nicht einmal richtigen Bemerkungen von Oblitas Poblete hinaus finden sich keinerlei Beschreibungen des llaki wij'chuna-Rituals. Waschungen als Abwehr von Hexerei werden von Oblitas Poblete an anderer Stelle kurz erwähnt (1971a, 187), wo es u. a. heißt, daß man sich an einem Dienstag oder Freitag mit Ginster-Wasser waschen soll, um sich gegen Hexerei zu schützen. Die einzige Beschreibung eines solchen »Abwehr-Reinigungsrituals« finden wir bei Bastien (1978a). Er nennt es »misfortune ritual«, der Quechua-Name der Heilung ist nicht angegeben; jedenfalls spielen dabei auch der Dornensud und die Waschung am Fluß eine Rolle.

Nach diesem kurzen Blick auf das, was andere Kenner und Forscher der Callawaya-Kultur uns über die rituelle (Trauer-) Waschung wissen lassen, soll jetzt unser Blick ausgeweitet werden, über die Callawaya-Region hinausgehen und die weitere Anden-Region einschließen. Diese Blickerweiterung (die freilich keine vollständige Abdeckung aller Literatur beansprucht) wird uns zeigen, daß viele rituelle Elemente der Callawaya llaki wij'chuna nicht exklusives Callawaya-Kulturgut sind, sondern verbunden sind und sich einbetten in einen viel weiteren kulturellen Kontext. Ich beziehe dabei sowohl die Aymara als auch die Quechua sprechenden Indianer vor allem der bolivianischen und peruanischen Anden (einschließlich der Titicaca-Region) ein.

Bei Forbes – eine der frühesten ethnologischen Untersuchungen der Aymara-Indianer (1870) – finden wir keinen Hinweis auf rituelle Waschungen nach einem Todesfall oder im Fall von Hexerei. Tschopik dagegen, der die Aymaras in Chucuito am Titicaca-See, in der Nähe von Puno in Peru, untersucht und sehr viele wichtige Informationen über die Gesamtkultur zusammengetragen hat (1946, 1951), läßt uns wissen:

Abbildung 1: Ein Dorf der Toten (Friedhof) am Ufer des Titicacasees. Im Hintergrund: der Illampu

The Inca method of purification in running water does ... survive in certain limited context. Thus the mourners ... after a funeral wash their hands and rinse out their mouths with the water from a stream to rid themselves of sadness and contact with the deceased ... Washing is also employed in the curing of some diseases, expecially those stemming from sorcery ... (1951, 259)
After 8 days the dead person's clothes are washed in a river ... The mourners and their assistants purify themselves, the house, and the deceased's clothing in the smoke of the herbs and aji. *Then the house is ritually cleansed by an old man or woman who is not a family member* ... (1946, 551/552) *Similarly, widows wash themselves after the period of mourning* ... (1946, 561)

ÜBERTRAGUNG

Die Inka-Methode der Reinigung in fließendem Wasser ... hat in bestimmten begrenzten Kontexten bis heute überlebt. Auf diese Weise z. B. waschen die Trauernden ... nach einer Beerdigung ihre Hände und spülen sich den Mund aus mit fließendem Wasser von einem Strom, um sich von der Trauer und dem Kontakt mit dem Toten freizuwaschen ... Eine Waschung wird auch bei der Heilung einiger Krankheiten verwendet, vor allem solcher, die von Hexerei stammen ...
Nach 8 Tagen werden die Kleider des Gestorbenen in einem Fluß gewaschen ... Die Trauernden, und die ihnen beistehen, reinigen sich selbst, das Haus und die Kleider des Toten mit Rauch von Kräutern und aji. Dann wird das Haus von einem alten Mann oder einer alten Frau, die nicht zur Familie gehören, rituell gereinigt[1] ... Ähnlich waschen sich die Witwen auch nach Ablauf der Trauerperiode ...

Auch wenn nach diesem Bericht die Ganzkörperwaschung der großen llaki wij'chuna, wie sie Apolinar Ramos schildert, und die Ganzkörperwaschung, der ich bei der llaki wij'chuna von Don Valentin (Kapitel 2) beigewohnt habe, oder auch die

[1] Auch diese Darstellung unterscheidet sich von der Oblitas Pobletes (vgl. v.).

Waschung von Unterarmen und Unterschenkeln bei den vier *médicos* (Kapitel 3) hier auf Handreinigung und Mundausspülen reduziert ist, so erkennen wir in dieser rituellen Variante ebenso wie in der Reinigung und Räucherung der Kleider doch auch uns längst aus Callawaya llaki wij'chuna-Ritualen vertraute Elemente. Dazu gehört auch, daß die Reinigung der Hütte von einem Menschen, der nicht zur Familie gehört, vollzogen werden muß – dazu von jemandem, der möglichst keine große Familie hat, auf die Trauer und Unheil überkommen könnte – sei es ein Witwer/Witwe (wie nach Apolinar Ramos) oder ein alter Mensch (wie hier).

Aus der gleichen Anden-Region, die Tschopik untersucht hat (Puno), berichtet Cuentas Gamarra (1966):

> *Pasados los ocho días ... por la mañana recogen los utensilios y las prendas de vestir del finado para llevarlos al río más prócimo con acompañamiento de los familiares y de sus amistades, que van provistos de fiambres. Llegados al río proceden al lavado de los utensilios y prendas en la creencia de que en esa forma se van a mitigar las penas de los deudos. Enseguida reúnen todo el fiambre en un solo montón para merendar en conjunto; luego a los deudos varones les lavan los pies y la cabeza y las mujeres peinan con el objeto de 'lavarles sus penas' según afirman. (S. 130)*

ÜBERTRAGUNG

Wenn die acht Tage herum sind ... sammeln sie am Morgen alle Utensilien und Kleidungsstücke des Verstorbenen zusammen, um sie zum nächstliegenden Fluß zu bringen, in Begleitung der Familienangehörigen und ihrer Freunde, die ein Essen mittragen. Am Fluß angekommen, machen sie sich an die Waschungen der Utensilien und Kleider (des Verstorbenen) in dem Glauben, daß sie auf diese Weise den Schmerz der Trauernden mildern. Dann legen sie alles Essen auf einen Haufen zusammen, um gemeinsam zu speisen. Dann waschen sie den männlichen Trauernden die Füße und den Kopf, die Frauen kämmen sie, in der Absicht, ihnen die Trauer abzuwaschen, wie sie es sagen.

Ich denke, daß dieser Bericht – wie viele der anderen kurzen dieser Art – unvollständig ist und deshalb die Bedeutungen der rituellen Handlungen auch nicht klar werden können. Wie sollen wir z. B. verstehen, daß die Waschung der Utensilien und Kleider des *Verstorbenen* den Schmerz der *Trauernden* beseitigt? Auf dem Hintergrund meiner Untersuchungen kann vermutet werden, daß mit der Waschung der Gegenstände des Toten das Unheil, mit der Waschung der Trauernden selbst Trauer und Unheil abgewaschen wird.

Bleiben wir noch weiter auf der peruanischen Puna, wo Flores Ochoa (1979) das Leben der Alpaca-Hirten untersucht hat. Er berichtet:

> *Upon returning to the house after the burial, the mourners pass by a running stream where they wash their feet, hands and face. This keeps death at a distance and prevents it from catching up with them. The water purifies and protects them. After bathing, the relatives – male and female – change their clothes to remove themselves even further from death ... On the eights day ... the house is swept, preferably at the hour of death. This is to keep death at a distance once and for all and to throw out the evil spirits ...* (1979, S. 64)

ÜBERTRAGUNG

Wenn man nach einer Beerdigung zum Haus zurückkehrt, gehen die Trauernden an einem fließenden Wasser vorbei, wo sie ihre Füße, Hände und ihr Gesicht waschen. Das hält den Tod auf Distanz und verhindert, daß er (auch) sie einholt. Das Wasser reinigt und schützt sie. Nach dem Bad wechseln die Verwandten – die männlichen und weiblichen – ihre Kleider, um sich noch weiter vom Tod zu entledigen ... Am achten Tag ... wird das Haus gereinigt, vorzugsweise zur Stunde des Todesfalles. Das soll den Tod ein für alle Mal auf Distanz halten und die bösen Geister hinauswerfen ...

Welche Region Castro Pozo (1924) in seinem Bericht über Nuestra Comunidad Indígena (Unsere Eingeborenen-Orte) einschließt, ist nicht ganz deutlich, es ist von dem Gebiet des ehemaligen Tahuantinsuyo die Rede und schließt damit die Region des Titicaca-Sees und der Anden-Puna ein. Unter dem Titel »*El pichachicoco*« (Reinigung) führt er aus:

> *Así denominan el acto de reunirse en la casa mortuaria, coger la ropa y demás menesteres del difunto y ... dirigirse al aroyo vecino ... Una vez a la orilla ... se da comienzo al lavado de la ropa ... Se termina el lavado y tiende al sol para que se seque ... Se procede a recoger la ropa y tornar la poblado ...* (2. Ausgabe 1979, 126)

> ÜBERTRAGUNG

> So nennen sie die Versammlung im Haus des Toten, das Einsammeln der Kleider und übrigen Besitztümer des Verstorbenen und ... den Aufbruch zur nahen Wasserstelle ... Am Ufer angekommen, beginnt man mit der Waschung der Kleider ... Wenn das fertig ist, breitet man sie in der Sonne aus, damit sie trocknen ... Die Kleider werden dann eingesammelt, und man kehrt zum Dorf zurück.

Erweitern wir dieses kurze Panorama auf die Anden-Region und andere Gebiete des heutigen Bolivien, wo La Barre (1948) und in jüngerer Zeit vor allem Buechler und Buechler (1971) sowie Buechler (1980) wichtige ethnographische Untersuchungen durchgeführt haben. Für die Gegend von Achacachi berichtet La Barre nur kurz, daß man acht Tage nach dem Todesfall hinausgehe und die Kleider der Toten wasche, und für Ayoayo, daß man sie nach der Waschung verbrenne (S. 137). In der Gegend von Guaqui am Titicaca-See bereiten nach La Barre die Angehörigen eine große Schüssel Wasser im Hof und waschen sich alle (S. 138). Für Ulloma wird ein rituelles Moment erwähnt, das uns auch bei der llaki wij'chuna der vier Callawayas (Kapitel 3) begegnet ist, wo Carlota, die Witwe Marianos, und die zwei ältesten Söhne, die mit zur Kreuzung des Weges gegangen waren, insgesamt mit Linksschnüren umwickelt wurden – wie in einem Netz. Dazu La Barre (1948):

Later they have the čekarawi *or ›left-handed‹ ceremony (…), in which they make a thread called* čanka *by spinning backwards with the left hand. With this thread they tie up the relatives and friends of the deceased, as well as the remaining llamas. A drink of white maize and water is prepared and the animals and everyone tied up are sprinkled to this with the recitation of a charm. Then the threads are broken, so that the animals and the relatives of the dead man will not themselves die … after which the ›left-handed thread‹ is burned …* (S. 138)

ÜBERTRAGUNG

Später führen sie die čekawari oder ›Linkshändigkeits-Zeremonie‹ durch (…), für die sie einen Faden herstellen, der čanka genannt wird, indem sie (die Wolle) rückwärts mit der linken Hand spinnen. Mit diesem Faden umschnüren sie die Verwandten und Freunde des Verstorbenen und auch die verbleibenden Lamas. Ein Getränk aus weißem Mais und Wasser wird bereitet, und damit werden die Tiere und alle Umschnürten unter Hersagung einer Zauberformel besprüht. Dann werden die Fäden zerrissen, damit die Tiere und Verwandten des Toten nicht selbst sterben … worauf dann der Linksfaden verbrannt wird …

An anderer Stelle (S. 107) bezeichnet La Barre die Verwendung des Linksfadens im Ritual als das *čekarpayana*-(lit. ›left-handify‹) Ritual und erwähnt, daß es eine unter anderen Methoden sei »of ridding oneself of bad spirits« (sich von bösen Geistern zu befreien). Und an späterer Stelle (S. 221) taucht der Linksfaden als »*čeq'ača* method« im Zusammenhang mit der Abwehr von Hexerei noch einmal auf:

There are many kinds of counter-witchcraft used to cure the stricken person. One ist the čeq'ača *method. This consists substantially of spinning a thread (*čanka*) left-handedly, winding it on the left leg while a formula is recited, and then breaking the thread just spun, and so ridding oneself of the demon; another name is* ›takarpayaña, *›undo‹.* (S. 221)

ÜBERTRAGUNG

Es gibt viele Arten, die betroffene Person von Hexerei zu heilen. Eine ist die čeq'ača-Methode. Sie beruht im wesentlichen darin, einen Faden (čanka) links herum zu spinnen, ihn unter Rezitation einer (Gebets)Formel um das linke Bein zu wickeln und sich auf diese Weise vom Dämon zu befreien; ein anderer Name dafür ist ›takarpayaña, ›ungeschehen machen‹.

La Barre bleibt freilich an vielen Stellen vage. Was mag der »Zauberspruch« sein, der da beim Zerreißen der Fäden, mit denen die Trauernden umschnürt waren, gesprochen wird? Und was mag die Gebetsformel sein, die beim Umwickeln mit Linksfäden zur Behandlung der Hexerei-bedingten Krankheit rezitiert wird? Wieso soll das Zerreißen der Fäden von der Gefahr des Todes befreien und von bösen Dämonen? Das ist hier nicht ausgeführt, nicht erklärt; aber die Gebete der llaki wij'chuna, die ich dokumentiert habe (und die Gebete gegen Hexerei, vgl. f. S.), auch meine Erläuterungen zur Bedeutung von »Links«, der Geste des *t'ipiy* (Zerreißens) sowie den Eigenschaften von Trauer-Unheil helfen uns, in der Vorstellung diese Lücken zu füllen.

Wir lernen jedenfalls von La Barre, daß die rituelle Verwendung des Linksfadens keinesfalls eine Callawaya-Eigenart ist. Aguiló (1983), der in der Gegend von Cochabamba (Bolivien) eine sorgfältige Erhebung über Krankheitskonzepte und Heilungsmethoden der dortigen Quechua-Indianer gemacht hat, erwähnt ebenfalls den Linksfaden als rituelles Moment und zählt dieses in seiner Einteilung der Heilungsweisen (je nach Beeinflussung durch moderne Elemente) sogar zu den *ritos autóctones mayores* – den »größeren autochtonen Riten«, den Behandlungsmethoden also, die nicht auf westliche Einflüsse zurückgehen. In der Tat berichtet, wie ich erwähnt habe, Rowe (1946) vom Linksfaden auch als rituellem Element der Inka-Zeit.

Der Linksfaden ist, wie auch die Waschung, eine rituelle Handlung des Sich-Entledigens, der Reinigung. Für Ecuador berichtet Finerman (1984) über Säuberungs- und Waschungsbräuche nach einem Todesfall. HEYDUK (1971) erwähnt für das Departement von Chuqisaqa in Bolivien, auch Hochanden-Region, die *pichara* (Reinigung) als wichtige Heilungsmethode und berichtet auch für diese Anden-Region, daß am Tag nach der Beerdigung die Kleider des Verstorbenen und alles, was er angerührt hatte, gewaschen werden. Über diese Erwähnung geht er freilich nicht hinaus, während wir bei BUECHLER (1980) den ausführlichen Bericht einer Frau über die Ereignisse nach dem Tod ihres Vaters zitiert finden.[1] BUECHLER's Untersuchungsgebiet ist die Gegend um Compi an der See-Enge von Tiquina am Titicaca-See in Bolivien. Die Tochter berichtet:

> *On the víspera, or eve of the ocho días . . . we ate together and then in the afternoon all our clothes, my father's, mother's, brothers', and mine, were washed in the river in order to wash away our sorrows. I had to wash myself too and my mother had to change her clothing. Again we weren't allowed to wash our clothes ourselves. Instead the same widowers who had washed my father were appointed to the task . . . At midnight we dispatched the soul of my father (with libations and prayers).* (S. 130)
>
> ÜBERTRAGUNG
>
> Am Tag der víspera, oder dem Vortag der »Acht Tage« (nach dem Tod) . . . aßen wir zusammen, und dann am Nachmittag wurden all unsere Kleider, die meines Vaters, meiner Mutter, meiner Brüder und meine, im Fluß gewaschen, um unseren Kummer hinwegzuwaschen. Ich mußte auch mich selbst waschen, und meine Mutter mußte ihre Kleider wechseln. Wieder durften wir unsere Kleider nicht selbst waschen. Vielmehr wurden dieselben Witwer, die auch meinen (toten) Vater gewaschen hatten, damit beauftragt . . . Um Mitternacht verabschiedeten wir die Seele meines Vaters (mit Trankopfer und Gebet).

[1] Eine andere ausführliche Arbeit zu Todesbräuchen der Aymará ist CARTER 1968; die Trauerritualistik aber kommt darin nicht vor.

Noch einmal begegnet uns hier die rituelle Regel, daß die Trauerkleidung von familienfremden Witwern gewaschen werden müsse, noch einmal begegnen wir auch der Waschung der Trauernden, dem Wechsel der Kleider. Dieser und die anderen zitierten Berichte zeigen immer wieder, daß die Trauerritualistik der Anden-Indianer aufs engste mit Vorstellungen von Reinigung und Entledigung verbunden ist – und daß diese Reinigung von Trauer rituelle Verwandtschaft hat mit der Reinigung von Krankheit durch Hexerei. Die rituelle Bedeutung der Waschung ist nicht nur in der Dimension der Zeit (zurückgehend auf die vor-koloniale Zeit), sondern auch in der Dimension des Raumes – weit über die Callawaya-Region hinaus – als hinreichend belegt anzusehen (vgl. auch Kapitel 9).

4. DIE BEWIRTUNG DER NEUEN SEELEN IN DEN ANDEN-KULTUREN

Die Bewirtung der Seele – bereits in der Dimension der Zeit lokalisiert – sei jetzt in gleicher Weise zunächst noch einmal für die Callawaya-Region selbst, soweit sie in vorliegenden Untersuchungen zur Sprache kommt, dann für die weitere Region der Anden dokumentiert.

Für die Callawaya-Region können wir wiederum nur auf kaum mehr als die Berichte von Oblitas Poblete (1963a, 1978) zurückgreifen und auf Bastien (1978a). Die Auffassung, daß die Seele sich von dem toten Körper löst und auf der Erde umherschweift, ist eine Vorstellung, die auch die Inka hatten (Rowe 1946), wie ich schon erwähnt habe, und die Seele braucht Essen und Trinken wie wir. Den Gebeten von Apolinar Ramos (vgl. Kapitel 6) bei der Begrüßung und Verabschiedung der »Neuen Seelen« an Todos Santos haben wir entnommen, daß sie über ihr menschliches Bedürfnis nach Speise und Trank hinaus auch menschlich sind in bezug auf Wünsche und Wertungen: sie wünschen das Haus, ihr einstiges irdisches Haus, in das sie zurückkehren, in guter Ordnung vorzufinden, und wenn dem nicht so ist, knuffen sie das Vieh, machen die Bewohner krank und kehren murrend in ihr Land zurück. Einige dieser Vorstellungen werden auch deutlich in den Darstellungen von Oblitas Poblete (1963a, 1978: 49–50, 208).

Wenn ein Mensch stirbt, löse sich die Seele – *ajayu*[1] – von seinem Leib und irre acht Tage lang ganz in der Nähe seines Leibes umher; erst nach diesen acht Tagen löse der *ajayu* sich vollständig und verlasse die Hütte. Da der *ajayu* in eine ferne, andere Welt reisen müsse, brauche er reichlich zu essen und zu trinken, und aus diesem Grund müßten die Hinterbliebenen nach Ablauf der acht Tage ein reichliches Bankett bereiten – so reichlich, daß es dem *ajayu* reiche bis zu seiner Rückkehr in sein Haus: an Todos Santos. Und wenn der *ajayu* zurückkehrt, muß er wiederum reichlich mit Essen und Trinken versorgt werden. Dafür baut man die *túmbula* auf mit Brot und Früchten (vgl. Kapitel 6). Angehörige und Freunde kommen in der Nacht von Todos Santos und beten an der *túmbula* und bekommen Brot und Getränke; – am nächsten Tag wird nochmals Brot gegen Gebet getauscht. Bei Bastien (1978a) finden wir eine genaue Beschreibung einer solchen *túmbula*, wie sie in einer Familie im Dorfe Kaata bereitet wurde. Er schildert auch die Szenerie auf dem Friedhof, wohin die Gaben gebracht werden und wo dann Gebet gegen Brot ausgetauscht wird.

Weder diese hier deutlich werdende Auffassung von Seele und Tod, von Reise in eine andere Welt und Rückkehr in diese sind der Callawaya-Region spezifisch noch die diesen Konzepten entsprechenden Bräuche an Todos Santos. Paredes (5. Auflage

[1] Wir haben in unserer Sprache nur das Wort »Seele« zur Verfügung für etwas, was in der Religion der Andenvölker differenzierter gesehen wird. Für unseren Zusammenhang hier ist es wichtig, zumindest die beiden Arten von Seele – *ánimo* und *ajayu* – zu unterscheiden. Der *ánimo* verläßt uns im Leben gelegentlich; meist geschieht dies durch Erschrecken – ohne *ánimo* werden wir krank, wir leiden an *susto*, und der Medizinmann muß unseren *ánimo* in einem langen Heilungsritual zurückholen, zurückrufen, ja mit allerlei Lockungen zurücktricksen (vgl. dazu f. S.). – Der *ajayu* dagegen ist die Seele, von der unser Leben abhängt – die Seele, die sich im Fall des Todes löst (vgl. dazu z. B. Buechler und Buechler 1971, und das nützliche »Wörterbuch« von van den Berg 1985).

1976) hat in seinem Buch »Mythen, Aberglaube und Volksüberlieferungen von Bolivien« auch die Bräuche von Todos Santos geschildert, wie sie im ganzen Lande gefeiert werden, vor allem die dreimalige Rückkehr der Seelen an Todos Santos, wobei vor allem die Vorbereitung des ersten Besuches mit Brot und Früchten, Essen und Trinken eine *obligación rigurosa*, eine strenge Verpflichtung, sei (vgl. S. 312–318). PAREDES unterläßt es auch nicht, auf den Widerspruch dieser Vorstellungen zu denen der Katholischen Kirche hinzuweisen (S. 316–7). Für die Verbreitung dieser Konzepte und dieser Todos Santos-Bräuche in der Andenwelt mangelt es nicht an Belegen: MÉTRAUX 1934; MISHKIN 1946; TSCHOPIK 1946; LA BARRE 1948 (der das Angebot von Speise und Trank an die Seelen als »purely pagan element« – rein heidnisches Element – bezeichnet); CASAVERDE ROJAS 1970; HEYDUK 1971; BUECHLER und BUECHLER 1971; MONAST 1972; GIFFORD und HOGGARTH 1976; ISBELL 1978. Früher und »bis zum heutigen Tage« (1870 berichtet uns FORBES dies über die Aymara-Indianer der Titicacasee-Region) werden – da die Seele überlebt – dem Toten Beigaben ins Grab gelegt, Essen, Trank, auch Kleider.[1] Ungesehen mag die Seele so bei Speise und Trank zugreifen. Wie aber stellt man sich vor, daß sie Brote und Früchte an sich nimmt, die für sie – erst in der Hütte und am nächsten Tag auf dem Friedhof – aufgebaut und dort gegen Gebete vergeben werden? CASTRO POZO (1924/1979) berichtet – und dies mag uns das Verständnis erleichtern und die Entwicklung des Brauches aufzeigen –, daß »früher« auf dem Friedhof die Verwandten Ausschau nach Menschen gehalten haben, die dem Verstorbenen *ähnlich* sahen. Diese wurden dann herangerufen, um ein Gebet für die Seele zu sprechen, und mit Brot beschenkt: in ihnen erschien der Verstorbene. Inzwischen aber bekommt jeder Brot, der für die Seele betet ... Diese »rein heidnischen Bräuche« konnten sich unter anderem deshalb halten, weil die Katholische Kirche – nicht ungeschickt – die heidnische Wiederkehr der Seelen auf ihrer Lehre entsprechende, angemessene Tage gelegt hat.

[1] Vgl. die Grabstättenfunde zu Beginn dieses Jahrhunderts bei NORDENSKIÖLD 1907.

STRUPP GREEN (1972) hat das Brauchtum an Allerheiligen außerhalb der Anden-Region – in Mexico – untersucht. Auch für Mexico bestätigt sie, daß die Totenbräuche eine Mischung aus vor-kolumbianischen und katholischen Riten sind:

Below the surface of cursory examination, the Days of the Dead are revealed as a result of the amalgamation of pre-Spanish Indian ritual and belief and the imposed ritual and dogma of the Spanish Catholic Church. (S. 245)

ÜBERTRAGUNG

Unter der Oberfläche bloß flüchtiger Prüfung erweist sich der ›Tag der Toten‹ als Ergebnis einer Vermischung von vorspanischem indianischem Ritual und Glauben mit dem diesem aufgepfropften Ritual und Dogma der spanischen Katholischen Kirche.

Auch dort wird Brot gebacken, es heißt »pan de los muertos«, Brot der Toten, und auch dort wird ein »Altar« für die an Allerheiligen eintreffenden Seelen der Verstorbenen aufgebaut, zu dem Verwandte und Bekannte kommen, um zu beten. Die »Speisung der Toten«, so schreibt STRUPP GREEN, sei ein *vor*-christlicher Brauch, der jedoch *auch* in Europa verbreitet war. Dahinter stand der Glaube, daß die Toten, zumindest noch einige Zeit lang, die gleichen Bedürfnisse haben wie die Lebenden. Und deshalb wurde ihnen, auch in Europa, Speise und Trank geboten – sehr zum Ärgernis der Katholischen Kirche. In Europa gelang es jedoch – so STRUPP GREEN – der Katholischen Kirche, diesen Brauch der Bewirtung der Toten auszulöschen.[1] In der Neuen Welt, in Südamerika, war die Katholische Kirche dann mit dem gleichen Brauch konfrontiert:

Also they were faced with the New World indigenious tradition of honoring and sustaining souls by feeding them – the same custom that existed in rural Europe. (S. 255)

[1] Woran wir aufgrund der Arbeit von FRIBOURG (1985) »Zur Beziehung zwischen Toten und Lebenden in Spanien« allerdings einige Zweifel haben müssen.

ÜBERTRAGUNG

Sie (die Kirchenleute) waren auch in der Neuen Welt konfrontiert mit der Eingeborenen-Tradition, die Seelen durch Speisung zu ehren und zu unterhalten – der gleiche Brauch, den es auch im ländlichen Europa gab.

Diese Vorstellungen von den Seelen der Toten kommen also in verschiedenen Regionen der Welt vor – wie wir auch die Vorstellung einer Verbindung von Trauer-Unheil nicht nur in der Apolobamba-Kordillere gefunden haben, sondern auch in Afrika und im Europa der Vergangenheit finden können (vgl. Kapitel 9).

Was jedoch, nach der Darstellung von STRUPP GREEN, erst durch die Spanier nach Südamerika kam, ist die ganz *spezielle* Speise für die Toten: das Brot. Brotbacken ist eine spanische Kulturtechnik, und in Spanien wie Mexico gibt es das »pan de los muertos«, das Brot der Toten.

Katholische Bräuche, so zeigt auch STRUPP GREEN, wurden oft in Varianten angenommen, die besser zu den ursprünglichen Glaubensinhalten der Indianer paßten. Und wenn eine gewisse Toleranz der Katholischen Kirche hinzukam, solche Bräuche wie die Speisung der Seelen als »Aberglauben« und nicht als »Idolatrie« zu betrachten, dann konnten sie überleben.

So einheitlich der Brauch der Speisung der toten Seelen in der Andenwelt (und darüber hinaus) ist – so unterschiedlich mögen die Auffassungen von der »Persönlichkeit«, dem »Charakter«, den Wünschen und dem Tun der Seelen sein. ROWE (1946) liest aus den Berichten der Chronisten über die vor-kolonialen religiösen Konzepte der Inka heraus, daß die Seelen der Toten gutmütig waren und ihre Nachfahren beschützten. In den Gebeten von Apolinar Ramos erscheinen die Seelen gutmütig und boshaft zugleich – doch nicht bösartig ohne Grund. HEYDUK (1971) stellt sie aufgrund seiner Untersuchungen im Departement von Chuquisaqa als böse Mächte, böse Geister, dar. Die Unterschiede sind vielleicht zum Teil aufzuklären, wenn wir »Arten« von Seelen unterscheiden – Seelen von ungetauften Kindern sind gewiß gefährlich (CASAVERDE ROJAS 1970), Seelen von Verbrechern, Räubern und Ehebrechern auch (*asillo, khate-khate, phallchallinti, pakhomas* etc. vgl. Paredes-Candia 1981), und Seelen, die nicht gebührend verabschiedet wurden, sind ebenfalls rachsüchtig und böse (Isbell 1978); die Seelen der Ahnen aber werden zu *achachilas*, bewohnen die Orte der Kraft und behandeln die Menschen so, wie diese sie auch behandeln. – Doch trotz all dieser Unterschiede in der Charakterisierung der toten Seelen – eines ist allen toten Seelen der Andenwelt gleich: sie haben Hunger und Durst, zumindest drei Allerheiligen lang.

5. ZUSAMMENFASSUNG

Vielleicht in der Vielfalt ihrer rituellen Ausformungen, vielleicht in der Poesie der begleitenden Gebete, vielleicht in dem Reichtum symbolischen Handelns, kann man die Callawaya-llaki wij'chuna als ein *Callawaya*-Heilungsritual erkennen. Wir können dies nur vermuten, nicht aber beantworten, weil in der bisherigen ethnographischen Literatur der Andenwelt praktisch keine detaillierten Ritualbeschreibungen vorliegen – von den das Ritual begleitenden Gebeten und Gesprächen zwischen Medizinmann und Betroffenen ganz zu schweigen. Mag diese rituelle Vielfalt, die Poesie der Gebete, der symbolische Reichtum nun Callawaya-Besonderheit sein oder nicht – so ist eines doch mit hinlänglicher Sicherheit aus der vorliegenden ethnologischen und ethnohistorischen Literatur zu entnehmen: die llaki wij'chuna enthält Kernelemente, die als religiöse und rituelle Elemente auch für die vor-spanische Zeit, die Zeit der Inka-Herrschaft, belegt sind; wir können vermuten, daß die llaki wij'chuna, wie wir sie hier kennengelernt haben, mit ihren Wurzeln in die heidnische Zeit, die vor-katholische Zeit der südamerikanischen Geschichte, zurückreichen. Auch in der Dimension des Raumes, im Kontext der weiteren Andenwelt betrachtet, kann man weder die Callawaya llaki wij'chuna noch die hier beschriebenen Rituale an Allerheiligen als Callawaya-exklusiv ansehen; sie sind vielmehr Teil einer weiteren Anden-Kultur.

Und das macht wohl auch die Bedeutung der hier vorgelegten detaillierten Dokumentation der Callawaya llaki wij'chuna aus: Es ist nicht nur das Heilungswissen einer kleinen, nach Herkunft und professionellem Brauch abgrenzbaren Gruppe von Medizinmännern; es ist ein Heilungswissen, das vermutlich Jahrhunderte umspannt, und es ist Teil eines Heilungswissens, das große Teile der weiten südamerikanischen Anden-Welt umfaßt. Dabei ist es eine für meine künftige Forschung noch offene Fragestellung, in welchem Maß die Callawaya-Medizinmänner selbst – weil sie ambulante Medizinmänner sind – zur Verbreitung dieses rituellen Wissens beitragen. Die ethnohistorische Betrachtung lehrte uns, daß Elemente der Callawaya Heilkunst auch in religiösen und rituellen Praktiken der Inka zu erkennen sind, welche die gesamte Anden-Welt beherrschten. Deshalb werden wir die Verbindungen zwischen Callawaya-Heilung und anden-weiter Heilung nicht nur in der Wirkung ambulanter Medizinmänner sehen können. Dennoch können wahrscheinlich Einflüsse identifiziert werden; dies erfordert eine Dokumentation der Callawaya-Heilungen außerhalb ihrer Ausgangsregion, eine Dokumentation der Heilungen von Callawayas auf Reisen – in anderen Regionen von Bolivien, in Peru und Argentinien. Die Fragestellung ist eine der Aufgaben meiner künftigen Forschung. Ebenso wie es Aufgabe der künftigen Forschung ist, durch detaillierte Ritualstudien anderer Anden-Gruppen das – neben dem Gemeinsamen – vielleicht Callawaya-Exklusive ihrer Heilungspraxis herauszuarbeiten.

KAPITEL 9

Trans-kulturelle Anmerkungen zur llaki wij'chuna. Trauer und Ritual in anderen Kulturen

Übersicht:

1. EINLEITUNG

Nachdem ich in den vorangegangenen beiden Kapiteln einige Beiträge zu einer intra-kulturellen Analyse der llaki wij'chuna geliefert habe, welche dieses Callawaya-Ritual auch in den weiteren Kreis der Anden-Kultur stellt, möchte ich in dem vorliegenden Kapitel diesen Kulturraum überschreiten, einige trans-kulturelle Seitenblicke wagen und die llaki wij'chuna im Vergleich zu außerandinen Kulturen – einschließlich unserer eigenen – betrachten.

Die folgenden trans-kulturellen Anmerkungen zur llaki wij'-chuna werden – zumindest ein wenig – Licht auf zwei Fragestellungen werfen: einmal hilft uns die Betrachtung außerandiner Trauerreaktionen und Trauerrituale, für die llaki wij'chuna genauer zu bestimmen, was diese eigentlich intendiert, was sie »leistet« oder leisten könnte, zum anderen wirft die llaki wij'-chuna auch Licht auf unsere Kultur und läßt erkennnen, was unsere Kultur *nicht* leistet, und nicht leisten kann.

Im *ersten* Abschnitt werde ich – wenn auch nur kurz – die Trauerreaktionen und Trauerrituale außereuropäischer Kulturen behandeln, soweit sie uns in den Untersuchungen von Ethnologen vorliegen. Diese Blickrichtung, von der außereuropäischen Trauerritualistik (Afrika, Asien ...) auf die llaki wij'-chuna, ist zwar im Rahmen meiner Callawaya-Studien nicht die Hauptblickrichtung und nicht das Hauptinteresse; aber erstens gibt die kurze Behandlung der *anthropology of mourning and mortuary rites* uns doch einige Konzepte für die Interpretation der llaki wij'chuna an die Hand, welche dann einen Vergleich mit »uns« erleichtern; und zweitens hilft sie uns, einige der zunächst als ungewöhnlich und spezifisch erscheinenden Callawaya-Konzepte und Bräuche (z.B. die in der Zeit rückwärts gewandte Ansteckung von der Zukunft in die Gegenwart und wider auf die Zukunft, wie sie in der großen llaki wij'chuna erscheint) in einen weiteren Raum zu stellen, welche ihre scheinbare Exklusivität relativiert.

Im *zweiten Abschnitt* werde ich dann »westliche« Trauerreaktionen und -riten behandeln, insbesondere die der westlichen technisch-industrialisierten Gesellschaft, soweit sie die Trauerforschung erarbeitet hat. Die Haupt-Fragestellungen und -Ergebnisse der Trauerforschung liefern uns Gesichtspunkte und Konzepte für die Diskussion im folgenden Abschnitt:

Im *dritten Abschnitt* wird zuerst die llaki wij'chuna aus dem Blickwinkel der Themen, Fragen und Ergebnisse der »westlichen« Trauerforschung kommentiert – um dann die Richtung der Betrachtung umzukehren und auf *unsere* Trauerpraxis in ihrem gesellschaftlichen Kontext anzuwenden. Dies können nur erste Schritte der kritischen Betrachtung *unserer* Konzepte von Gesundheit, Krankheit und Heilung, von »heil« und »unheil« sein. Schritt um Schritt wird sich diese Betrachtung mit der Vorlage meiner nachfolgenden Studien zur Callawaya-Ethnomedizin verdichten. Erste Andeutungen sind jedoch möglich, denn die llaki wij'chuna ist ein Callawaya-Heilungsritual, das sehr gut einige wesentliche, grundlegende Züge der Callawaya-Heilung exemplifiziert, und Trauer, der Verlust eines nahestehenden Menschen und die Frage nach Hilfe – ritueller oder anderer – für den Trauernden, ist nicht nur ein Anlaß für die llaki wij'chuna dort, sondern auch ein Anlaß für existentielles Fragen hier.

2. TRANS-KULTURELLE ANMERKUNGEN I: DIE LLAKI WIJ'CHUNA IM LICHT VON TRAUERREAKTIONEN UND TRAUERRITEN IN AUSSEREUROPÄISCHEN KULTUREN

Mit der Reihe »Mundo Ankari« geht es mir in erster Linie um die Dokumentation und das Verständnis der reichen medizinischen Tradition der Callawaya-Kultur. An zweiter Stelle geht es mir darum, mit der schrittweisen Entrollung dieser reichen, vielfältigen Tradition auch diejenigen Fragen aufzuwerfen, die sich daraus für *unsere* Kultur, insbesondere für unsere Konzepte von Gesundheit, Krankheit und Heilung, für unsere Medizin und Psychotherapie ergeben. Auf dem Boden dieser doppelten Zielsetzung – die Callawaya-Kultur für sich sprechen zu lassen und die Callawaya-Kultur vielleicht auch für uns sprechen zu lassen – kann es in diesem Rahmen nicht darum gehen, jedes Element der Callawaya-Heilung nun in einen weiten, vergleichenden, trans-kulturellen Rahmen zu stellen. Nur drei Themen möchte ich hier kurz aufgreifen. Sie sollen vor allem die Fragen verdeutliche, die eine Untersuchung von Trauerriten in anderen Kulturen aufwirft, sowohl die Fragen, die diese meine vorliegende Untersuchung zum Teil beantwortet, als auch die Fragen, die meine Untersuchung nicht beantworten kann. Ich möchte damit dem Eindruck vorbeugen, als könnte mit diesen meinen Ergebnissen »die« Trauerritualistik der Callawaya-Region erschöpfend verstanden sein.

In der Anthropologie der Trauerriten anderer Völker sind Einzelstudien, die auf verschieden detaillierten Feldforschungen basieren, zu unterscheiden von trans-kulturellen Analysen, welche diese Einzelstudien ihrerseits als Daten behandeln. Drei Themenkomplexe stellen sich für die ethnologische Untersuchung von Trauer: 1. Trauerreaktionen in anderen Kulturen, d. h. das beobachtbare Verhalten, das der Verlust eines nahestehenden Menschen bei den Hinterbliebenen auslöst; 2. Trauerriten, die eine Gesellschaft für diese Situation zur Verfügung stellt, und 3. die Beziehung der Trauerriten zu den anderen Aspekten dieser Kultur.

Einen enzyklopädischen Überblick über die Ehnologie der Trauer gibt HARTLAND (1928), eine für den damaligen Stand der Forschung umfassende, jedoch rein deskriptive Aufzählung, »was es alles gibt« – noch heute wegen ihrer Breite lesenswert, wenn man sich die unglaubliche Vielfalt religiöser Konzepte, Todesdeutungen und Trauerriten, welche die Menschheit erfunden hat, vor Augen führen will. Jüngere, jedoch oft nur Aspekte des Gesamtthemas selektierende Übersichten über die Ethnologie der Trauer geben z. B. VOLKART (1957), KRUPP und

Kligfeld (1962), Mathison (1970), Fabian (1972) und Kalish (1980); Bendann (1969) versucht für vier Kulturkreise (Melanesien, Australien, Indien, Sibirien) eine systematische Analyse der Beerdigungsriten und klassifiziert sie säuberlich nach Parallelen und internen Varianten, wobei *Trauer*riten aber nur am Rande zur Sprache kommen; Huntington und Metcalf (1979) geht es in ihrer Übersicht der Todes-(und Trauer-)riten primär um diejenigen Phänomene von Tod und Trauer, die zu soziologischer und anthropologischer Theorienbildung Anlaß gegeben haben. Eine alle genannten Aspekte einschließende, umfassende Übersicht der »Kulturanthropologie der Trauer« gibt Stubbe (1985).

Oft wird dabei die Frage aufgeworfen, ob es »universelle« Trauerreaktionen gibt, das heißt, einen für alle Menschen verschiedener Kulturen vergleichbar ablaufenden Trauerprozeß. Bowlby (1960, 1961, 1982, 1983, 1984), der vor allem auch das Trauerverhalten von Tieren und kleinen Kindern untersucht hat, tendiert aufgrund seiner Ergebnisse zu einer »biologischen« Theorie der Trauer; die meisten Ethnologen aber vertreten die Position – besonders klar z. B. formuliert bei Volkart (1957) –, daß es keine universelle Definition der Trauer gebe, daß das, was als angemessene (»normale«) und was als unangemessene (»pathologische«) Trauer angesehen wird, von Kultur zu Kultur verschieden sei – wenig überraschend, wenn man berücksichtigt, daß manche Kulturen sprachlich den Kranken schon zum Toten, den Toten zu den Lebenden rechnen (vgl. Krupp und Kligfeld 1962). (Zur Frage der Universalität von Trauerreaktionen vgl. auch Eisenbruch 1984.)

Rosenblatt, Walsh und Jackson 1976 haben diesen diversen Positionen und Meinungen eine systematische Analyse gegenüber gestellt. Sie haben die Feldforschungsergebnisse von 78 verschiedenen ethnischen und kulturellen Gruppen mit Hilfe unabhängiger Beurteiler nach dem Vorhandensein und der Stärke verschiedener Aspekte von Trauerreaktionen und Trauerriten ausgewertet. Sie waren besonders an drei Fragestellungen interessiert: (1) gibt es emotionale Reaktionen auf den Verlust eines nahestehenden Menschen, die als universell bezeichnet werden können; (2) was bedeutet es, wenn eine Kultur einen »Spezialisten« der Trauerritualistik stellt; und (3) welche Auswirkungen hat es, wenn eine Kultur ein den Trauerprozeß *beendendes* Ritual vorgibt *(tie breaking ritual)*.

Das Vorhandensein/Nichtvorhandensein dieser rituellen Angebote haben die Autoren in Beziehung gesetzt zu verschiedenen »Ergebnissen« des Trauerprozesses. Merkmale eines gelungenen Trauerprozesses seien z. B. die Eindämmung der in aller Trauer auftauchenden Angst und Aggression oder die (zumindest äußerliche) Überwindung der Trauer z. B. durch Neuheirat. Die Autoren gehen von der Annahme aus – und finden für diese auch *»some evidence«* und *»some support«* –, daß das Vorhandensein eines »Trauerritualisten« in einer Kultur helfe, Angst und Aggression der Trauer einzudämmen: der Betroffene kann sich an den »Trauerspezialisten« wenden, dieser kann emotionale Stütze geben und Rat, er gibt auch durch die Einleitung der Riten Orientierung und Instruktion, er kann auch das, was der Trauernde empfindet, benennen und umbenennen (*labeling;* z. B. du bist nicht zornig, die Geister sind es, die dich reiten) oder auch für Zorn und Ärger andere Zielobjekte anbieten, so daß sie sich nicht mehr gegen den Trauernden selbst, nicht gegen den Toten und nicht gegen die Mitmenschen richten. Hier wird dem Trauerritualisten also eine eindeutig positive Funktion bei der Bewältigung der Trauer zugesprochen – positiv nicht nur für das Individuum, sondern auch – bei Eindämmung von Aggression – für die Gruppe.

Auch den Trauer beendenden Riten wird eine positive Funktion zugeschrieben. Der Tod eines nahestehenden Menschen definiert den Beginn der Trauer. Das hat – auch bei uns – bestimmte Verhaltenskonsequenzen. Doch wann hört die Trauer auf, gibt es auch eine Definition für das *Ende* der Trauer? Die Autoren stellen fest, daß 75 % der von ihnen analysierten ethnischen und kulturellen Gruppen solche Trauer-beendenden Rituale kennen und daß in denjenigen Kulturen, die solche anbieten, übermäßig lange und schwere Trauer seltener vorkommt.

Wenden wir die Gedanken zunächst auf die llaki wij'chuna an. Der Callawaya-Medizinmann ist in der llaki wij'chuna der

Spezialist der Trauer-Ritualistik. Wir haben gesehen, daß er auch dazu beiträgt, Gefühle zu kanalisieren und möglicherweise ihre Umbenennung zu fördern – insbesondere bei der Frage, *warum* ist dieser Mensch gestorben; dies wird besonders deutlich in der llaki wij'chuna nach dem Tod Marianos. In dieser llaki wij'chuna und auch in der llaki wij'chuna für Irene nach dem Tod ihres kleinen Mädchens wird auch der Beitrag der Trauer-Ritualisten zu einer Benennung möglicher »äußerer Zielobjekte der inneren Aggression« deutlich, wenn es darum geht, über die infragekommenden Hexen nachzudenken, die ihre Hand möglicherweise bei diesem Sterben im Spiele haben ...

Schmerz, Angst (Verunsicherung), Aggression (auch gegen den Toten: verdammt, warum macht der sich aus dem Staub?), Selbstvorwurf, Schuld scheinen sehr weit verbreitete Reaktionen auf den Verlust eines nahestehenden Menschen (vgl. u.). Ein Trauer-Ritual wird deshalb in der ethnologischen Literatur oft unter dem Aspekt behandelt, wieweit es zur Lösung von Schmerz, Angst, Aggression, Schuldgefühl beiträgt. KRUPP und KLIGFELD (1962) vertreten allerdings mit Nachdruck die Auffassung, daß nicht einmal diese Reaktionen als universell angesehen werden können und daß universell einzig die *Probleme* sind, die sich in jeder beliebigen Gesellschaft und Kultur mit dem Verlust eines nahestehenden Menschen stellen. Vier solcher universeller Probleme formulieren sie:

1. Beantwortung der Frage nach dem Warum des Todes, dem Warum des Sterbens;
2. Bewältigung von Angst, Ärger, Feindseligkeit bei Verlust;
3. Angebot einer Lösung für die Sehnsucht des Hinterbliebenen nach Kontakt und/oder Wiedervereinigung mit dem Toten (Vorstellungen von Ahnengeistern, von Unsterblichkeit, von Wiederbegegnung in einer anderen Welt);
4. Auffangen der Auswirkungen von Tod auf die Gesellschaft und die Reintegration des Trauernden in die Gesellschaft.

Zu allen genannten Problembereichen im Umgang mit Tod und Trauer können wir auch aus der vorliegenden Studie einige Hinweise gewinnen. 1. Die Warum-Frage – Warum Tod? Warum *dieser* Tod? – haben wir in den llaki wij'chuna-Ritualen allerdings nur auf der individullen Ebene kennengelernt, die freilich auf kulturelle Muster zurückgreift; am deutlichsten wird dies vielleicht in der llaki wij'chuna Federicos (Kapitel 4) bei den vielfältigen Überlegungen dazu, warum die kleine Martha sterben mußte: war es Durchfall, war es Kropf, war es Hexerei oder Strafe, war es der Blitz oder der *machu* oder ein Ort der Kraft? 2. Wir haben in der llaki wij'chuna ebenfalls einige Hinweise bekommen, in welcher Weise dieses Ritual dazu beitragen mag, Angst, Ärger und Feindseligkeit zu bewältigen: durch das Sprechen über alles Geschehene, über das gemeinsame Finden möglicher »Zielobjekte« des Ärgers (Feinde, Hexen ...), durch die Symbolik der Reinigung, die auch böse Gedanken hinwegspült. 3. Mit der Allerheiligen-Ritualistik haben wir auch einige Elemente einer Callawaya-Ausformung der »Sehnsucht der Hinterbliebenen nach Kontakt und/oder Wiedervereinigung mit dem Toten« kennengelernt: die Vorstellung von der dreimaligen Rückkehr der Neuen Seelen in ihre einstige Hütte. Dies erschöpft die Callawaya-Vorstellungen von Ahnen, Totengeistern und jenseitiger Welt keinesfalls – und wir werden weitere Aspekte dazu in den folgenden Studien kennenlernen (z. B. *chullpa runa*; vgl. auch einige Hinweise – allerdings zu weitgehend verallgemeinert und bei weitem zu konsensual dargestellt – bei Bastien 1978a). 4. Die Allerheiligen-Ritualistik können wir schließlich auch unter dem Blickwinkel eines Beitrages zur Reintegration des Trauernden betrachten: nicht nur die Trauernden zählen mit, das wievielte Mal dieses Jahr die Neue Seele zu ihrer Hütte zurückgekehrt ist – es zählen auch Verwandte, Freunde, andere Dorfbewohner, mit – diejenigen, die zur *churjatana* in der Hütte, und dann am nächsten Tag zum Friedhof – einem öffentlichen Ort – kommen, um zu beten. Der dritte und letzte Besuch der Neuen Seele kann auch gewissermaßen als ein *»tie breaking ritual«* angesehen werden, ein Ritual, das – zumindest die öffentliche – Trauer beendet.

Nach diesem kursorischen Überblick zu einigen Ansätzen der Ethnologie von Trauerreaktionen und Trauerriten möchte ich auf eine Einzelstudie noch etwas detaillierter eingehen, weil diese uns nicht nur noch einmal die zentralen Bedeutungselemente der llaki wij'chuna vor Augen führt, sondern auch deren vermeintliche Exklusivität »afrikanisch relativiert«.

Dabei gehe ich aus von dem zentralen Konzept, das dem rituellen Fokus und der Vielzahl einzelner ritueller Schritte der llaki wij'chuna zugrunde liegt. Bei der llaki wij'chuna ist entscheidend das Konzept von Trauer als einem gefährlichen Zustand der »*Verunreinigung*«, durch welche nur noch mehr Unheil angezogen wird. Daraus ergibt sich der Fokus der llaki wij'chuna: sie ist primär ein *Reinigungsritual*. Aus diesem Fokus ergeben sich die rituellen Schritte, die real oder symbolisch Reinigung und Erneuerung vollziehen – es sind rituelle Schritte, die gerade nicht beliebig, sondern »abgeleitet« oder »vorbestimmt« sind. Wenn diese Auffassung richtig ist, dann müßten in anderen Kulturen, sofern sie dieses zentrale Konzept der Verunreinigung durch Tod und Trauer teilen, auch gleiche oder äquivalente rituelle Praktiken zu finden sein. Das Beispiel der Sebei, die in Uganda leben und deren Beerdigungs-Ritualistik GOLDSCHMIDT (1973) untersucht hat, liefert dafür recht eindrucksvolle Hinweise:[1]

Das zentrale Konzept bei den Sebei ist dem der Callawaya llaki wij'chuna-Ritualistik ähnlich. Bei den Sebei wird der Tod primär als eine *Verschmutzung* (pollution) angesehen, so wie bei den Callawayas Trauer eine Verunreinigung ist. Die Verunreinigung ist bei beiden Kulturen *umfassend*: eine trauernde Sebei-Frau darf nicht für ihre Kinder kochen – ihr Mahl ist verunreinigt; mit der großen llaki wij'chuna haben wir gelernt, daß kein Trauernder das Mahl für die llaki wij'chuna-Gäste bereiten darf: das Mahl ist verunreinigt und bringt den anderen Unheil. Bei den Sebei sind alle, die mit dem Sterbenden und Toten umgegangen sind, von der Verunreinigung mitbetroffen – wir haben dies ebenfalls bei der großen llaki wij'chuna kennengelernt. Entsprechend gibt es bei den Sebei eine spezielle Zeremonie der *»Vertreibung des Todes«*, wie es bei den Callawayas die llaki wij'chuna gibt, was *»Vertreibung der Trauer«* heißt. Die

[1]) Die Ähnlichkeit der llaki wij'chuna mit den Trauerriten der Sebei ist größer als mit den Trauerriten vieler verschiedener Indianergruppen in Südamerika (vgl. MÉTRAUX 1947; STUBBE 1981).

Reinigungsritualistik sieht dort wie hier eine *Waschung im Fluß* vor. Dort in Uganda wie hier in der Apolobamba-Kordillere geht man auf dem *linken Pfad* zum Fluß und kehrt auf dem *rechten* zurück (zur Universalität der Rechts/Links-Symbolik vgl. HERTZ 1960; NEEDHAM 1973; zur Beziehung von Körpersymbolik und Wertung vgl. auch DOUGLAS 1981). Und dort wie hier dürfen die Trauernden sich auf dem Rückweg *nicht* umschauen.

Für GOLDSCHMIDT ist es nicht das Konzept der Verunreinigung durch den Tod, was die Besonderheit der Riten der von ihm untersuchten Sebei ausmacht – solche Vorstellungen, meint er, seien so weit verbreitet, daß man sie als nahezu universell ansehen könne. Das besondere der Sebei sei vielmehr das *Ausmaß* der angenommenen Verunreinigung – das bezeichnet GOLDSCHMIDT als »ungewöhnlich«:

> *That death is seen as polluting is not the unusual element in ritual practice; it is so recurrent to suggest universality in some form or other. But the Sebei focus on pollution, which infects not only the mourners, but the possessions of the dead, including his livestock, has the special characteristic of putting the entire focus of the ritual procedure on the living. (S. 93)*

> ÜBERTRAGUNG
>
> Daß Tod als verunreinigend angesehen wird, ist nicht das ungewöhnliche Element der rituellen Praxis (der Sebei); das kommt so häufig vor, daß es in gewisser Hinsicht Universalität nahelegt. Die Sebei-Orientierung auf Verunreinigung – welche nicht nur die Trauernden ansteckt, sondern auch die Besitzgüter des Toten einschließlich seines Viehs – hat jedoch die besondere Charakteristik, die gesamte Orientierung im rituellen Vollzug auf die Lebenden zu fokussieren.

Setzen wir GOLDSCHMIDT's Ergebnisse bei den Sebei und meine bei den Bewohnern der Callawaya-Region in Beziehung, so verblaßt sowohl das von GOLDSCHMIDT als so »ungewöhnlich« Hervorgehobene bei den Sebei als auch das uns vielleicht als ungewöhnlich Anmutende bei der llaki wij'chuna. Und beiden

Ritualen – dem afrikanischen und dem südamerikanischen – ist gemeinsam, daß sie auf den *Lebenden* orientiert sind, nicht auf den Verstorbenen. Aber sie sind nicht nur auf den Lebenden orientiert, sondern auch auf Hütte und Hof, Felder und Vieh; wie wir es in der einen oder anderen Weise in jeder dargestellten llaki wij'chuna gesehen haben; zum Beispiel: Don Valentin läßt Koch- und Todes-Hütte reinigen (Kapitel 2); Don Marcelino reinigt Ochsen und Kühe, Esel und Schafe des verstorbenen Mariano (Kapitel 3); und Federico reinigt die Hütte der beiden Frauen nach dem Tod der kleinen Martha (Kapitel 4): so umfassend ist das Konzept der Verunreinigung.

Es wird, so denke ich, an diesem kurzen Einblick in die Ethnologie von Trauerreaktionen und Trauerriten deutlich, daß meine Untersuchung der llaki wij'chuna (an diesem Punkt meiner Callawaya-Studien) nur einen Ausschnitt der aufgeworfenen Fragen – und diese auch nur punktuell – beantworten kann. Diese Fragen geben uns jedoch eine Betrachtungsweise der llaki wij'chuna, die unseren vorsichtigen Schritten in Richtung auf einen Vergleich mit unserer Kultur einige Orientierung geben kann. Die wichtigsten Fragen eines Vergleichs beziehen sich auf

- das Vorhandensein und die Funktion von Ritual für den Trauerprozeß;
- die Rolle des Trauer-Spezialisten;
- den Umgang mit der vom Tod ausgelösten Verunsicherung, Aggression und Angst, der Warum-Frage und dem Sinn;
- das Eingebettetsein der Trauer-Ritualistik in andere Aspekte der Kultur.

Ehe ich mich jedoch diesen Fragen zuwende, muß im folgenden Abschnitt auch noch die Forschung über Trauer in *unserer* Kultur zur Sprache kommen.

3. TRAUERREAKTIONEN UND TRAUERRITEN BEI UNS: FRAGESTELLUNGEN UND ERGEBNISSE »WESTLICHER« TRAUERFORSCHUNG

In der zitierten Untersuchung der Beerdigungsriten der Sebei in Uganda bemerkt GOLDSCHMIDT (1973) zu Recht, daß die Verbindung von Tod mit der Vorstellung von Verunreinigung weit verbreitet sei. Darauf hat bereits HARTLAND (1928) in seiner welt-umspannenden Übersicht der Trauerritualistik hingewiesen, desgleichen STUBBE (1985, 128-132). Reinigungsrituale sind im Zusammenhang mit Tod und Trauer sehr verbreitet, und die Waschung mit Wasser sowie die *»fulmigation«*, die Räucherung, sind die weitest verbreiteten Methoden der Reinigung. Beides haben wir auch bei der llaki wij'chuna kennengelernt: die Waschung im Fluß, die Beräucherung mit Weihrauch. Wir müssen jedoch nicht erst zu den Callawayas in die Hochanden Boliviens oder zu den Sebei in Afrika fahren, um dieses Konzept des unreinen Todes oder der unreinen Trauer anzutreffen. Es genügt, in die eigene europäische Vergangenheit zu reisen:

> *In Europa similar beliefs and practices have prevailed throughout historic times ... It is still a very widespread custom on the Continent to meet the funeral party, on returning to the house, with water and towel, that all who have taken part may wash their hands before entering ... In Central France, two generations ago, the members of the funeral party used to hasten to the nearest broock or pool. In some of the villages so contagious was the pollution held that, if the funeral procession passed any clothes hanging out to dry, the clothes were always washed again ...* (S. 434)

ÜBERTRAGUNG

Ähnliche Vorstellungen und Praktiken haben noch in historischer Zeit auch in Europa geherrscht ... Noch immer ist es ein weitverbreiteter Brauch auf dem Kontinent, die Trauergesellschaft, wenn sie ins Haus zurückkehrt, mit Wasser und Handtuch zu empfangen, so daß alle, die (an der Beerdigung) teilgenommen haben, ihre Hände waschen können, bevor sie eintreten ... In Zentral-Frankreich gab es vor zwei Generationen noch den Brauch, daß die Teilnehmer an einer Beerdigung auf dem schnellsten Weg zum nächstgelegenen Bach oder Teich eilten. In einigen Dörfern wurde die Verunreinigung als dermaßen ansteckend angesehen, daß, wenn eine Beerdigungsgruppe an Wäsche, die draußen zum Trocknen aufgehängt war, vorbeiging, diese Kleider immer noch einmal gewaschen wurden ...

In der westlichen« Trauerforschung finden wir Darstellungen noch lebendiger, ausgeformter Trauerritualistik nur sehr vereinzelt. Ein vorzügliches Beispiel ist die Arbeit von *Canacakis* (1982), auf die ich weiter unten noch eingehen werde (vgl. auch Bryer 1979; Griffith und Mahy 1984). Im Hauptstrom der westlichen Trauerforschung, als Teil der in den letzten zwanzig Jahren explosiv angewachsenen Thanatologie (Forschung über Sterben und Tod), stehen jedoch folgende Themenschwerpunkte im Vordergrund:[1] (1) »normale« Trauer; (2) »pathologische« Trauer; (3) Trauertherapie und (4) Beerdigungsriten. Ich möchte auf jedes dieser Hauptthemen der Trauerforschung insoweit eingehen, als es uns im vorliegenden Zusammenhang zu einer transkulturellen Perspektive auf die llaki wij'chuna verhilft.

(1) *»Normale« Trauer*: Wie verläuft »normalerweise« der Trauerprozeß nach Verlust eines nahestehenden Menschen? Welche Faktoren beeinflussen diesen »normalen« Trauerprozeß? Kann

[1]) Für einen Überblick der Trauerforschung, ihrer Fragestellungen und Ergebnisse, vgl. Moriarty 1967; Kutscher 1969; Schoenberg et al (Eds.) 1970; Switzer 1970; Spiegel 1973; Schoenberg et al (Eds.) 1974; Schulz 1978, Kapitel 6; Jackson 1979; Chamarez 1980, Kapitel 9; Kutscher 1981; Bowlby 1982, 83, 84; Euler u. Mandl (Eds.) 1983; Parkes und Weiss 1983; Shackleton 1984; Stillion 1985, Kapitel 5; Quint Benoliel 1985. – Für einen schnellen und knappen, aber präzisen Überblick ist von diesen Titeln noch immer Schulz 1978, Kapitel 6, besonders zu empfehlen, sowie Stubbe 1985 (2.1. bis 2.6.).

man charakteristische Stufen oder Phasen in diesem Trauerprozeß voneinander abgrenzen? Wann ist der Trauerprozeß abgeschlossen? – Das sind Fragestellungen im Rahmen des ersten Themenschwerpunktes der Trauerforschung.

Ein wichtiges Ergebnis der empirischen Untersuchungen des Trauerprozesses in unserer Kultur ist – wie wir es auch schon durch die ethnologische Forschung kennengelernt haben – das Vorkommen sehr starker, auch negativer Empfindungen des Trauernden – Gefühle, die Trauernde wie Beobachter nur ungern wahrhaben wollen: Ärger und Aggression, auch Haß- und Schuldgefühle, die sowohl auf den Trauernden selbst als auch vor allem auf den Gestorbenen gerichtet sind und auf die Menschen, die ihn als Trauernden umgeben (vgl. z. B. die klassische Arbeit von LINDEMANN 1944). PARKES (1972), der sehr wesentliche Beiträge zur Trauerforschung (vgl. vor allem Themenbereich 2) geleistet hat, betont neben Ärger und Schuld, Vorwurf und Aggression im Trauerprozeß auch die enorme Verunsicherung »meines Gefühls in dieser Welt« – eine Verunsicherung, die vor allem bei plötzlichem, unterwartetem Tod eines Angehörigen auftritt, ein Tod, der zu *»high grief deaths«* (FULTON 1970) gezählt werden muß. *High grief deaths* – Tode extremer Trauer – sind plötzliche, gewaltsame, zu frühe, unzeitgemäße Tode, der Unfalltod eines jungen Menschen z. B., im Unterschied zu low grief deaths, wo ein Tod erwartet, sanft und eher zeitgemäß ist. Mit dem Erleben eines unerwarteten, unzeitgemäßen, gewaltsamen Todes ist die Welt noch unsicherer geworden, und das führt zu Irritation, zu Bitterkeit und eben auch zu negativen Gefühlen, realen, starken und berechtigten Gefühle, die in unserem Kulturkreis aber nicht in das Bild des heldenhaft leidenden Trauernden passen. Es ist ein wichtiges Ergebnis der Trauerforschung, dieses Bild zurechtzurücken – und damit vor allem auch auf die möglichen Problembereiche hinzuweisen, in denen der Trauernde leicht allein gelassen wird, wo er die Negativität möglicherweise bis zur Selbstdestruktivität auf sich selbst wendet und vielleicht therapeutische Hilfe braucht.

Gerade im Blick auf die Frage, wie erkennen wir einen

problematisch verlaufenden Trauerprozeß, und wie und wann können wir folglich helfen, haben sich Trauerforscher immer wieder darum bemüht, voneinander abgrenzbare »Phasen« oder »Stufen« im »normalen« Trauerprozeß zu identifizieren. Je nach ihrer theoretischen und methodischen Orientierung kommen die einen zur Unterscheidung von fünf (Hardt 1978/1979), die anderen von sechs (Frears und Schneider 1981) oder von zehn Stufen (Hodge 1971). Ein systematischer Vergleich und eine sinnvolle Zusammenfassung lassen aber erkennen, daß der Dissens über »Stufen« des Trauerprozesses keinesfalls so groß ist, wie man bei der ersten Betrachtung der Trauertheorien zunächst annehmen mag. Der folgende tabellarische Überblick einiger Stufentheorien des Trauerprozesses mag dies verdeutlichen (vgl. auch Barrett und Schneweis 1980).

Es mag für analytische und praktische Zwecke manchmal sinnvoll sein, solche die Forschungs- oder Therapiearbeit orientierenden Konzepte zu entwickeln, sofern man sie nicht normativ, sondern heuristisch versteht (Wambach 1985) und sich bewußt bleibt, welche sehr große Zahl an Bedingungsfaktoren den jeweils individuellen Verlauf des Trauerprozesses bestimmen. Nur einige dieser vielfältigen Faktoren seien als Beispiel aufgezählt (vgl. z. B. Parkes 1972; Parkes und Weiss 1983).

Der Verlauf des Trauerprozesses hängt u. a. ab von

- den vergangenen Verlusterfahrungen eines Menschen und deren Bewältigung (Verlassenwerden als Kind, Verlust naher Menschen usw., vgl. z. B. Horowitz et al 1984);
- der Beziehung, die der Trauernde zu dem Verstorbenen hatte (eine ambivalente Beziehung z. B. erschwert den Trauerprozeß);
- den Umständen des Sterbens (gewaltsamer vs. sanfter Tod, verfrühter vs. zeitgemäßer Tod, plötzliches, kurzes Sterben vs. langer Krankheits- oder Sterbepozeß usw.); eine sich lang hinziehende Krankheit, ein langsamer Sterbepozeß ermöglicht *anticipatory grief* – vorwegnehmende Trauer – (vgl. Schoenberg et al 1974; Lundin 1984a; Doka 1984);

Übersicht 1
Phasen des »normalen« Trauerprozesses

Lindemann 1944/1979	Kast 1982	Alexy 1982	Spiegel 1973 Petzold 1982b
aus empirischer Untersuchung von akuter Trauerarbeit	aus der Psychotherapie Trauernder; insbesondere ihrer Träume	aus Befagung trauernder Eltern	aus systematischer Literaturübersicht (Spiegel) u. Psychotherapie (Petzold)
1. Schock und Unglaube	1. Phase des Nicht-Wahrhabenwollens	1. Lähmung (numbing)	1. Schock, evtl. Verleugnung
2. Realitätskonfrontation. Suche nach dem Verlorenen. Zwanghafte Erinnerungen.			2. Kontrolle. Versuch, die Gefühle in den Griff zu bekommen, Alltag, Ritual (Beerdigung)
	2. Phase der aufbrechenden Emotionen	2. Phase der Sehnsucht und Suche	3. Desorganisation/ Turbulenz. Ausbruch von Vorwurf, Verzweiflung, Schmerz. Beginnender Abschied
		3. Phase der Desorganisation und Verzweiflung	
	3. Phase des Suchens und Sich-Trennens		
3. Erholung, Wiederherstellung	4. Phase des neuen Selbst- und Weltbezugs	4. Phase der Reorganisation	4. Reorganisation/ Restitution. Annahme. Bilanz der Alternativen. Neuorientierung

– den Erfahrungen in Sozialisation und Erziehungsstil (z. B. van Loon 1984) sowie den herrschenden Autoritäts- und Rollenstrukturen in der Familie (z. B. Vess et al 1985);
– der Persönlichkeit des Trauernden, seiner Ich-Stärke, seinen inneren Ressourcen usw. (z. B. Alarcon 1984; Kessler 1985);

- der religiösen Bindung oder der Bindung an andere Wertsysteme, die auch Sinn-Deutungen für Sterben und Tod bereithalten;
- den realen sozialen und ökonomischen Konsequenzen, die aus dem Tod des nahen Menschen für das Leben des Trauernden folgen (z. B. Verlust von Einkommen, Besitz, Status, Arbeitskraft usw.);

und vielen – vor allem natürlich auch kulturellen Faktoren – mehr. Vielleicht ist es deshalb sinnvoller, statt von »Phasen« des Trauerprozesses von »Weisen« der Trauerbewältigung oder Weisen der Trauerarbeit zu sprechen. Lindemann (1944/1979) definiert Trauerarbeit folgendermaßen:

> *... emancipation from the bondage of the deceased, readjustment to the environment in which the deceased is missing, and the formation of new relationships. (1979, S. 64)*

ÜBERTRAGUNG

> ... Loslösung von der Bindung an den Verstorbenen, Neuanpassung an eine Welt, in der der Verstorbene fehlt, und die Herstellung neuer Beziehungen.

Diese Aufgaben, die wohl für jeden Trauernden anstehen, können nun, je nach den exemplifizierten Bedingungsfaktoren, sehr unterschiedlich verlaufen; vielleicht wird nicht einmal die erste Aufgabe gelöst, die Lösung von dem Verstorbenen, vielleicht nicht die letzte, die Schafftung neuer Bindungen. Gorer (1965) spricht hier, je nach Trauerverlauf, von »Stilen« des Trauerprozesses. Beispiele solcher Stile sind:

- Trauerleugnung;
- Trauerlosigkeit;
- Verbergen der Trauer;
- zeitlich endlose Trauer (»Mumifikation« des Toten; oder Verzweiflung).

Solche Trauerformen zu unterscheiden dürfte uns gerade für den trans-kulturellen Vergleich hilfreicher sein als das Denken in Phasen.

(2) *»Pathologische« Trauer.* Dieses Thema hängt eng mit dem ersten zusammen: Unter welchen Bedingungen findet der Trauerprozeß oder die Trauerarbeit keinen Abschluß, bleibt stecken, wird blockiert? Was sind die Zeichen, Merkmale oder »Symptome« eines steckengebliebenen Trauerprozesses? Kann die Trauer um einen Verstorbenen zu Krankheit führen oder gar zum Tod des Trauernden? – Es ist diese letztere Frage, die im Rahmen dieses zweiten Themenschwerpunktes der Trauerforschung einen breiten Raum einnimmt und auch für unsere folgende Diskussion relevant ist.

Menschen in akuter Trauer zeigen eine Vielzahl von »Symptomen« (zur Symptomatik vgl. z. B. LINDEMANN 1944, PARKES 1972; GLICK et al 1974; RAPHAEL 1980; ZISOOK und DEVAUL 1984; LUND et al 1985); sie leiden oft an Schlafstörungen, zeigen Gewichtsverlust, sind krankheitsanfälliger, gehen öfter zum Arzt als vergleichbare Gruppen, werden eher krank, ihre Sterblichkeit ist im ersten Jahr nach dem Trauerfall gegenüber Vergleichsgruppen signifikant erhöht. Das sind einige der Ergebnisse, seit ENGEL (1961) Trauer als eine »Krankheit« diskutiert hat, eine Krankheit auch zum Tode. Dieser Ausgangspunkt hat zu einer großen Zahl von Untersuchungen über die gesundheitliche Gefährdung und Sterbewahrscheinlichkeit akut Trauernder geführt; entsprechende Ergebnisse sind für England (PARKES 1964, 1972), für die Vereinigten Staaten und Australien (MADDISON und WALKER 1967), für Schweden (LUNDIN 1984 b) Kanada (VACHON et al 1982) und für London, Boston, Tokio (YAMAMOTO 1970) vorgelegt worden.

Nun muß die statistische Beziehung zwischen Verlust und Trauer auf der einen und Krankheits-, ja Todesrisiko auf der anderen Seite nicht bedeuten, daß Trauer »direkt« zu Krankheit und Tod führen kann. Es gibt vielmehr eine ganze Reihe von Alternativerklärungen, welche die Trauerforscher sich bemüht haben durch weitere systematische Studien Schritt für Schritt auszuschließen (als Übersichten für diesen Forschungsstrang vgl. z. B. CLAYTON 1973; GLICK et al 1974, EPSTEIN et al 1975; FREDRICK 1976; STROEBE et al 1979; DEVAUL et al 1979; JACOBS und OSTFELD 1980; vgl. auch BOJANOVSKY 1986). Diskutiert wird z. B. die »Verzweiflungs- und Hilflosigkeits-Hypothese«: Durch den Verlust eines Menschen kann der Trauernde Lebenswillen und Lebensenergie verlieren, in Hoffnungslosigkeit und Hilflosigkeit geraten, sich selbst aufgeben; und das ist es, was ihn dann auch in bezug auf Krankheit und Tod gefährdet. Auch Verhaltensänderungen beim Trauernden können das erhöhte Risiko erklären: vielleicht vernachlässigt sich der Trauernde, weil er das Interesse verloren hat, nimmt keine Medikamente, begibt sich unbewußt in riskante Situationen, beginnt zu trinken und zu rauchen ...

Wie immer man den statistisch nachweisbaren Zusammenhang erklären mag, – was bleibt, ist das Faktum einer erhöhten Gefährdung von Gesundheit und Leben bei einem Menschen, der einen nahestehenden Anderen verloren hat und sich in akuter Trauer befindet. Dieses Ergebnis ist auch für meine folgende Diskussion wichtig. Wichtig ist ebenfalls ein Ergebnis der bereits zitierten Arbeit von Yamamoto (1970), der die erhöhte Sterblichkeit Verwitweter transkulturell (London, Boston, Tokio) untersucht hat und diese Beziehung auch für alle drei Kulturkreise bestätigt – mit Ausnahme einer Gruppe sehr religiöser Japaner. Yamamoto schreibt dies u. a. auch dem Inhalt der buddhistischen Religion zu, in der die Verehrung der Vorfahren eine große Rolle spielt. Religiöse Inhalte und Werte, so muß vermutet werden, wirken sich auf den Verlauf des Trauerprozesses aus. Dabei ist allerdings nicht die Zugehörigkeit zu einer religiösen Gruppe von Bedeutung, auch nicht die Häufigkeit der Teilnahme an religiösen Riten (z. B. Kirchgang) (vgl. Gorer 1965), sondern der innere Bezug, die gelebte Religion.

(3) *Trauertherapie.* Auf dem Hintergrund solcher Ergebnisse stellt sich die Frage, wie man einem Trauernden helfen kann, um den Trauerprozeß zu fördern, die Trauerarbeit zu einem Abschluß zu bringen, die »pathologischen« Entwicklungen zu vermeiden, seine Gefährdung zu reduzieren und ihm zu einem Neuanfang zu verhelfen. Einen Überblick über therapeutische Interventionen für den Trauernden geben Schoenberg 1980;

Margolis it al 1981; Worden 1982; Murphy 1983 und Giblin 1984: Daneben liegt eine große Anzahl von Einzelstudien vor, die darüber berichten, wie spezielle Verfahren der Psychotherapie für einen akut trauernden Menschen eingesetzt werden; Übersicht 2 gibt entsprechende Beispiele.

Übersicht 2
Beispiele psychotherapeutischer Verfahren in der Trauertherapie

Psychoanalyse	Volkan 1981
C. G. Jung Therapie	Kast 1982
Psychodrama	Kaminski 1981
Gestaltdrama	Petzold 1982a
Katathymes Bilderleben	Szonn 1980
Andere Imaginative Verfahren	Morrison 1978, 1981 Melges und DeMaso 1980
Verhaltungstherapeutische Ansätze	Ramsey 1977 Ramsey et al. 1981 Brasted und Callahan 1984
Kriseninterventions-Ansätze	Vollman et al. 1971 Williams et al. 1972 Constantino 1981
Gruppentherapeutische Ansätze	Davis und Jessen 1982 Walls und Meyers 1984
Familientherapeutische Ansätze (und Vergleich mit Individualtherapie)	Reilly 1978 Kisner 1980
»Psychiatrische« Ansätze	Raphael 1980
Selbsthilfegruppen	Klass und Shinners 1982
»Faith healing«	Vogelsang 1983

Als Begründung oder Legitimation für eine therapeutische Intervention beim Trauernden dienen diesen Untersuchungen meist die in Abschnitt 2 (»Pathologische« Trauer) zitierten Ergebnisse, wonach Trauer als ein erhöhtes Gesundheits- und Lebensrisiko für den Trauernden angesehen werden muß. Die meisten Therapiestudien – soweit sie Erfolgskontrollmessungen vornehmen – berichten nach therapeutischer Hilfe von einer reduzierten Gefährdung des Trauernden gegnüber den jeweiligen »Kontrollgruppen« (vgl. z. B. Williams et al. 1972; Raphael 1977, 1978; Mawson et al. 1978; Videka-Sherman und Liebermann 1985). Was aber – und das ist die wichtigere Frage – ist denn nun an psychotherapeutischer Hilfe für den Trauernden so hilfreich? Zu diesen Fragen finden wir naheliegenderweise so viele Antworten wie es Richtungen oder »Schulen« in unserer vielfach zerspaltenen Psychotherapie-Szene gibt. Ich gehe hier nicht auf die jeweiligen Besitzansprüche der einzelnen Richtungen in bezug auf Weisheit und Wirkung ein, sondern möchte nur einige der Aspekte hervorheben, die über die verschiedenen Schulen hinweg von mehreren Autoren für wichtig erachtet werden (vgl. auch die vorne zitierte Definition von Trauerarbeit von LINDEMANN 1944/1979).

Über drei Aufgaben der Trauerarbeit besteht relative Einigkeit – über die Schulgrenzen hinweg. Eine Erleichterung, eine Förderung, eine Hilfe in der Bewältigung dieser Aufgaben ist dann ein wesentlicher Beitrag der Psychotherapie:

1. Westliche wie ethnologische Trauerforscher sind sich einig darin, daß der *Ausdruck von Gefühlen*, die Formulierung von Schmerz, die Berichte des Geschehenen, das Aussprechen und Ausweinen der Gefühle, ein ganz wesentliches Element für einen »normal« verlaufenden Trauerprozeß sei. Schon LINDEMANN in seiner klassischen Studie (1944/1979) hebt die Bedeutung hervor, die der Gefühlsausdruck hat. RAPHAEL (1980) zählt die Ermutigung des Gefühlsausdrucks beim Trauerpatienten zu einer der vier wichtigen Aufgaben jeder Trauertherapie. Im gleichen Sinn sprechen sich u. a. auch MELGES und DE MASO (1980), BACHMANN (1964), PANIDES (1984), SEGALL (1984) aus; und für VOGELSANG (1983) ist ein Übergehen, eine Unterdrückung oder Vernachlässigung des Ausdrucks der Gefühle einer der vier wichtigsten Faktoren, die zu einer Komplizierung des Trauerprozesses führen würden. Vielfach wird dabei betont, wie wichtig es ist, vor allem auch die *negativen* Gefühle – Zorn, Aggression, Irritation – zuzulassen.

2. Auch über die *Notwendigkeit der Realitätskonfrontation* im Trauerprozeß besteht Einigkeit, und die Realität des Verlustes anzuerkennen wird als eine wichtige Aufgabe der Trauertherapie angesehen. CORAZZINI (1980) verlangt vom Trauertherapeuten *»to insist on the loss«* (er soll auf dem Faktum des Verlustes insistieren), vom trauernden Patienten *»to acknowledge the loss«* (den Verlust anzuerkennen). In gleicher Weise fordert BACH-

MANN (1964) auf, Schmerz und Verlust als Fakten zu akzeptieren und den Verlust allmählich in die veränderte Welt zu assimilieren – ebenso wie VOGELSANG (1983) die Notwendigkeit betont, dem Tod und der folgenden Lebensveränderung ins Auge zu sehen.

3. Ein dritter wichtiger Faktor gelingender Trauerarbeit – so wird allgemein angenommen – ist das, was BACHMANN (1964) »the need for relatedness« – das *Bedürfnis nach Bezug oder Bezogenheit* – nennt. Andere Autoren (z. B. MELGES und DEMASO 1980, VOGELSANG 1983) sprechen von *»support system«* oder *»support group«* – dem Vorhandensein stützender, naher anderer Menschen, die den Trauernden begleiten. Der Therapeut kann dies nicht alleine leisten; er kann nur vorübergehend und stellvertretend ein Stück Bezug und Bezogenheit, Unterstützung und Eingebettetsein in einen speziellen mitmenschlichen Kontext geben. Auch eine Psychotherapiegruppe von Trauernden kann diesen Bezug nur vorübergehend und unvollständig leisten – die Gruppe ist meist eine vom Alltag und von der Lebensrealität des Trauernden abgehobene, nicht eingebettete Erfahrung. GLICK et al. (1974) sprechen nicht von Einbeziehung, Bezogenheit, Unterstützung, Eingebettetsein, sondern betonen die Notwendigkeit, in der Therapie alles zu tun, um dem Trauernden das Gefühl der Sicherheit, des Aufgehobenseins zu vermitteln, ein Gefühl, daß die Gefahren der Welt und die Unsicherheit in dieser Welt, welche ein plötzlicher Tod so stark in den Vordergrund rückt, bewältigt werden können: einer Desorientierung in der radikal veränderten persönlichen Welt soll die Therapie entgegenwirken.

Betrachtet man die Beiträge zur Trauertherapie, so fällt nachdrücklich auf, daß die inhaltliche Frage, wie solche Orientierung aussehen soll, fast vollkommen ausgeblendet wird. Die Trauerforschung betont zwar die gesundheitliche Gefährdung des Trauernden, erklärt sein erhöhtes Gesundheits- und Lebensrisiko mit dem Fehlen von Hoffnung und Zukunft, mit Leere, Verzweiflung und Hilflosigkeit, aber auch hier kommt eine inhaltliche Alternative (was soll an die Stelle der Leere treten?) so gut wie gar nicht zur Sprache. *Wahrnehmung* (der

Realität), (Ausdruck von) *Gefühl und Handlung* (in bezug auf die veränderte Welt) – das kommt in den westlichen Trauertherapien vor; Überlegungen zur *Kognition* fehlen mit wenigen Ausnahmen. Eine Ausnahme in diesem allgemeinen Schweigen über Kognition, Inhalte und Werte, über Fragen von Glauben und Sinn, stellen nur diejenigen Trauerforscher dar, die aus der Theologie kommen und entsprechend *vorgegebene* Inhalte zu vermitteln wissen (z. B. SPIEGEL 1973). Nun wissen wir aber spätestens seit der Untersuchung von GORER (1965), wie wenig bloße Kirchenzugehörigkeit oder auch kirchliches Verhalten Trost im Trauerprozeß zu liefern vermag. Mit Mitgliedschaft und Pflichterfüllung ergibt sich noch nicht Sinn. Von Sinn, von Werten, von Glauben zu sprechen, ist aber in der Trauerforschung – außerhalb einer »Trauertheologie« – weitgehend tabu.

Diese inhaltliche Abstinenz kommt auch zum Ausdruck, wenn es in der westlichen Trauertherapie-Diskussion darum geht, nach der Qualifikation des Trauertherapeuten zu fragen (zur Ausbildung des Trauertherapeuten vgl. z. B. DUNLOP 1980). Als Beispiel möchte ich BACHMANN (1964) zitieren. Bezeichnenderweise spricht BACHMANN als Theologe von den Pastoral *Techniques* of Grief *Management* – den pastoralen *Techniken* der *Handhabung* von Trauer.[1] In seinem für Geistliche in ihrer seelsorgerlichen Aufgabe beim Trauernden sicherlich grundsätzlich sehr hilfreichen Buch verweist er zum Beispiel auf verschiedene »Fallen« einer Trauerseelsorge:

- sich in einer Kontroverse oder einem Konflikt des Trauernden auf eine Seite schlagen, also Stellung zu beziehen;
- »moralische« Urteile fällen;
- die private Welt des Patienten nicht akzeptieren;
- eine komplizierte Sprache benutzen usw.

In der von ihm empfohlenen kritischen Selbstbetrachtung des Trauer-Seelsorgers empfiehlt er z. B. folgende Fragen an die eigene Rolle:

- Was versuche ich eigentlich zu tun, indem ich Menschen helfe?

[1] Neuere Beiträge zur Trauerseelsorge sind z. B. LINDEMANN (1984); INGRAM und RILEY (1985).

- Was erwartet der Trauernde von mir? Warum kommt er zu *mir*?
- Wie kann ich ihm am besten helfen, und wieviel Zeit will ich für ihn haben?
- Wie verstehe ich meine eigene Rolle, und was sind meine Grenzen?
- Muß ich erfolgreich sein?

Diese Fragen sind gewiß wichtig für den Seelsorger und wichtig auch für andere Trauertherapeuten. Inhaltslos bis absurd erscheinen sie uns nur dann, wenn wir uns vorstellen, ein Medizinmann der llaki wij'chuna würde sich diese Fragen nach »Fallen« und diese Fragen nach der eigenen Rolle stellen (vgl. u.).

Eine Ausnahme in diesem allgemeinen Schweigen über Inhalte ist VOGELSANG (1983), der seinen trauertherapeutischen Ansatz entsprechend auch *»A psychological and faith approach to grief counseling«* (Ein psychologischer und Glaubens-orientierter Ansatz der Trauertherapie) nennt. Hier kommt wenigstens andeutungsweise zur Sprache, daß die oft existentielle Erfahrung des Verlustes eines nahestehenden Menschen Fragen von Werten, Glauben und Sinn aufwerfen: *»In times of crisis people turn back to the sense of meaning and purpose«* schreibt VOGELSANG (S. 245): In Zeiten der Krise finden Menschen zurück zu der Frage nach Bedeutung und Sinn. Hier wird zumindest ein Problem, eine Aufgabe, benannt – auch wenn wir nicht erfahren, wie dies in eine Trauertherapie eingeht. Noch eine weitere trauertherapeutische Arbeit hebt sich von der Mehrzahl der Trauertherapien dadurch ab, daß sie einen Schritt über die üblichen Gedankengänge hinausgeht: Verena KAST (1982) bleibt nicht bei Überlegungen stehen, was eine Trauer*therapie* für den Trauernden zu leisten hat, sondern überschreitet den therapeutischen Rahmen und fragt, welche Weltsicht oder Lebensorientierung es grundsätzlich erleichtert zu trauern. Es ist das, was sie »abschiedlich leben« nennt – ein Leben in dem tiefen Bewußtsein stets möglichen Verlustes.[1]

[1] Vgl. dazu PARKES (1972): »Resistance to change, the reluctance to give up possessions, people, status, expectations – this, I believe – is the basis of grief.« (S. 11)

(4.) *Beerdigungs- und Trauerriten.* Ein letzter Themenschwerpunkt westlicher Trauerforschung bezieht sich auf die hiesigen Beerdigungs- und Trauerriten und deren mögliche Bedeutung und Funktion für den Trauerprozeß. Im Rahmen dieses Themas stellen sich die Fragen: Welche kirchlichen und/oder gesellschaftlichen Riten stehen dem Trauernden zu Verfügung? Welche Funktion haben sie im Trauerprozeß? Wie fügen solche Riten sich ein in unsere Konzepte von Leben, Tod und Trauer und in unsere anderen gesellschaftlichen Institutionen?

Seit Mitfords (1963, deutsche Ausgabe 1965) provokantem Buch »Der Tod als Geschäft« durchzieht ein kritischer Unterton die Behandlung unserer Beerdigungsriten in der Trauerforschung, auch wenn immer wieder darauf hingewiesen wird, wie wichtig das Beerdigungsritual für den Trauernden in seiner Phase des Schocks sein könne: der Trauernde spricht mit Beerdigungsunternehmer und Pfarrer, die Beerdigung gibt eine gewisse vorübergehende Handlungsorientierung, es versammeln sich Mitbetroffene und Angehörige etc. (vgl. z.B. Irion 1966; Jackson 1966; Pine et al. 1976; Fulton 1979; Taylor 1979). Ist die Beerdigung vorbei, weiß die Trauerforschung für die technisch-industrialisierte Welt von keinen Trauerriten mehr zu berichten. Fragt man, wie diese aussehen könnten, wird man bestenfalls in Reservate traditioneller Lebensweise geführt, die es auch noch in Europa gibt. Ein gutes Beispiel für die Untersuchung einer solchen Tradition ist die bereits erwähnte Arbeit von Canacakis (1982). In seiner empirischen Studie untersucht er die Moiroloja-Totenklage in Mani, Griechenland, in der in ritueller Musik und rituellen Inhalten, in Klagen, Weinen und Singen die Trauer ausgedrückt wird. Canacakis hat auch untersucht, welche Wirkungen diese Trauerklage auf die Beteiligten hat und wovon der Grad der Wirkung abhängt. Er kommt zu einer Reihe wichtiger Ergebnisse:

Allein das soziale Umfeld dieses Rituals, das Zusammensein mit einer Gruppe ausdrucksstark klagender Trauernder, auch wenn man selbst nicht aktiv beteiligt ist, habe heilsame Wir-

Der Widerstand gegenüber Änderung, das Widerstreben, Besitz, Menschen, Status, Erwartungen aufzugeben – das ist, glaube ich, die Basis der Trauer.

kung: »Wir können davon ausgehen, daß die bloße Anwesenheit beim Ritual für die meisten der Teilnehmer schon zu einer Verbesserung des leib-seelischen Befindens führt« – so schlußfolgert er aufgrund seiner Ergebnisse (S. 66). Deutlich heilsamer ist aber, so zeigen seine Ergebnisse, die *aktive* Beteiligung am Ritual. Hilfreicher ist das Ritual auch für diejenigen, die als *Einheimische* gelten, die *älter* sind, die mehr *Erfahrung* mit dem Ritual haben, die einen *geringen Bildungsstand* aufweisen sowie eine *positivere Einstellung* zum Moiroloja-Ritual haben. Diese Korrelate der Wirksamkeit des Rituals können als Faktoren der *Einbettung* in den traditionellen kulturellen Kontext angesehen werden. Vergleichbare Trauerriten fehlen bei uns vollständig, und CANACAKIS kann auf dem Hintergrund ihrer positiven Wirkung dieses Fehlen nur kritisch kommentieren:

> *Gesellschaftliche Normen, Zwänge und Verhaltensklischees verhindern heute institutionalisierte Trauerriten und führen zur Verdrängung und Verleugnung von Tod und Trauer.* (S. 108)

> *Moiroloja können uns Anregungen geben, unser verarmtes Brauchtum an Trauerformen durch neue, geeignete Modelle des Trauerns zu einer Traueragogik und Trauertherapie zu führen, um auf Tod, Verlust, Trennung und Trauer angemessen zu reagiern.* (S. 110)

Zu ganz ähnlichen Aussagen kommt PETZOLD (1982b). Er hat russische und südslawische Toten- und Klagebräuche untersucht und kommt aufgrund dieser Ergebnisse und aufgrund seiner psychotherapeutischen Erfahrung zu dem Schluß:

> *Diese Vielzahl von Festhalte- und Vermeidungsreaktionen* (im Trauerprozeß, IR) *kommt zu einem Teil dadurch zustande, daß die genuinen Trauerreaktionen durch einen entfremdeten gesellschaftlichen Kontext verhindert werden ... Es sind ... auch die Rituale des Trauerns verloren gegangen.* (S. 342, 343)

> *... das Fehlen* (u. a., IR) *der Klage (hat) einen leeren Raum in unserer Kultur geschaffen, von dessen Trostlosigkeit und Öde wir*

eingeholt werden – trotz aller Strategien der Ablenkung, Verleugnung und Verdrängung. Wenn wir diese Bereiche nicht wieder füllen können, wird sich noch mehr Kälte in unserer Zeit breitmachen. (S. 366)

Diesen Diagnosen – »verarmtes Brauchtum«, »Fehlen der Klage« – ist gewiß zuzustimmen, auch wenn die »ätiologischen« Gedanken der Autoren unvollständig erscheinen mögen. Auch der «Therapie« dieses Mangels möchte man zustimmen: »neue, geeignete Modelle des Trauerns« zu finden, um den »leeren Raum« wieder zu füllen. Doch die Fragen, die stehen bleiben, sind: Wie sollen die neuen Modelle aussehen? Womit sollen die Lücken gefüllt werden?

Die Offenheit dieser Fragen kennzeichnet die Diskussion um die Notwendigkeit von Trauerritualen durchgehend (ich selbst werde davon auch nicht verschont); diese Offenheit stellt eine Parallele zu der inhaltlichen Abstinenz in der Trauertherapie-Diskussion dar: *Rituale* werden gefordert, *Formen*, *Strukturen*. – Von *Inhalt*, von *Kontext*, ist nicht die Rede. An der Arbeit zweier Trauerforscher sei dieser wichtige Punkt noch einmal exemplifiziert:

Der Theologe SUNDERMEIER (1977) hat in seiner Arbeit »Todesriten als Lebenshilfe« die Trauerriten der Herero in Namibia analysiert. Er glaubt, in der Verarbeitung der Trauer bei den Herero sieben Phasen identifizieren zu können, und ordnet diese Phasen den verschiedenen Elementen der Trauerritualistik zu. In der Parallelisierung von Trauerphasen und rituellem Angebot sieht er die entscheidende Hilfe im Trauerprozeß. Ein Vergleich mit unseren Verhältnissen führt SUNDERMEIER – in bezug auf die Evangelische Kirche, doch gewiß von weiterer Gültigkeit – zu der schlichten Feststellung, daß es bei uns nur noch *Beerdigungs*riten, nicht aber *Trauer*riten gibt. Und er fordert deshalb die Schaffung gemeindlicher Trauerriten, in denen der Trauernde in der Gemeinschaft der Gemeinde aufgefangen und eingebettet wird. – Doch wie sollen diese Trauerriten aussehen? – Wir erfahren nichts darüber.

GORER (1965) ist ein weiterer Kritiker unser riten-entleerten Kultur. Er hat mit einer großen Zahl von Trauernden in

England Interviews durchgeführt und stellt fest, daß Trauer alle Symptome einer schweren Krankheit habe, es jedoch weitgehendst an Orientierungshilfen, rituellen Richtlinien und Angeboten fehle, mit dieser Trauer-als-Krankheit fertig zu werden. Zu viele Trauerverläufe endeten in Verzweiflung, und genau dies sieht er im Zusammenhang mit dem Fehlen jeglicher Riten:

> *I am inclined to see a connection between the inability to get over grief and the absence of any ritual either individual or social, lay or religious, to guide them and the people they come in contact with.* (S. 82)

ÜBERTRAGUNG

Ich neige dazu, eine Verbindung zu sehen zwischen der Unfähigkeit, über die Trauer hinwegzukommen und dem Fehlen jeglichen Rituals, sei es individuell oder sozial, weltlich oder religiös, das sie (die Trauernden) und die Menschen, die mit diesen in Kontakt kommen, leiten könnte.

Und die Kirchen bieten gar nichts an? Nach GORERS Ergebnissen in England nein:

> *... the fact that the only social techniques available for coming to terms with death and dealing with grief are phrased exclusively in religious terms means that the majority of contemporary Britons with either residual or non-existent religious beliefs have in effect neither help nor guidance in the crisis of misery and loneliness which are likely to occur in every person's life. I think my material illustrates the hypotheses that this lack of accepted ritual and guidance is accompanied by a very considerable amount of maladaptive behaviour, from the triviality of meaningless 'busy-ness' through the private rituals of what I have called mummification to the apathy of despair.* (S. 110)

ÜBERTRAGUNG

... die Tatsche, daß die einzigen zur Verfügung stehenden sozialen Techniken, mit Tod und Trauer zurechtzukommen, ausschließlich in religiösen Begriffen formuliert sind, bedeutet, daß die Mehrheit der heutigen Engländer mit ihren entweder residualen oder nicht-existenten religiösen Glaubensvorstellungen in der Tat in einer Krise, die mit einiger Wahrscheinlichkeit im Leben eines jeden Menschen auftritt, weder Hilfe noch Führung haben. Ich denke, daß mein Material die Hypothese verdeutlicht, daß dieser Mangel an akzeptierten Riten und an Führung (beim Trauernden) zu einem erheblichen Maß fehlangepaßten Verhaltens führt, angefangen bei der Trivialität bedeutungsloser Geschäftigkeit, über die privaten Rituale, die ich »Mumifikation« genannt habe, bis hin zur Apathie der Verzweiflung.

Gorer geht weiter und meint: er kenne auf dieser Erde weder in Geschichte noch in der Gegenwart eine andere Gesellschaft oder Kultur außer unserer, die ihren Mitgliedern in den biologisch, durch Tod bedingten Krisen keinerlei Handlungsmuster zu ihrer Bewältigung vorgebe. Und das führt ihn über eine Kritik an diesem Aspekt unserer Gesellschaft zu einer Forderung:

... a society which denies mourning and gives no ritual support to mourners is thereby producing maladaptive and neurotic responses in a number of its citizens. And this further suggests the desirability of making social inventions which will provide secular mourning rituals for the bereaved, their kin and their friends and neighbours. (S. 116)

ÜBERTRAGUNG

... eine Gesellschaft, die Trauer leugnet und den Trauernden keine rituelle Stütze gibt, produziert dadurch fehlangepaßte und neurotische Entwicklungen bei einigen ihrer Mitglieder. Und dies läßt es wünschenswert erscheinen, soziale Erfindungen zu machen, welche weltliche Trauerrituale für die Trauernden, ihre Angehörigen, ihre Freunde und Nachbarn zu Verfügung stellen.

Trauerrituale sollen erfunden werden. Und wieder bleiben die Fragen: Welche? Wie? Die Forderung nach Ritualen bleibt formal. Rituale haben jedoch *Inhalt*, tragen und kommunizieren *Werte* und sind in einen weiteren *Kontext* anderer Inhalte, Werte und Rituale (Kultur) eingebettet. Ohne Inhalte, Werte, Kontext sind Rituale leer – nicht minder leer als ihr Fehlen.[1]

4. TRANS-KULTURELLE ANMERKUNGEN II: DIE LLAKI WIJ'CHUNA IM LICHT »WESTLICHER« TRAUERFORSCHUNG UND UNSER UMGANG MIT TRAUER IM LICHT DER LLAKI WIJ'CHUNA

Nach dieser Übersicht einiger Hauptfragestellungen und Ergebnisse unserer westlichen Trauerforschung möchte ich noch einmal auf die Betrachtung der llaki wij'chuna zurückkommen, um zu prüfen, ob wir das Verständnis der llaki wij'chuna im Licht dieser Fragestellungen und Ergebnisse erweitern können und was die llaki wij'chuna – und die Welt, in der sie steht – *uns* vermittelt. Meine Anmerkungen zu diesen beiden Betrachtungsrichtungen gliedern sich in fünf Abschnitte:

(1) Trauer und Krankheit.
(2) Die Unsicherheit dieser Welt und ihre Diskontinuität.
(3) Werte und Bezug.
(4) Ritual als Medium von Ausdruck.
(5) Ritual als sinntragender Handlungsvollzug.

(1) *Trauer und Krankheit.* Ein beachtlicher Forschungsaufwand der westlichen Trauerforschung ging in den Nachweis der Gefährdung des Trauernden in bezug auf Gesundheit und Leben.

[1] Zur Wirkung solcher leeren Rituale vgl. die Untersuchung von Davidowitz und Myrick (1984). – Zu einem Versuch, »Ritual« in die Trauer-Psychotherapie einzufügen, vgl. Rando 1985.

In der Welt der llaki wij'chuna ist dieser Forschungszusammenhang von Trauer und Gefährdung zwar unbekannt, doch geht sie genau von diesem Zusammenhang aus: Trauer bringt Unheil im weitesten Sinn, Trauer gefährdet den Trauernden (und seine Welt: Hütte, Hof, Vieh), Trauer ist einem Stigma gleich, einem Stigma, das auf den Familienangehörigen, ihrer Wohnstatt, ihrem Besitz liegt – das Stigma Trauer zieht Unheil an. Unheil wird umfassender verstanden als Krankheit und Tod, schließt aber Krankheit und Tod ein. Denn ebenso wie der Begriff von Gesundheit/Heilsein in der Welt der Callawaya ein viel umfassenderer ist als bei uns, so ist auch Krankheit und Un-Heil umfassender. Wir müssen die grundlegende Prämisse, die hinter der llaki wij'chuna steht, daß Trauer Unheil anzieht und der Trauernde gefährdet ist, als eine tiefe Weisheit ansehen, welche die westliche Trauerforschung erst wieder mühsam zutage gefördert hat. Die llaki wij'chuna ist – wenn wir es genau betrachten – nicht im einfachen Sinn eine Therapie der *Trauer*, sie ist vielmehr ein Ritual, eine »Therapie« von *Gefährdetheit*. Es ist diese Gefährdung, die in der llaki wij'chuna abgerissen, herausgesaugt und weggeworfen wird. Damit werden die Voraussetzungen geschaffen, daß der Trauerprozeß seinen »normalen« Lauf nehmen kann.

Sollen wir also unsere Trauernden zur Waschung an den Fluß schicken? Es würde wohl nicht helfen ... Die Frage verdeutlicht die Absurdität einer formalen Forderung nach Ritual in einem Raum vollständiger Voraussetzungslosigkeit. Wer von unseren Trauernden weiß selbst um seine Gefährdung? Dort weiß es jeder, jeder, der einen Menschen verloren hat. Es ist ein Glaube im Herzen der Menschen – ich sage im Herzen, weil es kein bloßes Wissen um »Fakten« ist, sondern ein fühlendes Wissen, es macht Angst, es verunsichert, es führt zur Handlung (Heilungsritual). Hier ist es nicht einmal eine Wissen im Kopf. Das ist mit vollständiger Voraussetzungslosigkeit gemeint.

(2) *Die Unsicherheit der Welt und ihre Diskontinuität.* Wie dargestellt, hat die Trauerforschung gezeigt, daß der plötzliche Ver-

lust eines nahestehenden Menschen eine grundlegende Verunsicherung und Desorientierung im Lebensgefühl des Trauernden auslösen kann. Dies hat wohl PARKES (1972) am deutlichsten formuliert, und ich möchte ihn selbst deshalb noch einmal zu Wort kommen lassen:

> *The death of a loved person is so important an event that it is difficult to shrug it off as the result of an accident or ill luck. To accept that death can strike everywhere and that illness is no respecter of persons or deserts undermines one's faith in the world as an ordered and secure place.* (S. 84)
>
> ÜBERTRAGUNG
>
> Der Tod eines geliebten Menschen ist ein so bedeutsames Ereignis, daß es schwer ist, ihn als Folge von Zufall oder Unglück abzutun. Zu akzeptieren, daß Tod überall zuschlagen kann und Krankheit keinen Respekt vor Menschen oder Verdiensten hat, unterminiert den Glauben (des Trauernden) an die Welt als einen geordneten und sicheren Ort.

Dies sind Aussagen, die von der Welt der llaki wij'chuna sehr weit entfernt sind. Die ungeheure Entfernung läßt sich vielleicht am besten verdeutlichen mit Verena KASTS (1982) Forderung an unsere Gesellschaft, wir sollten lernen, abschiedlich zu leben. Von uns kann das »gefordert« werden. Dort hingegen ist das Abschiedlichleben eine grundlegende, alltägliche *Erfahrung*: die Kindersterblichkeit beträgt in manchen Regionen noch fast 30 %, die mittlere Lebenserwartung ist 46 Jahre; die Gefährdung durch Tuberkulose, Darminfektionen, Unterernährung oder der Tod durch Gewalt und Alkohol – das sind Erfahrungen, die dort jeder heranwachsende Mensch in seiner unmittelbaren Umgebung schon gemacht hat. Die Menschen sterben in den Hütten, in denen sie auch gelebt haben. Der Tod gehört in einem unvergleichlich stärkeren Maß zum Alltag; desgleichen die Gefährdetheit der Menschen jenseits von Tod: ihre Gefährdung durch Dürre, Hagel, Dauerregen, Ungeziefer – sie können die Ernte vernichten und die Ernährung gefährden, und das gilt nicht minder für Seuchen und Tierkrankheiten, für Futtermangel und Weidenot. Menschen sterben im Kreis der Menschen, Tiere werden getötet im Kreis der Menschen. Abschiedlich leben ist Alltag.

Damit ist nicht gesagt, daß der plötzliche Tod eines nahen Menschen – zum Beispiel der plötzliche Tod Marianos, der eine siebenköpfige Familie hinterläßt (Kapitel 3), oder der Tod der kleinen Martha (Kapitel 4) oder das über Monate sich hinziehende Leiden und Sterben von Pastora (Kapitel 2) – nicht Verunsicherung auslöste. Wo ist die Unsicherheit der dortigen Welt? Zufall und Unglück – wie es in dem obigen Zitat von Parkes heißt – daran glaubt man dort sowieso nicht. Ein Tod – und selbst der Tod eines neunzigjährigen Menschen – hat immer auch noch einen anderen Sinn; es sind immer Kräfte im Spiel, die im Bereich von Natur und Kosmos liegen (z. B. die geheime Wirkung des Blitzes – die Rache der Orte der Kraft – vgl. Kapitel 4) oder im Bereich böser menschlicher Tat (Neideshandlung, Hexerei, vgl. Kapitel 3, 4). Aber dieser Unsicherheit ist der Mensch dort nicht einfach ausgeliefert. Er kann etwas *tun*, um die Kräfte von Natur und Kosmos und bösen Geistern, auch die Strafe des Himmels und die Drohung von Mutter Erde und von übelwollender menschlicher Hand zu bannen: dafür gibt es das Heilungsritual. Und genau das ist die llaki wij'chuna: es ist ein Heilungsritual gegen die Bedrohung, gegen Unsicherheit, es ist der Versuch der *Bannung* dieser Gefahr.

Wir hier dagegen haben – es sei denn der tief religiöse Mensch mit seinem Gebet – viel weniger Angebote oder Möglichkeiten, die durch den Tod eines nahen Menschen ausgelöste Unsicherheit dieser Welt handelnd zu bannen; eine *andere* Unsicherheit ist es, die uns erfaßt. Es ist nicht die Unsicherheit einer abschiedlich gelebten Welt, wie die Welt der llaki wij'chuna, sondern es ist die Unsicherheit, die aus der Erfahrung der Grenze von Rationalität entsteht: wenn ein nahestehender Mensch stirbt, sagt Parkes in der zitierten Passage, und mancher von uns hat dies auch an sich selbst erfahren, reichen die rationalen Erklärungen – das und das ist passiert etc. – einfach nicht mehr aus. Und an der Grenze dieser rationalen Erklärungen *beginnt* die Verunsicherung unserer Welt. Für die Welt der llaki wij'chuna *hört* sie gerade an dieser Grenze *auf*.

Ein Teilaspekt einer durch Tod verunsicherten Welt ist der Grad der Diskontinuität des Todes. Ein Glaube an die Wiederbegegnung mit dem Verstorbenen im Reich Gottes hebt die Diskontinuität ein wenig auf. Wer diesen Glauben nicht teilt, für den ist allein dieser Hügel von Erde noch da, den wir Grab nennen und unter dem der Mensch – unsichtbar und verändert – liegt, den wir verloren haben. »Kontinuität« ist damit schwerlich erlebbar. Auch der Himmel als Ort der Wiederbegegnung ist ja leider ziemlich weit weg. In der Welt der llaki wij'chuna aber kehrt die Seele meines Verstorbenen dreimal zu mir zurück, und betend und bittend und handelnd empfange ich sie, und betend und bittend und handelnd wird sie wieder entlassen (vgl. Kapitel 6). Aus der Ethnologie der Trauer haben wir gelernt, daß es vielleicht keine universellen Trauerreaktionen gibt, wohl aber universelle Trauer-*Probleme*, die es in einem Kulturkreis zu lösen gilt. Und eines dieser Probleme war die Sehnsucht nach weiterem Kontakt oder nach Wiederbegegnung mit dem Toten. Die religiöse Welt der llaki wij'chuna bietet eine Lösung an für dieses Problem. Unsere Welt kaum. Und deshalb ist unsere Welt nicht nur einfach leer und kalt (vgl. Petzold 1982, S. 25), sondern sie ist krankmachend: erinnern wir uns an das Ergebnis von Yamamoto (1970), der fand, daß der Zusammenhang zwischen akuter Trauer und reduzierter Lebenserwartung für *eine* Gruppe von Trauernden nicht galt, für eine japanische Gruppe nämlich, die tief verwurzelt ist in religiösen Vorstellungen, welche auch den Ahnenkult einschließen.

Sollen wir also lernen, mit unseren Toten zu reden, ihnen Speise und Trank anzubieten und sie um Botschaften an Gott und die Heiligen zu bitten? In der Forderung solcher voraussetzungsloser Ritualistik liegt keine Lösung. Sie liegt allemal im internen Verständnis unseres Lebens – abschiedlich leben –, und sie liegt in der Einordnung unseres Lebens in einen weiteren Sinn. Dies führt uns zum nächsten Punkt.

(3) *Sinn, Werte und Bezug.* Die Verunsicherung des Lebensgefühls, die bei uns der Tod eines nahestehenden Menschen auslöst, verlangt nach einer sinn-gebenden Deutung. Eine Beantwortung der Frage nach dem Sinn von Sterben und Tod ist eines der universellen Probleme der Trauer. Die äußerliche Rekonstruktion der zum Tode führenden Ereignisse, die »objektiven« Umstände des Todes – das reicht nicht für Sinn. Wir haben in der llaki wij'chuna gesehen, daß der Ablauf und Vollzug des Rituals nicht in erster Linie bestimmt ist von den *objektiven Umständen* des Todes, sondern von der *subjektiven Sinngebung*, die Trauernde und Trauerritualist in Gespräch und Interaktion für das Geschehene entwickeln. Dabei geht es nicht um »Sinn« als alle Fragen lösende und Trauer stillende Erklärungen. Waren es die Orte der Kraft? War es die linke Hand der Hexe? (Vgl. Kapitel 4) Die Antworten auf diese Fragen ergeben noch keinen Sinn. Sinn ergibt sich erst durch Bezüge. Sinn ergibt sich durch Kontext. Was sind die Bezüge, der Kontext der llaki wij'chuna? Ich habe in der intra-kulturellen Analyse (vgl. Kapitel 7) schon auf eine Eigenart aller llaki wij'chuna-Rituale, die wir kennengelernt haben, hingewiesen – gleichzeitig ein Merkmal aller Callawaya-Heilung: ihre Eingebettetheit. Der Vollzug des Rituals ist durch Setting und Teilnehmer eingebettet in Alltag und Familie. Das Konzept von Unheil – das allenthalben haftet – bettet das Ritual auch ein in Besitztum, naturhafte und gegenständliche Welt. Die Gebete des Medizinmannes – Anrufung von schwarzen und weißen Wesenheiten, von Dreifaltigkeit und katholischen Heiligen, von Mutter Erde und Orten der Kraft, von bedeutsamen Ritualisten (»im Geist der Hände von«) in Gegenwart und Vergangenheit – all das schafft Einbettung: Bezug des Trauernden zu Natur, Glaube, Kosmos, Sinn. Und diese Bezüge, die das Ritual in Symbol und realem Vollzug zum Ausdruck bringt, stellen gleichzeitig die Kontinuität dar, die über den Tod des Angehörigen hinausreicht.

Sollen wir also Trauerversammlungen einberufen, den Geisterglauben wieder einführen, magische Formeln entwickeln und Instanzen der Anrufung? – Auch diese Fragen zeigen wieder die Absurdität leerer Ritualistik. Wie kann dann die Weisheit sinnvoller Eingebettetheit für uns realisiert werden? Hier kann es nur darum gehen zu fragen: hege ich Werte, die über mich selbst hinausgehen, »glaube« ich an einen über intra- und inter-personellen Sinn hinausgehenden Sinn, einen transpersonalen Sinn? Nur ein solcher kann Bezug und damit Sinn geben. Die Lösung liegt im Bereich der Werte (vgl. u.).

(4) *Ritual als Medium von Ausdruck.* Ethnologische und westliche Trauerforschung sind sich, wie wir gesehen haben, über die heilsame Wirkung des *Ausdrucks* von Trauer einig: Maddison (1968) fand, daß Witwen gesundheitlich um so gefährdeter sind, je weniger Möglichkeit sie hatten, über das Geschehene, über ihre Trauer, zu sprechen. Die westlichen Trauertherapeuten sind sich – gleich, aus welcher Schule sie kommen – einig, daß es der Ausdruck der Gefühle, auch der negativen Gefühle der Trauer, ist, der den Trauerprozeß fördert und daß die Blockierung dieses Ausdrucks zu »pathologischer« Trauer führt. Auch Canacakis' (1980) Untersuchung der Trauerklage in Griechenland zeigte, daß es die aktive Beteiligung ist, welche einen Beitrag zu ihrer heilsamen Wirkung ausmacht.

Die llaki wij'chuna weiß implizit von vielen dieser Zusammenhänge. Sie schafft in der Interaktion mit dem Medizinmann eine Situation, in der das Geschehen zum Ausdruck kommt, sie erlaubt auch durch diese und jene Sinndeutung den Ausdruck negativer Gefühle – und möglicherweise deren Verlagerung nach außen –, ohne daß dieses Suchen nach dem Warum zu einer einzigen Erklärung oder einer einzigen Instanz (Mensch oder Ort) schrumpfen würde: die Erklärungen sind immer »multi-faktoriell«; mögliche Verlagerung negativer Gefühle nach außen (z. B. auf die »Hexe«) muß deshalb nicht handlungsrelevant werden, d. h. nicht zu einem hexerischen Rache-Ritual führen. Die llaki wij'chuna weiß auch implizit um die Bedeutung der aktiven Beteiligung; wir haben sehr deutlich gesehen, daß dieses Callawaya-Ritual nicht ein Geschehen ist, das sich über den passiv verharrenden Trauernden ergießt; er ist vielmehr von der Vorbereitung, über den Vollzug bis zur

Beachtung der nach-rituellen Regeln, persönlich und aktiv beteiligt. In all diesem impliziten Wissen ist das llaki wij'chuna-Ritual ein Medium des Ausdrucks und damit ein möglicher Beitrag zum Heil-Werden. In dem gleichen Sinn kann auch eine westliche Psychotherapie mit ihrer jeweiligen schulenbedingten Ritualistik ein heilsames Medium des Ausdrucks sein: das wird in der Behandlung der Träume von Trauerpatienten bei Verena Kast (1982) oder auch in den gestalttherapeutischen Sitzungen bei Petzold (1982) deutlich: Therapie als Katharsis, als Lösung, als Ausdruck von Gefühl. – Dies ist aber meines Erachtens ein noch zu enger Begriff von Ritual.

(5) *Ritual als sinntragender Handlungsvollzug.* Wir werden der llaki wij'chuna nicht gerecht, wenn wir sie lediglich als Medium kathartischen Ausdrucks verstehen. Das wäre ein beschränktes intra-personelles oder auch – wenn man berücksichtigt, daß Ritual sich in der Interaktion vollzieht – inter-personelles Verständnis von Ritual. Die llaki wij'chuna kann man vielmehr – darüber hinausgehend – nur verstehen, wenn man sie als transpersonelles Ritual auffaßt, das heißt als einen Handlungsvollzug, in dem Inhalte, Bedeutungen, Werte, Glaube, Sinn ausgedrückt werden, die über das individuelle Erleben des Trauernden hinausgehen und ihn in einen weiteren Kontext sinntragender Bezüge stellen. Daß diese Funktion von Ritual neben dem bloßen Ausdruckwert und ihrer inter-personellen Bedeutung auch heilsame Wirkung hat – das zeigen auch zum Beispiel die Ergebnisse von Canacakis: heilsamer ist die Totenklage dann, wenn die Menschen, die an ihr teilnehmen, durch Tradition, Erfahrung und Glaube mit ihr verbunden sind.

Und heilsamer können auch wohl unsere psychotherapeutischen Rituale werden, wenn sie sich nicht nur als intra- und inter-personelles Medium verstehen – sondern auch als transpersonales. Doch hier geraten wir in Zonen von therapeutischem Tabu. *Werte* werden bei uns als das *»enfant terrible«* der Psychotherapie bezeichnet (Weiskopf-Joelson 1980), und in der westlichen Psychotherapie muß man – auch wenn es mit Logotherapie, Initiatischer Therapie, Transpersonaler Psychologie usw. einige Ausnahmen gibt – allen Ernstes vor dem »gefährlichen Mythos« einer wertfreien Psychotherapie warnen (Strupp 1980). Erst wo das Transpersonale, die Werte, die Frage nach Sinn, alle Selbstverständlichkeit verloren haben, muß der Trauertherapeut des Westens all die vielen Richtlinien einstudieren, die Bachmann (1964) (vgl. Abschnitt 3) aufzählt – »Richtlinien«, die für den »Trauerspezialisten« der llaki wij'chuna Teil seiner gelebten Rolle sind.

Wenn mit diesen fünf Abschnitten umschrieben ist, was die llaki wij'chuna möglicherweise bedeutet und was unsere Kultur nicht leisten kann, so geht dieser Aufweis unserer Defizite weit über den Raum von Trauer und Trauerforschung hinaus. Da fehlt es uns nicht einfach an Ritualistik, wie uns manche Trauerforscher glauben machen wollen; da fehlt es nicht an mehr Therapieangeboten. Es fehlt an Inhalten, an Werten, an Sinn. Wir können diese nicht herstellen, so wie wir vielleicht Rituale als bloße intra-personelle oder inter-personelle Medien erfinden können. Wir können nur gesellschaftliche Strömungen unterstützen, auf deren Boden möglicherweise ein Mehr an Wert und Sinn entsteht. Und dieses Mehr wird in unserer pluralistischen Gesellschaft niemals in konsensualen Werten bestehen; es kann nur ein vielfältiges Spektrum an Werten sein. Solche Strömungen gibt es; es sind die Bereiche, welche auf sehr verschiedenen – und nicht nur ungefährlichen – Wegen die Grenzen der Rationalität explorieren, von der Auseinandersetzung mit östlicher Weisheit, mit indianischer oder keltischer Weisheit bis zu Meditationspraxis und »new age«. Diese Blickrichtung, die sich aus der Betrachtung der Callawaya-Welt der llaki wij'chuna ergibt, ist gewiß nicht unmittelbar tröstlich.

Die Komplexität der Aufgabe hat mit ihrer Richtigkeit leider jedoch wenig zu tun. Was diese Auffassung trotz ihrer Komplexität nun für unsere psychotherapeutische Theorie und Praxis und für unser medizinisches Verständnis und unsere medizinische Praxis konkret heißen könnte – darauf werde ich, wenn ich die Callawaya-Heilungsweisen vollständiger entfaltet habe, eingehender zurückkommen.

5. ZUSAMMENFASSUNG UND AUSBLICK

Ich habe in diesem Kapitel, den kulturellen Kontext der llaki wij'chuna überschreitend, einige trans-kulturelle Ausblicke gewagt, die uns im ethnologischen Kontext und im Kontext westlicher Trauerforschung einmal die Bedeutung der llaki wij'chuna als Reinigungsritual, als Bannungsritual, als Entgefährdungsritual noch einmal vor Augen geführt und uns zum zweiten auf grundlegende Defizite der Trauerforschung verwiesen haben – die inhaltliche Abstinenz, die Formalität der Ritualforderung, die Ausblendung von Bezügen und Kontext –, welche nur eine Widerspiegelung unserer gesellschaftlichen Defizite im Umgang mit Trauer – und, wie ich noch zeigen werde – in unserem Umgang mit Gesundsein und Heilsein, Krankheit und Heilung, sind.

Im folgenden, letzten Kapitel werde ich noch einmal eine kurze Zusammenfassung dieses ersten Bandes geben, um noch einmal zu verdeutlichen, auf welchen Wegen ich versucht habe, Schritt um Schritt Bedeutung und Reichtum, Weisheit und Möglichkeit der Callawaya llaki wij'chuna zu entrollen. Und ich werde dann noch einen kurzen Ausblick geben auf die Themen, die Fragestellungen und Inhalte meiner nachfolgenden Studien zur Callawaya-Ritualistik.

SCHLUSS

KAPITEL 10

Rückblick und Ausblick

Übersicht:

1. RÜCKBLICK AUF DEN VORLIEGENDEN BAND

Die llaki wij'chuna ist ein nächtliches Heilungsritual der Callawaya-Medizinmänner in Bolivien. Llaki wij'chuna heißt »Verbannung der Trauer«; es ist ein Heilungsritual für Trauernde nach dem Tod eines Angehörigen. Ich habe meine Studien zur Ethnomedizin der Callawayas mit der Darstellung der llaki wij'chuna begonnen, weil sie – als ein klar abgrenzbares Heilungsritual – in vieler Hinsicht paradigmatisch ist für die Weisen symbolischer Callawaya-Heilung und weil sie im Zusammenhang mit der existentiellen Situation, die Anlaß zu diesem Heilungsritual gibt, dem Tod nämlich, eine gute Einführung in die Welt der Callawaya-Heilung darstellt.

Im folgenden möchte ich nun noch einmal die Stationen zusammenfassen, über die ich versucht habe, Schritt um Schritt Ziele und Interaktion, Ablauf und Anrufung, Struktur und Stellung, Bedeutung und Weisheit der llaki wij'chuna aufzuzeigen.

Im *Einleitungskapitel (Kapitel 1)* habe ich zunächst den Stand der ethnologischen und ethnomedizinischen Callawaya-Forschung zusammengefaßt. Diese Darstellung hat gezeigt, daß bisher zwar die »Kräuterseite« der Callawaya-Medizin durchaus einige Aufmerksamkeit auf sich gezogen hat – daß aber die rituelle Seite der Callawaya-Heilung, die symbolische Heilung, bisher weitgehend vernachlässigt wurde. Diese zu dokumentieren ist um so dringlicher, als ihr Bestand als gefährdet angesehen werden muß. Die Untersuchung dieser reichen Tradition ist auch deshalb wichtig, weil sie auf zentrale Defizite unserer Konzepte und unserer Praxis in bezug auf Gesundheit, Krankheit und Heilung verweist und nicht nur wichtige Anregungen für unsere Praxis, sondern auch für unsere Theorie der Heilung (insbesondere im Bereich der *common-factor*-Theorien) geben kann.

Damit sind die wichtigsten Ziele meiner Studien zur Ethnomedizin der Callawayas benannt: eine sorgfältige *Dokumentation* dieser außerordentlich reichen, doch in ihrem Bestand gefährdeten Heilungstradition der Callawayas, und eine Analyse ihrer Bedeutung im Blick auf unsere Heilungstheorie und -praxis. – Im 1. Kapitel findet sich auch die Darstellung meiner Datenbasis, meiner methodischen Zugänge zur Ethnomedizin der Callawayas sowie einige Grundlinien meiner – wenn man so will – »epistemologischen« und »ethischen« Position im Blick auf solche ethnomedizinische Forschung.

Nach dem Einleitungskapitel teilt sich der vorliegende Band in zwei Hauptteile I: Beitrag zur Datenbasis. II: Beitrag zur Analyse.

Der *Datenteil* umfaßt Kapitel 2 bis 6. Dabei schöpfe ich zur schrittweisen Entfalung unserer Kenntnis der llaki wij'chuna aus verschiedenen Informationsquellen. Die wichtigste ist die teilnehmende Beobachtung: die mit Ablaufprotokoll (Mitschrift), Tonband und Photographie detailliert dokumentierten nächtlichen Heilungsrituale, an denen ich teilgenommen habe. Um auch die Varianz der Rituale, um ihre Vielfalt und ihren inhaltlichen Reichtum zu zeigen und damit auch jeder Vereinfachung vorzubeugen, habe ich insgesamt drei llaki wij'chuna-Rituale dargestellt – jedes davon ist vollständig dokumentiert, mit allen seinen Ingredienzen, mit seinem Ablauf und seinen Handlungsvollzügen, mit der Interaktion zwischen Medizinmann und »Patient« und den Gebeten des/der Medizinmänner. Auch das Zustandekommen der Heilung, die Hintergründe des Geschehens, die Umstände des Sterbens, die Situation der durch den Tod betroffenen Familie und damit ihre soziale und ökonomische Situation kommen in diesen Kapiteln zur Sprache.

Kapitel 2 (»*Pastoras Tod. ›Trauer-Therapie‹ für eine mutter-verwaiste Familie*«) handelt von dem Tod der jungen Pastora, Mutter von fünf Kindern, und dem llaki wij'chuna-Ritual, das der über 90jährige, halb blinde und halb taube, noch ganz stark in der alten Tradition stehende und hoch anerkannte weise Medizinmann Don Valentin – mit Hilfe seines Sohnes, der auch Medizinmann ist – für die mutter-verwaiste Familie durchführt. Es wird in diesem Kapitel zum ersten Mal gezeigt, in welcher

Vielfalt die Symbolik der Heilungsingredienzen, die Symbolik der Handlungsvollzüge und die Bedeutung der Gebete sich zu einem eindrucksvollen Bannungsziel verdichten. Das »Unheil der Trauer« wird abgesaugt, ausgeblasen, linksverschnürt und zerrissen, es wird von einem Meerschweinchen eingesogen, es wird ausgespuckt, abgewaschen, mit Steinen abgerieben und in den reißenden Fluß geworfen. Wir folgen der Leidensgeschichte der betroffenen Familie, wir begleiten die Teilnehmer des Rituals bei den Vorbereitungen der nächtlichen Heilung, wir verfolgen Schritt um Schritt den rituellen Vollzug, wir lauschen den Gebeten und magischen Formeln des alten Don Valentin, und wir begleiten die Trauernden auf ihrem nächtlichen Gang zum Fluß in der Schlucht und dann zurück zur Hütte, zur Weihung und Erneuerung.

Nach der Darstellung der llaki wij'chuna für diese mutter-verwaiste Familie folgt im *Kapitel 3* (»*Marianos Tod. ›Trauer-Therapie‹ für eine vater-verwaiste Familie*«) die Darstellung eines Heilungsrituals für eine siebenköpfige vater-verwaiste Familie. Auch hier kommen wieder die gesamten Umstände dieses merkwürdig schnellen Todes von Don Mariano, der auch Medizinmann war, zur Sprache und auch all die vielen Gedanken und Grübeleien, »subjektiven« Sinndeutungen und Sterbetheorien, welche die Hinterbliebenen im Gespräch mit einem vierköpfigen Team von Medizinmännern äußern. Wir lernen in dieser llaki wij'chuna dann neue rituelle Schritte, neue Gebetsinhalte, neue Instanzen der Anrufung, neue symbolische Vollzüge kennen und erweitern damit unser Bild der llaki wij'chuna. In gewissermaßen gedämpftem Ton erfahren wir auch zum ersten Mal von der Möglichkeit der Hexerei, von Neid und Rivalität um die Äcker, von Trauer-verunreinigtem Vieh, und wir gehen dann auf nächtlichem Marsch zur Kreuzung der Wege.

Im *Kapitel 4* (»*Der Tod der kleinen Martha. Doppel-mesa-Heilung für eine junge Mutter*«) enthüllt sich die Leidensgeschichte einer jungen Frau, 19 Jahre alt, die ihr erstes Kind – gerade eben ein Jahr – in einem bitteren Todeskampf verliert. Die llaki wij'-chuna des Medizinmannes Don Federico für diese junge Frau führt uns zum ersten Mal auch eine »weiße« Heilung vor

Augen, mit Hühnerkralle und totem Küken allerdings auch eine »schwarze« Heilung, und diese doppelte Heilung führt uns vor allem in die allen Callawaya-Heilungen eigene, so enge Verknüpfung von heidnischen und christlichen (katholischen) Elementen ein: Gott und *Pachamama* (Mutter Erde), die Heiligen der Katholischen Kirche und die (auf die Inka-Zeit zurückgehenden) Orte der Kraft, die Strafe des Kosmos und die Strafe des katholischen Pantheon ...

In den beiden folgenden Kapiteln des Datenteils wird das Bild der llaki wij'chuna dann aus neuen, weiteren Datenquellen vertieft. Ich habe in meiner Callawaya-Forschung einige Callawaya-Lehrmeister gehabt, die mir mit höchst praktischer, lebendiger, oft täglicher Lehre die Weisheit ritueller Callawaya-Heilung und ihren Kontext vermittelt haben. Im *Kapitel 5* (»*Die kleine und die große llaki wij'chuna: Aus den Lehren der Medizinmänner Don Ramón und Apolinar Ramós*«) schöpfe ich aus zwei dieser Lehren: Don Ramón, mein erster Lehrmeister, hat mir ausführlich dargestellt, wie er eine llaki wij'chuna gestaltet, einschließlich aller Ingredienzen, aller Handlungsvollzüge und der Nennung der wichtigsten Gebete. Dies ergänzt, vertieft und »validiert« die llaki wij'chuna-Rituale, die ich durch Teilnahme kennengelernt habe. Noch wichtiger ist vielleicht, was mein zweiter Callawaya-Lehrmeister, mein compadre Apolinar Ramos, mir vermittelt hat: er weiß es noch, er hat es selbst noch erlebt, er hat es von seinem Vater, der Medizinmann war, und von dem weisen alten Don Valentin gelernt: es gibt neben der »kleinen« llaki wij'chuna, die ich durch Teilnahme und durch die Lehre von Don Ramón kennengelernt hatte, auch noch eine »große« llaki wij'chuna, ein fast vergessenes, aufwendiges, kollektiv vollzogenes Ritual. Die große llaki wij'chuna öffnet uns den Blick in einen Raum, der möglicherweise nur noch durch Lehre und Bericht zugänglich ist: in die Vergangenheit.

Das letzte Kapitel des Datenteils, *Kapitel 6* (»*Die dreimalige Rückkehr der Neuen Seelen*«), überschreitet die llaki wij'chuna-Ritualistik und stellt Trauerbräuche dar, die auf den ersten Blick katholisch, auf den zweiten aber auch heidnisch sind: die Bräuche anläßlich der dreimaligen Rückkehr der Neuen Seelen an Allerheiligen. Die Neuen Seelen sind die Seelen der vor ein, zwei oder drei Jahren Gestorbenen. Sie besuchen zu Allerheiligen ihre einstige Hütte, ihre Familie, ihre Felder, ihr Vieh. Sie werden empfangen mit Gebet und mit Speise und Trank, und sie werden mit einem großen öffentlichen Ritual auf dem Friedhof wieder verabschiedet. Ich habe an diesen Allerheiligen-Bräuchen teilgenommen und stelle sie ausführlich dar, weil sie uns viel über das Callawaya-Verständnis von Leben und Tod lehren, wie es auch der llaki wij'chuna zugrunde liegt, und weil sie im weiteren Sinn auch zur Trauer-Ritualistik der Callawaya-Region gezählt werden müssen.

Das Kapitel 6 über die Bräuche an Allerheiligen enthält neben der Ablaufbeschreibung von Allerheiligen auch Daten aus einer anderen Quelle: aus Dokumenten der Katholischen Kirche – hier vor allem dem modernen Katechismus der bolivianischen Kirche für die Quechua-sprechenden Indianer. Daß sich in den Allerheiligen-Bräuchen heidnische und katholische Elemente mischen, steht außer Frage – es bleibt jedoch das Problem, wie die Katholische Kirche gerade mit den heidnischen Elementen, die sie ja Jahr um Jahr an Allerheiligen beobachten kann, umgeht. Wir verfolgen in der Analyse der Lehrtexte des Quechua-Katechismus einige der weisen und vorsichtigen, der teils ausweichenden, dann aber auch drohend Stellung beziehenden Position der Katholischen Kirche gegenüber dieser – und anderer – heidnischer Ritualistik, wie sie auch die llaki wij'chuna darstellt.

Mit der Darstellung von drei llaki wij'chuna-Heilungen in ihrem nächtlichen Ablauf, mit der kleinen und der großen llaki wij'chuna aus den Berichten meiner Callawaya-Lehrmeister und mit der Schilderung der Allerheiligen-Bräuche im synkretistischen Übergangsfeld heidnischer und katholischer Konzepte und Rituale ist der Datenteil des ersten Bandes abgeschlossen.

Der *Analayseteil* des vorliegenden Bandes besteht aus drei Kapiteln. Die Kaptel 7 und 8 befassen sich mit der intrakulturellen Analyse der llaki wij'chuna, das Kapitel 9 mit der vergleichenden, der trans-kulturellen Analyse vor allem im Blick auf unsere Kultur.

Kapitel 7 (»*Intra-kulturelle Analyse I: Ritueller Kern und rituelle Varianten der llaki wij'chuna und ihr Ort im Spektrum ritueller Callawaya-Heilung*«) analysiert die llaki wij'chuna im Kontext der Callawaya-Kultur selbst und stellt sich zwei Aufgaben: (1) die Identifikation des rituellen Kerns und der rituellen Varianten der llaki wij'chuna und (2) ihre Einordnung in das weitere Spektrum anderer ritueller Heilungsweisen der Callawaya-Medizinmänner.

Wir haben die llaki wij'chuna in ihrem realen lebendigen Ablauf kennengelernt und in den Schilderungen meiner Callawaya-Lehrmeister Don Ramón und Apolinar Ramos. Dabei werden ihre vielfältigen Varianten deutlich; aber man erahnt auch einen fast unwandelbaren rituellen Kern. Auch Bezüge der llaki wij'chuna zu anderen Callawaya-Heilungsformen sind in rituellen Vollzügen und in den Lehren angedeutet. Diesen Andeutungen und Ahnungen gehe ich in einem ersten Teil dieses Kapitels analytisch nach:

Durch einen systematischen Vergleich aller vorliegenden llaki wij'chuna-Informationen – einen Vergleich von Zielsetzung, Ingredienzen, rituellem Ablauf und Inhalt – läßt sich ein nicht varianter Kern des Rituals deutlich von seinen Varianten abgrenzen. Der rituelle Kern sagt nicht nur etwas über den faktischen Vollzug dieses Rituals, sondern vor allem auch etwas über seine Kern-*Bedeutung* aus. Sind Kern und Varianten identifiziert, stellt sich die Frage nach den Faktoren, welche den Kern erhalten, die Varianten bedingen. Sind es die »objektiven Todesumstände« oder die »subjektiven« Todes-Theorien der Hinterbliebenen? Ist es die Herkunft der Medizinmänner oder ihr persönlicher Stil? Oder liegt es in der Dimension der Zeit (Tradition und Wandel), was hier als Variante erscheint? Eine systematische Analyse der Daten ergibt u. a. zwei wichtige Hypothesen: Es scheint, als bedingten die »subjektiven« Faktoren, die Art der subjektiven Sinngebung des geschehenen Todes, den Ablauf des Rituals viel stärker als die »objektiven« Umstände des Todes; und gerade der Vergleich der »kleinen« beobachteten Rituale mit der »großen« alten, »eigentlichen« llaki wij'chuna legt in vielfältiger Weise nahe, daß der Kern der

Tradition und die Varianten dem *Wandel* zuzuordnen sind. Ich komme in meiner Analyse zu dem Schluß, daß der Wandel eine Kraft oder Geschwindigkeit hat, die ehemals lebensgefährliche Handlungen heute zu unbeachteten Vollzügen werden läßt: Hinweis auf einen rapiden kulturellen Verlust.

Die Ergebnisse meiner Lehren bei Callawaya-Medizinmännern sind es wieder, die dann in einem zweiten Abschnitt dieses Kapitels helfen, die llaki wij'chuna in den Kontext des weiteren Spektrums der Callawaya-Heilungsweisen einzuordnen. Ich greife in diesem Abschnitt, in wörtlicher Zitierung meiner Lehrmeister, auf Heilungs-Darstellungen zurück, die insbesonere im Bereich Schwarzer Heilung liegen – Bekämpfung und Vertreibung von Schlechtem, von Bösem, von Hexerei. Auch ein Heilungsritual, an dem ich teilgenommen habe – als Betroffene, als Patientin –, eine Abwehrheilung gegen intendierte Hexerei, die ein in La Paz praktizierender Callawaya an mir vollzogen hat, wird dargestellt, weil sie den *Kontext* der llaki wij'chuna erhellt. Diese Daten – die Heilung in La Paz, die vielfältigen Heilungsrituale, die meine Lehrmeister mir beibrachten – ermöglichen eine klare Einordnung der llaki wij'chuna in das Spektrum der Callawaya-Heilungen. Ich gehe bei dieser Einordnung nicht wie manche andere Beobachter der Callawaya-Kultur von einer vereinfachenden Unterscheidung säuberlich abgrenzbarer Typen von Callawaya-Heilungen aus, sondern ordne das Spektrum der Heilungen auf einer kontinuierlichen Dimension überlappender Ritualistik, deren Pole und Positionen weniger durch Namen und Etiketten denn durch die Bestimmung der intendierten *Wirkungsrichtung* zu kennzeichnen sind.

Mit der Identifikation von rituellem Kern und rituellen Varianten und mit ihrer Einordnung in das Spektrum anderer Callawaya-Heilungsweisen haben wir einen ersten Schritt der intra-kulturellen Analyse vollzogen. Kapitel 8 vollzieht den zweiten:

Im *Kapitel 8* (»*Intra-kulturelle Analyse II: Die Callawaya-llaki wij'chuna in Zeit und Raum: inkaische Wurzeln und Anden-Kultur*«) gehe ich dann zwei weiteren Fragen nach: einmal der Frage nach den historischen, vorkolonialen, inkaischen Wurzeln der llaki wij'chuna und zum anderen der Frage nach Exklusivität versus Eingebettetheit der Callawaya-Ritualistik in bezug auf den weiteren Kontext der andinen Kultur.

Die Callawaya-Kultur ist sowohl abgrenzbar als auch in einen weiteren kulturellen Kontext einzuordnen, und die Betonung des einen oder anderen Aspekts ist oft politisch motiviert, wie ich in diesem Kapitel aber nur kurz andeute. Vom Standpunkt des Verstehenwollens der Callawaya-Heilung interessiert uns ihre Einordnung mehr als ihre Abgrenzung. Die Frage der Einordnung stellt sich hinsichtlich zweier Dimensionen: der Dimension der Zeit und der Dimension des Raumes. Diese doppelte Frage behandle ich in diesem Kapitel getrennt für die llaki wij'chuna-Rituale und für die Bräuche an Todos Santos.

Die Berichte der Chronisten über die Bräuche der Inka, deren Reich zuerst die Konquistadoren und in ihrem Gefolge Kirche und Kolonisatoren zum größten Teil zerstörten, geben uns einige wenige Daten über Religion und Ritualistik der schriftlosen Inka. Eine erschöpfende ethno-historische Analyse ist im Rahmen dieses Buches – und noch vor der Darstellung auch der anderen Callawaya-Heilungsweisen – gewiß nicht zu leisten; aber schon ein flüchtiger diachroner Vergleich läßt erkennen, daß dieses konkrete Ritual der llaki wij'chuna, das wir mit Kern, Varianten und Kontext kennengelernt haben, vermutlich Elemente enthält – sowohl im Inhalt der Anrufungen als auch im rituellen Vollzug –, die auf die vorspanische Zeit, auf die Zeit der Inka, zurückgehen. Es ist dem nur mäßigen Erfolg der Missionierung der Katholischen Kirche ebenso zu verdanken wie der Kraft der vorchristlichen Religion, daß wir in der llaki wij'chuna von heute (und anderen Callawaya-Heilungsweisen und andinen Ritualen) Elementen begegnen, die inkaisch sind.

Betrachten wir die llaki wij'chuna im zweiten Schritt dieser Analyse im Kontext des *Raumes*, so stehen uns ethnographische Daten und ethnologische Beobachtungen anderer Forscher der weiteren Anden-Kultur – Titicaca-Region, aber auch die Andenwelt anderer Regionen Boliviens, Perus und Ecuadors – zur Verfügung. Detaillierte Daten zur Trauer-Ritualistik fehlen zwar weitgehend, und nirgendwo findet sich eine präzise Ethnographie von Zielen, Inhalten, Ablauf und Setting, Ingredienzen, Interaktion, wie ich sie hier dargestellt habe – aber religiöse, inhaltliche sowie rituelle Vollzüge der llaki wij'chuna lassen sich doch zu einigen dieser Daten in Beziehung setzen und geben zu erkennen, daß die llaki wij'chuna in ihrem intendierten Kern keine exklusive Callawaya-Ritualistik ist, sondern – wie auch die Rückführung einiger ihrer Elemente auf die andenweit herrschende Inka-Kultur schon erwarten ließ – eingebettet erscheint in den weiteren Kontext der Anden-Kultur.

Die gleiche doppelte Betrachtungsweise – Einordnung in die Dimension der Zeit (Geschichte) und des Raumes (Anden-Kultur) – wird in diesem Kapitel dann auf die Bräuche von Allerheiligen (Todos Santos) angewandt. Da sie Teil der gesamten Umgangsweisen mit Sterben und Tod sind, ermöglichen die Ergebnisse dieser Betrachtungsweise von Todos Santos eine weitere Überprüfung der Ergebnisse unserer vorangehenden Analyse, wonach die llaki wij'chuna sich in Raum und Zeit als kulturell eingebettet erweist. Das gleiche Ergebnis folgt aus der historischen Betrachtung und der komparativen Perspektive anderer Anden-Regionen für Todos Santos – wobei unser Augenmerk natürlich nicht auf den eindeutig katholischen Elementen liegt, sondern auf den »heidnischen« Elementen von Todos Santos. Es bestätigt sich die doppelte Einbettung dieser Elemente – als vorkolonial und als andenweit –, und wir sehen noch einmal Evidenz für die Kraft der alten Religion und die Machtlosigkeit oder Weisheit – wie immer man es sehen will – der Katholischen Kirche, die diesem Überleben von Heidnischem in weiten Regionen noch Raum gibt.

Mit dem dritten Kapitel des Analyseteils, *Kapitel 9* (»*Transkulturelle Anmerkungen zur llaki wij'chuna. Trauer und Ritual in anderen Kulturen*«) überschreite ich die Anden-Kultur, zu der die Callawaya-Kultur gehört, und stelle einige vergleichende Betrachtungen der llaki wij'chuna zu außerandinen Kulturen – einschließlich der unseren – in ihrem Umgang mit Trauer und Ritual dar. Diese trans-kulturelle Betrachtung wird in drei Schritten vollzogen. In einem ersten Abschnitt des Kapitels behandle ich zunächst die Trauer-Reaktionen und Trauer-Rituale außerandiner, außereuropäischer Kulturen, soweit sie uns in den Berichten der Ethnologen vorliegen. Im zweiten Abschnitt diese Kapitels stelle ich dann die westliche Trauerforschung dar – ihre Hauptfragestellungen, ihre Hauptergebnisse, auch ihre Hauptdefizite. Die ethnologische und die westliche Trauerforschung erlauben uns nun die trans-kulturelle Betrachtung in einer doppelten Richtung: einmal dienen uns diese Forschungsergebnisse zu einem noch tieferen Verständnis von eigentlichem Sinn und eigentlicher Bedeutung der llaki wij'-chuna, und zum zweiten können wir von der llaki wij'chuna her unseren Umgang mit Trauer kritisch betrachten. Diese zweite Blickrichtung zeigt unweigerlich Hohlstellen, Leere, Verarmungen in unserer Kultur im Umgang mit Trauer auf; bei genauerer Betrachtung der Hohlstellen deutet sich aber an, daß sie weit über unseren Umgang mit Trauer hinausgehen und Grundlegenderes über unsere Konzepte von Leben und Tod, Heilung und Heilsein aussagen. Der vorliegende Band deutet abschließend nur an, in welche Richtung sich eine Änderung unserer Konzepte und Praxis – sofern sie auf die Welt der llaki wij'chuna hören mag – zu bewegen hätte.

2. AUSBLICK AUF DIE FOLGENDEN BÄNDE

Dieser vorliegende Band meiner Callawaya-Studien mag einen ersten Eindruck von dem Reichtum und der Vielfalt der rituellen Heilungspraxis der Callawayas vermittelt haben, wie sie in die kosmische Dimension der höheren Naturkräfte (von Blitz und Donner und Erde), in die religiöse Dimension (von Geistern und heiligen Orten der Kraft, Dreifaltigkeit und Heiligen der Katholischen Kirche) und in die soziale Dimension (von Leben und Tod, Armut und Neid, Besitz und Verlust) eingebettet ist.

Damit ist jedoch nur ein kleiner Ausschnitt der rituellen Callawaya-Heilungspraxis dargestellt. Im Anschluß an diesen Band werden noch folgende Bereiche der Callawaya-Ritualistik (und der Callawaya-Ritual-Forschung) zur Sprache kommen:

1. *»Dreifaltigkeit und Orte der Kraft: die yuraj mesa«.* Die Weiße Heilung ist die häufigste, oft auch prophylaktisch angewandte Form ritueller Callawaya-Heilung, die allerdings, je nach Heilungsanlaß, ein weites Spektrum an Varianten aufweist. Mit der Darstellung der Weißen Heilung lassen sich vier Wesensmerkmale aller Callawaya-Heilung, die auch schon in dem vorliegenden Band angedeutet sind, noch deutlicher herausarbeiten: einmal die speziellen (von unseren Konzepten deutlich unterschiedenen) Callawaya-Konzepte von Gesundheit, Krankheit und Heilung; zum zweiten die enge Verknüpfung von heidnischen und christlichen Heilungsinhalten, drittens die eindrucksvolle *Konvergenz* symbolischer Bedeutungen im Inhalt, im Handlungsvollzug und in den Beigaben zur Heilung, und schließlich: die *Eingebettetheit* der Heilung in den Alltag, in das tägliche Leben der Menschen.

2. *»Abwehr und Verderben: die yana mesa, die Schwarze Heilung«.* Geleugnet und defensiv umschrieben, geheimgehalten oder versteckt – scheint es zunächst so, als sei die Schwarze Heilung ausschließlich Werk böser Zauberer und Hexer, die nichts als Unheil auf Feld, Vieh und Mensch herabbeschwören. Die yana mesa aber ist mehr als Schadenstiftung. Geheimnis und Defensivität ergeben sich jedoch daraus, daß ihr Spektrum bis hin zum rituellen Mord, zur rituellen Tötung, reicht. Die Schwarze Mesa umfaßt aber mehr als diese schwärzeste aller Heilungen, und ich werde neben der Schadenstiftung auch die anderen Anlässe zur Sprache bringen: die Herstellung von Gerechtigkeit, die Rückverweisung des Übels an den Verursacher, die Enthexung, die Entmachtung böser Geister. Gebete, Ingredienzen, Handlungsvollzüge unterscheiden sich wesentlich von der Weißen Heilung. Die detaillierten Ritualschilderungn werden uns noch sehr viel mehr als rituelle Praxis und religiöse Inhalte

lehren, nämlich die soziale Realität der Menschen dort – ihr Leben in Harmonie, im sanften Fluß des Alltags, aber auch in beißenden sozialen Konflikten um Besitz, Erbe, Lebenspartner, Diebstahl und hexerische Missetaten.

3. »*Heilerinnen, Hexen und Callawaya-Frauen*«: Die Welt der Callawayas wurde in bisheriger Forschung und Beobachtung weitgehend so dargestellt, als handle es sich – soweit es um Heilung geht – um eine weitgehend männliche Welt. Diese Sicht ist unvollständig. Die Heilungspraxis ist unter den Frauen häufiger vertreten, als bisher angenommen. Richtig ist nur, daß die Heilungspraxis der Frauen – Heilung hier in dem charakteristisch weiten Sinn, der Weiße wie Schwarze Heilung einschließt – ungleich besser verborgen abläuft und überwiegend auf die Region selbst konzentriert ist (mit Ausnahme einiger weniger in La Paz praktizierender Heilerinnen/Hexen aus der Region). Der Grund der Geheimhaltung liegt wohl darin, daß es öfter die Frauen, die Hexen, zu sein scheinen, welche die schwärzesten aller Schwarzen Heilungen zelebrieren – die rituelle Tötung, den rituellen Mord. Doch die schwärzeste aller Schwarzen Heilungen ist nur ein Ausschnitt der Heilungspraxis der Frauen. Ich werde den weiteren Bereich ihrer rituellen Heilungspraxis darstellen, der praktisch alle Heilungsweisen umfaßt, die auch von Männern praktiziert werden. Ich werde deshalb die Weiße Heilung, die llaki wij'chuna sowie die Abwehrheilung und rituelle Tötung in ihrer Gestaltung durch Medizinfrauen darstellen. Diese Rituale ermöglichen dann, zusammen mit den Ergebnissen meiner Lehren bei Medizinfrauen, auch einen behutsamen Vergleich zwischen der männlichen und der weiblichen Callawaya-Heilungspraxis. – Frauen in der Callawaya-Welt sind aber nicht nur Medizinfrauen, sondern auch Frauen von Medizinmännern – und in dieser Rolle kommen ihnen auch einige spezielle rituelle Aufgaben zu, die ich ebenfalls darstellen werde. Diese Rolle nicht der Callawaya-Medizinfrau, sondern der Frau des Callawaya-Medizinmannes beleuchtet auch noch einmal besonders den Aspekt der Alltäglichkeit aller Callawaya-Heilung.

4. *»Das Callawaya-Gebet«*. Eine Heilung ohne Gebet ist keine Callawaya-Heilung. Das Gebet hat eine zentrale Stellung, es hat zentrale Funktionen in jedem Callawaya-Ritual. Ich werde einige der poetischsten, kraftvollsten und eindringlichsten schwarzen, grauen und weißen Callawaya-Gebete vorstellen – Gebete von Medizinmännern und Medizinfrauen. Damit wird das Spektrum der mythologischen Inhalte, Wesenheiten der Anrufung, religiösen Konzepte und magischen Formeln in einer dem faktischen Reichtum der Callawaya-Gebetspraxis angemessenen Weise erweitert. – Eine detaillierte strukturelle Analyse der Callawaya-Gebete wird helfen, den Ort des Gebets in der Heilung noch deutlicher zu bestimmen.

5. *»Karten, Coca und Amulette«*. Wenn wir in unseren Kategorien sprechen, so haben die bisher angeführten Themen vorwiegend die »Therapie« behandelt. Zur Heilung gehört aber auch, was wir Diagnose und Prophylaxe nennen würden. Dort sind die Begriffe – und entsprechenden Handlungsweisen – nicht so säuberlich getrennt. »Prophylaxe« ist Teil jeder Callawaya-Heilung, die Diagnose ist immer auch schon Therapie. Diesen letzten Punkt möchte ich anhand der wichtigsten Callawaya-Diagnose-Methoden darstellen, als da sind: das Legen der Karten *(naipes)*, das Lesen von Cocablättern und Meerschweinchen-Eingeweiden, die Deutung des in *millu* schäumenden, abgestandenen Urins, die Deutung von Träumen und von Zeichen der Natur; und ich werde zeigen, wie dieser Prozeß der »Diagnose« – durch Interaktion, Rückmeldung, Deutung, Ahnung, Erfahrung – zu einem Prozeß der Therapie wird.

Mit der Darstellung der Weißen und der Schwarzen Heilungen werden schon einige Möglichkeiten prophylaktischer Callawaya-Heilung angesprochen – hier aber soll noch ein weiterer, sehr verbreiteter Bereich der »Prophylaxe« zu Wort kommen: das reiche, vielfältige, kunstvolle und mißbrauchte Callawaya–Amulettwesen. Gerade die Amulette können einen lebendigen Einblick in die Callawaya-Lebensauffassung geben und uns lehren, was die unsichere, die gefährliche, die bedrohliche, die böse Welt der Callawaya ist – und was die Lichtpunkte von

Hoffnung und Zuversicht sind. Ungeweiht sind die Callawaya-Amulette bloßes Geröll; die Weihung ist meist Aufgabe des Medizinmannes oder der Medizinfrau; solche Weihungen sind kleine prophylaktische Heilungen, die der Amulett-Träger in kleinen zyklischen »Selbstheilungen« fortsetzen muß.

6. *»Alltags-Ritualistik«*. Bei uns ist das Heilungs-Setting säuberlich abgespalten vom Alltag – und dort ist Heilungspraxis nicht wirklich zu verstehen, wenn wir sie nicht in ihrer Einbettung in die zyklische Alltags-Ritualistik studieren: Im Ablauf des Tages, im Ablauf des Monats und Jahres, im Ablauf des Agrikulturzyklus' der Natur und im natürlichen und sozialen Zyklus des Lebens gibt es eine reiche Vielfalt von obligatorischen bis fakultativen Anlässen rituellen Handelns. Mit der Behandlung dieser zyklischen Rituale – zu denen die kleinen versteckten Selbstheilungen ebenso gehören wie die großen, kollektiven Rituale zur Rufung oder Bannung des Regens – überschreiten wir die Rolle »Medizinfrau/Medizinmann« in zwei Richtungen: einmal in Richtung auf eine vollständige Rollenentdifferenzierung: Im Alltag ist jeder seine eigene Medizinfrau, sein eigener Medizinmann; zum anderen hin zur Rollenkonvergenz in der wichtigen und mächtigen Funktion des watapurichej. Für ein Verständnis dessen, was dort Gesundheit, Krankheit und Heilung heißt, und für die Anwendung dieses Verständnisses auf unsere Konzepte von Gesundheit, Krankheit und Heilung – auf unsere Medizin und Psychotherapie – ist das Verständnis der Alltags-Ritualistik unentbehrlich.

7. *»Schwarze und Weiße Forschung. Zur Ethik und Demystifizierung des ethno-medizinischen Forschungsprozesses«*. Die Weiße Heilung will Gutes, die Schwarze Heilung will – zumindest in ihrem Extrem – Schadenstiftung. In analogem Sinn spreche ich hier von Weißer Forschung, die Gutes will, und Schwarzer Forschung, die nicht so Gutes ergibt, sich verstrickt, in Widersprüche gerät, Probleme aufwirft, Schaden stiftet und Verzweiflung bewirkt, eine Forschung, die naiv ist, ungeduldig und dumm.

Beide Seiten sollen anhand meiner Forschungen zur Sprache kommen. Hier geht es nicht um persönliche Bekenntnisse und Ergüsse – obwohl diese als *Daten* zum Teil auch vorkommen werden –, sondern es geht darum, anhand meines eigenen, jedoch nicht nur persönlichen Forschungsprozesses typische ethische Probleme und Widersprüche der ethnomedizinischen Feldforschung in der Dritten Welt aufzuzeigen. Es geht auch darum, den Forschungsprozeß zu entmystifizieren. Es sind nicht nur schöne Bilder und vielleicht gute Bücher, die dabei entstehen; es gibt nicht nur den Forscher (die Forscherin), welche(r) sensibel lauschend durch die mythische fremde Welt schwebt, sondern er/sie ist gequält, beschränkt und verzweifelt – was unwichtig wäre, wenn es nicht auch auf den Forschungsprozeß abfärbte. Die Maushaftigkeit einiger hiesiger Forschungsinstitutionen, die Rivalität um den Forschungsgegenstand, die hier wie dort richtig und falsch verstandenen *indigenistas* und die überhaupt niemals falsch zu verstehenden Flöhe dort – sie beeinflussen den Forschungsprozeß. Der Leser hat, so meine ich, das Recht, nicht nur diese kostbare Kultur der Callawaya kennenzulernen, sondern auch den keinesfalls kostbaren Forschungsprozeß, aus dem die Darstellung erwuchs. Deshalb werde ich in einer gesonderten Studie anhand von Forschungsprotokollen und einer Vielfalt von Dokumenten und gesammelten Materialien u. a. folgende thematische Bereiche behandeln:

1. Zur Ethik der Feldforschung. Oder: Über den ethischen Schrumpfungsprozeß im Verlauf der Forschung.
2. Die Geschichte des Forschungsprozesses. Oder: Die Entmachtung von Konzepten durch Mäuse, Flöhe und Menschen.
3. Die methodische »Sauberkeit« der Feldforschung. Oder: Gute Absichten und böse Konflikte.
4. Über die Ausbeutung durch Forschung: Die Ausbeutung der Kultur durch den Forscher und die Ausbeutung des Forschers durch die Kultur.
5. Forschung und Finanzierung: Wissenschaftsritualistik, Armut in der Dritten Welt und private Entwicklungshilfe.

Diese kritische Darstellung, Reflexion und Analyse des Forschungsprozesses gibt nicht nur den vorgelegten »Daten« ihre angemessene Diskutierbarkeit, sondern auch dem Forscher (der Forscherin) seine (ihre) angemessene Fragwürdigkeit.

LITERATURVERZEICHNIS

Aguiló, F. (1981), *Religiosidad de un Mundo Rural en Proceso de Cambio.* Surce, Bolivia: Q'ori Llama.

Aguiló, F. (1983), *Enfermedad y Salud. Ségun la Concepción Aymara-Quechua.* Sucre, Bolivia: Q'ori Llama.

Alarcon, R. D. (1984), Single case study: Personality disorder as a pathological factor in bereavement. Journal of Nervous and Mental Disease 172 (No 1), 45–47.

Alexy, W. D. (1982), Dimensions of psychological counseling that facilitate the grieving process of bereaved parents. Journal of Counseling Psychology 29 (No 5), 498–507.

Alvarado, J. M. (1965), Supersticiones y mitos en la psiquiatría indígena de Bolivia. Acta Psiquiatría y Psicológica de América Latina 11 (No 1), 24–35.

Bachmann, C. C. (1964), *Ministering to the Grief Sufferer.* Englewood Cliffs, N. J.

Bandelier, A. F. A. (1910), *The Islands of Titicaca and Koati.* New York: Hispanic Society of America.

Barrett, C. J., Schneweis, K. M. (1980), An empirical search for stages of widowhood. Omega 11 (No 2), 97–104.

Basadre, M. (1884), *Riquezas Peruanas.* Lima: Imprenta de »La Tribuna«.

Bastien, J. W. (1973), *Qollahuaya Rituals: An Ethnographic Account of the Symbolic Relations of Man and Land in an Andean Village.* Cornell: Cornell University.

Bastien, J. W. (1978a), *Mountain of the Condor. Metaphor and Ritual in an Andean Ayllu.* St. Paul: West Publishing Co.

Bastien, J. W. (1978b), Mountain/body metaphor in the Andes. Bulletin de l'Institut Français d'Études Andines 7 (No 1–2), 87–103.

Bastien, J. W. (1978c), Andean ritual and its persistence: The Qollahuaya of Bolivia. Andean Perspective Newsletter No 2, 6–9.

Bastien, J. W. (1979a), Metaphor and change in an Andean ayllu. Paper presented at the XLIII International Congress of Americanists, Vancouver (August 1979), 1–5 und 1–2.

Bastien, J. W. (1979b), Coca, food and ritual among the Qollahuaya. Paper presented at the XLIII International Congress of Americanists, Vancouver (August 1979), 1–7.

Bastien, J. W. (1981), Metaphorical relations between sickness, society and land in a Qollahuaya ritual. In: Bastien, J. W., Donahue, J. M. (eds.), *Health in the Andes.* Washington: American Anthropological Association, 19–37.

Bastien, J. W. (1982a), Exchange between Andean and Western medicine. Social Science and Medicine 16 (No 7), 795–803.

Bastien, J. W. (1982b), Herbal curing by Qollahuaya Andeans. Journal of Ethnopharmacology 6 (No 1), 13–28.

Bastien, J. W. (1983), Pharmacopeia of Qollahuaya Andeans. Journal of Ethnopharmacology 8, 97–111.

Bastien, J. W., Donahue, J. M. (eds.) (1981), *Health in the Andes.* Washington, D. C.: American Anthropological Association.

Bendann, E. (1969), *Death Customs. An Analytical Study of Burial Rites.* London: Dawson of Pall Mall (Reprint of the 1930 Edition).

Bennett, W. C. (1946), The Andean Highlands: An introduction. In: Steward, J. H. (ed.), *Handbook of South American Indians.* Vol. 2: The Andean Civilizations. Washington, D. C.: U.S. Government Printing Office, 1–60.

Berg, van den, H. (1985), *Diccionario Religioso Aymara.* Iquitos, Peru: C. E. T. A.-idea.

Blumberg, E. (1953), Die Heilkunde der Callawaya-Indianer Boliviens. Deutsche Medizinische Wochenschrift 78 (No 52), 1798–1801.

Bojanovsky, J. (1986), *Verwitwete. Ihre gesundheitlichen und sozialen Probleme.* Weinheim: Psychologie-Verlagsunion.

Bolton, R. (1974), To kill a thief: A Kallawaya sorcery session in the Lake Titicaca region of Peru. Anthropos 69, 191–215.

Bowlby, J. (1960), Grief and mourning in infance and early childhood. The Psychoanalytic Study of the Child 15, 9–52.

Bowlby, J. (1961), Process of mourning. The International Journal of Psychoanalysis 42, 317–340.

Bowlby, J. (1982), *Das Glück und die Trauer.* Herstellung und Lösung affektiver Bindungen. Stuttgart: Klett-Cotta.

Bowlby, J. (1983), *Verlust, Trauer, Depression.* Frankfurt a. M.: Fischer Taschenbuch.

Bowlby, J. (1984), Attachment and loss: Retrospect and prospect. Annual Progress in Child Psychiatry and Child Development, 29–47.

Brasted, W. S., Callahan, E. J., A behavioral analysis of the grief process. Behavior Therapy 15 (No 5), 529–543.

Bravo, C. (1889), *Clasificación de las Plantas Medicinales Usadas en la Farmacopea Callahuaya.* La Paz.

Bryer, A. B. (1979), The Amish way of death: A study of family support systems. American Psychologist 34 (No 3), 255–261.

Buechler, H. C. (1980), *The Masked Media: Aymara Fiestas and Social Interaction in the Bolivian Highlands.* The Hague: Mouton Publishers (W. de Gruyter).

Buechler, H. C., Buechler, J.-M. (1971), *The Bolivian Aymara.* New York/Chicago: Holt, Rinehart and Winston.

Buechler, H. C., Buechler, J.-M. (1978), Combatting feathered serpents: The rise of protestantism and reformed catholicism in an Bolivian Highland community. In: Hartmann, R., Oberem, U. (Hrsg.), *Amerikanistische Studien, Band 1.* St. Augustin: Haus Völker und Kulturen, 92–98.

Canacakis, G. (1982), *Trauerverarbeitung im Trauerritual.* Psychologische Felduntersuchung zur psycho-hygienischen Wirksamkeit der Totenklage in Mani, Griechenland. Mühlheim: Schiborr.

Cardenas Miranda, R. de (1979), *Provincia Bautista Saavedra.* La Paz: Editorial Offset Boliviana Ltda.

Carter, W. E. (1968), Secular reinforcement in Aymara death ritual. American Anthropologist 70, 238–263.

Casaverde Rojas, J. (1970), El mundo sobrenatural en una comunidad. Allpanchis Phuturinqa 2, 121–243.

Castro Pozo, H. (1979), *Nuestra Comunidad Indígena.* Lima: El Lucero (1st edition: 1924).

Catecismo (1959), *Rezana Libro.* (Runa simipi Tata Padre Nivardoj S. O. Cist. ruraskan). *Allin Diospaj Wawan Canaykipaj.* Apolo, Bolivia.

Charmaz, K. (1980), *The Social Reality of Death.* Death in Contemporary America. London: Addison-Wesley.

Clayton, P. J. (1973), The clinical morbidity of the first year of bereavement: A review. Comprehensive Psychiatry 14 (No 2), 151–157.

Constantino, R. E. (1981), Bereavement crisis intervention for widows in grief and mourning. Nursing Research 30 (No 6), 351–353.

Corazzini, J. G. (1980), The theory and practice of loss therapy. In: Schoenberg, B. M. (ed.), *Bereavement Counselling.* London: Westport, 71–85.

Cuentas Gamarra, L. (1966), *Apuntes Antropológicos Sociales de las Zonas Aymaras del Departamento de Puno.* Puno: Departamento de Integración Cultural.

Davidowitz, M., Myrick, R. D. (1984), Responding to the bereaved: An analysis of »helping« statements. Death Education 8 (No 1), 1–10.

Davis, G., Jessen, A. (1982), A clinical report on group intervention in bereavement. Journal of Psychiatric Treatment and Evaluation 4 (No 1), 81–88.

DeVaul, R. A., Cisook, S., Faschingbauer, T. R. (1979), Clinical aspects of grief and bereavement. Primary Care 6 (No 2), 391–402.

Días Romero, B. (1904), *Farmacopea Callaguaya.* La Paz: Tipografía Comercial Ismael Argote.

Dietschy, H. (1957), Die Heilkunst im alten Peru. Ciba-Zeitschrift 7 (No 83), 2746–2776.

Doka, K. J. (1984), Expectation of death, participation in funeral arrangements, and grief adjustment. Omega 15 (No 2), 119–129.

Douglas, M. (1981), *Ritual, Tabu und Körperdynamik.* Frankfurt: Suhrkamp.

Dunlop, R. S. (1980), Training bereavement therapists. Death Education 4 (No 2), 165–178.

Duviols, P. (1971), *La Lutte contre les Religions Autochtones dans le Pérou Colonial.* Paris: Édition Ophrys; Lima: Institut Français d'Études Andines.

Duviols, P. (1977), *La Destrucción de las Religiones Andinas.* (Durante la Conquista y la Colonia). México: Universidad Nacional Autónoma de México.

Earls, J., Silverblatt, I. (1978), La realidad física y social en la cosmología Andina. Actas del XLII Congreso Internacional de Americanistas 4, 299–325.

Eisenbruch, M. (1984), Cross-cultural aspects of bereavement: I. A conceptual framework for comparative analysis. Culture, Medicine and Psychiatry 8 (No 3), 283–309.

Engel, G. L. (1961), Is grief a disease? Psychosomatic Medicine 23, 18–22.

Epstein, G., Weitz, L. et al. (1975), Research on bereavement: A selective and critical review. Comprehensive Psychiatry 16 (No 6), 537–546.

Euler, H. A., Mandl, H. (Hrsg.) (1983), *Emotionspsychologie. Ein Handbuch in Schlüsselbegriffen.* München: Urban und Schwarzenberg.

Fabian, J. (1972), How others die – reflections on the anthropology of death. Social Research 39, 543–567.

Finerman, R. D. (1984), A matter of life and death: Health care change in an Andean community. Social Science and Medicine 18 (No 4), 329–334.

Flores-Ochoa, J. A. (1979), *Pastoralists of the Andes. The Alpaca Herders of Paratía.* Philadelphia: Institute for the Study of Human Issues.

Forbes, D. (1870), On the Aymara Indians of Bolivia and Peru. The Journal of the Ethnological Society of London 2, 193–305.

Frank, J. D. (1981), *Die Heiler. Wirkungsweisen therapeutischer Beeinflussung vom Schamanismus bis zu den modernen Psychotherapien.* Stuttgart: Klett-Cotta.

Frears, L. H., Schneider, J. M. (1981), Exploring loss and grief within a wholistic framework. Personnel and Guidance Journal 59 (No 6), 341–345.

Fredrick, J. F. (1976), Grief as a disease process. Omega 7 (No 40), 297–305.

Fribourg, J. (1985), Rapports entre morts et vivants en Espagne (Aragon – Navarre – Catalogne). Bulletin de la Société de Thanatologie 19 (No 64 & No 65), 20–30.

Fulton, R. (1970), *Death, Grief and Bereavement. A Chronological Bibliography 1943–1970.* University of Minnesota: Center for Death Education and Research.

Fulton, R. (1979), Death and the funeral in contemporary society. In: Wass, H. (ed.), *Dying: Facing the Facts.* Washington, D.C.: Hemisphere, 236–255.

Garr, T. M. (1972), *Cristianismo y Religion Quechua en la Prelatura de Ayaviri.* Cusco: Instituto de Pastoral Andina.

Giblin, N. (1985), *Three Historical Frameworks for Grief Counseling of a Bereaved Spouse: Psychoanalytic, Humanistic, and Behavioristic.* Dissertation. Loyola University, Illinois.

Gifford, D., Hoggarth, P. (1976), *Carnival and Coca Leaf.* Some Traditions of the Peruvian Quechua Ayllu. Edinburgh, London: Scottish Academic Press.

Girault, L. (1958), Le culte des Apacheta chez les Aymara de Bolivie. Journal de la Société des Américanistes 47 (No 5), 33–45.

Girault, L. (1966a), Classification vernaculaire des plantes médicinales chez les Callawaya, médecins empiriques (Bolivie). Journal de la Société des Américanistes 55 (No 2), 155–200.

Girault, L. (1966b), Un groupe de médecins empiriques boliviens: Les Callawaya. Journal de la Société des Américanistes 55 (No 2), 673–675.

Girault, L. (1969), *Textiles Boliviens.* Région de Charazani. Paris: Muséum National d'Histoire Naturelle.

Girault, L. (1975), Les foetus animaux dans le rituel des Indiens Andins (Bolivie). L'Homme et l'Animal, 217–226.

Girault, L. (1984), *Kallawaya. Guérisseurs Itinerants des Andes.* Paris, Bondy: Éditions de l'Orstom.

Gisbert, T., Arze, S., Cajias, M. (1984), Los textiles de Charazani en su contexto histórico y cultural. In: *Espacio y Tiempo en el Mundo Callahuaya*. La Paz: Universidad Mayor de San Andres, Instituto de Estudios Bolivianos, Facultad de Humanidades.

Glauben, Leben, Handeln. Arbeitsbuch zur Glaubensunterweisung (1969). Ausgabe für das Bistum Augsburg. Herausgegeben von den deutschen Bischöfen. Donauwörth: Ludwig Auer Verlag.

Glick, I., Weiss, R., Parkes, C. M. (1974), *The First Year of Bereavement*. New York: Wiley and Sons.

Goldschmidt, W. (1973), Guilt and pollution in Sebei mortuary rituals. Ethos 1, 75–105.

Goldwater, C. (1983), Traditional medicine in Latin America. In: Bannerman, R. H., Burton, J., Wen-Chieh, C. (eds.), *Traditional Medicine and Health Care Coverage*. Geneva: World Health Organization, 37–49.

Gorer, G. (1965), *Death, Grief, and Mourning in Contemporary Britain*. London: Cresset.

Gow, R., Condori, B. (1976), *Kay Pacha*. Tradición Oral Andina. Cuzco: Editorial de Cultura Andina.

Griffith, E. E., Mahy, G. E. (1984), Psychological benefits of Spiritual Baptist »mourning«. American Journal of Psychiatry 141 (No 6), 769–773.

Grondin, M. (1980), *Método de Quechua. Runa Simi*. La Paz/Cochabamba.

Hardt, D. V. (1978), An investigation of the stages of bereavement. Omega 9 (No 3), 279–285.

Hartland, E. S. (1928), Death and disposal of the dead. In: *Encyclopedia of Religion and Ethics*. Vol. 4. New York: Scribner's, 411–444.

Herrero, J., de Lozada, F. S. (1983), *Diccinario Quechua – Español. Estructura semantica del Quechua Cochabambino Contemporaneo*. Sucre, Bolivia: Talleres Gráficos »Qori Llama«.

Hertz, R. (1969), *Death and the Right Hand*. New York.

Heyduck, D. (1971), *Huayrapampa: Bolivian Highland Peasants and the New Social Order*. Ithaca: Cornell University.

Hodge, J. R. (1971), Help your patients to mourn better. Medical Times 99, 53–64.

Horowitz, M. J., Weiss, D. S., Kaltreider, N. et al. (1984), Reactions to the death of a parent. Results from patients and field subjects. Journal of Nervous and Mental Disease 172 (No 7), 383–392.

Huntington, R., Metcalf, P. (1979), *Celebrations of Death: The Anthro-*

pology of Mortuary Ritual. Cambridge, England: Cambridge University Press.

Ingram, T., Hurley, E.C., Riley, M.T. (1985), Grief resolution therapy in a pastoral context. Journal of Pastoral Care 39 (No 1), 69–72.

Irion, P. (1966), *The Funeral: Vestige or Value?* New York: Abingdon Press.

Isbell, B.J. (1978), *To Defend Ourselves.* Ecology and Ritual in an Andean Village. Austin: University of Texas Press.

Iturralde, N., Grimault, E. (1889), *Clasificación de las Plantas Medicinales Usadas en la Farmacopea Callahuaya ó Sea de los Indios Curanderos Aymaras que el Comité Departamental de La Paz Remite à la Exposición Universal de Paris.* La Paz: Imprenta de La Paz.

Jackson, E.N. (1966), *The Christian Funeral. Its Meaning, its Purpose, and its Modern Practice.* New York: Channel Press.

Jackson, E.N. (1979), Bereavement and grief. In: Wass, H. (ed.), *Dying: Facing the Facts.* Washington, D.C.: Hemisphere, 256–281.

Jacobs, S., Ostfeld, M. (1977), An epidemiological review of the mortality of bereavement. Psychosomatic Medicine 39 (No 5), 344–357.

Kalish, R.A. (ed.) (1980), *Perspectives on Death and Dying.* Vol. 1: Death and Dying: Views from Many Cultures. Farmingdale, N.Y.: Baywood Publishing Co.

Kaminski, R.C. (1981), Saying good-bye, an example of using a ›good-bye technique‹ and concomitant psychodrama in the resolving of family grief. Journal of Group Psychotherapy, Psychodrama and Sociometry 34, 100–111.

Karsten, R. (1939), Überbleibsel der Inkareligion im heutigen Peru und Bolivien. Archiv für Anthropologie, Völkerforschung und Kolonialen Kulturwandel 25 (No 1), 36–46.

Kast, V. (1982), *Trauern. Phasen und Chancen des psychischen Prozesses.* Stuttgart/Berlin: Kreuz-Verlag.

Kessler, B.G. (1985), *Personal Meanings of Bereavement.* Dissertation. San Fancisco: Saybrook Institute.

Kisner, J.A. (1980), A family systems approach to grief. Pastoral Psychology 28 (No 4), 265–276.

Klass, D., Shinners, B. (1982), Professional roles in a self-help group for the bereaved. Omega 13 (No 4), 361–375.

Krupp, G., Kligfeld, B. (1962), The bereavement reaction. A cross-cultural evaluation. Journal of Religion and Health 1, 222–246.

KUBLER, G. (1946), The Quechua in the Colonial world. In: STEWARD, J. H. (ed.), *Handbook of South American Indians*. Vol. 2: The Andean Civilizations. Washington, D. C.: U.S. Government Printing Office, 331–410.

KUTSCHER, A. H. (ed.) (1969), *Death and Bereavement*. Springfield, Ill.: Charles C. Thomas.

KUTSCHER, L. (ed.) (1981), *Acute Grief: Counselling the Bereaved*. New York: Columbia University Press.

LABARRE, W. (1948), *The Aymara Indians of the Lake Titicaca Plateau, Bolivia*. American Anthropologist 50, whole issue.

LARA, J. (1978), *Diccionario Qheshwa – Castellano, Castellano – Qheshwa*. Segunda Edicion. La Paz/Cochabamba: Los Amigos del Libro.

LASTRES, J. B. (1953), El culto de los muertos entre los aborígenes Peruanos. Perú Indígena 10/11, 63–74.

LASTRES, J. B. (1956), La »Ciuta« o »Coya Raimi«, fiesta purificadora del pecado-enfermedad. Revista del Museo Nacional 25, 233–256.

LAUER, W. (1982), *Zur Ökoklimatologie der Kallawaya-Region (Bolivien)*. Erdkunde 36 (No 4), 223–247.

LEIRIS, M. (1981), *Das Auge des Ethnographen*. Frankfurt a. M.: Syndikat (2. Auflage).

LINDEMANN, E. (1944), Symptomatology and management of acute grief. American Journal of Psychiatry 101, 141–148.

LINDEMANN, E. (1979), *Beyond Grief: Studies in Crisis Intervention*. New York: Jason Aronson.

LINDEMANN, F. (1984), *Seelsorge im Trauerfall. Erfahrungen und Modelle aus der Pfarrerfortbildung*. Göttingen: Vandenhoeck & Ruprecht.

LINSENHOFF, A., BASINE, R., KOMMER, D. (1982), Schulenübergreifende Perspektiven in der Psychotherapie. In: PETZOLD, H. (Hrsg.), *Methodenintegration in der Psychotherapie*. Paderborn: Junfermann, 113–134.

LUND, D. A. et al. (1985), Identifying elderly with coping difficulties after two years of bereavement. Omega 16 (No 3), 213–224.

LUNDIN, T. (1984a), Long-term outcome of bereavement. British Journal of Psychiatry 145, 424–428.

LUNDIN, T. (1984b), Morbidity following sudden and unexpected bereavement. The British Journal of Psychiatry 144, 84–88.

MADDISON, D. C., WALKER, W. L. (1967), Factors affecting the outcome of conjugal bereavement. British Journal of Psychiatry 113, 1057–1067.

MAHNKE, L. (1982), Zur indianischen Landwirtschaft im Siedlungsgebiet der Kallawayas (Bolivien). Erdkunde 36, 247–254.

MAHNKE, L. (1985), *Anpassungsformen der Landnutzung in einem tropischen*

Hochgebirge. Der agrare Wirtschaftsraum der Kallawaya-Indianer (Bolivien). Aachen: Philosophische Fakultät der Rheinisch-Westfälischen Technischen Hochschule, Dissertationsmanuskript.

MALINOWSKI, B. (1916), Baloma: The spirits of the dead in the Trobriand Islands. Journal of the Royal Anthropological Institute of Great Britain and Ireland 46, 353–430.

MARGOLIS, O. S., RAETHER, J. C. et al. (eds.) (1981), *Acute Grief. Counseling the Bereaved.* New York: Columbia University Press.

MARISCOTTI DE GÖRLITZ, A. M. (1978), *Pachamama Santa Tierra.* Berlin: Gebr. Mann Verlag.

MATHISON, J. (1970), A cross-cultural view of widowhood. Omega 1 (No 3), 201–218.

MAWSON, D., MARKS, I. M. et al. (1981), Guided mourning for morbid grief: A controlled study. The British Journal of Psychiatry 138, 185–193.

MELGES, F. T., DEMASO, D. R. (1980), Grief resolution therapy: Reliving, revising, and revisiting. American Journal of Psychotherapy 34 (No 1), 51–61.

MÉTRAUX, A. (1934), Contribution au folk-lore andin. Journal de la Société des Américanistes de Paris 26, 67–102.

MÉTRAUX, A. (1947), Mourning rites and burial formes of the South American Indians. América Indígena 7, 7–44.

MIDDENDORF, E. W. (1890), *Wörterbuch des Runa-Simi oder der Keshua-Sprache.* Leipzig: F. A. Brockhaus.

MILLONES, L. (1982), Brujerías de la costa/brujerías de la sierra: Estudio comparativo de dos complejos religiosos en el area andina. In: MILLONES, L., TOMOEDA, H. (eds.), *El Hombre y Su Ambiente en los Andes Centrales.* Osaka: National Museum of Ethnology, 229–274.

MISHKIN, B. (1940), Cosmological ideas among the Indians of the Southern Andes. Journal of American Folklore 53 (No 210), 225–241.

MISHKIN, B. (1946), The contemporary Quechua. In: STEWARD, J. H. (ed.), *Handbook of South American Indians.* Vol. 2: The Andean Civilizations. Washington, D.C.: U.S. Government Printing Office, 411–470.

MITFORD, J. (1963), *The American Way of Death.* New York: Fawcett World Library.

MITFORD, J. (1965), *Der Tod als Geschäft.* Freiburg: Olten Verlag.

MONAST, J. E. (1972), *Los Indios Aimaraes.* Evangelizados o Solamente Bautizados? Buenos Aires, Mexico: Cuadernos Latinoamericanos, Ediciones Carlos Lohlé.

MORIARTY, D. M. (ed.) (1967), *The Loss of Loved Ones. The Effects of a*

Death in the Family on Personality Development. Springfield: Charles C. Thomas.

Morrison, J. K. (1978), Successful grieving: Changing personal constructs through mental imagery. Journal of Mental Imagery 2 (No 1), 63–68.

Morrison, J. K. (1981), Using death imagery to induce proper grieving: An emotive-reconstructive approach. In: Klinger, E. (ed.), *Imagery.* Vol. 2: Concepts, Results, and Applications. New York: Plenum Press, 303–310.

Murphy, S. A. (1983), Theoretical perspectives on bereavement. In: Chinn, P. L. (ed.), *Advances in Nursing Theory Development.* Rockville, MD: Aspen Systems Co., 191–206.

Naranjo, P. (1979), La medicina precolombina. Simposio Internazionale Sulla Medicina Indigena e Popolare Dell'America Latina, Roma (12–16 Dicembre 1977) 9, 27–37.

Needham, R. (ed.) (1973), *Right and Left. Essays on Dual Classification.* Chicago.

Nordenskiöld, E. (1907), Recettes magiques et médicales du Pérou et de la Bolivie. Journal de la Société des Américanistes de Paris 4 (No 2), 153–174.

Nuñez del Prado, J. V. (1970), El mundo sobrenatural de los Quechuas del Sur del Perú, a través de la Comunidad de Qotabamba. Allpanchis Phuturinqa 2, 57–119.

Oblitas Poblete, E. (1955), El machchaj – Juyai o idioma Callawaya. Khana (La Paz) 9/10, 122–129.

Oblitas Poblete, E. (1956a), Se ha descubierto el idioma sagrado de los incas? Revista Municipal/Khana (La Paz) 17/18, 249–254.

Oblitas Poblete, E. (1956b), Organización judicial y político administrativa de los Callawayas. Revista de Policías y Carabineros de Bolivia 167/169/170.

Oblitas Poblete, E. (1957), La doctrina Callawaya de los contrapuestos. La Khaikha – La Chchalla – Diálogo entre los Achachilas de Akhamani y Tuana – El Supay. Khana (La Paz) 4 (No 21–24), 131–139.

Oblitas Poblete, E. (1959), Leyendas y mitos Callawayas. Revista Municipal Khana (La Paz) 6 (No 33/34).

Oblitas Poblete, E. (1962), Khochqas o amuletos que usan los Callawayas. Revista de la Universidad de La Plata 16, 133–148.

Oblitas Poblete, E. (1963a), *Cultura Callawaya.* La Paz, Bolivia: Talleres Gráficos Bolivianos.

Oblitas Poblete, E. (1963b), *Chimpa Quijllopi.* (La Calle del Frente). La Paz: E. Burillo.

Oblitas Poblete, E. (1968), *El Idioma Secreto de los Incas.* La Paz: Editorial »Los Amigos del Libro«.

Oblitas Poblete, E. (1969), *Plantas Medicinales de Bolivia. Farmacopea Callawaya.* Cochabamba, La Paz: Editorial »Los Amigos del Libro«.

Oblitas Poblete, E. (1970a), *Monografía de la Provincia Bautista Saavedra.* Cochabamba, La Paz: Impreso en Cooperativa de Artes Gráficos E. Burillo.

Oblitas Poblete, E. (1970b), *Alma y Lazo.* Tragedia Terrigenista en Tres Actos. La Paz: Departamento de Relaciones Publicas de la Prefectura de la Paz.

Oblitas Poblete, E. (1971a), *Magia, Hechicería y Medicina Popular Boliviana.* La Paz, Bolivia: Ediciones ISLA.

Oblitas Poblete, E. (1971b), La senda de los incienseros. Pukara 1 (No 5/6), 69–117.

Oblitas Poblete, E. (1978), *Cultura Callawaya.* La Paz: Talleres Gráficos Bolivianos, (2. Auflage).

Otero, G. A. (1951), *La Piedra Mágica.* Vida y Costrumbres de los Indios Callahuayas de Bolivia. México: Instituto Indigenista Interamericano.

Otero, G. A. (1976), El profesionalismo de los Callawayas. Khana (La Paz) 19 (No 1/40–41), 184–192.

Otero, G. A. (1981), *Figura y Caracter del Indio.* La Paz: Libreria Editorial »Juventud«.

Panides, W. (1984), Helping parents deal with loss: A psychoanalytic perspective. Pediatric Social Work 3 (No 2), 53–57.

Paredes, M. R. (1898), Monografía de la Provincia de Muñecas. Boletín de la Sociedad Geográfica de La Paz 1 (No 1),92–119; (No 2),1–54.

Paredes, M. R. (1936/1976), *Mitos, Supersticiones y Supervivencias Populares de Bolivia.* La Paz: Biblioteca del Sesquicentenario de la Republica (5. Auflage 1976).

Paredes-Candia, A. (1981), *Diccionario Mitológico de Bolivia. Dioses – Símbolos – Héroes.* La Paz: Ediciones ISLA.

Parkes, C. M. (1964), Grief as an illness. New Society 9, 11–12.

Parkes, C. M. (1972), *Bereavement: Studies of Grief in Adult Life.* London: Tavistock Publications.

Parkes, C. M., Weiss, R. S. (1983), *Recovery from Bereavement.* New York: Basic Books.

PETZOLD, H. (Hrsg.) (1982a), *Dramatische Therapie*. Neue Wege der Behandlung durch Psychodrama, Rollenspiel, Therapeutische Theater. Stuttgart: Hippokrates Verlag.

PETZOLD, H. (1982b), Gestaltdrama, Totenklage und Trauerarbeit. In: PETZOLD, H. (Hrsg.), siehe oben, 335–368.

PINE, V. R., KUTSCHER, A. H. et al. (eds.) (1976), *Acute Grief and the Funeral*. Springfield, Ill.: Charles C. Thomas.

PORTUGAL, M. (1961), Los Kallawaya, talladores de amuletos. Artesanía Popular 1, 11 S. (Sociedad Geográfica de La Paz).

Qheshwa Catecismo (1975). Comision Arquidiocesana de Catequesis (ed.), Cochabamba.

QUINT BENOLIEL, J. (1985), Loss and adaptation: Circumstances, contingencies, and consequences. Death Studies 9 (No 3–4), 217 bis 233.

RAMSEY, R. W. (1977), Behavioural approaches to bereavement. Behaviour Research and Therapy 15 (No 2), 131–135.

RAMSEY, R. W., NOORBERGEN, R. (1981), *Living with Loss. A New Dramatic Breakthrough in Grief Therapy*. New York: William Morrow & Co.

RANDO, T. A. (1985), Creating therapeutic rituals in the psychotherapy of the bereaved. Psychotherapy: Theory, Research and Practice 22 (No 2), 236–240.

RANABOLDO, C. (1986), *Los Campesinos Herbolarios Kallawayas*. La Paz: SEMTA.

RAPHAEL, B. (1977), Preventive intervention with the recently bereaved. Archives of General Psychiatry 34, 1450–1454.

RAPHAEL, B. (1978), Mourning and the prevention of melancholia. British Journal of Medical Psychology 51, 303–310.

RAPHAEL, B. (1980), A psychiatric model for bereavement counseling. In: SCHOENBERG, B. M. (ed.), *Bereavement Counseling: A Multi-Disciplinary Handbook*. Westport, Conn.: Greenwood Press, 147–172.

REILLY, D. M. (1978), Death propensity, dying and bereavement: A family systems perspective. Family Therapy 5 (No 1), 35–55.

ROSENBLATT, P. C., WALSH, R. P., JACKSON, D. A. (1976), *Grief and Mourning in Cross-Cultural Perspective*. New Haven: HRAF Press.

ROWE, J. H. (1946), Inca culture at the time of the Spanish Conquest. In: STEWARD, J. H. (ed.), *Handbook of South American Indians*. Vol. 2: The Andean Civilizations. Washington, D. C.: U.S. Government Printing Office, 183–330.

SALCEDO, M. B. (1986), *Un Herbolario de Ch'ajaya Devela sus Secretos*. La Paz.

Saignes, T. (1983), Quiénes son los Kallawaya? Nota sobre un enigma etnohistórico. Revista Andina 1 (No 2), 357–377.

Sallnow, M. J. (1982), A trinity of Christs: Cultic processes in Andean Catholicism. American Ethnologist 9 (No 4), 730–749.

Salmon Ballivian, J. (1926), Los Callahuayas, médicos ambulantes. La planta que vuelve valientes a los cobardes. El ayahasco notable anestésico. Boletín de la Sociedad Geográfica de La Paz 31 (No 57), 81–90.

Sandner, D. (1979), *Navaho Symbols of Healing*. New York: Harcourt Brace Jovanovich.

Segal, R. M. (1984), Helping children express grief through symbolic communication. Social Casework 65 (No 10), 590–599.

Seibert, P. (1981), Die Callawaya-Indianer: Ein Relikt des Inkareiches. Anpassung an die Lebensbedingungen des Hochgebirges. Forschung: Mitteilungen der DFG 4, 6–9.

Seibert, P. (1982), Ökosystemforschung in den bolivianischen Anden. Naturwissenschaftliche Umschau 35 (No 4), 147–156.

Semta (Servicios Múltiples de Tecnología Apropriada) (ed.) (1984), *Plantas y Tratamientos Kallawayas*. Cuadernos Kallawayas 1 y 2. La Paz.

Shackleton, C. H. (1984), The psychology of grief: A review. Advances in Behaviour Research and Therapy 6 (No 3), 153–205.

Soria Lens, L. (1954), Pequeño vocabulario Callawaya. Boletín de la Sociedad Geográfica de La Paz 64, 32–35.

Spiegel, Y. (1973), *Der Prozeß des Trauerns. Analyse und Beratung*. München: Kaiser.

Sundermeier, T. (1977), Todesriten als Lebenshilfe. Der Trauerprozeß in Afrika. Wege zum Menschen 29 (No 4), 129–144.

Switzer, D. K. (1970), *The Dynamics of Grief*. Its Source, Pain and Healing. Nashville: Abingdon Press.

Szonn, G. (1980), Trauerarbeit mit dem Katathymen Bilderleben. In: Leuner, H. (Hrsg.), *Katathymes Bilderleben*. Bern/Stuttgart: Huber.

Schoenberg, B. M. (ed.) (1980), *Bereavement Counselling: A Multi-Disciplinary Handbook*. Westport, Conn.: Greenwood Press.

Schoenberg, B., Carr, A. C. et al. (1970), *Loss and Grief: Psychological Management in Medical Practice*. New York/London: Columbia University Press.

Schoenberg, B., Carr, A. C. et al. (eds.) (1974), *Anticipatory Grief*. New York/London: Columbia University Press.

Schoop, W. (1982a), Güteraustausch und regionale Mobilität im Kallawaya-Tal (Bolivien). Erdkunde 36, 254–266.

SCHOOP, W. (1982b), Anpassung und Ökosysteme – Forschungen im Inka-Gebiet. Universitas 37, 509–514.

SCHOTT – *Meßbuch der Heiligen Kirche* (1936). Neu bearbeitet von Mönchen der Erzabtei Beuron. 36. Auflage. Freiburg: Herder.

SCHULZ, R. (1978), *The Psychology of Death, Dying, and Bereavement.* Reading, Mass.: Addison-Wesley.

STILLION, J. M. (1985), *Death and the Sexes.* Washington.

STROEBE, W. et al. (1979), *Der Kummer-Effekt. Psychologische Aspekte der Sterblichkeit von Verwitweten.* Marburg: Berichte aus dem Fachbereich Psychologie der Philipps-Universität Marburg.

STRUPP, H. H. (1980), Humanism and psychotherapy: A personal statement of the therapist's essential values. Psychotherapy: Theory, Research and Practice 17 (No 4), 396–400.

STRUPP GREEN, J. (1972), The days of the dead in Oaxaca, Mexico: A historical enquiry. Omega 3 (No 3), 245–261.

STUBBE, H. (1981), Zum Trauerverhalten der südamerikanischen Indianer. Ethnologia Americana 17, 98–105.

TAMAYO HERRERA, J. (1970), Algunos conceptos filosóficos de la cosmovisión del indígena quechua. Allpanchis Phuturinqa 2, 245–254.

TAYLOR, D. (1979), The funeral industry. In: WASS, H. (ed.), *Dying: Facing the Facts.* Washington, D. C.: Hemisphere, 375–384.

TERÁN GÓMEZ, L. (1955), ›Los Callahuayas‹, indios raros de Bolivia. Anuario de la Sociedad Folklórica de México 10, 141–147.

TORRES FERNANDEZ DE CORDOVA, G. (1982), *Diccionario Kichua-Castellano Yurakshimi-Runashimi.* Cuenca, Ecuador: Casa de la Cultura, Nucleo del Azuay.

TRIMBORN, H. (1961), Die Religionen der Völkerschaften des südlichen Mittelamerika und des nördlichen und mittleren Andenraums. In: KRICKEBERG, W., TRIMBORN, H. et al., *Die Religionen des alten Amerika.* Stuttgart: Kohlhammer, 91–170.

TRIMBORN, H. (1967), Beobachtungen zum geistig-religiösen Kulturwandel bei den Hochlandindianern Boliviens. In: *Religion und Religionen.* Festschrift für Gustav Mensching zum 65. Geburtstag. Bonn: Roderscheid, 104–113.

TRIMBORN, H. (1968), *Indianer von gestern, heute und morgen.* Beobachtungen zum Kulturwandel in den Anden Boliviens. Braunschweig: Albert Limbach Verlag.

TSCHOPIK, H. (1946), The Aymara. In: STEWARD, J. H. (ed.), *Handbook of South American Indians.* Vol. 2: The Andean Civilizations. Washington, D. C.: U.S. Government Printing Office, 501–573.

Tschopik, H. (1951), The Aymara of Chucuito, Peru. 1. Magic. Anthropological Papers of the New York American Museum of Natural History 44 (Part 2), 135–318.

Tschudi, J.J. von (1869), *Reisen durch Südamerika.* Fünfter Band. Leipzig: Brockhaus.

Vachon, M.L., Rogers, J. et al. (1982), Predictors and correlates of adaptation to conjugal bereavement. American Journal of Psychiatry 139 (No 8), 998–1002.

Valcárcel, L.E. (1946), Indian markets and fairs in Perú. In: Steward, J.H. (ed.), *Handbook of South American Indians.* Vol. 2: The Andean Civilizations. Washington, D.C.: U.S. Government Printing Office, 477–482.

Van Loon, K.C. (1984), The relationship of parental authority styles to grief reaction patterns. Dissertation. University of Kansas.

Vellard, J. (1961/1970), Estudio antropológico-social en Charazani. In: Oblitas Poblete, E., *Monografía de la Provincia Bautista Saavedra.* Cochabamba: Impreso en Cooperativa de Artes Gráficos E. Burillo, 61–68.

Vess, J. et al. (1985), Understanding family role reallocation following a death: A theoretical framework. Omega 16 (No 2), 115–128.

Videka-Sherman, L., Lieberman, M. (1985), The effects of self-help and psychotherapy intervention on child loss: The limits of recovery. American Journal of Orthopsychiatry 55 (No 1), 70–82.

Vogelsang, J.D. (1983), A psychological and faith approach to grief counseling. Journal of Pastoral Care 37 (No 1), 22–27.

Volkan, V.D. (1981), *Linking Objects and Linking Phenomena.* A Study of the Forms, Symptoms, Metapsychology, and Therapy of Complicated Mourning. New York: International Universities Press.

Volkart, E.H. (1957), Bereavement and mental health. In: Leighton, A.H., Clausen, J.A., Wilson, R.N. (eds.), *Exploration in Social Psychiatry.* New York: Basic Books, 281–307.

Vollman, R.R., Ganzert, A. et al. (1971), The reactions of family systems to sudden and unexpected death. Omega 2 (No 2), 101 bis 106.

Walls, N., Meyers, A.W. (1984), Outcome in group treatments for bereavement: Experimental results and recommendations for clinical practice. International Journal of Mental Health 13 (No 3–4), 126–147.

Wambach, J.A. (1985), The grief process as a social construct. Omega 16 (No 3), 201–211.

Wassen, S. H. (1972), *A Medicine-Man's Implements and Plants in a Tiahuanacoid Tomb in Highland Bolivia*. Göteborg: Göteborgs Etnografiska Museum.

Weddell, H. A. (1853), *Voyage dans le Nord de la Bolivie et dans les Parties Voisines du Pérou ou Visite au District Aurifère de Tipuani*. Paris: Bertrand; London: Baillière.

Weisskopf-Joelson, E. (1980), Values: The ›enfant terrible‹ of psychotherapy. Psychotherapy: Theory, Research and Practice 17 (No 4), 459–466.

Williams, W. V., Polak, P., Vollman, R. R. (1972), Crisis intervention in acute grief. Omega 3 (No 1), 67–70.

Wilson, R. N. (1963), Patient-practitioner relationships. In: Freeman, H. E., Levine, S., Reeder, L. G. (eds.), *Handbook of Medical Sociology*. Englewood Cliffs: Prentice-Hall, 273–295.

Worden, J. W. (1982), *Grief Counseling and Grief Therapy: A Handbook for the Mental Health Practitioner*. New York: Springer.

Wrigley, G. M. (1917), The traveling doctors of the Andes: The Callahuayas of Bolivia. The Geographical Review 4, 183–196.

Yamamoto, J. (1970), Cultural factors in loneliness, death, and separation. Medical Times 98, 177–183.

Zisook, S., DeVaul, R. (1984), Measuring acute grief. Psychiatric Medicine 2 (No 2), 169–176.

SACHREGISTER

Häufig wiederkehrende Worte wie Heiler und Heilung, Trauer und Unheil, Indianer und Medizinmann, Patienten, Krankheit und Tod wurden nicht in das Register aufgenommen, auch nicht die Bestandteile des Buchtitels.

GEOGRAPHISCHE NAMEN

AUTORENREGISTER